V&R

EDITION ZUHÖREN

herausgegeben von der Stiftung Zuhören

Ekkehard Skoruppa / Marie-Luise Goerke /
Gaby Hartel / Hans Sarkowicz (Hg.)

Choreographie des Klangs – Zwischen Abstraktion und Erzählung

Choreography of Sound – Between Abstraction and Narration

Vandenhoeck & Ruprecht

Eine Kooperation der ARD-Hörspieltage, des ZKM Karlsruhe, der Staatlichen Hochschule für Gestaltung Karlsruhe, des SWR und des hr.

Gefördert durch Mittel der Kulturstiftung des Bundes.

»Choreographie des Klangs« / »Choreography of Sound« im Netz:
www.cosound.de

Mit 10 Abbildungen

Bibliografische Information der Deutschen Nationalbibliothek

Die Deutsche Nationalbibliothek verzeichnet diese Publikation in der Deutschen Nationalbibliografie; detaillierte bibliografische Daten sind im Internet über http://dnb.d-nb.de abrufbar.

ISBN 978-3-525-48009-0

Weitere Ausgaben und Online-Angebote sind erhältlich unter: www.v-r.de

Umschlagabbildung: Lorena Castro und Lena Rossbach

© 2015, Vandenhoeck & Ruprecht GmbH & Co. KG, Göttingen /
Vandenhoeck & Ruprecht LLC, Bristol, CT, U.S.A.
www.v-r.de

Satz: SchwabScantechnik, Göttingen
Druck und Bindung: ⊕ Hubert & Co., Göttingen

Gedruckt auf alterungsbeständigem Papier.

Choreographie des Klangs – Zwischen Abstraktion und Erzählung

Inhalt

Choreography of Sound –
Between Abstraction and Narration

Table of Contents

Grußwort

Zehn Jahre *ARD Hörspieltage* – ein kleines, aber feines Jubiläum. Was 2004 von den Hörfunkdirektoren der ARD und des Deutschlandradios aus der Taufe gehoben wurde, hat sich zum bedeutendsten Festival für das Hörspiel im deutschsprachigen Raum entwickelt. Zum Geburtstag warteten die *ARD Hörspieltage* mit zwei außergewöhnlichen Projekten auf: der ersten Hörspielarbeit des Theaterregisseurs, Bühnenbildners, Choreographen und Autors Robert Wilson – und dem Symposium *Choreography of Sound – Between Abstraction and Narration.*

Das Symposium regte nationale und internationale Künstler, Wissenschaftler und Dramaturgen an, über jenen Stoff nachzudenken, aus dem jedes Hörspiel besteht: Klang und Geräusch, Stimme und Musik. Über Wochen hat das Team um die beiden Kuratorinnen Gaby Hartel und Marie-Luise Goerke mit großer Intensität daran gearbeitet, ein vielschichtiges Programm zusammenzustellen. Dass es über die Grenzen des Hörspiels hinausgeht und die Begegnung verschiedener Kunstformen ermöglicht, ist erklärtes Ziel und Chance. Aus dem Erfahrungsaustausch hochrenommierter Referenten, Diskutanten und Künstler werden, da sind wir sicher, wichtige Impulse erwachsen – auch und gerade für die Radiokunst.

Ohne die Unterstützung der langjährigen Partner ZKM/Zentrum für Kunst und Medientechnologie sowie Staatliche Hochschule für Gestaltung Karlsruhe wären weder die Hörspieltage in der jetzigen Form noch das Symposium zu denken. Ihnen gebührt an dieser Stelle unser besonderer Dank – ebenso wie der Kulturstiftung des Bundes, die das Symposium und Robert Wilsons Hörspielprojekt in ihr Förderprogramm aufgenommen hat.

Ekkehard Skoruppa (SWR2) und Hans Sarkowicz (hr2-kultur)
– Festivalleitung –

Vorwort

Künstlerische Erfindung, wissenschaftliche Erkenntnis und praktische Spurensuche blieben, nur einsam oder ausschließlich im Kreis von Gleichdenkenden betrieben, vielleicht oft nicht mehr als schulterklopfende Selbstbestätigung und unproduktive Wiederholung. Im neugierigen Austausch mit Vertretern anderer Disziplinen über ein allen gemeinsames Thema liegt dagegen die Chance, eigene Positionen zu überdenken, entscheidende Impulse aufzunehmen und neue Möglichkeiten auszuloten.

Diese Einstellung teilen wir Kuratorinnen mit den Initiatoren des Symposiums, Ekkehard Skoruppa (SWR), Prof. Peter Weibel (ZKM) und Hans Sarkowicz (hr), und so nahmen wir gerne die Einladung an, das Programm dieses fachübergreifenden, internationalen Symposiums zur Choreographie des Klangs zu gestalten. Für uns bot es die Möglichkeit, all unsere praktischen und theoretischen Interessen wie auch unsere Arbeitsansätze zu bündeln und – vertreten durch Protagonistinnen und Protagonisten der für uns relevanten Bereiche – einem interessierten Publikum vorzustellen. Entscheidend bei der Konzeption des zweieinhalbtägigen Performance-, Lecture- und Gesprächsmarathons war die Einbindung nicht nur der renommierten Vertreter(innen) verschiedener künstlerischer, wissenschaftlicher und wirtschaftsorientierter Disziplinen, sondern gerade auch die des studentischen Nachwuchses. Die Studierenden waren von Anfang an als ein wesentliches Zielpublikum ins Auge gefasst, und so lag uns auch deren aktive Präsenz bei der Durchführung der Festivaltagung am Herzen. Wir freuen uns, dass die zwei Fachbereiche der HfG Karlsruhe, Kunstwissenschaft und Medienphilosophie sowie Medienkunst/Sound, eigens durch ein Seminar an das Symposium herangeführt wurden, und – betreut durch Mareike Maage und Frank Halbig – den Publikumsdiskussionen eine engagierte, anspruchsvoll-konzentrierte Tiefenwirkung verleihen konnten und damit den programmatischen Titel dieser Formate einzulösen vermochten: *Focus & Echo*.

Studierende des Instituts für England- und Amerikastudien der Goethe-Universität Frankfurt leisteten ebenfalls wertvolle Arbeit, indem sie unseren englischsprachigen Gästen als mobile Übersetzer(innen) auf dem Podium, im Saal wie an der Kaffeebar zur Verfügung standen. Ohne diese aktive Sprachvermittlung hätten die Diskussionen und Panels, aber auch die Vorträge und Keynotes nicht den Boden bereiten können, der für nachhaltige Begegnungen so unerlässlich ist.

Das Jahr 2013 erwies sich nicht zufällig als idealer Zeitpunkt, um an einige wesentliche Dinge zu erinnern: aus der Kulturgeschichte des gattungsüberschreitenden Hörens, des gestalteten Klangs oder zufälligen Geräuschs, des Stimmklangs und des Umgangs mit der performativen Körperlichkeit im scheinbaren oder wirklichen Immateriellen. Denn hundert Jahre zuvor, im März 1913, hatte Luigi Russolo in seinem emphatischen Manifest *L'arte dei rumori* die Erweiterung des akustischen Kunstbegriffs gefordert, wobei wegen der Lautstärke seiner Erhebung des Krachs zur Musik oft überhört worden ist, dass Orlando Gibbons bereits im 17. Jahrhundert mit offenen Ohren durch London gelaufen war und in den *Cries of London* Alltagsgeräusche als Kompositionsmaterial verwandt hatte. So zeigt schon ein flüchtiger Blick in die Geschichte, wie das Interesse der Künste am Akustischen, an der Einbindung und Transformation von Alltagsrealitäten und am scheinbar so Immateriellen und Atmosphärischen in Wellen verläuft: Mal steigt es an, dann ebbt es wieder ab. Großveranstaltungen wie die *documenta 13,* die *Biennale* in Venedig 2013, brandaktuelle Sonderforschungsbereiche und Tagungen, medienübergreifende Ausstellungen[1], dazu eine fast nicht mehr zu überschauende Anzahl einzelner Künstlerprojekte sind Anzeichen dafür, dass der Interessenpegel seit den frühen Zweitausenderjahren wieder rasant gestiegen ist.

2013 war auch für die *ARD Hörspieltage* ein entscheidendes Datum, denn diese bedeutendste Hörspielveranstaltung im deutschsprachigen Raum, gemeinsam geplant und durchgeführt vom ZKM, der Staatlichen Hochschule für Gestaltung Karlsruhe (HfG), der ARD und dem DRadio (Federführer: SWR/hr), feierte im November ihr zehnjähriges Bestehen.

Bei der akustischen Erfahrung spielt der künstlerische Einsatz von Stimme, Sprache, Rede, Bewegung, Sound, Geräusch und Musik eine entscheidende Rolle. Kein Wunder, denn über das Ohr gelangen akustische und räumliche Informationen ungefiltert in tiefere Schichten des Bewusstseins, zu Erinnerungen, Gefühlen und – konkreter: ins körperliche Orientierungszentrum. Mit dem Klang lässt sich vieles sehr unmittelbar aufspüren, erzählen und abbilden. Die

---

1   Um nur einige ikonische Beispiele herauszugreifen: *Shhh … Sounds in Spaces,* Victoria & Albert Museum 2004; *Phonorama – Eine Geschichte der Stimme als Medium,* ZKM 2004; *SOUNDS – Radio Kunst Neue Musik,* Neuer Berliner Kunstverein 2010.

Erfahrung von Zeitgeschichte etwa kann über Soundrecherchen spielend leicht mit privater Geschichte verbunden werden, wie etwa neuere Forschungen zur Narration des Ersten Weltkriegs belegen. Die Stimme als »irdischer Steckbrief des Menschen« (so Rudolf Arnheim) holt den Körper direkt in den Raum – auch wenn die Bühne, der Installationsraum, der öffentliche Platz ansonsten menschenleer sein mögen.

Viele Künstler arbeiten also mit dem Akustischen, um ihren Werken die Möglichkeit dieses intensiven, dichten Erlebnisses hinzuzufügen und damit die Verbindung zwischen Aussage und Rezeption enger zu gestalten.

Ein Geräusch oder ein Klang ist selten klar und eindeutig, und paradoxerweise ist es genau diese Ambiguität, die uns sofort und unmittelbar berührt. Die Nicht-Eindeutigkeit des Akustischen begrenzt die Deutungsmöglichkeiten nicht, sondern sie birgt die Freiheit zur individuellen Reaktion und verbindet passive Rezeption mit aktiver Teilhabe. Ebenso wie ein bestimmter Geruch oder eine bestimmte Textur die Möglichkeit in sich birgt, längst Vergangenes plötzlich zum Leben zu erwecken, so ist auch unser Ohr nicht in der Lage, sich gegen diese Erinnerungskraft zu wehren.

Und es sind nicht nur persönliche Erinnerungslinien, die durch Sound an die Oberfläche des Bewusstseins gelangen können, sondern auch weiterführende und allgemeine Markierungen:

In der Arbeit *Out of Tune* der Künstlerin A K Dolven zum Beispiel hören wir nicht nur den Ton einer 500 Jahre alten Glocke, sondern gleichzeitig und buchstäblich die Rezeption der damaligen Zeitgenossen mit. Diese Doppelbödigkeit der Geräuschwahrnehmung erfahren wir auf andere Weise im Vortrag von Thora Balke, die uns die viel zu wenig bekannten englischen Sound-Pionierinnen Daphne Oram und Delia Derbyshire vorstellt. Die Klangarbeiterinnen zeichneten ihre Kreationen von Sound und notierten sie graphisch – und hinterließen uns damit nicht nur ihre elektroakustischen Kompositionen, sondern schrieben sich auch sehr individuell und direkt physisch in ihre Notationssysteme ein: Man könnte dies als einen akustischen Vorläufer des heutigen Taggings begreifen. Den Pionierinnen gelang damit zudem die ästhetische Verbreitung hochkomplexer elektronischer Avantgardemusik über den Umweg von Soundtrackkompositionen zu äußerst populären Fernseh- und Radiosendungen.

Die Künstlerin Christina Kubisch geht gewissermaßen den umgekehrten Weg: Ihre akustischen Interventionen beschäftigen sich weniger mit dem Hervorlocken von gestalteten Klängen aus dem weiten Raum der künstlerischen Imagination, sondern sie macht existierende elektromagnetische Geräusche unserer Umwelt hörbar. Dabei erreicht sie zwei Dinge: In der Tradition der Avantgarden des 20. Jahrhunderts emanzipiert sie mithilfe neuer Techniken das

»störende Geräusch« zur Zufallskomposition und macht gleichzeitig auf den Tatbestand aufmerksam, dass wir uns Lärm oder unangenehmen Geräuschen nicht entziehen können. Wir müssen uns physisch entfernen, um ihnen zu entgehen.

Mit diesem Phänomen beschäftigen sich die Kulturgeschichte, die Philosophie, aber auch die angewandte Marktkommunikation und sie tun dies nicht immer – wie man aus einer kulturpolitisch interessierten Perspektive annehmen könnte – im Dissens. Bisweilen gibt es auch überraschende Überschneidungen. Dies ergab etwa das Zusammentreffen des Philosophen Thomas Macho mit dem Werbemann Julian Treasure, die sich beide mit der vielfältigen und individuellen Wahrnehmung von Sprache, Geräusch oder Sound im öffentlichen Raum befassen und für eine geschärfte akustische Bewusstheit plädieren. Thomas Macho richtet unsere Aufmerksamkeit auf die Konsequenzen eines ubiquitären, inflationären Gebrauchs von Geräuschen und auf die Gefahren der akustischen Nicht-Aufmerksamkeit. Dabei kämpft er für ein bewusstes Hören und einen bewussten Einsatz von Klang. Dieses Interesse beschäftigt auch Sound-Designer Julian Treasure, der für eine gute Gestaltung der akustischen Umgebung in dem Maß argumentiert, in dem auch Architekten ihre Konstruktionen nicht nach zufälligem optischem Design entstehen lassen, sondern ihre Bauwerke planen und erschaffen. Treasures Londoner Büro arbeitet überwiegend mit global agierenden, konsumorientierten Großfirmen, und seine Ausführungen riefen Kritiker auf den Plan, die auf die Gefahren von Manipulation hinwiesen. Das Problem einer Verallgemeinerung von Klangvorlieben machte Peter Cusack deutlich: Was für den einen ein wohlklingendes Geräusch ist, ist für den anderen ein Missklang und umgekehrt. Cusack, der seit 1998 in zahlreichen Umfragen *Favourite Sounds* sammelt, schenkte uns damit nicht nur einen faszinierenden und intimen Einblick in den Alltag der Menschen weltweit. Sein Hinweis darauf, dass die Vielfalt von Geräuschen die einzige Konstante seiner Erhebungen ist, hebt die Brisanz von zentral gelenkter, zweckgerichteter Klanggestaltung im öffentlichen Raum hervor.

Ähnlich thematisch und produktiv kritisch verzahnt wurde auch in anderen Bereichen des Symposiums diskutiert. Um Grundlagenforschung des Radiophonen ging es am ersten Tag unter dem Titel *Plucked From the Public Air*. Hier trat die Theorie in den Dialog mit der künstlerischen Praxis:

Während Hausherr Peter Weibel und Brigitte Felderer sich aus unterschiedlichen Blickwinkeln mit der Frage beschäftigten, was (durch die Jahrhunderte) aus der öffentlichen Luft tönt, stellten die Dichter/Autoren Michael Lentz, Thomas Meinecke und John Giorno ihre Positionen der dramatisierten Wortkunst vor. Der Popmusiker und bildende Künstler Magne Furuholmen thematisierte seine ästhetischen Strategien der Publikumsinklusion im Dialog mit der Popkritikerin Jenny Zylka. In anschließenden Workshops erarbeiteten die Teilnehmenden eigene Stücke.

Ein international besetztes Panel von Hörspieldramaturginnen/-dramaturgen und Autorinnen/Autoren (Kate Rowland, Martina Müller-Wallraf, Kaye Mortley, Herbert Kapfer, Mark Ravenhill) ging der Frage nach, was Radiokunst heute ist: Erzählung? Künstlerisches Feature? Experiment mit Wort, Ton und Performance?

Am zweiten Tag stand *Listening to the Arts* auf dem Programm. Hier begegneten sich die Philosophie der Neuen Musik und die mit Klang arbeitenden Bildenden Künste. Neben den Künstlerinnen Thora Balke und A K Dolven sprachen und diskutierten von philosophischer Seite Steven Connor und Mirjam Schaub, die Komponisten Martin Daske, Daniel Teruggi, Autor Thomas Meinecke, Künstler Tino Sehgal und der Dramaturg Hans Burkhard Schlichting.

In ihrem Workshop demonstrierte Julia Tieke ihr Mini-Radio-Format *Wurfsendung* als Aurals and Visuals, während William Engelen unter dem Titel *My Piano Teacher. How stories and memories are turned into music* nach Klangerinnerungen fragte und daraus Stücke komponieren ließ.

Der Kunsthistoriker Michael Glasmeier warf einen anregenden Blick in die Geschichte der Klangmalerei der Renaissance und des Barock, und Heiner Goebbels sprach aus seiner mehrdimensionalen Arbeitserfahrung über die Dramatisierung von Sound und Bild.

Das Panel *Watching the Unseen,* besetzt mit der Theaterwissenschaftlerin Doris Kolesch, den Künstlerinnen Kirsten Astrup und Reinhild Hoffmann und dem Autor Andreas Ammer, beschäftigte sich mit dem künstlerischen Potenzial des Unsichtbaren aus der Perspektive von Kulturwissenschaft, Bildender Kunst, Oper und Hörspiel.

Der Abschlusstag, *Sounds in Public Spaces,* erweiterte schließlich die Perspektive vom künstlerisch gestalteten auf den zufällig tönenden öffentlichen Raum. Hier trafen neben der historisch-archivierenden Intervention *Memory Loops* von Michaela Melián die schon erwähnten, nur teilweise konträren Positionen von Künstlern und Künstlerinnen, Philosophen, Soundsoziologen sowie einem Mitglied der akustischen Werbeindustrie aufeinander.

Wo steht nun die Radiokunst in diesem Zusammenhang?

Das Radio, seit 1923 spezialisiert auf die künstlerische, dokumentarische oder realitätsabbildende Repräsentation der Welt durch das akustisch Gestaltete, ist das Chamäleon unter den Medien: flink und ständig wandelbar. Beweglichkeit, Behändigkeit, Offenheit und Breitenwirkung des Radios hat Künstler seit jeher angezogen, denn all dies steht für eine Spezifik, die Richard Kostellanetz –

mit Blick auf John Cage – »polyartistisch« genannt hat. Wie nun das Hörspiel, die ureigenste Form des Radios, als polyartistisches Medium den anderen
Kunstsparten seit seiner Erfindung einen aktiven Spielraum bietet, war eines
der Themen dieses Symposiums. Ein Blick auf die ältere und mittlere Mediengeschichte zeigte: Die Radiokunst ist das genuin gebaute künstlerische Haus
des Sounds und versammelt alle zuvor gestellten Fragen unter ihrem Dach. Sie
ist nicht umsonst der Ausgangspunkt und Motor, ja Initiator für das gesamte
Symposium gewesen. Und so wurde folgerichtig auch gefragt, wie die anderen
Künste – Literatur, Theater, Bildende Kunst, Neue Musik, Oper – sich diesem
Akustischen zuwenden und zugewandt haben.

Choreography of Sound setzte also das Hörspiel zu den anderen Künsten in
Beziehung. In der Begegnung verschiedener Disziplinen wurden die ästhetischen
Möglichkeiten des Akustischen ausgelotet und neuere Entwicklungen
thematisiert. Hörspielmacher trafen auf Soundpoeten, Theoretiker, Theatermacher, Autoren, Komponisten und Performance-Künstler, deren Arbeiten
die Grenzen angestammter Genres überschreiten. Wir gingen der Frage nach,
welche Rolle Klänge, Geräusche, Sprache, Rhythmus und Musik in ihren
Arbeiten und in ihrem Denken spielen. Und welchen Einfluss neue technische
Gegebenheiten auf Erzähl- und Rezeptionsformen haben. Wir wollten auch
wissen, was zwischen den Extrempositionen von dokumentarisch-sensiblem
Field-Recording und aggressivem Marketing-Leasure-Sound geschieht, wo
letzterer doch mit gleichem Wissen und gleichen Mitteln wie die Künste agiert.

Es tauchten auch Fragen dahingehend auf, ob die von der Kunst angestoßene
Kommunikation und Interaktion zunehmend auf die internationale Netzwelt
ausgerichtet sind oder ob es – gegenläufig – auch eine Rückkehr zum unwiederholbaren, analogen und auratischen Erlebnis gibt, wie es Kunstprojekte der
letzten Zeit zeigen? Und ob dies überhaupt als Gegensatz zu formulieren ist oder
nicht vielmehr das gespeicherte und vervielfältigte Kunstwerk von Anfang an
eine ihm eigene mediale Aura entwickelt hat, wie schon frühe Medientheoretiker
von Kurt Weill bis Rudolf Arnheim bemerkten.

Das fruchtbare Spannungsverhältnis, der Ton, der zwischen der dramatischen
wie Bildenden Kunst und dem Akustischen vibriert, war und ist inspirierend
und wird wohl niemals verklingen. Und so gilt immer noch das Wort des Stadt-
raumforschers Iain Sinclair: »Wir müssen einfach besser hinhören!«

Gaby Hartel und Marie-Luise Goerke

Plucked From the Public Air[2]: Über das Wesen des Radios

Das Radio atmet die Luft der Öffentlichkeit, ist sozialer Raum und Transportmedium zugleich. Von Anfang an wurde hier in dichter Vielfalt gesendet, und dem Publikum steht es seither frei, sich – je nach Geschmack – Interessantes aus dem radiogestalteten »Äther« zu klauben.

Ein Hauptprotagonist des Mediums ist die Wortkunst, die durch das Zusammenspiel mit der Technik in sehr unterschiedlichen Erscheinungsformen hörbar wird.

Der erste Tag des Symposiums betreibt Grundlagenforschung und fragt: Wo steht die Radiokunst im Kontext der Medienkunst? Welche Gedankenspiele zur Aufzeichnung von Ton und Stimme gab es, bevor Speicherung und Übertragung technisch möglich wurden? Wie lebendig ist das Wort als Baustein der Radiokunst? Wer erzählt im Radio – die Sprache, der Ton, die Geräuschfolge? Sind es Autoren, betreut von Dramaturgen, oder vielleicht das partizipierende Publikum? Welchen Gesetzen folgt die Erzählung? Denen des klassischen Fünfakters, denen der spannenden Story? Oder vielleicht den Spielregeln der Popmusik?

Gaby Hartel und Marie-Luise Goerke

---

2   Aus *An Equal Music* von Vikram Seth.

KEYNOTE Peter Weibel: Radiokunst als Medienkunst

Ich möchte heute über das Radio als Medium der Kunst sprechen. Das heißt, über ein Radio, das wirklich zu seinem Höhepunkt kommt, zu sich selbst kommt, wenn Radio wirklich Radio ist. Wirklich Radio ist Radio nicht als Massenmedium, sondern als Kunstmedium. Für mich, als Vorstand eines Zentrums für Kunst und Medientechnologie, ist Radio nur dann auf der Höhe seines Mediums, wenn es Kunst ist.

Das Radio ist nicht nur ein Medium der Geschichte, das über Geschichte berichtet, sondern das Radio hat auch die Fähigkeit, selbst Geschichte zu schreiben. Radio berichtet nicht nur über die Kunst, es hat auch die Möglichkeit, selbst Kunst, ein Medium der Kunst, zu sein. Für die Behauptung, dass Radio imstande ist, Kunst zu sein und Geschichte zu machen bzw. Kunst zu machen und Geschichte zu sein, gibt es ein exemplarisches Radioereignis aus dem Jahr 1938. Sie kennen es alle: *Der Krieg der Welten* von H. G. Wells und Orson Welles. Auf den bekannten Inhalt des Hörspiels gehe ich nicht näher ein, hier möchte ich nur erklären, was den legendären Erfolg dieses Stücks ausgemacht hat. Das Hörspiel hat uns gezeigt, dass Radio nicht nur ein künstlerisches Medium der Literatur ist, sondern von vornherein auch ein Medium des Geräusches und der Musik. Das Radio als Medium der Kunst ist also ein Experimentalsystem. Es ist dabei nicht nur ein Produktions-, sondern, was wichtig ist, auch ein Distributionsmedium. Es ist ein multiples Medium, das für alle Formen des Tons, für alle Frequenzen des Schalls – von der Literatur bis zur Musik – Produktions- und Distributionsmöglichkeiten bereitstellt. Wenn wir sagen: »Alles, was Flügel hat, fliegt«, dann können wir ebenso gut auch sagen: »Alles, was auf einer elektromagnetischen Welle surft und transportiert werden kann, ist Radiomaterial.« Nicht allein Sprache und nicht nur Musik.

Wie Sie wissen, hat Heinrich Hertz hier in Karlsruhe 1886/88 durch Funkenexperimente die Existenz elektromagnetischer Wellen nachgewiesen. Wenn wir heute von Rund-Funk sprechen, dann stammt das Wort etymologisch von jenen Funkenexperimenten ab, die in Karlsruhe gemacht wurden. Damit wurden die technischen Grundlagen für das Radio gelegt. Physikalisch gesprochen sind Radiokunstwerke also Signalereignisse im Schallwellenbereich. Sie haben ihre physikalischen Grenzen zwischen 16 Hz und 20 kHz, der Kanalkapazität des menschlichen Ohrs. In Analogie zur visuellen Kunst wäre es richtig, von akustischer Kunst oder Ohrenkunst zu sprechen, genauer gesagt von radiophoner Ohrenkunst. Auch durch die Übertragungswege, satellitengestützt oder terrestrisch, ist die Radiokunst physikalisch begrenzt; die Signale gehen von erdgebunden Funksendern – wieder dieses komische Wort, es werden ja

keine Funken gesendet – zu den Empfängern mit Haus-, Zimmer- und Auto-
antennen und zunehmend auch zu mobilen Geräten. Begrenzt sind sie freilich
auch durch eine weitere Einengung, die die Radioverantwortlichen selbst vor-
nehmen: Radiokunstwerke finden keineswegs auf allen Frequenzen bzw. Wellen statt, sie sind meist auf die sogenannten Minderheitenprogramme, die Kul-
turwellen, begrenzt. Das ist bedauerlich. Denn künstlerisch ist die Radiokunst
im Prinzip unbegrenzt.

Radio ist durch seine Sendeleistung ein expansives und distributives Medium.
Damit wird freilich kaum gespielt. Durch seine Empfangstechnik ist es ein
mobiles Medium, auch das wird vernachlässigt. Radio wird immer noch als
eine zentrale Rundfunkstation gesehen, die etwas ausstrahlt, aber de facto ist
es ein distributives Medium, lateral-horizontal vernetzt: ein mobiles Medium.
Neue Übertragungstechnologien wie der Satellit oder das Internet steigern diese
Möglichkeit des Radios. Es sind aber nur die Künstler – und davon nur wenige
Künstler –, die von diesen technischen Optionen des Radios als Radiokunst
Gebrauch machen. Eine Mahnung an die Zukunft!

Die klassischen Kunstwerke, das ist wichtig, waren nur Produktionsmedien.
Die Künstler haben etwas im Atelier oder Studio produziert und für einen Ort.
Selten genug haben sie die Produktion von Einzelwerken vervielfältigt, etwa
durch Drucktechniken, es entstanden dann Multiples. Aber auch die Drucktech-
nik ist nur die Multiplikation von diesem einen Original, von einem Einzelwerk.
Radio hingegen ist das erste Medium der Distribution, es hat gewissermaßen
das Netz vorweggenommen. Das Radio kennt eigentlich keine Produkte. Zwischen Sender und Empfänger ereignet sich nur eine ephemere Kommunikation,
wenn sie nicht gespeichert wird, ist sie verloren. Das Radio ist im Grunde also
ein Ereignis, Radiokunst ist eigentlich Ereigniskunst. Wie schon angedeutet
wurde: Radio ist ein performatives Medium. Das erste massenmediale, reine
Distributionsmedium.

Und was wird distribuiert? Keine Kunstwerke, sondern Daten. Keine Dinge,
wie sie die analoge Kunst herstellt. Wir haben uns daran gewöhnt, dass Kunst
aus Dingen besteht, und lernen jetzt, langsam, nach achtzig Jahren, dass Kunst
aus Daten bestehen kann. Radiokunstwerke sind für mich akustische Daten-
kunstwerke, raum- und zeitbasierte Kunstwerke. Sie ereignen sich im Raum des
Nebeneinanders und in der Zeit des Nacheinanders.

Radio ist also das erste Datenmedium, das erste Medium im heutigen Sinn.
Die Geschichte des Radiohörspiels *Der Krieg der Welten* macht noch eines deutlich: Wenn man Radio hört, hört man nicht das Medium Radio. Es ist ungefähr
so, wie wenn ein Fisch im Aquarium schwimmt: Er weiß nicht, dass er im Wasser
schwimmt, sondern er glaubt, das sei seine natürliche Umwelt, und diese ist eben

unsichtbar. Erst in dem Augenblick, in dem der Fisch durch menschlichen Eingriff aus dem Aquarium herausgeschmissen wird und an die Luft kommt, bemerkt er plötzlich: Da stimmt was nicht, er ist in einem neuen Medium. So ähnlich ergeht es heute den Radiohörern: Sie hören Radio und wissen gar nicht, in welchem Medium sie sich befinden. Erst wenn sie rausgeworfen werden, merken sie es.

Nur die Hörspielkünstler, und das ist das Wunderbare, spielen mit dieser Eigengesetzlichkeit des Mediums. Die anderen, die das Radio oft nur unreflektiert benutzen, das sind die Fische, die nicht wissen, dass sie im Aquarium der Schallwellen schwimmen. Sie tun so, als wäre das Medium Radio gar nicht existent, sie sprechen einfach los und tun so, als würden sie nicht mittels eines Mediums mit uns sprechen. Die Künstler sind die einzigen, die uns zeigen und hörbar machen: Wir sind im Aquarium der Schallwellen. Das ist die wichtige Botschaft der Radiokunst. Die Eigengesetzlichkeit des Mediums verlangt ein Medienbewusstsein. Die Fische haben kein Aquariumsbewusstsein. Aber Radiokunst zeichnet sich dadurch aus, dass sie ein Medienbewusstsein hat, dass ihr bewusst ist, welche Eigengesetzlichkeiten das Medium hat.

Wann und bei wem ist der Begriff Radiokunst aufgetaucht? Komischerweise – und typischerweise – waren das nicht Radiotechniker oder Radiointendanten, sondern der Komponist Kurt Weill. Er hat 1925 für die Programmzeitschrift »Der deutsche Rundfunk« den Artikel *Möglichkeiten absoluter Radiokunst* (Weill, 1925) verfasst. Er hat das Wort gewissermaßen eingeführt und hat sogleich darauf hingewiesen, dass es in der Radiokunst nicht nur um Texte geht, sondern ebenso um Töne und Rhythmen der Musik, um Klänge aus anderen Sphären, um Rufe menschlicher und tierischer Stimmen, um Naturlaute, das Rauschen der Winde, die Geräusche von Wasser und Bäumen. Und darüber hinaus um ein Heer neuer, noch nie gehörter Klänge und Töne, die das Mikrofon selbst auf künstlichem Weg erzeugen kann, wenn Klangbilder erhöht, vertieft, mithin künstlich verändert werden. Weill hat früh erkannt, dass Radiokunst eine apparative Kunst ist, in der es nicht nur darum geht, Naturgeräusche abzubilden, sondern auch ungehörte, neue, künstliche Geräusche zu erzeugen.

Damit war von vornherein klar, dass Radiokunst immer interdisziplinär angelegt ist. Daher ist es auch so schön, dass der Bayerische Rundfunk den Titel *Medienkunst* in seiner Titelliste führt und intermediale Projekte als solche annonciert. Von Anfang an war Radiokunst Experiment mit Literatur und Musik. Sie war immer schon Bildende Kunst und Performance. Die von Künstlern gemachten Werke der Radio-Art arbeiten mit Geräuschkompositionen, mit Aktionen, Performances und in heutiger Zeit auch mit Satelliten, Klangskulpturen, Soundscapes, Netzprojekten usw. Die Ursprünge dieser Radio-Art – das wissen wir – kommen aus der modernen Kunst. Von den Futuristen etwa und deren Entdeckung des Geräusches ab 1913, siehe das Manifest von Luigi Russolo *Die Kunst der Geräusche.* Seitdem hat sich die Beschäftigung mit dem Geräusch immer mehr verbreitert bis in die Popmusik.

Von Edgar Varèse stammt der Vorschlag, nicht mehr von Musik, sondern von »organisiertem Ton« zu sprechen. Das ideale Medium für diesen organisierten Ton ist in Wirklichkeit das Radio, nicht der Konzertsaal. Ich sage immer: »Was ist Sound-Art? Was ist Hörkunst? – Alles das, was im Konzertsaal nicht gehört wird, weil im Konzertsaal nur Musik stattfindet.«

Das Medium Radio war in den 1960er Jahren, von Mailand bis Stockholm, von Köln bis Freiburg, Heimstatt für die größten neuen Musiker. Es war ein großes, heroisches Zeitalter, in dem Künstler von Karlheinz Stockhausen bis Luciano Berio im Radio ihr Medium hatten. Heute sind neue experimentelle Künstler im öffentlichen Rundfunk eher eine Seltenheit. Aber ich bin mir ganz sicher und sehe es schon: Mit dem zehnten Jubiläum der *ARD Hörspieltage* beginnt eine zweite heroische Periode für die Radiokunst.

Noch wichtig zu erwähnen ist der tschechische Kunsttheoretiker Karel Teige, der 1928 den Titel *Poesie fürs Hören* entworfen hat. Er schrieb: »Wie man mit dem Film Gedichte realisieren kann, die aus Licht und Bewegungsgeschehen komponiert sind, so schafft man eine radiogene Poesie als neue Kunst von Tönen und Geräuschen, die gleichermaßen von der Literatur, Rezitation entfernt ist wie von der Musik« (Teige, 1968, S. 103 f.) Das ist genau der Punkt: Mit Radiokunst kann man Literatur übersteigern und Musik übersteigern, man kann etwas Neues schaffen. »Die radiogene Poesie ist eine Komposition von Klang und Geräusch, in der Wirklichkeit aufgezeichnet, aber zu einer dichterischen Synthese verwoben« (Teige, 1968, S. 104).

Ein erstes wirklich interessantes künstlerisches Radioexperiment in Deutschland wurde 1924 von Hans Flesch gemacht, also 14 Jahre vor *Krieg der Welten* von Orson Welles: *Zauberei auf dem Sender* hieß der schöne Titel, der tatsächlich nur mit den Radiowellen gespielt hat. Flesch hat sich zunächst einen Spaß erlaubt, denn er hat angefangen mit den natürlichen Wellen, dem Walzer *An der schönen blauen Donau,* den Wasserwellen also. Und dann hat er die Wasserwellen verformt, überformt, übertönt durch die elektromagnetischen Wellen und hat eine Mixtur geschaffen aus Zahlen, Musik, Hundekläffen, aus der Stimme eines Moderators. Sie sehen, das Radio ist verrückt geworden, hat Flesch immer behauptet. Das war der Slogan, den er sich ausgedacht hat: Das verrückte Radio. Das ist eine tolle Arbeit gewesen!

Ich habe schon hingewiesen auf die heroische Zeit in Europa, in der nicht zuletzt die Künstler der Neuen Musik von Pierre Schaeffer in Paris bis zu John Cage in Köln ihre Werke tatsächlich im und für das Radio geschaffen haben.

1966 hat John Cage seine *Radiohappenings* gemacht. Nur das Radio hatte ja die technischen Voraussetzungen und die Geräte, mit denen man solche Arbeiten machen konnte. Nach diesen wildbewegten 1950er und den beginnenden 1960er Jahren, in denen die Neue Musik das Radiospiel nach vorne gebracht hat, waren es in den 1960er und 1970er Jahren die experimentellen Dichter, die sich auf das Radiohörspiel konzentriert haben. Schließlich kamen auch die Bildenden Künstler wie Wolf Vostell oder Dieter Roth hinzu, die eingeladen wurden, radiophone Spiele in den Rundfunkstudios zu entwickeln. Diese Künstler haben dann genau jenen Charakter der Ereigniskunst, des Performativen zwischen Hörer und Sender, verdeutlicht und sie haben – wie Mauricio Kagel – auch das Medium Radio, die Aufnahmesituation oder eben auch die Studiosituation zum Gegenstand von Hörspielen gemacht. Was sich wunderbar getroffen hat mit den Medientheoretikern, die damals zum ersten Mal aufgetaucht sind. Beispielsweise hat Marshall McLuhan in seinem berühmten *Understanding Media* geschrieben: »Das Radio ist wie jedes Medium mit einer Tarnkappe versehen« (McLuhan, 1992, S. 345 f.). Ich habe es vorhin erwähnt: Es ist unsichtbar wie beim Fisch im Aquarium. »In noch stärkerem Maße als das Telefon oder der Telegraf ist der Rundfunk eine Erweiterung unseres Zentralnervensystems, dem nur die menschliche Sprache selbst gleichkommt« (S. 346). Das waren hohe Ansprüche: »eine Erweiterung unseres Zentralnervensystems«, eine steile Vorlage. »Ist nicht die Tatsache, dass das Radio auf jene ursprüngliche Erweiterung unseres Zentralnervensystems, auf jenes uralte Massenmedium der Sprache einer Gruppe abgestimmt ist, eine Überlegung wert?« (S. 346). Genau das ist es, was wir hier bei den *ARD Hörspieltagen* machen: Überlegungen anzustellen über das Medium Radio als Kunstmedium.

Ich möchte ein paar Anregungen für die nächsten zehn Jahre *ARD Hörspieltage* geben. Das Radiokunstwerk besteht, wie wir gesehen haben, nicht nur aus Literatur, sondern die Radiokunst ist durch die Impulse der Bildenden Kunst, der Performance, der Aktion und des Theaters deutlich weitergekommen. Deswegen ist es auch so wunderbar, dass wir Robert Wilson mit seinem ersten Hörspiel hier bei den Hörspieltagen haben. Künstler aus anderen Gattungen machen deutlich, dass man im Radiokunstwerk über experimentelle Literatur und über experimentelle Musik hinausgehen kann. Sie werden die visuellen Künste, die performativen Künstler, die Happening-Künstler, die Aktionskünstler, die Medienkünstler hier erleben können. Sie sollten immer deutlicher ein Teil der Radiokunst werden, weil sie von außen Impulse geben und medieneigene Reflexionen anstellen können.

Ich schlage vor, nicht von Hörspiel zu sprechen, sondern von radiophoner Hörkunst oder gleich von Radiokunst, nicht von Audio-Art, weil Audio-Art überall stattfinden kann, auch im Museum. Radiokunst ist mehr als Audio-Art. Im Grunde könnten wir eigentlich statt *ARD Hörspieltage Radiotage* sagen, denn das Radio kommt als Medium zu sich nur in der Kunstform. Ich hoffe, dass ich diese Perspektive und Überzeugung anlässlich des zehnjährigen Jubiläums der *ARD Hörspieltage* verstärken kann – und ich bin zuversichtlich, dass es in dieser Richtung in den nächsten Jahren weitergehen wird.

Radiokunst ist akustische Ereigniskunst, der performative Aspekt liegt im Band zwischen Sender und Empfänger, zwischen Künstler und Hörer und vor allem zwischen dem technischem Produktions- und dem Distributionsapparat. Denn der Ort des Ereignisses ist ja nicht nur das Studio, sondern er findet sich auch dort, wo das Werk empfangen wird. Und empfangen werden kann es prinzipiell überall. Hier im Studio des ZKM, nebenan in einem Raum der Hochschule für Gestaltung, überall in ganz Deutschland – der mobile Empfang ist längst Alltag. Der Ort des Empfangs ist also ubiquitär. Insofern hat das Radio etwas, das keine andere Kunstform aufweist: Es ist simultan – eben als Ereigniskunst – und es ist gleichzeitig ubiquitär. Das kann kein analoges Kunstmedium. Ein Werk der Bildenden Kunst etwa kann nur im Museum gesehen werden, während hingegen das Radio die Möglichkeit hat, überall wahrgenommen zu werden. Insofern ist das Radiomedium das erste wirklich demokratische Massenmedium.

Nun ist es leider so, dass durch den Druck der Quote das Massenmedium gewissermaßen verkommt. Das ist kein Vorwurf, der primär an die Rundfunkintendanten geht, sondern ebenso an die Künstler selbst. Man sollte zum Vergleich einmal auf eine andere Disziplin schauen, eine Disziplin, die sich nicht der Quote unterwirft: Ich meine die Wissenschaft. Die Wissenschaftler machen keine Quote! Wenn bei uns die Leute fragen: »Ihr seid doch ein Museum, wo sind denn die Busladungen von Besuchern?«, dann antworte ich immer: »Hier in Karlsruhe gibt es das KIT, das Karlsruher Institut für Technologie, mit 3.000 Forschern: Wo sind denn da die Autobusse?« Oder wo sind sie im CERN, der Europäischen Organisation für Kernforschung, das im Jahr eine Milliarde Euro von der EU bekommt? Die Wissenschaft glaubt noch an die Autonomie, an den Wert dessen, was sie tut, auch wenn es Grundlagenforschung ist und wir im Augenblick keinen direkten kommerziellen Profit davon haben. Die Forschung muss sich nicht mit Besucherquoten legitimieren für ihren riesigen Aufwand. Die Forscher behaupten selbstbewusst: »Unsere Forschung selbst hat Wert.« Die Forscher haben jenes Selbstgefühl der Autonomie. Der Kunst fehlt zuweilen dieses Selbstgefühl, die Überzeugung, dass auch die künstlerische Forschung einen Eigenwert hat. Diese Haltung muss dringend wieder verstärkt werden. In den 1960er und 1970er Jahren war das kurz der Fall. Da müssen wir anknüpfen.

Ich bin überzeugt, dass wir bei diesem Symposium die Möglichkeiten wieder erkennen und beleben können, die das Medium Radio als demokratisches Massenmedium im Bereich der Kunst nach wie vor hat. Es ist ein Medium, das zur Emanzipation der Massen dienen kann. So wie es seinerzeit der russische Filmemacher Dsiga Wertow mit seinem berühmten Text *Radio Eye* von 1929 schon angekündigt hat. Dsiga Wertow hat allerdings einen Fehler gemacht, er hat das Hörspiel beschrieben mit einer Theorie des *Kino-Auges,* des *Cinema Eye.* Wertow hat sich in der Terminologie getäuscht: Radio ist ein Hörorgan, kein Auge. Ein interessanter Fehler, aber immerhin, die Bezeichnung passt zum Kino: Die Kamera als Fortsetzung des Auges. Nur ist das Radio keine Fortsetzung des Auges, das käme allenfalls dem Fernsehen zu, sondern es ist die Fortsetzung des Ohres. Wertows Aufsatz hätte heißen müssen: *Radio Ear – Radio-Ohr.*

Ich erlaube mir, daran anknüpfend einen Appell zu formulieren: Die *ARD Hörspieltage* sollen unterstreichen, dass wir lernen können von Radiokünsten und -künstlern, von Menschen, die zum Teil aus anderen Medien kommen, nicht nur aus der Literatur oder der Musik, sondern auch aus dem Theater, aus der Performance, aus der Bildenden Kunst. Dieses Symposium möge einen Blick werfen in die Zukunft des Radio-Ohrs: *The Ear in the Digital Era.*

Literatur

McLuhan, M. (1992). Die magischen Kanäle. »Understanding Media«. Düsseldorf u. a.: ECON Verlag.
Teige, K. (1968). Liquidierung der »Kunst«. Frankfurt a. M.: Suhrkamp.
Weill, K. (1925). Möglichkeiten absoluter Radiokunst. Der deutsche Rundfunk, 26, 1625–1628.

RESPONSE Brigitte Felderer: Das Radio vor dem Radio – ein kurzer historischer Abriss

Im Vortrag von Peter Weibel ist gleich zu Beginn der Name Orson Welles gefallen. Herr Weibel hatte mir seinen geschriebenen Vortrag vorab zur Verfügung gestellt, in dem er noch mehr auf *War of the Worlds* eingeht und auf die Frage, warum diese Radioübertragung zu einer Legende werden konnte.

Ich darf an einen Vortrag erinnern, den Wolfgang Hagen hier im ZKM 2005 gehalten hat. Er passt sehr gut zu unserem Thema. *»Das Radio-Ich«, »First Person Singular« und die ventriloquistischen Stimmen. Zum frühen amerikanischen Radio und Orson Welles* lautete der Titel jenes Vortrags. Wolfgang Hagen hat darin unter anderem ein historisches Detail herausgearbeitet, das immer wieder, wenn von dieser vielbesprochenen Radiosendung die Rede ist, übersehen oder vergessen scheint:

Ausgestrahlt wurde das Hörspiel am 30. Oktober, am Abend vor Halloween, 1938. Im Juni 1938 hatte der neue Chef von CBS, William Paley, einen neuen Redakteur und zugleich Sprecher engagiert: das Stimmengenie Orson Welles. William Paley nimmt im Grunde die Figur von *Citizen Kane* vorweg, er ist milliardenschwerer Sohn eines Zigarettentycoons, seit neun Jahren im Besitz der CBS-Kette und stark unter Druck, den Marktführer NBC einzuholen. Er holte Orson Welles, der alles unternehmen sollte, um sich im Ton von der Konkurrenz NBC zu unterscheiden. Paley hatte Welles wegen seiner Stimme angeheuert, um ihn und diese gegen einen Blockbuster, gegen eine ganz andere Stimme aufzustellen und zu positionieren. Die andere Stimme war die Stimme einer Bauchrednerfigur, Charly McCarthy. Der Bauchredner hieß Edgar Bergen. Die Sendung von Edgar Bergen mit seiner Bauchrednerfigur Charly McCarthy war ein Blockbuster, sie erreichte ein zweistelliges Millionenpublikum. Die Stimme, gegen die Orson Welles angetreten war, war also keine Stimme im eigentlichen Sinn.

Orson Welles bekam als Sendeplatz den Sonntagabend mit dem Anspruch und Auftrag, gegen das Blockbuster-Doppel Bergen/McCarthy zu bestehen. Welles hatte seine wöchentliche Show nach dem Namen seiner Theaterkompanie *The Mercury Theater on the Air* genannt, und an jenem 30. Oktober 1938 lief bereits die 17. Ausgabe der Show. Welles erreichte mit seiner Sendereihe bereits 2 bis 3 % Hörer, wie ein Pionier der Radioforschung, Hadley Cantril, herausgefunden hat, was auf eine Million oder bestenfalls eineinhalb hinausläuft. Während Welles' Sendung lief, lief auch die Edgar-Bergen-Show auf dem Konkurrenzkanal. Bergen, der Bauchredner, war der Dumme, seine Figur natürlich oberklug. Es kommt eine Musikeinspielung: Dorothy Lamour singt *Two sleepy people*. Was passiert? Um viertel nach acht, als Dorothy Lamour die Schnulze zu singen beginnt, schaltet bereits jeder fünfte Hörer weg. Charly McCarthy hat ein unstetes und vermutlich sehr heterogenes Publikum zusammengeführt, und die Musik, die nur zur zwischenzeitlichen Entspannung bis zum nächsten Gag dienen sollte, brachte 20 % der Hörerschaft zum Wegschalten. Genau zu dieser Zeit, 20.15 Uhr, ist auf dem Nachbarkanal CBS *War of the Worlds* zu hören. Was die Umschalter freilich nicht mitbekommen können, weil sie schon gelaufen ist, war die viertelstündige Einleitung. Die Channel-Hopper stiegen also direkt in das dramatische Geschehen ein, sie wähnten sich als Zeugen einer authentischen Live-Reportage und gingen damit der Illusion in wunderbarer Weise auf den Leim.

Peter Weibel hat Hans Fleschs *Zauberei auf dem Sender* erwähnt und das »Radio als Tarnkappe«. Es stellt sich mir die Frage, ob das Medium wirklich unbemerkt bleibt, ob der Fisch sein Wasser wirklich nicht schmeckt?

Die historischen Versuche, Stimmen zu übertragen, könnte man – und ich bin ja angekündigt als die, die das *Radio vor dem Radio* thematisiert – auch anders lesen. Nämlich als Versuche, den Apparat, die Sprechmaschinen, die metallenen Köpfe mit den Trompeten, die Zaubertricks mit Puppen anstelle der menschlichen Stimme ins Zentrum der Aufmerksamkeit zu rücken. Sah sich das historische Publikum – und ich spreche hier vom 18. und 19. Jahrhundert – angesichts dieser akustischen und phonetischen Illusionen nicht immer mit der Frage konfrontiert: Wie geht das eigentlich? Wo kommt diese Stimme her, wie kommt sie zustande, diese körperlose Stimme aus irgendeiner merkwürdigen Sprechmaschine? Denn die Geschichte der Stimme aus dem Kästchen ist auch zu lesen wie viele andere Geschichten der Zauberkunst, der weißen Magie, die natürlich auch immer performative Wissenschaft war und die speziell die Skeptiker im Publikum hinters Licht führen sollte.

Das beste Publikum der Zauberkünstler war das skeptische Publikum, waren die Wissenschaftler, die es ganz genau wissen wollten. Die Zauberkünstler und Manipulatoren des späten 18. und des 19. Jahrhunderts instrumentalisierten das neueste Wissen um Physik und Akustik. Man könnte eigentlich sagen, sie waren so etwas wie Medienkünstler »ante litteram«.

Die Zauberkunst ist Teil einer Geschichte der Unterhaltung und ist zu interpretieren als eine Schulung der Vernunft, als ein konsequentes Aufspüren der Grenzen der Wahrnehmung und der Möglichkeiten, diese Grenzen zu überschreiten. Die folgenden Beispiele gehören zur Wissenschaftsgeschichte der Phonetik, der Akustik wie der Zauberkunst:

Was Sie in Abbildung 1 sehen, ist ein *Radio vor dem Radio*: eine Sprechmaschine. Die Sprechmaschine eines Österreichers, die vermutlich im 18. Jahrhundert auch mal in Karlsruhe zu sehen war. Wolfgang von Kempelen war ein hoher

Abbildung 1: Sprechmaschine des Wolfgang von Kempelen, um 1790, Holz, Leder, Metall, Glas, Deutsches Museum München, Objektsammlung, Foto: Deutsches Museum München

Beamter am Hof Maria Theresias und ist mit dieser Sprechmaschine und einem vermeintlichen Androiden, der Schach spielen konnte, durch ganz Europa gezogen. Er war zwar hoher Beamter und von adeliger Herkunft, aber der Aristokrat auf einer Bühne war nicht so ungewöhnlich und leicht verwechselbar mit der Rolle, die auch die Zauberkünstler der Zeit als Selbstdarstellung benutzten. Sie sind als weitgereiste Professoren und geheimnisvolle Adelige aufgetreten, um ihre Kunststücke sozusagen mit entsprechender Autorität vor dem Publikum glaubwürdig zu präsentieren. Man hatte sich ganz bewusst an dieser Grenze zwischen Unterhaltung und Wissenschaft bewegt. Viele Wissenschaftler waren gezwungen, ein zahlendes Publikum anzuziehen. Ich denke dabei an jemanden wie Ernst Florens Friedrich Chladni mit seinen Klangfiguren. Er war vielleicht der erste freiberufliche Wissenschaftler. Seine Klangfiguren waren nicht nur wissenschaftlicher Beweis, sondern boten zugleich eine gute Performance, ein überzeugendes Kunststück, ohne dass Betrug im Spiel gewesen wäre.

Die Sprechmaschine, die Sie hier sehen, befindet sich heute im Deutschen Museum in München. Sie stammt aus dem Nachlass von Wolfgang von Kempelen und ist vielleicht ein Hybrid, bestehend aus verschiedenen Prototypen. Ihre Funktionsweise muss man sich in etwa so vorstellen: Mit der rechten Hand wurden die Hebel bedient und mit der linken der kleine Gummitrichter, der mittlerweile korrodiert ist, zusammengedrückt. Er sollte eine Art Nachbildung des menschlichen Mundes sein. Für die Geschichte der Sprachsynthese ist es interessant, dass diese Apparatur mit einer einzigen stimmgebenden Quelle auskommt und nur durch die »Artikulation«, die Zufuhr der Luft durch die Quetschung dieses Mundes – wie der Erfinder selbst diesen Trichter genannt hat –, einzelne Laute formen konnte.

Aber was ein bisschen aus der Wahrnehmung gerät, ist der Kontext der historischen Aufführung. Auch das waren ja Stichworte: Wo klingt das Radio? Wo kommt das Radio an? Diese Sprechmaschine ist auf Zauberbühnen, in Hinterzimmern von Lokalen und in adeligen Salons vorgeführt worden, um ein Publikum auf hohem Niveau zu amüsieren, zu unterhalten.

Der Baron von Kempelen hat sein Publikum aufgefordert, bestimmte Worte laut auszusprechen, und hat sie dann mit der Sprechmaschine wiederholt, nachgesprochen. Ein wunderbarer ventriloquistischer Trick, wenn man so will. Man hat gesehen, was man gehört hat. Man hat gehört, was man gesehen hat. Genau um dieses Spiel ging es. Man darf auch nicht vergessen, dass die Sprechmaschine das zweite Kunststück im Programm war. Das erste bot der Androide, eine menschengroße Figur in einem türkischen Kostüm, die offenbar Schach spielen konnte – freilich ein Bluff. Die Sprechmaschine hingegen machte schon eher den Eindruck eines seriösen wissenschaftlichen Experiments. Was sie als Experiment de facto nicht zuwege bringen konnte, nämlich alle Laute menschlicher Sprachen zu artikulieren (sie verfügt über ein nur eingeschränktes Repertoire), das hat die Performance, die Nähe zur Bauchrednerei, mit dem Abfragen des Publikums, dem Wiederholen der Worte an der Maschine, bewirkt. Also, in Wirklichkeit war ein kompetenter Zauberkünstler am Werk und zugleich ein kreativer Wissenschaftler, die Verwechselbarkeit war durchaus intendiert.

Ich zeige eine andere Sprechmaschine der Zeit (Abbildung 2), sozusagen die unmittelbare Konkurrentin. Mehr als diese Zeichnung ist wohl nicht erhalten geblieben. Sie findet sich in einer interessanten Quelle aus dem Jahr 1784: Der Reiseschriftsteller Phillip Thicknesse, ein Freund Benjamin Franklins, empört sich darin über einen Schausteller, der im Nachbarhaus der Londoner Adresse, an der Kempelen zur selben Zeit seine Apparaturen zeigte, mit einer sprechenden Puppe auftrat. Thicknesse demonstriert in seinem Pamphlet, wie das Kunststück eigentlich funktionierte, und wundert sich nur, dass die Leute darauf überhaupt hereinfallen konnten.

Wie kam die Illusion zustande? In der schematischen Darstellung erkennt man einen Türstock. In dem Rahmen hing eine kleine Puppe. Sie ähnelte einem Barockengel und trug eine kleine Fanfare, durch die sie zum Publikum sprach. Reicher Federschmuck zierte ihren Kopf und verhüllte zugleich ein Sprachrohr,

Abbildung 2: Abbildung aus: William Thicknesse, The Speaking Figure and the Automaton Chess-Player Exposed and Detected, London, J. Stockdale, 1784, S. 1. Der Autor enthüllte in seinem Pamphlet die tatsächliche Funktionsweise einer vermeintlich sprechenden Puppe.

das nach oben gerichtet war. Ein zweites korrespondierendes Sprachrohr war im Türstock selbst untergebracht. Das Rohr war zwar unterbrochen, richtete jedoch den Schall, um ihn gezielt weiter zu transportieren.

Im Nebenraum befand sich eine Person, die durch verborgene Spiegel oder eine Öffnung die Szene im Nebenraum mitverfolgen konnte. Nicht selten handelte es sich dabei um einen ortskundigen Menschen, der über den aktuellen Klatsch bestens informiert war. Das zahlende Publikum konnte die Puppe sogar auf den Arm nehmen, ihr Fragen stellen und tatsächlich war eine zarte Stimme aus dem Puppenkörper zu hören. Man kündigte solche Tricks oder Kunststücke manchmal auch als *Unsichtbare Mädchen* an.

Es gibt in den *Lebens-Ansichten des Katers Murr* ein *Unsichtbares Mädchen*, das aus einer Kiste befreit wird, in die es der grausame Schausteller gesperrt hatte. Auch das eine Stimme aus einer Parallelwelt, wenn man so will aus einem *Radio vor dem Radio.*

Ich zeige einen Ankündigungszettel (Abbildung 3): Aufführungen von allerlei *Visionen und Illusionen,* darunter auch ein *unsichtbares Mädchen.* Erkennen lässt sich ein Käfig, dessen Gitterstäbe sich nach oben schlangenförmig fortsetzen. In dieser transparenten Struktur hängt eine Kugel, die an vier gegenüberliegenden Seiten jeweils ein Gesicht trägt, in jedem Mund eine Trompete. Sie schien in der Luft zu schweben, zu fliegen, und doch kam aus dieser Kugel eine Stimme.

Das Objekt (Abbildung 4) befindet sich in der Sammlung des Deutschen Museums. Ein Sprachrohr war in der Aufhängung verborgen, um die Illusion einer körperlosen Stimme zu erzeugen. Schon die Ankündigung für dieses Zauberkunststück lässt erkennen, dass es sich um einen recht populären Trick handelte.

Diesen Beispielen ließen sich andere *Invisible Ladies* oder delphische Orakel hinzufügen (Abbildung 5).

Die Fundstücke stammen aus Sammlungen, die sich der Geschichte der Zauberkunst widmen. In diesem Kontext wäre eine Mediengeschichte der körperlosen Stimmen auch zu lesen. Kempelen sowie die hier gezeigten akustischen Illusionen haben zur Theoriebildung der Phonetik beigetragen und auf dem jeweiligen wissenschaftlichen Stand ihrer Zeit aufgebaut, aber es handelt sich dabei um akustische Beobachtungen, die immer die Erfahrung des Publikums, die Rückkoppelung des Gehörs voraussetzten. Im Fall von Kempelen war eindeutig, dass er sein eigenes Gehör mit einbeziehen musste, um die Maschine zu betätigen. Er bediente sich akustischer Illusionstechnik und wollte doch zugleich gehörlosen Menschen ein Instrument an die Hand geben.

Man sah, was man hörte – und nicht umgekehrt. Man sah zuerst, amüsierte sich und verstand dann vielleicht eine sprechende Maschine – ihr technisches

Im Großherzoglichen Hoftheater

wird der Unterzeichnete die Ehre haben,

heute Montags, den 18ten November, eine einzige Vorstellung verschiedener Belustigungen

von

Visionen und Illusionen

in drey Abtheilungen zu geben.

Erster Akt.

1) Verschiedene große und kleine Automate, welche, vermöge ihres künstlich eingerichteten Mechanismus, der Gesellschaft die angenehmste Unterhaltung verschaffen werden.

2) Die Zauber-Schatulle, welche, vermöge ihrer verborgenen Kunst, äußerst überraschende Gegenstände zum Vorschein bringen wird.

3) Der magische Universal-Zauber-Tempel, welcher die Gedanken, oder sonst zu wählende Gegenstände verschiedener Personen anzeigen wird.

4) Der Diebstahl des berüchtigten Räubers Kartusch, eines der auffallendsten Experimente.

5) Die Möglichkeit zu zeigen, binnen einer halben Minute unbemerkt sich von Fuß bis zum Kopfe umzukleiden.

Zweiter Akt.

1) Das unsichtbare Mädchen.

Diese einzige in ihrer Art hier noch nie gesehene Erscheinung, welche sich den größten Beifall des Publikums in Paris,

Wien, London und Berlin, als in andern Hauptstädten erworben hat, hofft auch hier denselben zu ernten.

Diese akustische Erscheinung, so wie solche hier gezeichnet, besteht aus einer runden blauen Kugel von Metall, ganz isolirt an einem schmalen blauen seidenen Bändchen in der Luft hangend. Es steht jeder Person frey, in eines dieser Hörner hinein zu sprechen, etwas zu fragen, erkundigen, in verschiedenen Sprachen, was man will; es erhält jeder ganz deutlich eine befriedigende Antwort auf die gegebene Frage u. f. w.; auch kann man verlangen, daß das unsichtbare Mädchen einen küssen soll, und man wird dies in dem Augenblicke aus des

Hörnern fühlen, auch wird sie zugleich aus den Hörnern so viele Lichter ausblasen, als man ihr hinein hält, so daß man den starken Wind aus jedem Horn an der Hand fühlen wird; so kann man ihr vor den Trichtern zeigen was man will, so sagt sie gleich genau, was es ist. Sie lacht, sie singt, sie niest und huset, so daß man den warmen Hauch auf den Backen fühlen wird, und glaubt das Mädchen in der Kugel ergötzen zu können; sie unterhält mit ihren lustigen Gesprächen ganze Gesellschaften auf das ange-

2) Verschiedene Experimente durch Luftarten, als die Verbrennung des Stahles, Phosphor, Kampfer u. m. a.

3) Ein Feuerrad ohne Pulver und Dampf, durch brennbare Luft, auf die schönste Art verschiedene Sonnen und mehrere Figuren hervorzubringen.

4) Eine Fontaine, auf dieselbe Art, welche ihre Strahlen 18 Fuß hoch in blauem und grünem Feuer treiben wird.

Dritter Akt.

Optische Täuschungen.

Friederike Louise, Königin von Preußen, entspringt aus einem Stern unter Donner und Blitz, kommt immer näher an das Parterre, hält die rechte Hand vor die Augen, bleibt einen Augenblick stehen, und verliert sich unter einem sanften Adagio.

Zum Beschluß:

Der Kopf des Fra-Diabolo; der große Teufel genannt,

welcher die Augen bewegt, ganz kolossalisch mitten in das Parterre spaziert und verschwindet.

Die Preise der Plätze sind: 1) In allen Logen und im ersten Parterre 48 kr. 2) Im zweiten Parterre 30 kr. 3) In der Gallerie des dritten Stockes 18 kr. 4) In den Seitenbänken allda 12 kr.

N.B. Ein verehrungswürdiges Publikum wird zugleich benachrichtigt, daß bey allen diesen Vorstellungen nichts Schreckhaftes für Damen zum Vorschein kommen wird.

Abbildung 3: Theaterzettel zu einer Aufführung von »Visionen und Illusionen«, im zweiten Akt: »Das unsichtbare Mädchen«, eine akustische Erscheinung, 1849, Edition+Galerie Volker Huber, Offenbach

Abbildung 4: Unsichtbare Frau, vermutlich von 1800, großer Resonator, wissenschaftliches Instrument, 80 x 118 cm Ø, Deutsches Museum München

THE
INVISIBLE LADY,
OR
Delphic Oracle,

IS NOW OPEN

No. 1, LEICESTER SQUARE.

Where, in a Small Temple, impossible for Human Being to enter, and unconnected with any surrounding Object, will proceed a Voice, supposed to be the manner in which the

Ancients communicated with their Gods.

and, which will even describe the Dress, Motion, or any Particular, and so completely deceiving the senses, as to appear the EFFECT OF MAGIC. And there will also be produced, as if by Enchantment,

MUSIC,

From the Softest to the Highest Note, close to the Ear, in this Philosophical & Highly-pleasing

Exhibition.—*Admittance One Shilling.*

Open from Ten in the Morning, till Nine in the Evening, every Day, Sundays excepted.

Nichols, Printer, Earl's-court, Newport-street, Soho.

Abbildung 5: Delphic Oracle, Sammlung Ricky Jay, Los Angeles

Funktionieren, aber auch ihren möglichen gesellschaftlichen Nutzen. Die historische Anerkennung von Kempelen als Phonetiker basiert auch auf seiner gekonnten Inszenierung eines Effekts. Und wie man sieht, die Konkurrenz war hart.

Auf der Bühne bewies Kempelen seine Kompetenz als Zauberkünstler und in einem später folgenden Buch hielt er seine Absichten als Forscher fest. Als performender Wissenschaftler wie als mechanischer Künstler verstand es Kempelen, verstanden es aber auch seine anonym gebliebenen Zeitgenossen, ihre akustischen und phonetischen Kenntnisse genauso wie auch ihre visuelle Rhetorik einzusetzen und in dieser Verbindung zur Entwicklung (und Rezeption) von Sprachsynthese, von künstlich erzeugter Stimme beizutragen, zu einem *Radio vor dem Radio.*

Zum Schluss komme ich auf den Anfang zurück, auf den Zauberkünstler Orson Welles: Sein letzter Film hieß *F wie Fälschung,* unvollständig blieb *Magic Show,* die geplante Darstellung einer Geschichte der Zauberkunst.

Bald nach *War of the Worlds* von 1938 ging Orson Welles nach Hollywood und drehte dort *Citizen Kane,* Truffaut spricht vom ersten »radiophonen Film«. Und ich denke, der Trailer zum Film liefert uns ein wunderbares Beispiel für den Zaubertrick *Radio* an der Grenze der Wahrnehmung zwischen den körperlosen Stimmen und den stummen Körpern. Das Wort »Silence« ist im Hintergrund zu sehen und Orson Welles spricht sämtliche Rollen. Man kann auch alles hören, ohne hinzuschauen, der Trailer ist zugleich Hörspiel und Film. Er zeigt die Verfransung, um die es im Grunde immer noch geht *(spielt den Filmtrailer ab, hier Auszüge aus dem darin Gesprochenen):*

»Light! Give me a mic! Thank you.
How do you do, ladies and gentlemen? This is Orson Welles. I'm speaking for the *Mercury Theatre* and what follows is supposed to advertise our first motion picture. *Citizen Kane* is the title. We hope it can correctly be called a coming attraction, it's certainly coming – coming to this theatre. And I think our *Mercury* actors make it an attraction. I'd like you to meet them.

Speaking of attractions: Our chorus girls are certainly an attraction. But frankly, ladies and gentlemen, we're just showing you the chorus girls for purposes of ballyhoo, it's pretty nice ballyhoo.

But here is one of our real *Mercury* people – this is the first time you've seen most of them on the screen. Hey, give Joe a little light! Thanks. Now smile for the folks, Joe, smile! Joseph Cotten, ladies and gentlemen. ... Joseph Cotten, I think you're going to see a lot of him.

Here's Ruth Warrick, whom I know you'll love. Ruth, look to the camera, Ruth. We caught Ruth with her hair up.

And here's someone you've all heard on the radio, so I don't have to tell you he's wonderful: Ray Collins.

Dorothy Comingore is a name I'm going to repeat: Dorothy Comingore. I won't have to repeat it much longer, you'll be repeating it.

And here is George Coulouris who is a grand actor. I'll say that name again: George Coulouris.

Watch it! Here comes Everett Sloane ... Whoops. Everett Sloane, ladies and gentlemen, he isn't necessarily a comedian.

And here is one of the best in the world: Agnes Moorehead.

I've said a lot of nice things, but Erskine Sanford deserves some more. Erskine, Erskine Sanford.

So does Paul. Paul, Paul Stewart everybody.

Citizen Kane is a modern American story about a man called Kane, Charles Foster Kane. I don't know how to tell you about him. There are so many things to say. I'll turn you over instead to the characters in the picture. As you'll see, they feel very strong, they are the subjects:
-   Charles Foster Kane is a ...
-   he started the war, but ... the United States would have the Panama canal?
-   Charles Foster Kane is nothing more or less than a communist!
-   He, governor? Listen, when ... Mrs. Kane learns what I found out about Mr. Kane and a certain little blondie named Susan Alexander he couldn't be elected ... Mr. Charles Foster Kane alive.
-   I'm gonna marry him next week. At the White House.
-   Emily, I heard you've been stepping out with Charlie Kane.
-   Of course I love him. I gave him 60 million dollars.
-   Well, of course I love him. He's the richest man in America.
-   But all the girls say about him – at first.
-   He's crazy!
-   He's wonderful!

Ladies and gentlemen, I don't know what you will think about Mister Kane, I can't imagine. You see, I played the part myself. Well, Kane is a hero and a ... no account for this well guy, a great lover, a great American citizen and a dirty ... It depends on who's talking about him. What's the real truth about Charles Foster Kane? I wish you'd come to this theatre when *Citizen Kane* plays here and decide for yourself.«

FOCUS & ECHO 1

Mit: Brigitte Felderer und Peter Weibel
Moderation: Jenni Zylka

Frage aus dem Publikum:

Wie könnte die Zukunft der Radiotechnologie aussehen? Gerade aus der Sicht meiner Generation, in der der Fisch quasi selbst bestimmen kann, in welchem Wasser er schwimmt, ist das interessant. Im Internet kann man alles Mögliche speichern, festhalten und dann selbst bestimmen, was man wann anhört oder anschaut. Das ist doch der große Unterschied zum althergebrachten Radio: Die neuen Medien kennen diese Simultaneität von Radioereignissen nicht. Dazu würde mich Ihre Meinung interessieren – zum *Radio nach dem Radio* sozusagen.

Felderer:

Wenn wir über die Geschichte des Radios sprechen und ich Beispiele bringe aus dem späten 18. oder aus der ersten Hälfte des 19. Jahrhunderts, dann scheint mir das im Grunde noch nicht so lange her. Und noch viel näher sind uns die 20er oder 30er des 20. Jahrhunderts. Seither hat sich die Mediengeschichte allerdings mit ungeheurer Rasanz entwickelt. Und trotzdem ist festzuhalten, dass das Radio und sein Gebrauch in gewisser Weise nach wie vor konstant geblieben sind. Für die Hörer hat es nach wie vor diese Qualität der Strukturierung des Tages.

Die wilden Panikreaktionen nach *War of the Worlds* haben uns gezeigt, wie Radio auf ein Publikum zugreifen und Emotionen auslösen kann. Natürlich verdankt sich das auch der Tatsache, dass man Beiträge eben nicht beliebig abrufen konnte, sondern dass es dieses »channel-hopping« gab und man mittendrin einstieg. Vielleicht ist die Tagesbegleitung, das lineare Programmhören etwas altertümlich am Radio, aber es ist eine Qualität. Ich würde das nicht historisch gegeneinander bewerten. Für mich gibt es kein Radio nach dem Radio. Das Radio ist ein lebendiges Medium, das man immer noch in seiner klassischen Programmfolge hört.

Mich interessiert im Gegenzug die Frage: Wie viel Radio hört ihr eigentlich, wenn ihr solche Fragen stellt? Wie exotisch ist für euch vielleicht das Radio schon geworden?

Reaktion aus dem Publikum:

Ich persönlich? Ich höre nicht viel Radio.

Felderer:

Ja, das habe ich mir fast gedacht.

Weibel:

Also, ich möchte auch noch auf die Frage antworten. Ich habe die These vorge-stellt, dass das Medium selbst unsichtbar bzw. unhörbar sei. Um genau *darauf* hinzuweisen, gibt es in Orson Welles' Trailer, den wir gesehen und gehört haben, eine künstlerische Strategie: Die technischen Mittel, mit der die Zauberei auf der Leinwand hergestellt wird, werden als Mittel der Illusionsbildung ins Bild gerückt. Man hört die Stimme von Welles, aber man sieht nur das Mikrofon, nicht ihn. Das ist eine wunderbare künstlerische Lösung.

Später haben Leute wie Handke oder Kagel das Aufnahmestudio selbst zum Gegenstand ihrer Arbeiten gemacht. Und Dieter Roth hat ein Hörspiel produ-ziert – relativ misslungen, aber die Idee war gut –, bei dem er betrunken ins Studio ging und sagte: »Ist das das Mikrofon? Bist du der Techniker? Wie nahe soll ich gehen?« Alle die Probleme, die man hat, wenn man betrunken ein Hör-spiel herstellen will, hat er artikuliert. Man kann also die Umstände und Mittel für eine Produktion auch reflektiert behandeln. Und ein Bewusstsein für das Medium herstellen. Was auch im Trailer von Welles sehr schön zu sehen ist.

Brigitte Felderer hat wunderbare Apparate gezeigt, unsichtbare Medien sozu-sagen: die unsichtbare Lady. 1989 habe ich in der Städelschule in Frankfurt das Institut für Neue Medien gegründet. Die Städelschule war damals eine Hoch-burg von Malern wie Immendorff oder Kirkeby. Sie machten sich gern ein wenig lustig und sagten: »Ah, der Peter Weibel, der Leiter des Instituts für Neue Mädchen«. Das sollte ein Witz sein, sie haben vermutlich nicht gewusst, dass es tatsächlich eine gewisse Verbindung von den *Unsichtbaren Mädchen* zu den *Unsichtbaren Medien* gibt. Das Radio macht normalerweise das Medium selbst unsichtbar bzw. unhörbar. Aber es besteht immer die Möglichkeit, dass man es sichtbar und hörbar werden lässt.

Die *Musique concrète* hat dieses Problem auch schon gehabt. Wenn ich ein Geräusch aufnehme, weiß ich, woher das Geräusch kommt. Ich höre ein Auto-geräusch und weiß, das Geräusch kommt von einem Auto. Und wenn ich auf einen Boden klopfe, dann weiß ich, das ist ein Holzboden oder ein Teppichbo-den. Man kann normalerweise ziemlich genau hören, was die Quelle des Klangs ist. Mithilfe der Klangquelle, wie oft im Hörspiel, besonders im Kriminalhörspiel, erzähle ich eine Geschichte. Der Klang wird gewissermaßen zu einer Anekdote in einer Narration. Bei den Musikern der *Musique concrète* gab es zwei Schu-len. Die einen wollten den konkreten Aspekt der Musik, die Anekdote, vertie-fen. Das war zum Beispiel der Ansatz von Luc Ferrari. Pierre Schaeffer sah das ganz anders: Er wollte, dass auch das Geräusch abstrakt ist. Auf diesen Unterschied spielt übrigens auch der Untertitel unseres Symposiums an: *Zwischen Abstraktion und Narration.*

Wenn ich ein Geräusch erkenne, also eine knarrende Tür oder einen knarzenden Holzboden, kann ich damit eine Geschichte erzählen. Oder ich behandle das Geräusch bewusst abstrakt und kann mit dem Material komponieren, ohne die Klangquelle zu bezeichnen. Im Radio habe ich vielfältige Möglichkeiten, mit Stimme, Klang und Sound, auch mit der Zeit auf sehr abstrakte Weise zu operieren. Eine weitere künstlerische Möglichkeit besteht darin, mit der Rezeption zu spielen. Das hat allerdings noch kaum jemand gemacht. Außer einmal Handke. Ich will Ihnen das Beispiel eines jugoslawischen Künstlers geben: Er hat mit Taxifahrern gearbeitet. Die hören Radio, sind ständig in der Stadt unterwegs und haben dadurch immer eine andere Position. Diese Positionen wurden in eine Galerie übertragen und der Künstler hat dort aus den Positionsbestimmungen der Taxifahrer eine unsichtbare Skulptur gemacht. Nur wer schlau genug war und diese Frequenz und die Ortsangaben zusammenaddieren konnte, hat die Skulptur gesehen. Ich meine, dass es auch darum gehen könnte, die Popularität des Mediums und seine Rezeption verstärkt aufzunehmen in die künstlerische Produktion.

Felderer:

Was ich gerne ergänzen würde, weil Sie auch das Fernsehen am Rande erwähnt haben: Ein Beleg für die Magie des Massenmediums war und ist für mich Uri Geller. Das Medium Fernsehen wirkte so unsichtbar, dass es sogar in den analogen Bereich hinein funktionierte und Löffel verbog. Solche Suggestivkraft und solche Öffnung von Vorstellungsräumen ist kaum zu überbieten. In gewisser Weise lebt auch der Trailer von Orson Wells von der Suggestivkraft. Zuerst kommt die Stimme – die Bilder holt man hinterher hinein. Mit solcher Suggestion spielte Orson Welles sehr gezielt. Was aber kaum zu toppen ist, ist die Vorstellung einer unsichtbaren Manipulation eines Zauberkünstlers über die Bildschirme hinweg, siehe Geller. Ich frage mich, ob dergleichen auch über die sogenannten »neuen« oder handfesteren Medien funktionieren kann. Schauen wir mal!

Performance des Wortes

Die Sprache ist ein Virus, wie die Rockmusik weiß, und die Wörter sind lebendig. Sie können brachial agieren, sich teilen, zerfallen, sich neu zusammensetzen und der Wirklichkeit Paroli bieten. Sie können miteinander streiten, sich versöhnen und sich vereinen. Hier sind drei Künstler, drei Positionen, mit Wort und Sound zu performen. Zwei Studierende der Staatlichen Hochschule für Gestaltung Karlsruhe skizzieren die Performances.

Gaby Hartel und Marie-Luise Goerke

Michael Lentz: *Drive*

Der Künstler, Schriftsteller, Musiker und Lautpoet Michael Lentz. Ganz ruhig steht er auf der Bühne und erklärt, man wohne jetzt einer Performance bei, die einen gewissen didaktischen Anteil habe. Übergangslos der Wechsel in eine Wortakrobatik zwischen Nonsens und Dada. Seine Performance nennt er *Drive*, »Musikalität der Worte, um die Dynamik der Poesie auf die Bühne zu bringen«. Er spielt mit Anagrammen und stimmt seine Stimme, er spricht Sprechtexte, und dann spricht er Sprechtexte nach. Nach und nach hört man sich ein, doch dann verdoppelt sich seine Stimme, es ist die Elektrokonserve seiner Stimme, die man hört, vervielfacht und verändert, nicht verfälscht, sondern mit sich und in sich verwechselt. Lentz geht dabei von der Metaperspektive des didaktischen Erklärens in einen hochemotionalen Stimmklangfuror der Wortfragmentkaskaden über, der dann auch für eine geraume Zeit seine Performance beherrscht.

Dann fängt er an, zuerst sein Auditorium und dann die Elektronik und dann sich selbst und schließlich alle darüber aufzuklären, »dass sich daran – auch nichts – ändern – wird«. Daran ändert sich selbst dann nichts, als er die Bühne verlässt und seine Stimme aus den Lautsprechern weiter skandiert, »dass sich daran – auch nichts – ändert«, um dann, in einem letzten Akt der didaktischen Gnade – als Michael Lentz selbst – sich selbst, die Elektronik und das Publikum aus der Endlosschleife »dass sich daran – auch nichts – ändert« zu befreien. Nicht ohne die lapidare Anmerkung, das sei schließlich eine didaktische Veranstaltung.

Markus Vögele

John Giorno: *Introspection*

John Giornos jüngste Arbeiten, *Memoirs,* sind Introspektion und Wiedergabe vergangener Augenblicke aus seinem Leben. Giorno wird zum Geschichtenerzähler seiner eigenen Realität – in Rhythmus und Dynamik.

Seine Performance zu *Introspection – Lorca, please help me* umschreibt die Wege eines jungen Künstlers am Anfang seines Studiums, der in Parallelen zu seinem Idol seinen eigenen Ausdruck sucht. Seine ästhetisierte Wiedergabe der eigenen Realität äußert sich in seinen Memoiren durch Wiederholung und Rhythmisierung einzelner Sätze und Zeilen. Die Stimme wird zum reinen Medium der Wiedergabe; sie nutzt Dynamik als Betonung und Akzent einzelner Passagen. Die rhythmische Wiederholung einzelner Sätze und Wörter eröffnet einen ekstatischen Raum des Gefühls.

John Giorno erschafft so nicht nur ein Denkmal für Federico García Lorca, sondern erweckt eine Zeit zum Leben, die weit weg von der heutigen ist; eine Zeit, die unserem zeitgenössischen Erleben eigentlich fremd ist.

Franziska Vogel

Thomas Meinecke + Move D: *Fragmentation*

Thomas Meinecke und Move D: *Fragmentation* – ein Ausschnitt aus der Produktion *Freud's Baby,* die die Präliminarien der historisch überlieferten Operation von Sigmund Freud und Wilhelm Fließ an der Nase von Emma Eckstein thematisiert – die aber, im Unterschied zur Originalproduktion 1999 für den Bayerischen Rundfunk, nicht mit Computern, sondern lediglich mit Synthesizer, zwei Plattenspielern und zwei Mikrofonen realisiert wird.

Die Sounds von Move D füllen den Raum, Thomas Meinecke setzt die Brille auf, verlesen wird ein Text: »I am looking forward to a congress as to the slaking of hunger and thirst […]«, »Sigmund Freuds unbefleckte Empfängnis durch das Ohr, der Jungfrau Maria gleich […]«, »After the death of Christ, all jewish men, like women, suffer menstruation […]«.

Synthesizerklänge bewegen sich stereofon von links nach rechts und zurück. Move D und Thomas Meinecke stimmen sich ab. Worüber? Weiter im Text. Ein rhythmisches Konstrukt aus den beiden Plattenspielern nistet sich langsam im Ohr ein. »Der Topos des jüdischen Mannes als eine Frau …«, »… Gebilde der Differenz …«. Hellere Töne: »Freud's Baby, Fließ' maybe«, »After the frightful labour pains of the last weeks I gave birth to a new piece of knowledge«, »Sigmund Freud, Wilhelm Fließ' Baby austragend«, »Parallelen zwischen Nasen-

bluten und Menstruation, Abort und Abortus ...«, »der jüdische Mann als mas-
turbierendes Weib ...«.

Markus Vögele

FOCUS & ECHO 2

Mit: John Giorno, Michael Lentz, Thomas Meinecke und David Moufang
(Move D)
Moderation: Jenni Zylka

Frage aus dem Publikum:

Eine Frage an alle Beteiligten des Podiums: Sie gehen sehr unterschiedlich mit
Musik und Rhythmus um, bei Herrn Meinecke und Move D haben wir das
deutlich und präsent gehört, bei Herrn Lentz gab es eine kleine Klang- und
Geräuscheinlage am Ende und auch bei Herrn Giorno kann man immer einen
Rhythmus erkennen, der die Performance begleitet. Inwieweit beeinflusst denn
Musik und Rhythmus Ihre Arbeit?

Giorno:

Wenn ich ein Gedicht schreibe, ob am Computer oder von Hand, ist es äußerst
wichtig, dass ich die Worte laut aufsage, so wie sie in meinem Kopf entstehen.
So weiß ich, wie sie klingen und wie sie verbunden sind, wenn ich sie in einem
Gedicht zusammenfüge. Ich arbeite mit dem Klang in jeder Phrase, die mehr
und mehr wächst, während ich sie aufsage, das ist ein Teil des Schreibprozes-
ses. Der eigentliche Schreibprozess besteht natürlich darin, die Worte nieder-
zuschreiben – aber es passieren diese beiden Dinge gleichzeitig.

Lentz:

Jedes Sprechen hat ja schon einen Rhythmus. Wenn ich versuche, ganz normal
mit Ihnen zu sprechen, dann hat auch das einen Rhythmus. Es gibt kein monotones Sprechen, es gibt nur monotones Sprechen im Kontrast zu einem anderen Sprechen. Ich kann nicht singen – zum Glück –, aber es interessiert mich
natürlich, was man mit der Stimme in einem Vortrag oder einer Lesung jenseits
von experimentellem Gesang und jenseits von Rap oder Poetry-Slam machen
kann. Ich habe dafür einen gewissen Bereich entdeckt, der vom Turbosprechen
bis zu unvorhergesehenen Tonhöhenvariationen reicht, der Verlangsamungen

oder Verschnellungen kennt, die je nach Text – ich versuche das nicht beliebig zu machen – quasi auf den Text aufgepfropft werden, so dass im besten Falle Text und Stimme nicht mehr voneinander zu trennen sind.

Meinecke:

Auch beim Schreiben von Romanen lässt sich dieses Bedürfnis nach dem Rhythmus gar nicht unterdrücken. Lieber ein falsches Wort, das die richtige Silbenzahl hat, als ein richtiges Wort mit der falschen Silbenzahl. Da kommt man, glaube ich, nicht ganz drum herum. Obwohl es Leute gibt, denen das weniger wichtig ist, andern dafür umso mehr. Meine Zusammenarbeit mit David Moufang zum Beispiel, die jetzt schon 16 Jahre dauert, hat damit zu tun, dass ich ein ganz großer Fan seiner Techno-Platten bin, die mit Rhythmus auf eine total intelligente Weise umgehen, und dass man auch einmal aus dem »Knast« dessen, was ein Prosatext bedeuten kann, rauskommt und die Bedeutung teilweise suspendieren und Narration eben auch mal ganz anders pflegen kann. In der Zusammenarbeit mit David ist das für mich ein absoluter Glücksfall.

Frage aus dem Publikum:

Was kommt in dieser Zusammenarbeit zuerst? Text oder Ton? Wie arbeiten Sie zusammen?

Moufang:

Also in der Regel ist der Text zuerst da. Wenn wir zum Beispiel einen Roman von Thomas als Grundlage benutzen. Aber es gab auch die Ausnahme: Bei *Übersetzungen* stand das Konzept oder die Idee am Anfang, die Wörter oder der eigentliche Text wurden auf die Musik hin ausgesucht. Insgesamt würde ich sagen, es ist immer eine extreme Verzahnung von beidem. Ein Text ist unter Umständen auch noch in Blöcken variabel und kann dann ausgetauscht werden, damit er dem »flow« besser entspricht, aber die Zusammenarbeit geht in jedem Fall immer eng verzahnt vonstatten.

Meinecke:

Ja, verzahnt. Meine Traumvorstellung ist es, ganz zur Musik zu kommen und trotzdem noch Wörter dabei zu haben. Das ist eben das Tolle der Arbeit im Sonischen: Viel mehr auf der Geräuschebene und der Klangbasis zu landen und das Lästige dessen, was halt auch erzählt werden muss, etwas hinter sich zu lassen. Die Traumvorstellung ist, den Ballast des schon vorher da gewesen Textes möglichst abzuwerfen oder eben wie bei *Übersetzungen/Translations* gleich ganz auf einem gemeinsamen Nenner Musik und Text zusammen zu generie-

ren. Das hat uns allerdings auch einen Verriss namens *Bum-bum-bum* einge-
bracht. Als wir mit dem Stück den Karl-Sczuka-Preis gewonnen haben, schrieb
die NZZ: *Bum-bum-bum*. Der Rhythmus ist also auch immer etwas Verdäch-
tiges, vor allem der gerade Rhythmus. Aber der gerade Rhythmus bildet auch
die Säulen eines salomonischen Tempels namens *Clubnacht*.

Frage aus dem Publikum:

Eine Frage an Michael Lentz und John Giorno: Inwieweit bilden die Texte den
Vorgang des Erinnerns ab?

Lentz:

Erinnern und Wiederholen. Das sind ja so zwei merkwürdige Geschwister.
Wobei die Erinnerung in der Wiederholung der Erinnerung ja oft nicht die Erinnerung an etwas Vorgefallenes oder etwas Geschehenes ist, sondern die Erinnerung an die letzte Erinnerung – wenn man Glück hat. Das setzt dann zum
Glück mit dem Alter langsam aus. Das heißt: Wiederholen als Erinnerung ist
immer mit Verlust verbunden. Bei meinen Anagrammen ist solche vielstellige
Erinnerung quasi eingefangen. Die Texte zeigen zugleich, was auch hätte sein
können, die Möglichkeiten werden Zeile für Zeile befreit. Wenn man sagt, dass
die Anagrammzeile im Verborgenen viel anderen Text enthält, so muss man
geschickt sein, den Text möglichst sinnstiftend zu befreien. In der Wiederholung
der Stimme setzt natürlich schon – wie ich es mache – beim schnellen Sprechen
Erinnerung ein. Irritierend wären Erinnerungen wie »Wie hast du's mal früher
gemacht? Irgendwas stimmt hier nicht!«. Das wäre nicht gut. Das würde stören.
Der Idealfall beim Sprechen ist, etwas so zu wiederholen, als würde man es das
erste Mal machen. Nur so kann ich mir vorstellen, die Stücke, die teilweise neu
sind, teilweise aber auch recht alt, überhaupt noch vorzutragen.

Giorno:

Nun, ich habe eine Theorie zu meinen Gedichten, nämlich dass Worte, aus denen
für den Dichter ein Gedicht wird, Weisheit enthalten – das macht ein Gedicht
zu einem Gedicht. Diese Worte kommen also aus der Weisheit und sie kommen aus einem Leerraum, wenn sie unseren Geist erreichen. Geist im Sinne
von »wo auch immer der Geist ist«, nicht gleichbedeutend mit Gehirn. Worte
kommen also aus der Leere und wenn sie kommen, dann erkennt man sie als
Worte. Als Dichter schreibe ich sie im Computer auf, wie ich schon sagte, und
dann fängt man an, mit ihnen zu arbeiten. Und zu den Wegen der Erinnerung:
Wenn ich diese Worte aufsage, kommt die in den Worten enthaltende musikalische Qualität zum Vorschein. Wie jede Phrase, die ich zuvor erwähnt habe. Wie

man sie vor sich hersagt, bleiben sie im Kopf wie all diese dummen Lieder, die man auswendig kennt, deren Melodie man sofort singen könnte. Wenn in meinem Geist ein Gedicht auf solch einer Ebene ankommt wie ein dummer Rocksong in meinem Gedächtnis, dann ist das der Moment, in dem ich das Gedicht jedes Mal identisch abrufen kann. Wie ein Rocksong, von dem man weiß, dass er niemals die Worte ändert, die Worte werden durch die Musik vererbt. Das ist also meine kleine Kunstfertigkeit, die ich nutze, wenn ich ein Gedicht schreibe: aufsagen und auswendig lernen. Wenn ich ein Gedicht auswendig lerne, ändert es sich bei der Performance nie, denn es ist wie ein Song.

ART SLAM Magne Furuholmen: Everybody is a Composer

Moderation: Jenny Zylka

Moderatorin:

Lassen Sie mich mit meiner Frage zu Ihrer künstlerischen Technik beginnen: Sie arbeiten mit vielen verschiedenen Materialien und Techniken in vielen verschiedenen Medien und Sie arbeiten auch mit Zuschauerfeedback. Würden Sie uns darüber etwas erzählen?

Furuholmen:

Also, es ist so: Parallel zu meinem Leben als Musiker habe ich schon früh eine Tätigkeit als Bildender Künstler verfolgt, die viele verschiedene Medien involviert – eher traditionelle Medien eigentlich. Aber nach einer Weile hatte ich das Gefühl, dass der interessanteste Raum für mich irgendwo zwischen diesen beiden Feldern liegt – Popmusik und Bildender Kunst. Und darum habe ich in letzter Zeit einige Projekte mit der Band *Apparatjik* gemacht, auf die ich später noch zurückkommen werde.

Ich habe einige Projekte durchgeführt, die Menschen mit einbeziehen, die meine Arbeit kennen, unsere Arbeit, als eine Form von Interaktion und als Quelle von Content. Ich habe ein paar Arbeiten von mir ausgewählt, die für dieses Symposium relevant sein könnten – das mit *Apparatjik* ist dabei eine Art Schlüsselprojekt. Der Titel dieses Vortrags, *Everybody is a Composer,* stammt von einem Installationsprojekt, das wir 2011 in der Neuen Nationalgalerie in Berlin vorgestellt haben.

Die Arbeiten, die ich für Sie ausgewählt habe, sind nur ein kleiner Ausschnitt von Dingen, die ich gemacht habe. Das erste Mal, dass ich wirklich die Rolle von Produzent und Rezipient hinterfragt habe, war bei der Aufnahme meines ersten Soloalbums *Past Perfect, Future Tense*. Ich habe eine Webseite erstellt, auf der ich meine Fans gebeten habe, Inhalte bereitzustellen. Und ich habe alle Wörter, die in den Songs vorkommen, zusätzlich auf die Webseite gestellt. Das sieht jetzt nach einem ziemlichen Kauderwelsch aus. Aber wenn man auf das Wort »perfect« klickt, wird es zu einer Liste von allen Wörtern der Songs, wie sie auf dem Album erscheinen, und da, wo man fettgedruckte Wörter sieht, haben Menschen ein Wort oder einen kleinen Teil eines Satzes interpretiert. Viele Witze tauchten auf, einige sehr nachdenkliche Sachen tauchten auf, und es war hauptsächlich ein nicht kuratiertes »Bitte füllt dies mit Inhalt aus, bitte macht mich zu dem, was Ihr denkt, das ich sein sollte!«. In diese Richtung bin ich seither immer weitergegangen.

Scrabble war ein Projekt, um das mich ein Museum gebeten hatte. Ich sollte ein Klangstück entwerfen, das ein Werk der permanenten Ausstellung interpretiert. Mir gefiel die Idee, etwas zu tun, das einen größeren Zusammenhang herstellte, und so lud ich die Leute online dazu ein, eine Version von mir in Puppenform zu schicken. Meine Anregung lautete, warum macht ihr mich nicht so, wie ihr mich seht, wie ich war, wie ich sein sollte, wie ihr denkt, was die ideale Version ist. Ich habe ein paar hundert sehr hübsche und ein paar sehr seltsame Puppen erhalten. Hier einmal einige Fotos von der Installation *(zeigt Bilder)*.

Moderatorin:

Welche Puppe ist Ihr Favorit?

Furuholmen:

Oh, ich fühle mich dem Typen mit dem großen Kopf natürlich am meisten verbunden. Also, die Puppen wurden per Post geschickt und sie verweisen auf viele Sachen; zum Beispiel ist hier ein sehr typischer Norwegerpulli, den ich wohl mal irgendwann in den 1980er Jahren getragen haben muss; man sieht kleine Stifte, jemand hat also mitbekommen, dass ich nebenberuflich als Bildender Künstler tätig war. Einige waren wirklich schön, einige waren eher interessant …

Moderatorin:

… und einige ziemlich unheimlich.

Furuholmen:

Ja, einige waren ziemlich unheimlich. Aber die eigentliche Installation bezog auch verschiedene konzeptionelle Aspekte mit ein, wie Sie hier sehen können. Die Arbeit, die ich als Beispiel ausgewählt habe, handelt von einem Werk von

Leonard Rickhard mit dem Titel *The Model Builder,* das auf einer gewissen Ebene über Fragmentierung spricht und über den Versuch, Komplexitäten zu vereinen, zusammenzufügen, zu einem gewissen Grad. Ich habe die Puppen von mir in einer Art von Kommentatoren-Gremium arrangiert und nannte das Audiowerk *Mange F. Discusses Art With Himself* mit einem absichtlichen Rechtschreibfehler in meinem Vornamen, der *so* auf Norwegisch »viel(e)« bedeutet. Im Wesentlichen klang das so: *(spielt eine Aufnahme von vielen Stimmen, die gleichzeitig sprechen).* Also war es eigentlich bloß eine Art von kakofonem Gemisch aus einer mehr oder weniger ernsten Kunstdiskussion. Die Debatte wird nach einiger Zeit etwas hitziger *(Ende der Aufnahme).* Also dies war nun ein typisches Beispiel.

Moderatorin:

Haben Sie das mit Zufallsgenerator zusammengesetzt?

Furuholmen:

Na ja, im Wesentlichen habe ich einfach hundert Tracks aufgenommen, auf denen ich spreche. Und als das Material aus dem Ruder lief, wurde der Inhalt immer interessanter.

Lassen Sie mich noch mal zum Anfang dieses Ansatzes zurückkehren: *Payne's Gray* war die erste Arbeit, bei der ich wirklich meine musikalischen und bildkünstlerischen Tätigkeiten zusammengebracht habe, eine Art von *Gesamtkunstwerk,* wenn Sie so wollen. *Payne's Gray* umfasste ein Portfolio von Drucken und die Veröffentlichung einer Vinylplatte. Ich habe mir das ganze Album vorgenommen und es auseinandergebaut, einfach in ein total anderes Musikstück umgestaltet – eine Idee, die auch einem späteren Stück von *Apparatjik* zugrunde lag.

Im Grunde habe ich die Songtexte als direkten Inhaltsgeber für visuelle Werke verwendet und sie nochmals geprüft und umgestaltet. So entstanden neue Kombinationen und Bedeutungen, und es entwickelte sich eine andere Art von Beziehung zum Text, sobald er aus einer optischen Perspektive betrachtet wurde *(zeigt ein Bild).* Vieles in diesem Projekt dreht sich um Sprache, Wörter, Bedeutung, Fragmentierung und Umwandlung.

Es gab auch eine Serie von Ausstellungen und Konzertauftritten, die eine Zusammenarbeit mit anderen Künstlern beinhalteten, die zum *Live-Zeichnen* hereinkamen und zur Performance ihre eigenen Wörter, Lichter, Formen und Farben, was auch immer, beitrugen.

Es breitete sich sogar auf andere Materialien aus, sodass meine Beziehung zur Keramik wiederbelebt wurde *(zeigt Bild des Werks: Krüge, »Jars«):* Wiederum eine radikale Veränderung des Texts aufgrund der Dreidimensionalität der Krüge.

Moderatorin:

Ist immer Englisch die Sprache, in der Sie arbeiten?

Furuholmen:

Ja, ich mag es eigentlich, Gast in der englischen Sprache zu sein.

Hier ist ein weiteres Beispiel von der Umwandlung des Albums: Ich schnitt alle Klangdateien des Gesangs in einzelne Worte in alphabetischer Reihenfolge und konstruierte daraus dann neue Sätze. Ich denke, *Choreographie des Klangs* – vielen Dank für den Titel der Konferenz – beschreibt ganz gut, was ich gemacht habe. Ich änderte die Melodie je nach der Bedeutung des neuen Satzes *(spielt Klangaufnahme)*. Ich bin von hier zu einem späteren Projekt weitergezogen, einem Werk, das im Grunde irgendwie von sehr strukturierten Dingen in einzelnen Aussagen, in Wörter und Fragmente zerfallen ist. Tatsächlich sehr inspiriert von einem Roman von James Joyce: *Finnegan's Wake*. Ich begann, Konsonanten von Vokalen zu trennen und fand es faszinierend, dass man die Vokale aus einem geschriebenen Text entfernen und immer noch die intendierte Bedeutung herauslesen kann, wenn man sich die Konsonanten anschaut, wohingegen es sich mehr wie ein Song anfühlt, wenn man nur die Vokale hört – und die Bedeutung verschwindet.

Es gibt einen ernsthaften Bezug zu einem lettristischen Manifest *(spielt Klangaufnahme)*. All diese Klangdateien wurden in einer Art Kubus präsentiert, eine Art Vorgänger zum *Apparatjik*-Kubus, auf den ich später noch eingehen werde, falls ich nicht von der Bühne gejagt werde! Diese Fragmentierung von Wörtern entwickelte sich zu einem Projekt, das ich *Alpha-Beta* genannt habe – wiederum auch als Vinylplatte, ich weiß nicht warum, es ist ein Fetisch. Aber in diesem Fall zerlegte ich alles in seine einzelnen Bestandteile, sodass der Zuschauer oder wer auch immer die Werke kaufte, seine eigene Bedeutung daraus zusammenstellen musste. Ich weiß nicht, ob es eine faule Ausrede ist oder ob es ein bewusster Versuch war, etwas aufzubrechen. Ich denke eher Letzteres. Für dieses Werk habe ich also Dinge aus meiner Mainstreamkarriere mit der Band *A-ha* in meine Kunstwerke eingearbeitet und weil ich Zugang zu allen Dateien hatte, nahm ich im Grunde die Gesangsdateien, die mein Kollege Morten gesungen hatte, und zerlegte sie in einzelne Wörter, was eine ganz schöne Arbeit war.

Apparatjik ist eigentlich eine Art von Plattform. Sie wurde gegründet von vier Musikern mit einem gewissen Grad an Berühmtheit und einem überdurchschnittlichen Interesse an Kunst und einem Drang, etwas auf eine andere Art zu tun. Wir machen immer noch Popmusik, aber wir machen sie nicht, um damit Karriere zu machen. Es ist im Grunde eine durchschnittliche Popband, die verrückt geworden ist und die viele Leute mit einbezieht, indem wir ihren Input und ihren Inhalt einarbeiten, was ziemlich zentral ist für unseren Arbeitsansatz.

Eine Frage für uns war: Wenn wir andere Menschen dazu bekommen, uns fürs Aufnehmen und Auftreten zu bezahlen, brauchten wir unsere Fans nicht darum zu bitten, unsere Musik zu kaufen, sondern wir könnten sie bitten, uns irgendwie anders zu »vergüten«. Warum sollten wir sie nicht einfach darum bitten, Bäume zu pflanzen oder etwas anderes in dieser Richtung, und wir schicken ihnen einfach die Musik? Wir haben also diese Baumpflanzübung angeregt und bekamen all diese interessanten Fotos von Menschen aus der ganzen Welt, die uns sagten, wo und wann sie einen Baum gepflanzt hatten, und wir schickten ihnen im Gegenzug unsere Musik.

Wir erforschen gern neue Wege, wie man Popmusik produzieren kann, indem wir zum Beispiel versuchen, Systeme und Regeln aufzustellen, um auf diese Weise Klang zu generieren. Ein weiteres Beispiel: Für eine Performance, die in Moskau stattfand, wählten wir das Schachspiel als Systemgenerator aufgrund der Bedeutung, die Schach in der russischen Kultur innehat, und wandelten Kasparows berühmtes Spiel gegen den IBM-Computer in ein musikalisches Stück um *(spielt Aufnahme)*.

Moderatorin:

Klang so das Schachspiel?

Furuholmen:

So klang das Schachspiel, wenn man das Spiel mit den Noten und Klängen gestaltet, wie wir es getan haben.

Wir haben etwas Ähnliches in der Neuen Nationalgalerie in Berlin gemacht, wo wir Kunststudierende und Laien eingeladen haben, zur Installation etwas beizutragen. Wir nannten es *Start at the Top*. Man beginnt hier seine Kunstkarriere von oben und arbeitet sich dann nach unten und hört auf, sich darum zu kümmern, ob man es je in die Nationalgalerie schaffen wird. Wir erhielten etwa 1.500 bis 2.000 Fotoeinsendungen, die wir nicht kuratierten. Wir haben sie einfach auf einem 6 x 6 Meter großen Kubus angebracht und das Werk in den Nachthimmel projiziert. Abends zeigten wir in dem Kubus verschiedene Performances als eine direkte Referenz auf den *Licht-Raum-Modulator* von László Moholy-Nagy und nannten unsere Version *The Apparatjik Light Space Modulator*. Während wir in dem Kubus auftraten, sammelten wir die Daten von allen, die im Raum herumliefen, und wandelten ihre Bewegungen in ein Musikstück um, das später vom Deutschen Kammerorchester Berlin anlässlich des 125. Geburtstags von Mies van der Rohe aufgeführt wurde.

So klang es, nachdem wir all das Rohmaterial in Samples geschnitten, verdichtet und arrangiert hatten. Es waren buchstäblich zwei Wochen an Musik, sodass wir uns nicht alles anhören konnten, aber wir sind durch die Aufnahmen gerast und haben Stücke herausgegriffen, die uns gefielen, die wir dann für Streichorchester arrangiert haben. Es entstand also zunächst dadurch, dass zufällige Publikumsbewegungen von Kameras auf einem unsichtbaren Rastergitter aufgenommen und mit einer eingeschränkten Anzahl von zuvor abgesprochenen Noten von unserer Seite aus versehen wurden. Dann wurden Entscheidungen getroffen, welche Segmente uns am besten gefielen. Wir blieben dem aufgenommenen Material treu, aber wir experimentierten frei mit dem Arrangement: welche Instrumente, welche Spielart, welches Tempo etc. etc. Der Hauptgrund, warum es recht melodisch klingt, liegt darin, dass wir eine Reihe von Regeln festgelegt hatten, welche Noten erlaubt sein würden.

Wir sind diesen Ansatz auch noch anders angegangen, indem wir aus Literatur Popmusik machten. Und wir wählten das einprägsamste Buch aus, das wir finden konnten – ein Buch über das Multiversum, kosmische Hintergrundstrahlung im All und die Lego-Blöcke des Universums von Max Tegmark (2014), der übrigens ein assoziiertes Mitglied von *Apparatjik* ist. Es wurde zu einem Werk für Chöre, und ich denke, es ist recht schön.

Moderatorin:

Das sollten Sie an Schulen verkaufen *(Publikum lacht)*, damit sie es in ihrem Matheunterricht benutzen können.

Furuholmen:

Wir arbeiten auch gerade an einem zweijährigen Schulprojekt in Norwegen in Zusammenarbeit mit der Nationalgalerie Oslo, bei dem Kinder bewusst Musik generieren.

Das ist *Everybody is a Composer.* Wir haben alle Sicherheitskameras der Nationalgalerie in Oslo verwendet und die Kamerainformationen auf neun Leinwänden präsentiert, ein bisschen wie ein 1980er Jahre Videospiel sieht es aus. Die Punkte auf der Leinwand sind eigentlich Menschen, die sich durch das Museum bewegen, in Echtzeit, nicht wissend, dass sie eigentlich Musik komponieren, ihre Bewegungen in Musik umgesetzt wurden. Als sie dann zu unserer Installation kamen, die sich am Schluss des Rundgangs befand, konnten sie über das Projekt lesen und erfuhren, dass sie ›komponiert‹ hatten. Wir haben dann Teile davon für einen Chor arrangiert: *The Silver Boys in Norway – An Apparatjik Xmas Xtravaganza.*

Im Grunde liegt eines der Charakteristika des Stückes darin, dass sich nichts wiederholt, denn obwohl man es dazu zwingt, melodisch zu sein, geht es einfach immer weiter, wiederholt sich nie. Ab und an hört man etwas Einprägsames und dann denkt man: »Oh, das könnte ein Popsong sein!«, aber dann: »Huch, jetzt ist es weg!«

Also, ich schätze mal, dass ich etwa ein Drittel von dem ansprechen konnte, worüber ich hatte reden wollen, aber vielleicht kann ich einfach noch eine kleine Sache vom diesjährigen Roskilde Festival spielen, um Ihnen zu beweisen, dass wir immer noch eine Popband sind.

Es war das erste Mal, dass wir wieder auf einer normalen Bühne gespielt haben, alles andere mit *Apparatjik* war im Inneren des Würfels. Wir kündigten es als etwas total Neues und Einzigartiges an: Apparatjik hatte eine neue Form von Aufführungspraxis entdeckt, die darin bestand, auf die Bühne zu gehen und das Publikum anschauen *(zeigt Film)*. Die Menschen, die man auf den Videoprojektionen im Hintergrund sieht, sind Fans, die wir eingeladen hatten, mit uns »auf der Bühne« zu sein, indem sie Selbstporträts einschickten. Wir nannten es *Everybody's on Stage*. Diese Performance beinhaltete auch eine Zusammenarbeit mit dem dänischen Künstler Tal R und seinem Modelabel *Moonspoon Saloon*, der eine Art theatralische Modeperformance im Publikum veranstaltete.

Behalten Sie im Hinterkopf, dass 99 % des Publikums unsere Musik nie zuvor gehört hatte. Es war eine wirklich einzigartige Erfahrung, vor einer Menschenmenge zu spielen, die keinen Bezug zur Musik hatte, die wir spielten. Man musste sie irgendwie für sich gewinnen, indem man sie verzauberte oder bedrohte oder was auch immer. *(Film Ende.)*

Das ist im Grunde, was ich zeigen wollte, dass *Apparatjik* irgendwo zwischen Mainstream, Populärmusik, Populärkultur und Kunst aktiv ist. Es ist zu sehr »mainstream« für das Kunstpublikum und zu »künstlerisch« für Mainstream-Musikliebhaber. Wir sitzen zwischen allen Stühlen, aber wir sitzen sehr gerne da!

Literatur

Tegmark, M. (2014). Our Mathematical Universe: My Quest for the Ultimate Nature of Reality. New York: Knopf.

FOCUS & ECHO 3

Mit: Magne Furuholmen
Moderation: Jenni Zylka

Frage aus dem Publikum:

Sie haben viel über Pop und Mainstream gesprochen. Könnten Sie einmal versuchen, Pop zu definieren?

Furuholmen:

Wenn ich »Pop« sage, beziehe ich mich auf meinen Hintergrund als Popmusiker, auf diese Existenz mit ihrer Reihe von Regeln, von denen wir uns zu lösen versuchen. Ich wollte gar nicht auf die ganze breitere popkulturelle Definition des Wortes eingehen.

Frage aus dem Publikum:

Was sind das für Regeln?

Furuholmen:

Na ja, das hängt davon ab, wo Sie am Anfang stehen. Aber sicherlich ist eine der Regeln, die ich sehr verwirrend und irritierend fand, dass der Erfolg, den man selbst ausgelöst hatte, eine ganze Reihe von Problemen aufwarf. Probleme, für die andere Menschen gerne mit mir tauschen würden. Aber vom Standpunkt der kreativen Arbeit aus betrachtet kann man sich sehr schnell in eine Ecke manövrieren. Denn man wird ja wegen einer Sache berühmt, und dann kann es, wie jeder weiß, die Sache werden, die einen definiert, und das ist eine sehr starke Festlegung. Und dann kann man entweder den Rest seines Lebens damit verbringen, dieses Bild zu korrigieren – oder man gibt nach und wiederholt es einfach bis zum Erbrechen, versucht es also total auszuschlachten.

Funken in der Luft – Worte & Geräusche als Erzählung

*Das Hörspiel ist die ureigene Kunstform, die das Radio hervorgebracht hat: Es verfügt über eine immense Dichte an Gestaltungsmöglichkeiten. Hier wird erzählt
und gerockt, Gedanken werden geformt, private und öffentliche Räume geschaffen:
aus flüchtigen Mitteln wie Klang, Geräusch, Sprache, Rhythmus, Gespräch und
Musik. So luftig das Ausgangsmaterial sein mag – die Wirkung ist mit Händen zu
greifen, folgenreich und konkret. Dieses Kraftvoll-Atmosphärische, das die Künste
über alle Genregrenzen hinweg derzeit bewegt, hat im (extended) Hörspiel seinen
Ursprung. Was zündet im Hörspiel den erzählerischen Funken?*

Gaby Hartel und Marie-Luise Goerke

PANEL Hörspiel/Dramaturgie

Mit: Martina Müller-Wallraf, Kaye Mortley, Kate Rowland, Mark Ravenhill
und Herbert Kapfer
Moderation: Jenni Zylka

Moderatorin:
Kate Rowland ist Radiomacherin, Kreativdirektorin der Gruppe *New Writing*
bei der BBC und Vorsitzende des BBC *Writersroom.* Sie war Leiterin der Hörspielabteilung der BBC und ist Schirmherrin des *Writer's Prize,* einer Auszeichnung für junge Autoren. Kate Rowland lebt und arbeitet in London. Sie
sagt: »Für mich geht es um das emotionale Erzählen. Das Radio ist ein Eins-
zu-eins-Medium, das den Hörer unmittelbar erreichen kann. Wir wissen, dass
Hörer und Zuschauer auf ganz unterschiedliche Weise auf das reagieren, was
sie sehen und hören.«
     Kaye Mortley ist Feature-Autorin und -Regisseurin; lebt und arbeitet als freie
Autorin in Paris für die Australian Broadcasting Corporation, France Culture
und die ARD. Sie wurde mit diversen Preisen ausgezeichnet, unter anderem
mit dem *Prix Futura* und dem *Prix Europa.* Auch von Kaye Mortley ein Zitat:
»Jemand hat mal gesagt: ›Poesie ist das, was bei der Übersetzung verloren geht.‹
Sound, würde ich sagen, ist das, was beim Abschreiben wegfällt. Arbeiten, die
man ohne Verlust übersetzen kann, haben mich noch nie sehr interessiert. Wenn
Radio Kunst ist oder sein möchte, dann muss sie sein wie die ›arte povera‹: eine
Kunst, die sich auf ihr eigenes Potenzial konzentriert und dabei ›blind‹ bleibt.

Sound, Stille, Sprache und Musik sind die einzigen Materialien, die das Radio zur Kompensation dieser ›Blindheit‹ anzubieten hat.«

Martina Müller-Wallraf ist Dramaturgin, Journalistin und Leiterin der Hörspielredaktion des WDR. Sie hat unter anderem mit Christoph Schlingensief, Schorsch Kamerun, *FM Einheit* und *Rimini Protokoll* zusammengearbeitet und lebt und arbeitet in Köln. »Das Hörspiel als Kunstform des Radios«, sagt sie, »gedeiht im Massenmedium. Es ist somit die privilegierteste und gefährdetste Kunstform zugleich. Und das ohne Quote, denn das Radio ist selig und kennt keine elektronisch gemessenen Ein- und Ausschaltzahlen. Es stellt sich besonderen Bedingungen und Herausforderungen. Eine davon ist die Aktualität, eine andere die Kunst, politisch zu arbeiten, ohne in die Banalitätsfalle zu geraten, virulent zu wirken, ohne Verfallsdatum und durch Modernität – im Falle des Gelingens – überzeitliche Gültigkeit zu schaffen. Die Dramaturgie muss dabei helfen.«

Mark Ravenhill ist Hausautor der *Royal Shakespeare Company.* Zu seinen Stücken zählen *Shopping and Fucking, Product, Pool* und *The Experiment.* Ravenhill schreibt regelmäßig über kulturelle Entwicklungen im Guardian und arbeitet zurzeit im Auftrag der Norwegischen Nationaloper. Er sagt: »Hörspiele finde ich interessant, weil sie, zumindest in England, vom öffentlich Rundfunk, der BBC, produziert werden, aber sie erreichen den Hörer in einer ganz privaten Situation, während er den Abwasch macht oder Auto fährt. Ein Hörspiel geht durch das Ohr ins Gehirn wie eine geflüsterte Versuchung oder ein heimlicher Virus – und das wird unterstützt vom Staat. Das ist faszinierend!«

Herbert Kapfer ist der Leiter der Abteilung Hörspiel und Medienkunst des Bayerischen Rundfunks (BR). Er ist Herausgeber der CD-Reihe *intermedium records* und weiterer CD-Editionen. Ich könnte jetzt eine ganze Reihe aufzählen, aber wir können später in unserem Gespräch noch darauf eingehen. Kapfer ist Herausgeber zahlreicher Publikationen zu den Themen Hörspiel, Medientheorie, Dada- und Exilforschung. Er sagt: »Hörspiel war und ist für mich immer ein Versprechen. Dieses Versprechen des größtmöglichen Freiraums für Kunst in einem Massenmedium ging für mich von Heißenbüttels Definition aus, dass im Hörspiel alles möglich, alles erlaubt sei.«

Fangen wir mit der Frage nach der Dramaturgie von Radiostücken an. Ich finde es sehr interessant, dass aus allen Beispielen, die wir heute schon kennengelernt haben, bzw. aus dem, was wir aus Ihren Werken kennen, der Eindruck erwächst, ein Hörspiel könne viel freier gestaltet werden als ein Theaterstück, ein Film oder ein Buch. Ich bin nicht sicher, ob dieser Eindruck stimmt. Wie frei kann man sein, wenn man ein Hörspiel macht? Gibt es eine dramaturgische Struktur, an die man sich halten muss, oder kann man als Künstler einfach sagen, ich mache irgendeine Art von Radiokunst, und es ist alles möglich?

Rowland:

Ich denke, das Hörspiel ist ein unglaublich wirkungsmächtiges Medium für Autoren. Es erlaubt, verschiedene Wirkungselemente zu kombinieren. Das tue ich sehr gern, ich bringe zum Beispiel oft Dokumentation und Fiktion zusammen, wenn ich aufnehme – und tue dies fast nie im Studio. Ich glaube, es ist wichtig, welche Vorstellung man vom Zuhörer hat. Wenn man an einem Bühnenstück arbeitet oder dabei Regie führt, weiß man, wo sein Publikum sitzt. Wie Mark Ravenhill sagt, hat man im Hörspiel eine ganz andere »vierte Wand«. Man sieht den Hörer nicht und möchte wissen, wie man am besten in seine Gehirnwindungen vordringen kann. Was passiert mit ihm? Was sieht er? Was stellt er sich vor? Die Vorstellungskraft des Publikums anzuregen – das ist die große Herausforderung: Kann das Publikum dir folgen? Können du und dein Stück die Erfahrung des Hörers in Bewegung setzen?

Moderatorin:

Aber da man niemals wirklich weiß, wer zuhört, weil man das Publikum nicht sieht – was macht man dann? Versucht man, sich vorzustellen, was das Publikum sich vorstellt?

Rowland:

Mich beschäftigt die Tatsache, dass man bei Hörspielen rasch seine Aufmerksamkeit verlieren kann. Manche Hörer entscheiden sich innerhalb von drei Minuten, dass sie keine weitere Zeit mit den Hörspielfiguren, den Personen des Stücks oder ihrer Welt verbringen wollen. Ich kann sehr wütend gegenüber dem Radio werden und »Nein!« sagen. Und dann höre ich einfach auf. Hörspiel ist eine sehr persönliche, intime Erfahrung – sie kann rasch vorbeigehen oder ihr episches Potenzial ausschöpfen.

Moderatorin:

Und wie ist es mit der Dramaturgie – wenn Hörer, wie Sie sagen, womöglich sehr früh abschalten? Ist es nicht so, dass sich in Hörspielen die Dinge nach ein paar Minuten ändern können, weil die Stücke sich nie gleichen? Sie können künstlerisch sehr frei sein. Und müssten deshalb die Hörer nicht ermuntert sein, etwas länger dran zu bleiben, weil sich ein Stück in fünf oder zehn Minuten ändern kann?

Rowland:

Ich glaube, das kann man erahnen. Ich jedenfalls weiß rasch, wenn ich etwas nicht mag. Man kann oft sehr schnell sagen, welche Geschichte sich entwickelt und wie sie aufgebaut ist. Manchmal täuscht man sich, aber meistens weiß ich, was mich erwartet. Das hat mit der Art und Weise der Inszenierung zu tun, mit der Struktur des Stücks. Ich spüre schnell, ob ich meine Aufmerksamkeit einem Hörspiel schenken will oder nicht. So ist das bei mir.

Müller-Wallraf:

Es gibt eine dramaturgische Hauptregel, die für mich über allem anderen steht, die alles weitere bestimmt und die das Ganze so interessant und vielseitig macht: Es muss eine Dringlichkeit geben, es muss Intensität entstehen. Wie man das erzeugt, das ist sehr unterschiedlich. Es hängt immer vom Material ab. Eine weitere dramaturgische Grundregel: Die Form folgt dem Inhalt. Ich muss die richtigen Mittel der Umsetzung für den jeweiligen Stoff, für den Inhalt suchen. Natürlich kann diese Regel sehr individuell umgesetzt werden. Aber nach Dringlichkeit und Intensität im Material und im Inhalt zu suchen und sie herauszukristallisieren – das ist für uns immer die erste Regel.

Moderatorin:

Ist man dann völlig frei, wenn man so etwas konzipiert? Dringlichkeit ist ja ein Begriff, den man sehr verschieden interpretieren kann.

Müller-Wallraf:

Sicher: Dringlichkeit kann individuell ausgelegt werden. Zum Glück gibt es unterschiedliche Positionen in den unterschiedlichen Produktionen. Für mich ist die Freiheit dabei ganz wesentlich. Sobald man anfängt, handwerkliche Regeln aufzustellen, nach denen man sich zu richten hat, geht das Überraschungsmoment verloren, der Moment, in dem man jemanden überwältigen kann mit einer Dramaturgie, die nicht voraussseh- oder erwartbar ist.

Ich kann, um einmal einen Vergleich zu ziehen, ins Kino gehen und mir einen Film ansehen, bei dem ich von vornherein weiß, dass sich zwei Leute am Ende bekommen – aber ich fühle mich trotzdem gut, wenn ich herauskomme, ich hatte angenehme neunzig Minuten. Doch die Kunst- und Kulturereignisse, bei denen ich das Gefühl habe, die Molekülstruktur in meinem Kopf hat sich verändert und ich bin anders raus- als reingegangen, sind keine Geschichten, die nach irgendwelchen bekannten Regeln funktionieren: von Plot-Point eins zu Plot-Point zwei oder so ähnlich.

Moderatorin:

Vielleicht kann man sich im Hörspiel die Freiheit nehmen, weil man vom Radio-Drama sowieso kein Popcorn-Kino erwartet und keine Dramaturgie, die man bestens kennt. Vielleicht, weil es im Hörspiel nie ein Blockbuster-Hörspiel gegeben hat, möglicherweise mit Ausnahme von *War of the Worlds.*

Müller-Wallraf:

Es ist gibt diese absolute Vielfalt, die viele Sinne anspricht und auffalten und auf vielen Ebenen parallel erzählen und wirken kann – obwohl das Hörspiel immer wieder als eine einsinnige Kunstform bezeichnet wird. Aber es hat so vielfältige Möglichkeiten, und deshalb gibt es einen riesigen Freiraum.

Ravenhill:

Ich habe viel mehr für das Theater als für das Radio geschrieben. Aber ich stelle kein plötzliches Freiheitsgefühl fest, das mich ausrufen ließe: Oh, jetzt bin ich frei, ich schreibe fürs Radio!

Ich denke, im Vergleich zum Theater ist die Arbeit fürs Radio recht einsam, es gibt wenig Gelegenheit, im Team zu arbeiten, Hörspiele werden vergleichsweise schnell produziert. Ein Theaterstück ist oft das Ergebnis monatelanger Arbeit in einer Gemeinschaft von Künstlern, und dann muss man natürlich auch mit dem Publikum Zwiesprache halten. Und man kann das Publikum sehen, und wenn man will, kann man mit ihm sprechen.

Anders bei einem Hörspiel: Am Tag nach der Ausstrahlung schaut man sich im Bus oder in der U-Bahn um und fragt sich, ob jemand das Stück gehört hat. Manchmal traf ich jemanden, der mir erzählte, dass er es gehört hatte. In englischen Zeitungen wird nicht über Hörspiele berichtet – anders als bei Theaterstücken. Rund um Theaterproduktionen erlebt man einen ganz anderen Dialog. Und auch der akademische Diskurs vollzieht sich anders: Über das Theater schreiben erst die Zeitungen und dann – vielleicht ein Jahr später – Akademiker und Studenten. Und davon gibt es viele. Die Produktion eines Theaterstücks erzeugt auf verschiedenen Wegen eine ganz andere Diskursgemeinschaft.

Wohingegen es sich beim Hörspiel eher anfühlt, als würde man in die Dunkelheit flüstern. Was freilich auch ganz nett sein kann. Wie merkwürdig, dass wir in Großbritannien so viele Hörspiele produzieren! Weit mehr Produktionen als in jedem anderen Medium und im Theater. Stunden um Stunden pro Woche, doch niemand spricht oder schreibt wirklich darüber. Sehr seltsam, es gibt keine Diskussion darüber. Das ist ziemlich merkwürdig, ein ziemlich einsames Geschäft.

Moderatorin:

Lassen Sie uns später auf die Tradition des britischen Hörspiels zurückkommen. Aber zunächst soll Herrn Kapfer das Wort haben. Er versucht schon seit langem, Radiostücke überall unterzubringen – sogar in der Hitparade.

Kapfer:

Ich würde ganz gerne noch einmal auf den vorher zitierten Satz von Helmut Heißenbüttel zurückkommen: »Hörspiel ist eine offene Sendeform, alles ist möglich, alles ist erlaubt.« Seit über zwanzig Jahren lebe ich mit dieser Definition von Heißenbüttel, weil sie den größtmöglichen Freiraum bietet, den eine Hörspieldefinition bieten kann. Der Satz erinnert mich, auch in schwierigen Produktionen und Krisen, die man mal hat, daran, dass wir zwar einerseits in einem Massenmedium arbeiten, das überwiegend andere Bedürfnisse befriedigen muss und einen weitgefächerten Auftrag hat, das aber andererseits mit dem Hörspiel auch ein spezielles Genre vorhält, in dem grundsätzlich erst einmal alles gemacht und alles gedacht werden kann.

Ich habe überlegt, was ich in so einem Panel überhaupt von meinen eigenen Gedanken vermitteln kann, da so wenig Zeit ist. Das Erste, was mir einfiel, war, daran zu erinnern, dass wir Zeit haben. Wir können in dieser Zeit erst einmal alles veranstalten und alles machen. Aber deswegen müssen wir nicht besonders beseelte Dramaturgen sein, denen es in erster Linie darum geht, die Inhalte an irgendjemanden herantragen zu müssen. Ich kann die Aufgabe des Hörspieldramaturgen auch ganz anders verstehen, nämlich in dem Sinne, dass es meine Aufgabe ist, Künstlern, die in verschiedenen Kunstgattungen und Disziplinen arbeiten, eine Möglichkeit zu geben, in öffentlich-rechtlichen Sendeanstalten, unseren Institutionen, möglichst genauso frei arbeiten zu können, wie sie es woanders auch können. Das ist der wichtigste selbst erteilte Auftrag. Dafür hat man da zu sein und geradezustehen.

In diesem Sinne ist es zunächst ein Service für den Künstler: Damit er etwas machen kann, was dann in die Öffentlichkeit an Hörer geht. Das halte ich für einen ganz entscheidenden Punkt. Sonst bleiben wir immer wieder an dieser Frage hängen, wie wir diese grundsätzlich offene Option, mit Zeit etwas zu machen, das sich lohnt, vorgetragen zu werden, in eine Form von normativer Dramaturgie gießen können. Ich verstehe das Anliegen, den Hörer in den ersten drei oder fünf Minuten so zu fesseln, dass ich ihn nicht verliere, aber ganz hart und provokant gesagt: Es gibt eben auch diese anderen Stücke und Ideen – im Theater übrigens genauso –, die polarisieren.

Es gibt Texte, die will man nicht hören. Es gibt Leute, die können – im Gegensatz zu mir – mit Elfriede Jelinek überhaupt nichts anfangen, weil sie sich enorm provoziert fühlen. Man lehnt es ab. Wenn ich ein Elfriede-Jelinek-Hörspiel sende, weiß ich, dass ich damit auch jede Menge Ausschaltimpulse erzeuge. Aber das ist in Ordnung. Es bleibt dennoch wichtig, dass das Stück gesendet wird, dass die Geschichte erzählt wird. Sie gibt anderen in der Öffentlichkeit etwas, was sie brauchen. Und auch die Gesellschaft braucht solche Stücke – ich muss das jetzt mal ein bisschen hoch hängen. Ich habe mich in der eigenen Praxis, was Hörspiel und Medienkunst betrifft, versucht, daran zu orientieren. Und mache das nicht im Alleingang. Mit Katarina Agathos, meiner Kollegin, ist es ein dialogisches Arbeiten, in dem wir uns immer wieder überlegen, was zu tun ist. Was braucht es jetzt? Was kommt an Ideen von bestimmten Leuten? Und wie kann man sie unterstützen? Und dann muss ich in der jeweiligen Situation schauen, ob mich ein Künstler braucht oder ob er mich zur Seite schiebt und sagt: »Ich brauche dich bitte gar nicht!« Das kann sich sehr unterschiedlich darstellen.

Moderatorin:
Welche Erfahrung haben Sie mit dem gemacht, was Mark Ravenhill gerade gesagt hat: Ein Hörspiel ist gelaufen, und man weiß gar nicht, ob es jemand gehört hat, weil es nicht besprochen oder nicht so auffällig diskutiert wird.

Kapfer:
Na ja, es gibt natürlich öffentliche Veranstaltungen und Kontakt zu Leuten, die das wahrnehmen. Da sind wir vielleicht auch speziell mit dem *Hörspiel-Pool,* unserem Download-Angebot, in einer guten Situation, weil wir sehen, wie viele Leute sich das herunterladen. Wir schauen da schon drauf. Man muss sich aber ein bisschen selber erziehen und darf gar nicht erst anfangen, nur auf diese Art der digitalen Quote zu schielen und glücklich auszurufen: »Oh, das sind jetzt 5.000 oder 10.000 Downloads!« Das soll nicht der Maßstab sein für das, was wir machen. Aber es gibt diese Resonanz, die sich in der Öffentlichkeit immer mehr spaltet in einerseits Print und andererseits Online. Und dass das nun mal Welten sind, die wenig miteinander zu tun haben, das nimmt man auch wahr.

Natürlich würden wir auch gerne viel länger und viel häufiger in der Zeitung stehen. Es ist schwieriger geworden, überhaupt auf Hörspiel aufmerksam zu machen. Und wenn ich sehe, dass ich heute mit einer Produktion wie *Elias Canetti: Die Blendung* – eine Koproduktion BR/ORF in der Regie von Klaus Buhlert, der unter anderem auch *Ulysses* produziert hat – für etwa zehn Stunden in der Süddeutschen Zeitung 18 Zeilen als Besprechung bekomme, dann denkt man schon mal: Na ja, das gab's auch schon mal länger und ausführlicher. Da könnte man eine Klage anstimmen, aber das ist ein anderer Punkt.

Jedenfalls wäre es nicht richtig zu behaupten, wir hätten keine starken Rückmeldungen auf das, was wir machen. Wir haben sie über verschiedene Sensoren. Und übrigens auch über eine lange Zeit, denn die Dinge haben eine Langzeitwirkung. Das hat man heute zum Beispiel beim Auftritt von Meinecke und *Move D* wieder gesehen, die ihr Stück zum ersten Mal beim Festival *intermedium I* aufgeführt haben. Es hat noch heute seinen Sinn und Unsinn. Eine Wirkung bleibt, das sollte man nicht übersehen.

Moderatorin:

Wir arbeiten ja gerade auch alle gemeinsam an der Öffentlichkeitswirkung.

Frage aus dem Publikum:

Ich habe eine Frage an Martina Müller-Wallraf, Herbert Kapfer und Kate Rowland. Herr Kapfer sagte gerade, dass er mit Künstlern arbeitet und dass er mit Künstlern Kontakt aufnimmt, denen er eine Bühne geben will, nicht nur Theaterautoren, sondern auch Bildenden Künstlern oder Musikern. Und einer der wunderschönen Stereotype, die wir vom Hörspiel haben, ist, dass einige Künstler im Radio tatsächlich ihre erste Chance bekommen. Ein riesiges Publikum hat die Möglichkeit, entweder einen neuen Künstler oder Schriftsteller komplett neu oder in einem total anderen Kontext zu entdecken, an den es vorher nicht gedacht hätte.

Ich habe auch eine Frage an Mark Ravenill: Wenn Sie sagen, dass Sie im Radio arbeiten und dies einsam ist, ein recht einsamer Prozess, dann wäre es für mich trotzdem interessant, ob Sie die gleichen Erfahrungen wie Künstler gemacht haben, von denen ich weiß. Künstler, mit denen Herbert und Martina zusammenarbeiten: Dass nämlich dieses Medium inspiriert, neue Dinge auszuprobieren, Dinge, die man nicht im Theater machen würde. Ich denke an ein bestimmtes Hörspiel von Ihnen, das im Theater nicht funktioniert hätte: *Das Experiment,* entstanden bei Deutschlandradio Kultur.

Aber wie auch immer, ich komme auf die erste Frage an die Dramaturgen zurück: Wie ist Ihre Erfahrung, auch die zu Rückmeldungen, wenn man einen Künstler dem Publikum präsentiert, den man entweder als neuen Künstler oder Schriftsteller entdeckt hat oder von dem man eine ganz neue Seite vorstellen kann?

Rowland:

Ich denke, ein wichtiger Aspekt liegt in der Fähigkeit, Risiken eingehen zu können. Es ist ein Medium, bei dem man Risiken in Kauf nehmen muss, und wir müssen sehr, sehr verschiedene Stimmen zulassen. Ich war sowohl Mitarbeiterin, Produzentin und Regisseurin in der BBC-Abteilung und habe dort bei Radio 3 eine Reihe mit dem Titel *The Wire* in Auftrag gegeben. Für mich kommt es auf den Mix der Ideen an, für die sich Schriftsteller begeistern. Ich habe auch mit Feature-Autoren gearbeitet, ich habe mit Dichtern gearbeitet, ich habe mit Bildenden Künstlern, Videokünstlern, Performance-Künstlern wie Tim Crouch und vielen anderen Künstlern gearbeitet. Das Medium kann solche reichen und komplexen Formen entwickeln, so dass jedes Stück, wie wir gesagt haben, ganz verschieden ausfällt. Manchmal funktionieren sie auf eine wirklich mutige und gewagte Weise. Und ein anderes Mal denkt man:»Oh nein!« Im Moment stehe ich mit einer Fernsehregisseurin in Kontakt, sie ist auch Schriftstellerin und fantastisch. Sie liebt das Radio, weil sie das Fernsehen gewohnt ist, und sie ist es gewohnt, dass die Leute sie herumkommandieren. Also empfindet sie die Freiheit des Radios als recht einzigartig.

Frage aus dem Publikum:

Ja, es ist ein ziemlicher Luxus in gewisser Weise. Ich weiß, dass in Großbritannien die Situation offensichtlich viel schwieriger ist als in Deutschland. Aber ich würde gerne von der deutschen Dramaturgin und dem deutschen Dramaturgen in dieser Runde wissen: Wie haben Sie es empfunden, wenn Sie mit Künstlern zusammengearbeitet haben, die eine ganz neue Seite des Medium aufzeigen konnten, weil sie auf ganz andere Stilrichtungen zurückgreifen?

Müller-Wallraf:

Ich glaube, das knüpft an das an, was in der Keynote von Peter Weibel gesagt wurde. Weibel hat darauf hingewiesen, dass Radio ein Produktions- und ein Distributionsapparat ist, und ich finde, es ist auch ein Inspirationsapparat. Man arbeitet für ein Umfeld, das auch die Künstler inspiriert. Es interessiert sie, in dieser Nachbarschaft zu arbeiten, sich diesem Umfeld auszusetzen mit dem, was man zu sagen und rüberzubringen hat. Die Erwartung, dass die Leute, die man anspricht, einzeln zurückrufen, gibt es nicht. Gleichwohl sind es so viele, dass sie die ganze *Allianz Arena* füllen könnten – selbst auf dem am schlechtesten frequentierten Hörspiel-Sendeplatz. Das muss man sich mal optisch vorstellen. Und das macht etwas mit einem. Und ein anderer Aspekt ist, was vorher und was nachher läuft: die Taktung, die Geschwindigkeit, die Themen, die da vorkommen, dieses Eingebettetsein zwischen Politik und Blitznachricht, zwischen Talk und was da noch alles vorkommt. Ich finde das unglaublich interessant, ich finde das überhaupt nicht zufällig und absolut inspirierend. Und das macht etwas mit den Leuten, die am Hörspiel arbeiten und ebenso mit dem Kunstwerk, das entsteht.

Kapfer:

Ich würde sagen, dass es für uns in der eigenen Arbeit nicht nur eine Rolle spielt, wie wir uns im Radioprogramm, im Programmfluss und in der Institution Rundfunk präsentieren und unsere Produktionen zu Gehör bringen. Sondern es gibt auch diese fragmentierte, onlinemäßige Form, die ein Distributionsweg ist, den wir von Anfang an mitdenken. Und das hat natürlich damit zu tun, dass wir manchmal heimliche Berechnungen anstellen und sagen, dass wir onlinemäßig wahrscheinlich genauso viele Hörer haben wie in einem Radioprogramm zu bestimmten Sendezeiten. Das heißt also, dass sich in den letzten 10 bis 15 Jahren Nutzergewohnheiten geändert haben. Es wird jetzt anders gehört. Ich kann das auch gut verstehen, weil ich bestimmte Produktionen, *Roaratorio* von John Cage zum Beispiel, auch nicht zu jeder Zeit hören will – aber an bestimmten Tagen ganz besonders – oder auch immer wieder. Diese Dinge machen also einen Sinn.

Das andere, auf das ich unbedingt noch hinweisen möchte, ist die konkrete Erfahrung mit dem einzelnen Künstler, die ausgesprochen spannend ist. Das kann durchaus ein richtiges Glück sein, wenn man zum Beispiel mit Andreas Ammer und *FM Einheit* oder mit *Ammer & Console* Stücke entwickeln darf. Oder wenn man mit jemandem zu tun hat wie Eran Schaerf, der aus der Bildenden Kunst kommt und der erst einmal ganz, ganz massive Forderungen ans Medium stellt. Da muss man lange überlegen, wie man die Ansprüche überhaupt umsetzen kann, damit man dem eigenen, vorher so groß ausgestellten Freiheitsanspruch auch wirklich Genüge leisten kann. Oder wenn man versucht, das als Auftrag zu etablieren, was für uns im Jahr 1996 über das Hörspiel hinaus ganz entscheidend war und im BR ermöglicht wurde: Wir wollen als Redaktion für Hörspiel und Medienkunst eine medienübergreifende, intermediale Arbeit tun. Wir machen das vom Radio ausgehend, gerne auch in Verbindung mit anderen Medien, und versuchen auszutesten, was an Formen möglich ist. Dabei entstehen Projekte wie zum Beispiel *Memory Loops* mit Michaela Melián. Dieser Ansatz bringt natürlich eine Entwicklung ins Laufen, weil jeder mit eigenen Ansätzen und Ideen kommt. In dem Augenblick, in dem ich mit so einer Programmatik einlade, sind wir auch eine Adresse, bei der man es versucht, wenn es um etwas so Kompliziertes, Medienübergreifendes geht. Ich halte das für ganz wichtig, die Möglichkeit der eigenen Institution für die Kunst und das Programm zu nutzen, aber gleichzeitig auch die Innovation nicht zu vergessen.

Das ist auch überhaupt nichts Neues: Ich habe vor Kurzem zu diesem 90-jährigen Rundfunk-Jubiläum ein paar Zeilen geschrieben. Da stellt man fest, dass die Pioniere in den Mittzwanzigern sehr viele ähnliche Dinge gemacht haben:

Großprojekte und Reihen, die eine Mischung zwischen Hörspiel und Feature, zwischen Fiktionalem und Kommentarischem waren, die sich auf bestimmte situative Dinge eingelassen haben, die in der Gesellschaft gerade spannend waren und bei denen man denkt, man kann etwas vom Medium aus initiieren. Diese Linie sollte man nicht vergessen.

Moderatorin:

Apropros künstlerische Kreativität, fragen wir Kaye Mortley als Autorin von Hörspielen: Haben Sie das Gefühl, dass Ihre Kreativität sich im Radio vollends entfalten kann?

Mortley:

Vielleicht ist Autorin oder Schriftstellerin nicht das richtige Wort, denn meine Arbeit wird von manchen als Featurearbeit oder Dokumentation angesehen und von anderen als Hörspiel. Es hängt davon ab, wo die Arbeit produziert wurde. Aber ich denke, das Radio ist der einzige Ort, an dem ich diese Art von Arbeit machen kann. Vielleicht könnte ich es im Kino machen, aber es gibt dort etwas, was ich vorerst noch nicht nachverfolgt habe. Es gibt im Radio eine Art von Freiheit, denn meine Arbeit basiert nicht auf Text. Es kann Text darin vorkommen, aber es kommt niemals aus einem Text. Meine Karriere begann in Australien in der Abteilung Drama und Feature, wo jeder beides machen musste, das war Tradition. Also habe ich Text produziert. Aber sehr schnell habe ich gemerkt, dass es nicht das war, was mich interessierte, dass ich lieber sammelte und die Realitätspartikel zu einer Art »Geschichte« verarbeitete – Geschichte ist nicht das richtige Wort, es gibt ein besseres im Französischen, nämlich »récit«. Man muss sich für eine bestimmte Form entscheiden, die vermutlich nicht dramatisch ist, die Realität ist ja im Wesentlichen banal, es sei denn man ist Reporter, Kriegsreporter oder etwas Ähnliches. Man muss eine Form finden, die sich selbst ihre eigenen Regeln gibt und ihre eigene Dramaturgie entwickelt.

Ich habe manchmal mit Nathalie Sarraute, der französischen Schriftstellerin, zusammengearbeitet. Ich habe mal einige ihrer Arbeiten mit ihr zusammen übersetzt. Wir wurden Freundinnen, und sie unterhielt sich damals recht viel mit mir. Etwas, das mich am meisten beeinflusste, was ich immer in Erinnerung behielt, war ihre Aussage: »Ce qui m'intéresse, c'est la forme« – »Es ist die Form, die mich interessiert«. Und ich denke, es läuft darauf beim Drama, beim Feature, beim Hörspiel bzw., wie man in Frankreich sagt, bei der »documentaire de création« darauf hinaus, dass alles sehr viel mit dem Aussuchen von transformiertem Sound zu tun hat und vielleicht weniger mit Narration. Es ist die Form, die zählt und die Art, wie man sich an die Form hält. Das ist wichtig.

Moderatorin:

Würdest du auch sagen, dass die Form wichtiger ist als alles andere?

Mortley:

Die Regie eines Stückes ist sehr wichtig … Hier bleibe ich stecken, denn Form ist im Text inhärent, denke ich.

Rowland:

Ich habe vor einigen Jahren ein großes Stück in Kambodscha produziert: *The Violence of Silence*. Es hat in gewisser Weise auf die Frage reagiert, was die beste Art und Weise ist, eine Geschichte vom Genozid zu erzählen. Der beste Weg war es tatsächlich, Dokumentationen und Interviews aufzunehmen, mit dem Dichter Simon Armitage zusammen an einer Art epischem Gedicht zu arbeiten, das um die Frage kreist, warum so viele Menschen umgebracht werden konnten. Und außerdem habe ich mit zwei jungen Khmer-Autoren zusammengearbeitet, die einen Text in ihrer eigenen Sprache schrieben, der übersetzt und mit Schauspielern vor Ort aufgenommen wurde. Der Zusammenprall dieser verschiedenen Dinge, das war die beste Art und Weise, den Augenblick zu bewahren und die Geschichte richtig zu erzählen. Manchmal schreibt die Geschichte mir vor, welche Form sie braucht: »Die Form folgt der Funktion.« Und manchmal bestimmt ein Schriftsteller, jemand wie Mark, wie es gehen soll – ganz vom Erzählerischen her.

Moderatorin:

Die Form folgt der Funktion, das würde ich auch sagen. Bemerkenswert, dass Nathalie Sarraute die Form am meisten interessiert.

Mortley:

Das war ihre persönliche Ansicht. Sie schrieb extrem formbezogen.

Moderatorin:

Lassen Sie uns darüber reden, was man mit Klängen machen kann, mit verschiedenen Klangbearbeitungen, den verschiedenen Atmosphären eines Hörspiels. Kann man damit nicht, negativ ausgedrückt, leicht manipulieren? Ist es leichter, wenn man nur den Klang hat? Oder ist es schwieriger, damit etwas rüberzubringen, wenn die Leute keine Bilder haben, die sie gleichzeitig anschauen können?

Ravenhill:

Ich weiß es nicht. Geht es darum, die Menschen zu täuschen? Vielleicht läuft es alles darauf hinaus, wer weiß. Ich denke, es ist ein bisschen anders, wenn ich das

Thema komplett ändern darf. Ich denke, was Kate innerhalb der Hörspiellandschaft macht, ist außergewöhnlich, es ist ein sehr besonderes Werk. Hörspiele, die versucht haben, erfolgreich zu sein, haben sich von der Genreorientierung abgewandt. Wenn man Hörspiele aus den 1940er oder 1950er oder sogar aus den 1960er Jahren anhört, ist es ganz eindeutig, dass man einem Science-Fiction-Stück oder einer Kriminalgeschichte zuhört, einem Thriller, einer Liebesgeschichte oder was auch immer. Das ist in gewisser Weise ehrlich in Bezug auf die Form. Okay, das ist der Deal: Das gehört in die Kategorie Science-Fiction, das in die Kategorie Zeitgeschichte und so weiter.

Ich mag das nicht besonders, wenn es nur diese paar Schubladen gibt, auf denen zum Beispiel »Krimi« steht. Im Großen und Ganzen haben wir uns auf eine Art Täuschung zubewegt. Wir sind aber ein bisschen fortgeschrittener, was das Schreiben von populären Stücken angeht: Sie müssen sich nicht innerhalb einer Genreschublade entwickeln.

Gleichwohl haben die meisten Hörspiele heute ein Genre: Es heißt liberale Erziehung. Möglicherweise sind wir ein bisschen rassistisch, ein bisschen sexistisch, ein bisschen homophob, ein bisschen ängstlich Immigranten gegenüber – aber nach 30 oder 45 Minuten sind wir womöglich von einem dieser Probleme geheilt. Das ist genauso viel Genre wie Science-Fiction, nur macht es weniger Spaß. Daher denke ich, es ist ein wenig Selbsttäuschung, wenn man sagt: »Damals schrieb man innerhalb eines Genres und heute sind wir dem Genre entkommen.« Ich denke, auf eine gewisse Art – außer in Kates Arbeit – haben wir uns alle mehr oder weniger auf dieses eine Genre geeinigt, nämlich das Publikum dazu zu erziehen, liberaler zu werden. Das ist die Erfahrung, die ich in Großbritannien gemacht habe.

Moderatorin:
Vielleicht sollten wir darüber mit den anderen Autoren und Autorinnen im Publikum sprechen.

Frage aus dem Publikum:
Interessant, dass gerade Sie das sagen. Denn Sie haben das hybrideste Hörspiel geschrieben, das mir einfällt, und zwar *The Experiment.*

Ravenhill:
Ja, aber manche Sachen sind nichts für das britische Radio. Es war ein großer Aufreger. Es war ein Theaterstück, also hatte ich es nicht fürs Radio geschrieben. Aber dann führte ich es in Berlin auf und wurde eingeladen, es zu einem Hörspiel zu machen.

Frage aus dem Publikum:

Ja, dann es ist ein bisschen Science-Fiction und ein bisschen von dem und dem, und man weiß nie genau, wo man ist. Ich fand das ziemlich faszinierend.

Ravenhill:

Wenn ich ehrlich bin, ich fühle mich immer noch frei, wenn ich fürs Theater schreibe, denn es ist die Zeit dort oder etwas in der Art, in der ich mit der Form experimentieren kann. Ich weiß, dass ich die Zeit mit den Schauspielern und den Regisseuren und dem größeren Team habe – mehrere Wochen wenn nötig –, um sagen zu können, das funktioniert so nicht, wie wir es heute probiert haben, also lasst uns ein paar Fragen stellen, was Schauspielerei ist oder was Raum ist oder was Klang ist oder was auch immer. Mir ist bewusst, im Radiokontext bin ich es, der ängstlich und selbstzensierend ist. Ich kann nicht zu viele Fragen zur Produktion eines Hörspiels mitbringen, wie etwa: »Was ist Schauspielerei?« Denn tatsächlich ist das nicht das Thema. Wir können uns vielleicht zehn Minuten darüber unterhalten. In einem Theaterprobenraum kann man manchmal eine Woche damit verbringen: Sollen wir schauspielern? Was ist eigentlich Schauspielerei? Müssen wir wissen, was Schauspielern ist? Sollten wir vielmehr überagieren? Dergleichen gehört nicht zur Ausstrahlung einer Geschichte oder eines Soundstücks im Radio. Ich bin nur beim Produktionsprozess dabei. Und da hat man nur sehr wenig Zeit. Daher habe ich das Gefühl, dort weniger Freiheit zu haben.

Moderatorin:

Denken Sie als Autorinnen und Autoren jemals darüber nach, in welcher Situation die Leute Ihre Stücke anhören? Und: Kommen Sie mit anderen zusammen, um ein Hörspiel anzuhören? Oder ziehen Sie es vor, allein zu sein, wenn Sie ein Hörspiel hören?

Rowland:

Mark und ich, wir haben einige Live-Hörspiele gemacht, die wir mit Publikum aufgenommen haben, die aber speziell fürs Radio geschrieben wurden, also keine Theaterstücke. Das ist außergewöhnlich, man hat das Publikum vor Ort. Es gibt angedeutete und sehr körperliche Reaktionen. Aber man muss sich mehr um die unsichtbaren Zuhörer zu Hause bemühen, darum, dass für sie die Performance funktioniert, und vor allem darum, dass bei ihnen die emotionale Ansprache ankommt.

Moderatorin:

Ich meine nicht nur Live-Hörspiele, denn da kann man die Leute sehen, ich meine, dass man sich vorm Radio trifft – wie in den 50ern.

Ravenhill:

Nein, ich denke, das machen wir nicht. Es ist ja sehr in Mode, Buchclubs zu haben, und alle lesen das gleiche Buch und reden darüber. Es wäre toll, wenn man Radioclubs hätte.

Rowland:

Es gibt Experimente, bei denen man im Dunkeln hört. Man geht dort gemeinsam hin und hört zusammen zu und hat das Licht aus. Ich weiß nicht, warum.

Mortley:

Das machen sie in Frankreich, sie haben dort manchmal Hörsessions. Ich bin mir nicht sicher, ob es wirklich Radioleute sind, die das gerne machen. Die Öffentlichkeit schaut gerne zu, wie Radio gemacht wird, sie möchte auf die andere Seite des Radios gehen, denke ich.

Aber wenigstens treffen die Menschen, die Hörspiele machen, die Schauspieler. Wenn ich Schauspieler einsetze, gibt es eine Art Rein und Raus. Die wissen vermutlich gar nicht, worum es in dem Ding geht. Also muss man sich in seinem Kopf vorstellen, wie sie in diesem akustischen Universum, das man konstruiert hat, klingen können, und man hofft, dass die Person passt. Es wurde schon einmal gesagt, dass man selbst sein erster Zuhörer sein muss – was extrem schwierig ist, denn man muss aus sich herausgehen, um einen ganz außergewöhnlichen Zustand von Objektivität zu erreichen. Es gibt sehr wenige Möglichkeiten zur Rückkehr, besonders in dokumentarischen Werken, denke ich. Da gibt es dieses ganze liberale Erziehungsding, und wenn man nicht über aktuelle soziale Fragen arbeitet, dann reagieren die Menschen viel weniger, so als würde man in einem eher abstrakten Bereich arbeiten.

Rowland:

Ich würde gerne ein Beispiel geben. Ich habe mal ein Theaterstück in einem Frauengefängnis gemacht, es sollte um eine Frauengruppe gehen. Und am Ende mussten wir eine Fiktion daraus machen und keine Dokumentation. Aber es war ein außergewöhnliches Stück, wir haben es im Gefängnis aufgenommen. Dann haben wir es mit ihnen zusammen angehört, als es auf BBC Radio 4 ausgestrahlt wurde, und wir saßen in ihren Zellen. Es war eine überwältigende Erfahrung, denn das waren sie, das war ihre Geschichte, wir waren in ihrem

Raum, in ihrem sehr privaten Raum. Und es hat sie sehr stark aus der Fassung gebracht. Wir hatten eine Grenze überschritten, wir waren zu weit gegangen. Und doch war es für sie am Ende eine kathartische Sache, nur wir fühlten uns sehr unwohl, mit ihnen zusammen zu sein. Denn es ging um sie. Eine sehr merkwürdige Erfahrung.

Moderation:

Nochmal meine Frage: Können Sie sich vorstellen, so wie bei den *Waltons,* alle gemeinsam vor dem Radioapparat zu sitzen und etwas gemeinsam zu hören, mit 5 bis 500 Leuten? Ich frage, weil ich glaube, dass die Leute es nicht mehr gewöhnt sind, ihre Augen so wandern zu lassen, und dass die meisten Menschen gerne gesagt bekommen wollen, wo sie hinschauen sollen. Weil man einfach nicht mehr gewöhnt ist, nebeneinander zu sitzen und gemeinsam etwas zu hören.

Müller-Wallraf:

Ich finde das ja überhaupt nicht schlimm. Die Zeit ist so. Ich bin ein Kind dieser Zeit, das war immer so und das ist vollkommen in Ordnung. Die *Waltons* hatten auch ein blödes Auto, das ging immer kaputt, und meins fährt. Das ist heute einfach anders. Natürlich ist das toll für uns, wenn man wie hier bei den Hörspieltagen oder in ähnlichen Veranstaltungen seine Stücke vor Publikum vorführt, Feedback bekommt und die Leute sich freuen, gefesselt sind oder lachen. Jeder will geliebt werden, und es ist toll, wenn einem das gezeigt wird.

Aber im kreativen Prozess denke ich überhaupt nicht daran. Da sind wir wieder bei der Sache mit der Dringlichkeit. Davor würde ich mir keinen Filter setzen. Thomas Meinecke hat vorhin gesagt, als sie damals mit ihrem Stück begonnen haben, ging es um das Suspendieren von Bedeutung. Das hat mir sehr gut gefallen. Ich kann mich auch an diese Zeit erinnern, in der man geradezu Sehnsucht danach hatte. Und dann kam die Zeit, in der man Sehnsucht danach hatte, Bedeutung zu setzen und zu identifizieren.

Das ist völlig unabhängig davon, ob ich mit 500 Leuten oder mit meiner Familie im Raum sitze und das teile. Radiohören ist im Grunde eine virtuelle Community, die man grundsätzlich hat. Für mich funktioniert das. Ich merke, dass ich morgens das Radio einschalte, weil es mir bedeutet, dass es für mich vorgesehen ist und dass es Millionen andere auch hören. Das bringt mich zurück zu dem Raum in der Nachbarschaft, in der man sich befindet: Für diesen Raum Bedeutung zu identifizieren, das ist ein Produktionsgedanke und vor allen Dingen ein dramaturgischer und inhaltlicher Findungsprozess, der völlig unabhängig davon ist, zu antizipieren, wie das wohl bei wem auf welchen Boden fallen könnte.

Kapfer:

Ich möchte dazu sagen, dass ich natürlich solche öffentlichen Veranstaltungen immer schätze. Wir suchen ja die Öffentlichkeit und versuchen da natürlich, soviel Feedback zu kriegen, wie irgend möglich. Das andere ist, dass ich mich aber gleichzeitig erinnere, dass wir zum Beispiel auch hier im Jahr 2002 ein Festival gemacht haben, *intermedium 2*. Da haben wir nicht nur über das Radio gesprochen und ob man lieber gemeinsam oder allein hört, sondern wir haben Formen ausprobiert, die sowohl in diesem Zentrum für Kunst und Medientechnologie als Performance als auch als Veranstaltung und als Radioprogramm funktionieren. Dazu kam der zusätzliche Versuch eines ausführlichen Diskursprogramms in einer starken Vernetzung. Da waren bis auf einen alle Sender der ARD beteiligt und auch die Österreicher und Schweizer. Das war für uns eine Erfahrung, die über dieses Wochenende hinaus deshalb so viel bedeutet hat, weil uns noch fünf, sechs oder sieben Jahre später Leute angesprochen haben, die bei dieser Veranstaltung waren und neue Einsichten gewonnen hatten, die sogar Biographien mitformen konnten. Diese Nachhaltigkeit, die halte ich für total wichtig.

Ich sage es jetzt auch gerade noch einmal zu den englischsprachigen Kollegen – weil wir unsere Arbeiten gegenseitig nicht so gut kennen und nicht wissen, wie die spezifischen Bedingungen sind –, dass wir davon ausgegangen sind, das Hörspiel als eine freie Sendeform zu betrachten. Ich möchte das an einem Beispiel verdeutlichen: Es gibt – das wissen viele Kollegen im Raum bereits – ein Projekt, das wir in Kooperation mit dem Institut für Zeitgeschichte machen, ein Holocaust-Gedenkprojekt, das für Radio und Internet geplant ist und auf einer 16-bändigen Quellenedition der damaligen Zeit 1933–45 basiert. Das Projekt heißt *Die Quellen sprechen. Die Verfolgung und Ermordung der europäischen Juden durch das nationalsozialistische Deutschland 1933–1945*. Und wir haben uns zu einem bestimmten Zeitpunkt entschieden, dass wir dieser 16-teiligen Struktur territorial und chronologisch folgen werden. Das heißt, wir werden bis zum Jahr 2019 insgesamt 16 Teile realisieren, parallel zu der Buchpublikation, die entsteht. Wir werden eine Internetseite haben, die dauerhaft im Netz sein wird. Und am Ende werden es voraussichtlich circa achtzig Programmstunden sein, in denen in einer dokumentarischen Form dieses Thema dargestellt und präsentiert wird – nicht so stark in einem kommentierenden Sinn, schon auch mit Diskurs, aber sehr stark dokumentarisch. Ästhetisch ist es auch eine Herausforderung, bestimmte Sachen zu vermeiden, um diesem Thema gerecht zu werden. Diese Idee, dass Hörspiel eine offene Sendeform ist, gibt uns die Freiheit und versetzt uns in die Lage, dieses Projekt zu stemmen. Und wir sind so frei, es in einer Größenordnung zu tun, die im Radio in der Regel nicht üblich ist. 80-Stunden-Programme macht man nicht so ohne Weiteres, und davon ist auch nicht jeder gleich begeistert. Manche werden es vermutlich nicht verstehen, warum das Projekt so extensiv sein muss. Aber es hat eine Relevanz. Mit solchen Projekten kann man unterstreichen, dass auch das Hörspiel Themen setzen kann, die eine gesellschaftliche Relevanz haben.

IN CONCERT Martin Daske mit Christine Paté und Matthias Badczong: Unwritten

Als John Cages Enkelschüler versteht Martin Daske Zufälliges, Profanes und Beiläufiges als Chance zur Erzeugung neuer, unverbrauchter Klangbilder. Seine Kompositionen wechseln zunehmend von der Ein- in die Mehrdimensionalität und sind kein ein für alle Mal festgelegtes Endprodukt, sondern eine permanente Einladung an die Interpreten, mit vorgegebenem musikalischem Material zu »spielen«.

Von musikalischen Setzkästen *(Notensetzen)*, einer Form dreidimensionaler Notation, über die De-Komposition und Re-Komposition von Schreibvorgängen *(Unwritten)* bis hin zu von Bassklarinette und Akkordeon gespielten Wasserkarten als Parallelmusik zu einer fiktiven Flussreise *(backbord ein kolibri)* bot Martin Daske einen Querschnitt durch sein musikalisches Universum: akustische Vertiefungen einzelner Momente, aleatorische Lenkung und die filigrane Balance zwischen der Dauerhaftigkeit des Objekts und der Flüchtigkeit der Musik.

Bei *Notensetzen* handelt es sich um mobile Partituren, die aus einer flachen Sandkiste sowie verschiedenen Fragmenten und Figurationen bestehen. Diese können die Musiker nach einer Art »Spielanleitung« positionieren und neu kombinieren.

Unwritten ist eine akusmatische Komposition, die sich aus 64 Einzelteilen kaleidoskopartig zusammensetzt: mehrkanalige Miniaturen, die nach einer Gesamtpartitur ineinander verwoben werden. Dabei wird keine lineare Geschichte erzählt, auch keine Geschichte des Schreibens. Es geht um akustische Schreibvorgänge, um deren Klanglichkeit und musikalische Qualität. Musikalisiert und spielbar aufbereitet werden die unterschiedlichsten Schreibvorgänge zu Instrumenten.

backbord ein kolibri hat Daske als virtuelle Schiffsreise von Paris bis Namur arrangiert. Deren Ausgangsmaterial sind Aufnahmen von Binnenschiffen und Schleusen sowie detaillierte Wasserkarten und ein Bordtagebuch.

Die kreisförmige Installation ist auf einer Windrose angeordnet. Je ein Lautsprecherpaar repräsentiert den Norden, Süden etc. Es gibt je einen Soundtrack für »Steuerbord«, »Backbord«, »Vorne« und »Hinten«.

Je nach Himmelsrichtung, in die die »Reise« geht, wandern die Klanglandschaften im Kreis. Ein ständiger Wechsel zwischen Realität und Traum, von scheinbarer Dokumentation und Fiktion.

Die neben der durchkomponierten »Geräuschmusik« entstandene Instrumentalmusik für Bassklarinette und Akkordeon kommt immer »von vorne« und antizipiert das, was hinter der nächsten Biegung sein mag.

Carmen Gräf

Listening to the Arts: Das Akustische als Material in den Künsten

Das Interesse der Kunstdisziplinen am Akustischen verläuft in Wellen, und seit einigen Jahren drückt sich die neue Welle als starke Neigung zum Immateriell-Atmosphärischen hin aus. Viele Künstler nutzen die Kraft des Tönenden, um den Wirkungsradius ihrer Arbeit zu erweitern. Der Einsatz von Stimme, Sprache, Rede, Bewegung, Sound, Geräusch und Musik spielt dabei eine entscheidende Rolle. Am zweiten Tag des Symposiums wollen wir nach den ästhetischen Möglichkeiten des Akustischen fragen: Wie äußert sich ihr Verhältnis zum Visuellen? Wie nutzen Bildende Künstler den Sound in ihrer Arbeit und warum? Welche Klangwege werden von Musikern beschritten, um das Akustische skulptural zu erkunden? Gibt es eine Symbiose von Figürlichkeit und Sound? Wie flüchtig ist der Klang aus historisch wissenschaftlicher Perspektive betrachtet? Ist eine performative Choreographie vielleicht »stumme« Musik?

Wir hören Bildenden Künstlern, Neuen Musikern, Klangwissenschaftlern, Opernmachern und Choreographen bei ihrer Bearbeitung des Materials »Klang« zu.

Gaby Hartel und Marie-Luise Goerke

KEYNOTE Mirjam Schaub: Stimmen als Rufe und Performance

Ich habe Ihnen eine Audioprobe mitgebracht. Was glauben Sie, zu hören? Obwohl es gar nicht besonders alarmierend klingt, waren das die Sirenen von Venedig, und zwar die brandneuen Hochwassersirenen. Man hört sie neuerdings im ganzen venezianischen Archipel von 22 Kirchtürmen herab. Es wurde, wie die Website der Stadtverwaltung stolz mitteilt, lange vergeblich eine Tonfolge gesucht, die für das menschliche Ohr in allen Lebensaltern gut zu verstehen ist. Also eine Frequenz, die nicht zu hoch und nicht zu tief sein sollte. Es klingt ein bisschen wie Ambiente-Sound, finden Sie nicht? Es könnte von Brian Eno sein, ist *nicht* wirklich alarmierend, oder? Genau das hat mich als Sound-Forscherin *alarmiert*. Vor allem, weil offenbar noch ein Code dahintersteckt: Sie haben ja die Modulation gehört. Tatsächlich wissen die Venezianerinnen und Venezianer mittlerweile, dass jede der fünf möglichen Modulationen zehn Zentimeter *mehr* Wasser im Erdgeschoss bedeutet.

Warum ich die Sirene als Einleitung für meinen Vortrag gewählt habe? Weil Stimmen zu keinem Körper gehören müssen, um zu verführen. Sie müssen nicht einmal menschlich sein, um uns hörig zu machen. Ich vertrete die These, dass das nicht am Apparat des Radios liegt, nicht an einer technischen bzw. medialen Trennung von Körper und Stimme, *sondern dass es im Wesen der Stimme selbst liegt, sich von ihrem Körper zu lösen und ein Eigenleben zu entfalten.* Für Stimme und Körper gibt es strukturell genau dieselben dissoziativen Aspekte. Das ist meiner Meinung nach der große Vorteil von Stimmen, dass wir die Körper *nicht* zwingend daneben sehen müssen. Das ist eindeutig ein philosophisches Surplus.

Interessant ist deshalb nicht, dass Stimmen Körper haben, sondern dass Körper ihre Stimmen nicht dauerhaft an sich binden können. *Folglich verkörpern Stimmen etwas anderes als die Körper, denen sie angehören.* Genau deshalb interessiere ich mich für die Assoziationen und Bilder, die sich unwillkürlich mit dem Hören von Stimmen verbinden.

Mein Vortrag beginnt daher mit dem Ruf, dem rufenden Charakter einer menschlichen Stimme, deren Körper im Ungewissen bleibt. Die Idee des Anrufs wird sich durchziehen. Ich werde später noch einmal fragen, was Stimmen eigentlich bezeugen und was nicht. Sodann versuchen zu erklären, woher die auffällige Renaissance der Stimmen in der Gegenwartskunst rührt. Ich hoffe, dass es ein Paradox des Körperlichwerdens von Stimmen jenseits des Sinndiktats, jenseits von klarer Verständlichkeit gibt. Ich werde dazu ein wenig über Tino Sehgal sprechen, der später hier reden wird. Ich werde ein Beispiel sowohl von der *documenta* als auch von der letzten *Biennale di Venezia* geben – vielleicht haben Sie die eine oder andere Arbeit erlebt. Dabei werde ich mich insbesondere auf die Sozialität der Stimme beziehen und auf die Frage, woher die *Verletzlichkeit menschlicher Kommunikation* rührt. Schließen möchte ich mit einem Exkurs über die Nymphe Echo, denn sie ist *die prototypische Stimme ohne Körper,* wie sich das für einen Gründungsmythos gehört.

Natürlich darf ein philosophischer Vortrag nicht anfangen, ohne auf Aristoteles hinzuweisen, der uns in vielem bis zum heutigen Tage voraus ist. »Die Stimme *(phoné)* ist ein gewisser Ton des beseelten Wesens. Von dem Unbeseelten hat keines Stimme, sondern nur der Ähnlichkeit nach sagt man, es habe Stimme, z.B. die Flöte, die Leier und alles andere Unbeseelte, soweit es Tonspannung, Melodie und Sprechklang hat, denn die Stimme scheint diese Eigenschaften zu haben« (De Anima, II. Buch, 8. Kap.).

Die Vorstellung der Stimme als *beseelte* stammt also von Aristoteles und offenbar haben auch Musikinstrumente, wenn sie auf bestimmte Weise erklingen, zumindest in metaphorischer Hinsicht eine Seele. (Aristoteles stellt nicht die spezifisch menschliche Spielweise in den Vordergrund, sondern allein das Klangerlebnis.) Auf den Vorrang des Beseelten vor dem Allzu-Menschlichen, Intentionalen kommt es auch mir hier an. Sehr klar stellt Aristoteles fest: »Der Ton auch der Stimme ist fremd, wie von außen kommend, und er ist nichts, was dem Ohr selbst zu eigen ist«. Also gibt es bereits in der Antike die starke Intuition, dass der Ton von der Stimme, die ihn erzeugt, zu trennen ist und dass es diese Dimension der Stimme sein könnte, die ihr unheimliches Potenzial ausmacht.

Ein sehr schönes Beispiel für diese moderne Aristoteles-Lektüre finden wir bei Dieter Mersch in seinem Buch *Was sich zeigt. Materialität, Präsenz, Ereignis* (2002, S. 124): »Jemand spricht sich mir zu: *Anruf,* der mich zu einer *Antwort* nötigt. […] Es gibt einen besonderen ›Sog‹ in der Stimme, dessen wir uns kaum zu entschlagen wissen. Aus diesem Grunde bleibt uns der Andere oft ›im Ohr‹: Seine Stimme klingt nach uns *appelliert.* […] Ein Laut berührt mich: Er ist körperlich, taktil: Er tastet nach mir. Daher geht von seiner Fremdheit […] auch eine *Verstörung* aus, die nachhallt, ohne daß ›etwas‹ dabei erinnert werden muß oder zu Bewußtsein gelangt, und die Barthes, von der Psychoanalyse Jacques Lacans her, immer wieder unter das Thema des ›Erotischen‹ gestellt hat.«

Letzteres ist für mich der andere große Ansatzpunkt. Roland Barthes erinnert uns daran, dass es tatsächlich diese »Körnung« – er sagt »le grain« – in der Stimme gibt (Barthes, 1981/2002). Er nimmt sie als Äquivalent für das, was eigentlich unmöglich ist, nämlich *die eigene Lust beim Zuhören* einer fremden Stimme mitzuempfinden. Er besteht darauf, dass ein erotischer Bezug keineswegs abzuqualifizieren oder als rein subjektiv zu bezeichnen sei, sondern auf etwas hindeute, was in der Debatte über Stimmen zu häufig vergessen werde: nämlich, dass wir uns in Stimmen verlieben, uns beim Hören schnell verlieren und dass dies eine kostbare Form von Selbstverlust ist, nämlich eine, die Genuss erlaubt. Für Barthes geht es wirklich nicht um Projektion, nicht um Aneignung, sondern um eine Form von Selbstverlust, die wir zu unserer eigenen Überraschung nicht als gefahrvoll, sondern als lustvoll erleben. Sie ahnen schon, dass Selbstverlust normalerweise in unseren Kontrollgesellschaften, wie wir unsere eigenen nennen, nicht als lustvoll erlebt werden kann. Dieter Mersch weist darauf hin, dass es bei Roland Barthes bereits einen Einfluss von Jacques Lacans Psychoanalyse gibt, der die Partialobjekte Sigmund Freuds um zwei erweitert: um den Blick und um die Stimme, die als zwei erotisch besetzte Partialobjekte zu zählen sind und die für Lacans Ansatz der psychoanalytischen Kur mittels des genauen Hörens der Stimme im therapeutischen Prozess wesentlich werden. Guy Rosolato (1974) formuliert das sehr schön so: »If the voice partakes of body and of meaning, it exists as a medium between bodies – with all the phantasies that go along with them.« Wenn die Stimme also an Körpern und an Bedeutungen teilhat, existiert sie als Medium zwischen Körpern – mit all den Fantasien, die damit einhergehen.

Auf die Frage, was nun Stimmen eigentlich bezeugen und was sie nicht bezeugen, lässt sich erwidern, dass es traditionell gesehen natürlich die Subjekte, die »dahinter«stecken, sind. Die Stimme wird einer Person zugeordnet, authentifiziert und zugleich affiziert.

Aber natürlich haben wir darüber hinaus und von der natürlichen Stimme unterschieden die narrative Stimme der Literatur. Von ihr hängt die Erzählperspektive ab, sie ist nicht nur für den Wahrheitsgehalt der Fiktion, sondern auch für das Identifikationspotenzial des Lesers bzw. der Leserin entscheidend. Sie ist so etwas wie die Inkarnation der literarischen Fiktion. Wir wissen alle sehr gut, wie man als Leser(in) auf unzuverlässige Erzähler(innen) reagiert, also auf solche, deren Stimme man eben doch nicht trauen und folgen kann. Man entzieht dem Buch sofort das Vertrauen, der Immersionseffekt verpufft und Ärger macht sich Luft.

Sowohl die menschliche Stimme als auch die narrative Stimme der Literatur sind sich in drei Punkten einig: Sie funktionieren über drei Stellgrößen: *Rhetorik, Deklamation und Artikulation.* Diese drei sichern zusammen die kommunikative und – wichtiger noch – die emotive Funktion des Gesagten. Das ist zentral für jede Sinnübertragung. Es ist genau diese Verschränkung, diese wunderbare Einheit von emotiven, körperlichen, leiblichen und kommunikativen, sinnstiftenden Aspekten, welche Stimmen so überzeugend macht.

Phänomenologisch betrachtet – Bernhard Waldenfels ist hier einschlägig – kommt zu dieser klassischen Sichtweise einiges hinzu: Als Erstes fällt neben dem Leibcharakter der Stimme ihr Ereignischarakter ins Gewicht. Wobei Waldenfels hinzufügt, dass der Ereignischarakter nicht nur den Zuhörenden betrifft, sondern genauso den Sprechenden. Deswegen ist nicht nur die Selbstbezogenheit auffällig, welche in der Stimme als leibliche und d.h. zum Leib gehörige zum Ausdruck kommt, sondern der *Selbstentzug* ist mindestens genauso stark zu bewerten.

In der Gegenwartskunst ist gerade dieser Selbstentzugscharakter – ähnlich wie bei Roland Barthes die Dezentrierung, die durch die Stimme passiert – immer wichtiger geworden. Dieter Mersch (2002) ergänzt, dass die *Fremdheitserfahrung der eigenen Stimme* häufig unterschätzt werde. Das kennen wir alle: Wenn ein Kind zum ersten Mal seine eigene Stimme über ein Mikrofon hört, ist es erschrocken. Denn Stimmen klingen oft piepsig und hoch, weil man sich ja durch den Körper selber hört – denn wir hören die Knochen unseres Schädels mit.

Der letzte und wichtigste Aspekt ist die Mischung aus bedeutungsgebenden und körpergebenden, emotiven Gehalten insgesamt, welche die soziale Funktion ausmacht. Damit meine ich schlicht, dass wir über Stimmen sehr viel über Menschen erfahren. Über die Stimmhöhe, über das Zittern in der Stimme, über das Timbre erkennen wir Aufgeregtheit, manchmal sogar, ob jemand lügt. Oft können wir allein am Ton *in* der Stimme hören, dass etwas nicht stimmt, was eben noch im Lot schien.

Wir können also zusammenfassen, dass eine gewisse Ambivalenz in jeder Stimme liegt, etwas, was ihr Kraft und Schwäche verleiht und über Macht und Ohnmacht der Rede entscheiden wird. Wir wissen, dass Eindringlichkeit und Intensität wichtige Überzeugungsmittel sind. Mitunter glauben wir jemandem einfach nur, weil er eine wunderbar sonore Stimme hat und in einer wunderbaren Weise paraphrasiert, obwohl er großen Blödsinn redet. Es gibt Gelingensbedingungen fürs Sprechen, und umgekehrt heißt das auch, dass die unverwechselbare Leiblichkeit einer je eigenen Stimme auch eine zentrale Misslingensbedingung für eine Rede sein kann. Dieter Mersch (2002) sagt, *sie gibt sich die Blöße*. Wir geben uns die Blöße, wir sind in unserer Stimme »nackt und offensiv« zugleich. Diese Ambivalenz liegt in jeder Stimme selbst. Das liegt daran, dass sie uns nicht gehört, nicht zuhanden ist und niemals vollkommen dem Diktat unseres Willens unterworfen ist.

Hinzu kommt eine korrektive, soziale Seite. Während des Sprechens hören wir uns selber zu und müssen uns gleichzeitig daran erinnern, was wir gesagt haben, um einen Satz sinnvoll zu Ende zu führen. Also sind wir in dem Moment eigentlich in zwei Zeitdimensionen unterwegs. Wir verfertigen unsere Gedanken ja beim Sprechen. Es ist wichtig, dass wir uns dabei zuhören, denn wir korrigieren uns in diesem Moment des Zuhörens. Korrigieren heißt auch richten, beurteilen, was wir gesagt haben. Michail Bachtin spricht deswegen zusammenfassend von der *inneren Dialogizität,* ja Mehrstimmigkeit jeder Rede, die von der Frage, ob ich verstanden werde in dem, was ich meine, obgleich ich es vielleicht unglücklich ausdrücke, begleitet wird. Diese Frage oder besser diese Bitte um ein aufmerksames Gegenüber begleitet jede Rede. Zu der sozialen Dimension gehört diese dialogische Verwiesenheit auf ein Gegenüber, so fern es auch sein mag, untrennbar dazu.

Eine wunderbare Schilderung auf einer einzigen Buchseite darüber, welches unglaubliche Spektrum Stimmen hierbei haben, stammt von Michel Serres. Ein Buch, das ich Ihnen sehr empfehlen kann, heißt *Les cinq sens,* also *Die fünf Sinne* (1998). Es enthält (S. 152) eine wunderbare Passage über die Stimme. Ich möchte daraus zitieren: »Die Stimme rauh, leise, voll, flehend, vulgär, schrill, zornig, jovial, wohlklingend, gebieterisch, markerschütternd, verführerisch, explosiv oder irritiert, von einem Mannweib, einer Jungfrau, einer Schlampe oder Hure, einem herrschsüchtigen Opfer, einer herrischen, hoffnungslos Verliebten, die den tristen Starrsinn wahrer Leidenschaft herausschreit, mütterlich, schwesterlich, fromm, kindisch, piepsig, egalitär oder komplizenhaft, arrogant, ermutigend, destruktiv oder liebkosend, ironisch, aggressiv, zynisch [...].« Serres endet, was mich angesichts der Sirenen vom venezianischen Glockenturm herab sehr belustigt hat, mit der Idee eines *Glockenspiels der Sinne* und »der Sinngebung, der Intuitionen und unterschwelligen Bedeutungen«, die all dieses bereichert. Den großen, von Protagoras überlieferten Homo-Mensura-Satz – »Der Mensch ist das Maß aller Dinge, der Seienden, dass sie sind, und der Nichtseienden, dass sie nicht sind« –, kann man mit Michel Serres ergänzen: »Die Stimme ist das Maß aller Sinne, der Seienden, dass sie sind, und der Nichtseienden, dass sie nicht sind.« Es ist dieser zweite Zusatz, der einem den kalten Schauer über den Rücken jagt, und auf unser Beispiel gemünzt, bedeutet das: »Wir wissen über die belebende, aber auch über die Leben entziehende Kraft des Schweigens.« Von Claudia Benthien (2006) und anderen gibt es eindrückliche Arbeiten über das Schweigen. Aus Zeitgründen kann ich hier lediglich eine weitere Lese-Empfehlung aussprechen.

Ich möchte nicht vergessen zu erwähnen, dass mein Vortrag wesentlich von einem weiteren wunderbaren Buch über die *Stimme. Annäherung an ein Phänomen* inspiriert ist. Es wurde (2006) von Doris Kolesch und Sybille Krämer herausgegeben. Wenn man deren Einleitung liest, hat man schon sehr viel über Gelingens- und Misslingensbedingungen der menschlichen Rede verstanden. Drei Dinge, über die ich schon ganz kurz gesprochen habe, seien noch einmal rekapituliert: *Ereignischarakter, Aufführungscharakter und Verkörperungsgeschehen.* Aber noch wichtiger und interessanter erscheint mir der große Wert, den beide Herausgeberinnen auf Gelingens- und Misslingensbedingungen des *performativen Charakters* jeder stimmhaften Rede legen. Sie haben ein großes Gespür für die »performativen Entgleisungen«, das »Transgressionspotenzial« einer Rede. Denn man muss mit der Unverfügbarkeit einer Stimme, dem Stottern, dem Stammeln, dem Sich-Verhaspeln, dem Verstummen, also mit all dem, was *dysfunktional* an einer Stimme ist, rechnen. Deswegen ist die Stimme auch kein zuverlässiger Sinnübermittler. Ich frage mich, ob diese Schwäche der Stimme nicht trotzdem auch etwas mit ihrer Sozialität zu tun hat. Denn liegt die Verwiesenheit auf Sozialität nicht gerade in der Tatsache begründet, dass wir korrigiert, angehört und bewertet werden, während wir sprechen, und dass wir wissen, dass wir bewertet werden beim Sprechen? Das geht auch sehr schön mit dem schon eingangs erwähnten Ruf- oder Appellcharakter zusammen. Bei Kolesch und Krämer wird er als »instinktive Sozialität der Rede« tituliert. Also *will* die Stimme nicht nur, dass wir etwas tun, gerade weil die lateinischen Wurzeln des Hörens und des Gehorchens Hand in Hand gehen. Sondern es ist auch genau der Ort, der an den geneigten Hörer appelliert, wie das früher die Literatur so wunderbar machte, überhaupt erst einmal die Lesenden in die Neigung zu versetzen.

Wenn man sich nun fragt, woher die auffällige Renaissance der Stimme in der Gegenwartskunst herrührt, scheint es nötig, kurz die wichtigsten Punkte zu rekapitulieren. Erstens: *Die Stimme muss nicht nur sinntragend sprechen.* Wir werden am Beispiel von Tino Sehgal sehen, dass man auch in scheinbar tribaler Weise Stimmen handhaben kann. Es ist diese Leiblichkeit des Sprechens, das Atmen, das Keuchen, das Hecheln, das Summen, das Stöhnen, das Säuseln, auch die brechende Stimme, das Japsen, was eine ganz neue Qualität ausmacht und in der Gegenwartskunst ausgebeutet wird. Dabei geht die Erotik der Stimme nicht unbedingt verloren, im Gegenteil wird das unterstützt, was Roland Barthes ursprünglich sagt. Wichtig ist zweitens, *dass sich der Ton vom Körper ablöst und ihm nicht ähnlich ist.* Es ist also gerade die Tatsache, dass Menschen wunderschöne Stimmen haben können und wir, wenn wir ihre Körper sehen, erschrecken – und umgekehrt: wunderschöne Menschen sehen können und die Stimme so fürchterlich klingt, dass wir später nie mehr das reine Bild genießen können. Ingeborg Bachmann, eine sehr kluge Zeitgenossin, hat sich schon in den 1960er Jahren in ihrer *Hommage an Maria Callas* darüber gewundert, dass die Menschen die Callas immer nur stimmlich in den höchsten Tönen lobten. Bachmann urteilt, scheinbar harsch, dabei sehr wahrhaftig, Maria Callas sei überhaupt »kein ›Stimmwunder‹«. Das Besondere an ihrer Stimme sei schlicht und ergreifend *ihre Menschlichkeit.* Besonders sei deren Fähigkeit, Schmerz, Hass, Liebe, Zartheit, Brutalität, all das, was ein Menschenleben ausmache, zum Ausdruck bringen zu können. Ingeborg Bachmann (2005, S. 411) endet mit dem wunderbaren Satz: »Sie [die Callas] war der Hebel, der eine Welt umgedreht hat, zu den Hörenden, man konnte plötzlich durchhören, durch Jahrhunderte [...].« Es ist diese menschliche Dimension – den Homo-Mensura-Satz auf die Stimme angewendet – welche die Callas so besonders macht.

Im Folgenden möchte ich Ihnen ein aktuelles Beispiel geben, bei dem sich die drei eben genannten Momente treffen: der Verzicht auf die sofortige Dekodierung als Sinn, die Loslösung von einem sichtbaren menschlichen Körper sowie die tiefe Menschlichkeit in Stimmen, welche durch Jahrhunderte hindurchhören lassen. Genau in dieser dreifachen Zuspitzung hat Tino Sehgal Wunderbares ersonnen. Sie konnten seine ephemere Kunst 2012 bei der *documenta 13* in einem abgedunkelten Raum erleben und eine ganz ähnliche Arbeit bei Licht im Enzyklopädischen Palast auf der *Biennale di Venezia* 2013 erleben. Ich schätze die Kasseler Arbeit, obwohl der Preis an ihn in Venedig ging, noch mehr als die andere. Ich versuche sehr kurz zu sagen, warum. Für alle jene, welche noch nicht Tino-Sehgal-affin sein sollten: Sie wissen vielleicht, dass er keine Aufzeichnungen seiner Arbeiten erlaubt. Es herrscht striktes Reproduktionsverbot. Es gibt auch keine aufklärenden Katalogtexte. Bei der *documenta 13* war es sogar so, dass Tino Sehgal im Inhaltsverzeichnis des Katalog mit Seite 149 – glaube ich – aufgeführt war, diese Seite aber in jedem Katalog *fehlte,* und man so einige Mühe hatte, seine Arbeit überhaupt zu finden. Man sollte wissen, dass Sehgal noch nicht einmal Verträge mit Museen oder Galerien schriftlich schließt, sondern alles Nötige unter Zeugenschaft von Notaren rein mündlich geschieht. Sie merken schon, Sehgals Ansatz ist radikal anders – und beginnt nicht erst beim Werk, sondern im Grunde mit seiner Vermeidung. Was bleibt, ist allein die Zeugenschaft der Zuschauer und Zuschauerinnen, die wirklich dabei waren, sowie einige versprengte Interviews des Künstlers.

Warum ich Sehgal im Zusammenhang dieses Symposions so interessant finde? Weil er uns in diesem improvisierten Partyraum im Hinterhof eines Kasseler Hotels (völlig abgedunkelt mit zwölf Performern, die sich mal unterhalten, mal schweigen, mal tanzen und dann anfangen, rhythmische Laute von sich zu geben) in etwas hineinzieht, was man als einen – vermutlich improvisierten – tribalen Verständigungslaut in größtmöglicher Finsternis beschreiben kann. Weil es uns an eine eigenartige Qualität der menschlichen Stimme erinnert, nämlich auch Laute hervorbringen zu können, die nicht menschlichen ähneln und so Gemeinschaft mit der gesamten Kreatur stiften. Ich glaube, das ist der eigentliche Clou, dass eine kreatürliche Gemeinschaft in einem Raum voller Fremder gestiftet wird, die sich aufteilen in solche, die sich schon an die Dunkelheit in Platons Höhle gewöhnt haben, und jene, bei denen das (noch) nicht der Fall ist. Man konnte wunderbar beobachten, dass sich kindliche Augen sehr schnell adaptieren und Kinder ihre Eltern mit traumwandlerischer Sicherheit durch die Dunkelheit führen, ein anrührendes Bild. Wer lange blieb, sah Schemen, mitunter saß der Performer direkt vor einem. Wer länger als 15, 20 Minuten im Raum dabei war, sah nicht nur schemenhaft, was darin passierte, und unterschied jene, die auch etwas sahen, und jene, die nur hörten, sondern fing auch an, mitzumachen. Es war sehr leicht möglich, in diesen seltsamen Gesang, der sich mit keiner lebenden Sprache, mit keinem Dialekt gemein machte, mit einzustimmen. Vor allem aber spürte man den unheimlichen Drang, mittun zu müssen, es war wie ein Sog, der auf den kreatürlichen und sozialen Kernbestand all dieser passageren Fremden zielte, die sich in Kassel beim sagenumwobenen Sehgal, dem listenreichen Odysseus, einfanden.

Ich denke, der Künstler war ein aufmerksamer Leser von »Understanding Media«, wo wir ein sehr schönes Protokoll über das Radio finden. Was Marshall McLuhan (1992) dem Radio zuschreibt, nämlich ein Widerhall der Stammeshörner und uralten Trommeln zu sein, das macht Tino Sehgal *ohne* Radiotechnik. Ebenso wie das, was Kurt Weill (1925) über *absolute Radiokunst* sagte, dass es auch um Klänge aus anderen Sphären gehe, nämlich »Rufe menschlicher wie tierischer Stimmen«. Weill nennt insbesondere »Naturstimmen«, »wenn Klangwellen erhöht oder vertieft übereinandergeschichtet oder ineinander verwoben, verweht und neu geboren werden«. All diese Techniken, die in diesen frühen Texten von Weill und dann später von Marshall McLuhan speziell als technische Mittel des Radios aufgefasst werden, sind bei Tino Sehgal durch die sich im Raum bewegenden Individuen zu choreographieren. Die Choreographie, die den Gedanken von Improvisation vergessen macht und die Illusion von Notwendigkeit an ihre Stelle setzt, lässt die Körperbewegung der Performer, das Gesummte, Gemurmelte, Gesagte, Gesungene in einem einzigen großen Akt des improvisierten Zusammenklangs zusammenarbeiten. Es geht dabei um nichts weniger als darum, in uns endlich denselben Echoraum hervorrufen, der auch das Zusammenspiel der Performer ausmacht: ihr faszinierend blindes »Antworten« aufeinander. Diese »Echokammer«, wie sie Marshall McLuhan nennt, ist wie ein Raum, in dem aristotelische Seele und popkulturelle Gemeinschaft in einem einzigen, gemeinsamen Echo anfangen, widerzuhallen. Diese Echokammer einer »zweiten Antike« (Philipp Wüschner, 2011), welche die Verhältnisse in Platons Höhle umkehrt, hat eine unglaubliche Kraft.

Wie sich diese Kraft verändert, wie dieses Zusammenspiel in kleinerem Maßstab ganz anders funktioniert, kann man in Sehgals Venedig-Arbeit studieren, wo man nur zwei oder drei Performer hat, die man bei der Arbeit sieht, nicht bloß hört. Im Übrigen zieht Sehgal natürlich Aristoteles' strenges Begriffsregime auf sich: Wenn wir einen Klack-, Schnalz- oder Klicklaut erzeugen oder husten, ist das für Aristoteles keine Leistung unserer beseelten Stimme, vielmehr das Werk des Kehlkopfs. Es muss bei Aristoteles – wie gesagt – ein bedeutungsvoller Ton sein. Man merkt jedoch, wie Aristoteles kämpft, um die *Bedeutungshaftigkeit des Tons,* die keineswegs eine natürlich ist, in den Vordergrund zu rücken. Bei dieser Unternehmung halten moderne Leserinnen und Leser längst den Atem an, weil sie sehr genau wissen, was für wunderbare Laute wir mit der eigenen Zunge und mit dem eigenen Rachen erzeugen können. Das hat Michael Lentz gestern uns allen hier sehr plastisch vorgeführt.

Abschließend würde ich gerne noch einmal zusammenfassen: Wenn diese Ambivalenz und Korrekturbedürftigkeit der menschlichen Stimme etwas mit unserer Sozialität zu tun haben, dann scheint mir die besondere Pointe zu sein, dass die Sozialität der Stimme Grund und Ursache ihrer Verletzlichkeit ist. Das führt uns zu einem antiken Mythos zurück, über den Petra Gehring (2006) in dem Band von Doris Kolesch und Sybille Krämer so wunderbar berichtet hat, nämlich über die berühmte Nymphe Echo. Was hatte sie sich eigentlich zu Schulden kommen lassen? *Sie hatte Hera abgelenkt.* Hera war nämlich dabei, Zeus mit den anderen Quellennymphen in flagranti zu ertappen. Und die kleine Echo, die selber gar nicht mehr Teil des Lustspiels war, versucht nun Hera in ein belangloses Gespräch zu verwickeln, um den Nymphen wertvolle Zeit zu verschaffen, noch rechtzeitig zu fliehen, was auch gelingt. Doch Hera wird sie dafür grausam bestrafen, weil die Nymphe Echo in ihrem Sinne die Sozialität der Rede missbraucht hat. Sie hat das gemeinschaftsstiftende Band der Rede missbraucht, um jemanden davon abzuhalten, etwas Wichtiges zu entdecken. Deswegen handelt es sich, wie in der Antike so oft, um eine *Äquivalenzstrafe.* Die Äquivalenzstrafe, die Echo auferlegt wird, besagt, dass sie fortan nur noch über ihre eigene menschliche Stimme verfügt, diese aber nicht mehr sinnbildend einsetzen kann. Echo muss wiederholen, was der vorige Redner gesagt hat, aber nicht in dessen Stimme, sondern in ihrer eigenen. Das ist der große Unterschied zum Naturecho, das gewissermaßen einen Teil der Landschaft und des Raumes akustisch mitüberträgt und so die interessante Loslösung der Stimme vom eigenen Körper ad infinitum zelebriert. Der Nymphe Echo bleibt, wie den Sirenen, für die Ovid das explizit formuliert, ihre eigene Stimme: »Vox humana remansit.« Das ist die *eigentliche Gemeinheit,* genau daran leidet Echo: Sie sagt das Fremde, Uneigenste mit dem Eigensten der Stimme. Das ist auch der Grund, warum sie der Lächerlichkeit, der Verballhornung preisgegeben wird. Deswegen misslingt ihr später auch die liebende Kontaktaufnahme zu Narziss. Schließlich versucht sie, ihren eigenen Körper wegzuhungern. Echo – das ist auch der erste Fall einer Anorektikerin, die sich körperlich selbst aus der Welt zu schaffen versucht. Heras Fluch besteht jedoch darin, wie immer bei antiken Flüchen, dass er *unendlich* gilt. Die Stimme bleibt und Echos Körper versinkt buchstäblich im Boden. Die Landschaft nimmt bei Ovid klaglos Echos Charakter auf, fortan hallt die ganze Natur wider.

Da haben wir es wieder: das zentrale, kulturphilosophische Phantasma einer unheimlichen Stimme ohne Körper. Wie ich eingangs sagte, glaube ich, dass genau diese Unheimlichkeit die eigentliche philosophische Qualität von Stimmen ausmacht. Das Radio ist das technische Mittel, das diese Qualität erhöht und in besonderer Weise erkennbar macht. Aber es ist ein Phänomen, das schon zwischen der Person, die spricht, und der *Stimme, die aus ihr spricht,* von Anfang an angelegt ist. Ich denke, ich schließe hier, obwohl ich noch ein Beispiel von Janet Cardiffs Stimme (die man auch bei der *documenta 13* erleben konnte) parat hätte. Doch darüber habe ich an anderer Stelle bereits sehr viel geschrieben. Wir sollten alles Weitere daher besser im gemeinsamen Gespräch fortsetzen.

Literatur

Bachmann, I. (2005). Hommage an Maria Callas. In Kritische Schriften. München u. Zürich 2005, S. 409–411.

Barthes, R. (2002). Die Körnung der Stimme. Interviews 1962–1980. Frankfurt a. M.: Suhrkamp (Original: Le grain de la voix. Entretiens, 1962–1980. Paris: Éditions du Seuil, 1981)

Benthien, C. (2006). Barockes Schweigen. Rhetorik und Performativität des Sprachlosen im 17. Jahrhundert. Paderborn u. München: Fink.

Cardiff, J. (2005). The Walk Book. Edited by Thyssen-Bornemisza Art Contemporary, Vienna in collaboration with Public Art Fund, New York, Texts by Mirjam Schaub. Köln: Buchhandlung Walther Koenig.

Gehring, P. (2006). Die Wiederholungs-Stimme. Über die Strafe der Echo. In D. Kolesch, S. Krämer (Hrsg.), Stimme (S. 85–110). Frankfurt a. M.: Suhrkamp.

Kolesch, D., Krämer, S. (Hrsg.) (2006). Stimme. Annäherung an ein Phänomen. Frankfurt a. M.: Suhrkamp.

McLuhan, M. (1992). Die magischen Kanäle. »Understanding Media«. Düsseldorf u. a.: ECON Verlag.

Mersch, D. (2002): Was sich zeigt, München: Fink, 2002.

Rosolato, G. (1974). La voix entre corps et langage. Revue française de psychoanalyse, 38 (1), 75–95 (zit. nach Voices = Voces = Voix, exhibition catalogue, Rotterdam, Witte de With, 1998, S. 115.)

Serres, M. (1998). Die fünf Sinne. Eine Philosophie der Gemenge und Gemische. Frankfurt a. M.: Suhrkamp.

Weill, K. (1925). Möglichkeiten absoluter Radiokunst. Der deutsche Rundfunk, 26, 1625–1628.

Wüschner, P. (2011). Die Entdeckung der Langeweile: über eine subversive Laune der Philosophie. Wien u. Berlin: Turia + Kant.

RESPONSE Steven Connor: The Art of Foam and Froth

Wir nutzen unsere Stimme als Positionsgeber, Echoortung oder »echolocation«, wie wir im Englischen sagen. Gerade, in genau diesem Augenblick, vermesse ich diesen Raum. Ich hatte noch keine Gelegenheit, einen Eindruck davon zu bekommen, wie weit meine Stimme trägt. Es ist immer schwierig, wenn man ein Mikrofon benutzt, denn die Stimme wird bearbeitet und transformiert, und man bewohnt einen Raum in zweifacher Weise: Hier ist meine sozusagen »echte« Stimme, die den Raum ausmisst, und dann gibt es da noch eine andere Stimme, die sie begleitet. So agiert die Stimme also erforschend oder forensisch.

Aber die Stimme ist nicht nur eine Art und Weise, sich selbst zu finden; denn man kann sich auch in der eigenen Stimme verlieren. Eine Stimme zu haben, zu sprechen, bedeutet in einem gewissen Sinn, sich selbst immer dem Sprechen hinzugeben. Es gibt keinen Satz, der anfängt und schon ungefähr oder genau sein Ende kennt. Es gibt immer diese Art des Einsetzens, immer – um einen Ausdruck aufzunehmen, den wir in Mirjams Präsentation gehört haben – eine Art Aufdecken oder Ausgesetztsein, ein Aufbrechen, ganz wörtlich im Lateinischen »exponere«: »aufbrechen« oder »nach außen bringen«.

Ich habe etwa sechs Jahre an einem Buch geschrieben, das unter dem englischen Titel *Dumbstruck. A Cultural History of Ventriloquism,* erschienen ist, und bis zu dem Moment, als ich die Korrekturfahnen für das Buch bekam, war ich entschlossen, es *A History of the Disembodied Voice* zu nennen. Manchmal muss man wirklich sehen, was man geschrieben hat, und zwar nachdem dies einen Kreislauf durchlaufen hat, bei dem es von jemand anderem gelesen und ausgelegt und einem wieder zurückgegeben wurde, um zu wissen, was man gesagt hat. Und mir wurde klar, als ich die Korrekturfahnen bearbeitete, dass ich ein ziemlich langes Buch geschrieben und sechs Jahre damit verbracht hatte, mir selbst zu beweisen, dass es faktisch keine körperlose Stimme gibt: *Es gibt keine Stimme ohne Körper!* Die Frage allerdings ist: Was für eine Art von Körper, was für eine Art von Erfahrung des Körpers fordert die Stimme, oder – ein gutes Wort – »invoke«, ruft sie auf. In einem gewissen Sinne muss Stimme immer aus irgendeinem körperlichen Apparat kommen. Wenn es nicht der menschliche physiologische Apparat ist, muss sie aus irgendeinem technischen Apparat kommen, aus irgendeinem Materialarrangement, das irgendeinen Klang produziert. Aber welche Art von Körper könnte die Stimme voraussetzen? Seit ich mir dessen bewusst wurde, fasziniert mich bis heute diese merkwürdige Zusatzexistenz, die Zusätzlichkeit der Stimme in Bezug auf einen bestimmten Körper. Wenn man eine Stimme aus dem Radio kennt, ist man manchmal überrascht, wenn man sieht, wie der Sprecher eigentlich aussieht. Das hat weniger damit zu tun, dass die körperlose Stimme plötzlich körperlich wird, sondern dass ein Stimm-Körper *(voice-body)* durch einen anderen Stimm-Körper ersetzt wurde. Und daher stelle ich in diesem Buch *Dumbstruck* die Idee eines, wie ich ihn nenne, »Stimm-Körpers« vor, ein bestimmter Körper, der von einer bestimmten Art von Stimme eingefordert wird. Die zwei gehören immer zusammen.

Der schottische Philosoph Dugald Stewart, der im 18. Jahrhundert lebte, ist meines Wissens einer der ersten, der die These vorgebracht hat, dass das Lernen einer anderen Sprache bedeutet, zu lernen, sich mit einem anderen Körper zu bekleiden. Einer der Gründe, warum Engländer sehr, sehr schlecht darin sind, anderer Leute Sprache zu lernen – abgesehen von der Tatsache, dass sie eine postimperialistische Nation sind wie die Japaner –, liegt darin, dass wir uns schwer damit tun, uns in andere Körper hineinzuversetzen. Wenn man in der Lage ist, ganz einfach und sehr natürlich »boufffff« zu sagen, dann kann man viel leichter französisch sprechen. Ich bin mir nicht ganz sicher, wie der deutsche Stimm-Körper beschaffen ist, aber ich habe ein Buch geschrieben, dass ich sehr gerne *Das Husten des Aristoteles (Aristotle's Cough)* genannt hätte – ich bin so froh, Mirjam, dass Sie diesen Ausdruck zitiert haben –, und der Verlag wollte nicht, dass ich es so nenne, daher erscheint es unter dem englischen Titel *Beyond Words* (2014). Aber es geht um alle diese Dinge in der Stimme – Geräusche, Tonfall, Aussprachefehler –, die irgendwie nicht zur Stimme zu gehören scheinen – und es doch immer tun. Wir haben diese außergewöhnliche und maßlose Vorstellung davon, was die Stimme alles zu tun vermag. Als ich *The Cultural History of Ventriloquism* schrieb, war es teilweise eine Geschichte der Vorstellung, dass Menschen diese außergewöhnlichen Sachen mit Sprache machen können, die man im Englischen oft »throwing the voice«, die Stimme werfen, nennt, sodass es scheint, als entspringe die Stimme an einem ganz anderen Ort. Aber das kann nicht erreicht werden. Selbst die grundlegenden Bedingungen des Bauchredens – dass man spricht, ohne die Lippen zu bewegen und ohne sichtbare Bewegungen anderer Körperteile –, sind tatsächlich nicht gegeben.

Niemand kann wirklich Bauchreden. Bauchreden ist eine größtenteils optische Illusion: Man überzeugt Menschen, woanders hinzuschauen als auf den eigenen Körper. Männliche Bauchredner haben das Problem mit dem Kehlkopf, dessen Bewegung man fast unmöglich bewusst einschränken kann, während man spricht. Da der Kehlkopf sich immer bewegt, tragen Bauchredner oft Krawatten oder hohe Kragen. Aber niemand kann wirklich Bauchreden, in der Art und Weise, wie wir gerne glauben, dass Bauchredner es könnten. Mir geht es darum, dass Stimme durch und durch aus Phantasie und Vorstellungen gebildet wird. Wenn ich sage »durch und durch«, dann meine ich das annähernd körperlich, als würde die Stimme, meine Stimme, einen Raum auf- und durchschneiden »durch und durch«. Es ist ein Begriff von Lewis Carroll: das »vorpal blade«[3], welches in seinem Gedicht *Jabberwocky* zugange ist: »One, two! One, two!/And through and through/The vorpal blade went snicker-snack.« Meine Stimme tut nichts dergleichen, wenn ich sage »durch und durch«, aber gab diese Vorstellung von Stimme in diesem Moment, transformiert in ein durchschneidendes, durchdringendes Gerät. Die Vorstellung von der außergewöhnlichen Kraft der Stimme, Raum zu durchdringen, zu füllen, zu befehlen, ist eine unserer größten, wirkungsmächtigsten, düstersten gemeinsamen Illusionen. Ich nenne es eine Illusion; aber die Illusionen, die wir über unsere Stimme haben, sind zu großen Teilen, was die Stimme ist und was sie erst macht.

Aber es ist nicht nur Macht, es ist nicht nur Kraft, gewissermaßen ist die wirkungsmächtigste Sache an unserer Stimme ihre Macht, *nicht* zu können. Was der Philosoph Giorgio Agamben unter Rückbezug auf Aristoteles tatsächlich »*impotential*« nennt: die Fähigkeit, etwas *nicht* zu tun. In gewissem Sinne gibt die Stimme den Menschen die wirkungsmächtigste und ausdrucksstärkste Form von unserer Unfähigkeit *(impotential),* denn wir können auch *nicht* sprechen. Wir können in der Sprache von der Sprache Abstand nehmen. Nicht zu sprechen unterscheidet uns Menschen von einem Stein oder einem Stuhl, denn Steine und Stühle können ja überhaupt nicht an Sprache teilhaben. Menschen dagegen partizipieren sehr viel an Sprache, sodass uns dies eine besondere Art von Macht verleiht, wenn wir vom Sprechen Abstand nehmen. Und, natürlich, Sprechen und Stimme sind voll von solchen Momenten. Voller Flüstern, Zurückhaltungen, Hemmungen, die Stimme gestaltet sich als weniger, als sie ist. Der Reichtum der Stimme besteht tatsächlich zu einem großen Teil aus ihrer Macht, verschiedene Arten von Mangel, von Defiziten anzunehmen und zu verkörpern. Daher wird die Schwäche, die Impotenz, die Beschädigung, das Ausgesetztsein der Stimme zu einem sehr großen Teil zu ihrer Macht, die ich als die Vorstellung von Stimme bezeichnet habe.

Ich möchte gerne noch auf zwei weitere Aspekte hinweisen. Einer davon, wie versprochen, bezieht sich auf *Foam and Froth* und ich werde versuchen »foam« von »froth« zu unterscheiden. Der andere Aspekt wird sich mit Stimme und Zeit beschäftigen – unserer persönlichen Zeit und unserer sozialen Zeit. Wenn man sagt, dass Stimme etwas »verkörpert«, meint man damit nicht einfach und ausschließlich die menschliche Verkörperung. Denn ein außergewöhnlicher Teil unserer Vorstellung von Stimme ist, dass Stimme unsere Art ist, uns

---

3   »Vorpal« ist ein von Carroll erfundenes Wort, angeblich mit der Bedeutung »scharf, tödlich«. Christian Enzensberger übersetzt in seiner Version des Jabberwocky, *Der Zipferlake,* »vorpal« mit »biff«: Mit Eins! und Zwei! und bis auf's Bein!/Die biffe Klinge ritscheropf! (Anm. der Übers.).

den Dingen der Welt auszusetzen und uns mit ihnen zu verbinden. Und dies ist gewissermaßen eine einfache physikalische Tatsache über die Stimme. Es gibt keinen Klang ohne Verbindung: Man kann den Klang einer Sache nicht hören, man kann nur immer den Klang einer Mischung hören. Klang und besonders Stimme bezeichnet Michael Seres als einen »gemischten Körper« *(mixed Body)*. Sie hören nicht meine Stimme, sondern Sie hören meine Stimme, die mit einem Apparat, diesem mikrofonierten und verstärkten Apparat sowie dem Apparat des Raumes eine Verbindung eingegangen ist. Und sie ist für jeden von Ihnen einzeln und individuell Verbindung mit Ihren individuellen Hörapparaten eingegangen. Dies bedeutet, dass es wichtig ist, Stimme als materielle Vorstellung zu verstehen, wie Gaston Bachelard dies nennt. Hier gibt es zwei Seiten zu bedenken: Die Vorstellung von der materiellen Welt und die materielle Welt selbst. Wir tendieren dazu, unsere materielle Welt als das zu denken, was wirklich ist. Dabei sind erst unsere Vorstellungen die Voraussetzung, die materielle Welt zu erkennen. Es gibt immer eine Art von implizierter Physik in all unseren Vorstellungen. Die »materielle Vorstellung« erlaubt es uns auch, uns die materielle Wirkungskraft unserer Vorstellung selbst vorzustellen. Und das ist wichtig, denn Stimme tritt in die materielle Welt ein – vielleicht mehr als jemals zuvor aufgrund unserer technischen Apparate, welche die Stimme auf vielfältige Weise verändern, verstärken, transformieren können. Und die Stimme ist – war schon immer in der poetischen, theologischen, philosophischen, medizinischen Vorstellung seit Jahrhunderten – verbunden mit allen möglichen Substanzen, nicht zuletzt mit »Foam« und »Froth«. Oder die besondere Art von »Foam« und »Froth«, welche in der Antike in der Form von *Pneuma,* wie es erst Aristoteles und dann, ihm folgend, die Stoiker nannten, so hoch geschätzt wurde. Von dieser außergewöhnlichen Quasisubstanz, die nicht ganz Luft und auch nicht ganz Feststoff war, dachten die Stoiker, dass sie der Träger von *logos,* von Bedeutung, von Intention, von Wille war. Das Pneuma war eine Art formgebende Gestalt.

Für mindestens einen Schriftsteller bestand die Stimme selbst aus einer Substanz, die ein bisschen wie Pneuma war: Francis Mercury van Helmont, ein außergewöhnlicher Mann und überzeugter Kabbalist, Sohn des großen Physikers Johannes Baptist van Helmont, vertrat die Theorie, dass die Welt gewissermaßen von der Macht der Stimme geformt wurde. Und die Stimme selbst sei abhängig von dem, was er *Phlegma* nennt, eine imaginäre Substanz. Er dachte, sie existiere in allen Körpern, denn ohne Phlegma könne man nicht sprechen.

Das Phlegma war eine Art Samenflüssigkeit, die auch mit dem Pneuma in Verbindung stand, dieser imaginären, magischen Substanz, die nicht ganz Substanz und nicht ganz Geist war, aber an beiden beteiligt.

Und vielleicht ist das auf eine gewisse Art das Wesentliche der Idee von *Foam and Froth,* dass es eine bestimmte charakteristische Substanz gibt, die aktiviert wird, wenn wir über Stimme nachdenken.

Aber es gibt viele, viele andere Quasistimmsubstanzen, sie haben keine Grenzen aufgrund der Möglichkeiten der Stimme, ihrer Voraussetzung, sich mit anderen Dingen in der Welt zu verbinden, denn die Stimme ist die Bloßlegung der Seele zur Welt. Aristoteles bemerkt, dass es keine Stimme ohne Seele gibt. Aber in einem gewissen Sinne liegt dies daran, dass die Stimme der Seele, dem Geist, den Gedanken, der lebenden Kreatur die Möglichkeit eröffnet, sich selbst der Welt auszusetzen, in sie hinauszugehen und sich mit ihr zu verbinden.

Dies bedeutet, dass Stimme ein zeitliches Phänomen ist. Die Stimme kann nicht einfach kommen und gehen. Die Stimme, meine Stimme, ist immer eine Art von Sediment. Ich habe eine lange Zeit mit meiner Stimme verbracht. Wir haben uns über die Jahre recht gut kennengelernt. Aber da gibt es ein merkwürdiges Gefühl, bei dem die eigene Stimme beginnt, in einen einzudringen, bei dem sie einen ertränken oder sogar ersticken kann. Die eigene Stimme formt sich um einen selbst wie eine Mauer, und es gibt immer das Bedürfnis, wie ich meine, vom Sediment der eigenen Geschichte in der eigenen Stimme wegzukommen. Wo und wie man aufgewachsen ist, wie die eigene Mutter und der eigene Vater gesprochen haben, wird sich in der eigenen Stimme bemerkbar machen – manchmal sehr überraschend, nach einer langen Zeitspanne. Also sind wir nicht nur der Welt des Raumes ausgesetzt, sondern auch der Welt der Zeit. Die Stimme ist unser Mittel, uns in beiden zu verlieren, so wie ich mich selbst verloren habe im Stadtraum, auf dem Weg zu diesem Vortrag.

Literatur

Connor, S. (2000). Dumbstruck: A Cultural History of Ventriloquism. Oxford: Oxford University Press.

Connor, S. (2010). The Matter of Air. Science and Art of the Ethereal. London: Reaktion Books.

Connor, S. (2014). Beyond Words: Sobs, Hums, Stutters and Other Vocalizations. London: Reaktion Books.

FOCUS & ECHO 4

Mit: Steven Connor und Mirjam Schaub
Moderation: Ute Thon

Frage aus dem Publikum:

Ich habe eine Frage an Herrn Connor. Als Sie zu Beginn Ihrer Vortrags überzeugend gezeigt haben, wie Sie diesen Raum mit Ihrer Stimme vermessen haben,
habe ich mich gefragt: Wenn die Stimme einen Raum schaffen kann, kann das
Radio auch einen Raum schaffen?

Connor:

Ja, sicherlich. Wir bewohnen Räume und orientieren uns in Bezug auf die
Geräusche, die diese Räume durchziehen. Aber natürlich erschaffen Klänge
oder Geräusche den Raum in einer Art, die sich, wie ich meine, dramatisch
von der Art und Weise unterscheidet, in der Licht oder das Sehen einen Raum
verstehen: da sich Klang vermischt, visuelle Phänomene sich aber nicht vermischen. Und ich glaube, die Herausforderung des Radios als Medium – das
ja gewissermaßen ein sehr altes Phänomen ist – nicht nur, weil es in unserem
Medienzeitalter fast von Anfang an da war; nicht nur, weil es Versionen des
Radios schon lange gibt; nicht nur, weil es die Vorstellung von Radio schon seit
Jahrhunderten, vielleicht Jahrtausenden gibt – also, die Herausforderung liegt
in der Vorstellung des Klangs, dem keine direkt wahrnehmbare körperliche
Quelle zugeordnet werden kann. Und das vermittelt uns ein komplett anderes
Gefühl des Raums.

Wenn man zum Beispiel dem Gesang eines Vogels lauscht: Vögel bewohnen städtische Räume auf eine sehr komplexe Weise, weil wir in der Stadt viel
Lärm machen, mit dem manche Vögel nur schwer umgehen können. Also fangen viele Vögel an, höher zu singen und erfinden prononcierte Gesangsformen.
Und das ist ziemlich ernst, weil es bedeutet, dass Stadtvögel sich wahrscheinlich nicht mit Landvögeln derselben Art paaren können, also kann der Klang
die Vogelspezies verändern. Eigentlich ist das kein unnatürliches Phänomen,
Vögel ändern ihr Lied auch in der Nähe von Wasserfällen in Wäldern aus genau
denselben Gründen, und das ist quasi ein Hinweise auf die Beschaffenheit des
Raumes, aus dem das Lied eines Vogels auch zum Teil besteht.

Es ist sicherlich so, dass Vögel ihrem Gesang zuhören, während sie singen.
Sie verinnerlichen sozusagen ihre Raumwahrnehmung. Aber ein Klangraum ist
in einer bestimmten Weise multiperspektivisch und kann niemals (mit-)geteilt

werden kann. Auch wenn er immer mehrschichtig ist, ist es immer eine Frage von harmonisierten Räumen. Folglich müssen wir all unsere Ideen über das, was Raum ist, gewissermaßen überdenken. Eigentlich müssen wir über Formen des Zusammenlebens nachdenken, über Wechselseitigkeit, gemeinsam bewohnte Räume. Die Vögel interessieren sich natürlich kein bisschen für uns, sie passen ihr Lied zwar den Gegebenheiten an, aber sie singen eigentlich nur der nächsten Amsel zu: Wenn du das hörst, dann mach dich fort!

Moderatorin:

Mirjam, Sie wollten auch noch was dazu sagen?

Schaub:

Ja, ich finde es ganz wunderbar, noch einmal auf diesen territorialen Aspekt von Stimmen einzugehen. Ich konnte das in Edinburgh sehr schön beobachten, da gibt es sehr viele Möwen, die sich mit den Amseln einen Wettstreit liefern. Nun ist es tatsächlich so, dass eine Möwe nicht singen kann wie eine Amsel, aber sie versucht es – was der Möwe natürlich fürchterlich misslingt. Doch es unterstreicht, was wir gerade besprochen haben: Stimmen haben einen Verdrängungseffekt und sie haben etwas damit zu tun, dass man sich der Atmosphäre anpasst, in der man sich eben bewegt und in der man, wie gesagt, auch um Vorherrschaft und territorialen Gewinn und um sexuelle Attraktivität kämpft. Und es ist gut, an diese Rückbindung der menschlichen Stimme zu erinnern. Wer immer mal in Gremien arbeitet, der weiß, wie wichtig es ist, mit einer ganz bestimmten Stimme bestimmte Dinge zu sagen.

Frage aus dem Publikum:

Ich habe noch eine Frage an Frau Schaub: Sie haben bei Tino Sehgal sehr schön beschrieben, wie diese gemeinschaftliche Situation, die in seinen Arbeiten entsteht, auch zu einer politischen Kraft werden kann. Vielleicht könnten sie auch kurz etwas zu den Arbeiten von Janet Cardiff sagen, vor allem zu ihren Walks, die ja eigentlich von einer ganz anderen Situation ausgehen, also von einer intimen Zuhörer- und Künstler-Situation.

Schaub:

Die Kunst von Tino Sehgal ist nie intim und die von Janet Cardiff ist immer intim. Das hat etwas mit dieser Dialogizität zu tun, die sie ganz stark sucht, tatsächlich, mit dem einzelnen Hörer. Ich glaube, ihre Arbeiten, die ja immer in Zusammenarbeit mit ihrem Mann, George Bures Miller, entstehen, sind so gut, weil es immer dieses Gegenüber gibt, das angerufen wird. Das ist bei Tino Sehgal wirklich nicht der Punkt. Tino Sehgal weist die Dialogizität ja gerade zurück, ich erinnere an seine Arbeit in der Tate Modern, wo man intime Fragen gestellt bekam, wenn man aber zurückfragte – intim –, wandte sich der Performer von einem ab und ging. Was also bei Janet Cardiff erlaubt ist, ist bei ihm gerade verboten, oder es wird jedenfalls gebrochen. Vielleicht sind Cardiffs Arbeiten deswegen verführerischer, aber vielleicht auch politisch harmloser – ich überlasse es Ihnen, das zu beurteilen.

Moderatorin:

Ich habe eine kleine Frage an Sie beide. Wie hat sich das personalisierte Hören in der Öffentlichkeit zu Ihrer Zeit verändert, was meinen Sie?

Connor:

Ich habe meine Meinung darüber geändert. Also, früher habe ich immer gedacht, dass das Phänomen des abgeschlossenen, personalisierten Hörens die Sache von Einzelpersonen sei, die eben ihren eigenen, privaten Mix kreieren. Janet Cardiffs Arbeiten verlangen ja oft von Ihnen, dass Sie die Geräusche, die Sie um sich herum hören, mit einbinden, wenn Sie mit ihrer Stimme herumlaufen. Es kommt mir jetzt immer mehr so vor, als hätten die Leute, die mit ihren eigenen Geräten im Ohr unterwegs sind, sich wirklich von ihrer Umwelt abgegrenzt. Und es scheint mir ihre bewusste Entscheidung zu sein, keinerlei Austausch mit der Umgebung haben zu wollen. Und das bedeutet, komischerweise, dass sie keinerlei Raumgefühl haben. Darum machen sie dann so auffällige Sachen, die sie nie machen würden, wenn sie nicht so fokussiert wären auf das, was sie sich anhören. Ich meine, sie haben kein Gefühl mehr dafür, dass es um sie herum noch andere Menschen gibt, und ihr Verhalten hat überhaupt nichts mit einem eventuellen Rückzug in einen Kokon zu tun; sie machen plötzlich einen unerwarteten Schritt zur Seite oder bewegen sich rückwärts. Also, wahrscheinlich verliert man sein Raumgefühl, wenn man jegliche Art von unterschwelliger Reaktion auf die uns umgebenden Klänge, die wir normalerweise ja wahrnehmen, ausgeblendet hat. Ich glaube, es ist eine sehr einsame und zerrissene Art von Welterfahrung geworden. Es tut mir selbst leid, dass ich mürrisch klinge, aber was soll ich machen, so sehe ich das inzwischen.

ART SLAM Thora Balke: Dea ex Machina – Delia Derbyshire & Daphne Oram: Pioneers of Sound Art

»Das ist eine Sprachtestaufnahme für den neuen A-Track-Recorder […], ich teste also, teste und teste. Ich will sehen, ob ich das auf den neuen A-Track-Recorder überspielen und wieder herunternehmen kann. So, ich habe das Gefühl, das ist der Schluss. Das ist das Ende.« *(Daphne Oram, Tonaufnahme)*

Abbildung 6: Daphne Oram, founder of the BBC Radiophonic Workshop, in 1962, Foto: Brian Worth

Was Sie gerade gehört haben, war die Stimme von Daphne Oram, die ich Ihnen in meinem Vortrag in bewegten und unbewegten Bildern vorstellen möchte, zusammen mit Delia Derbyshire. Mein Vortrag beschäftigt sich mit beiden Frauen. Er ist gedacht als kleine Einführung in ihre künstlerische Hinterlassenschaft und die bahnbrechende schöpferische Arbeit, die sie auf dem Gebiet der elektronischen Klangerzeugung und Klangkomposition in den späten 1950er, 1960er und vor allem 1970er Jahren in Großbritannien geleistet haben. Da ihr

Denken und Wirken vor allem im Medium Sound in Erscheinung trat, finde ich es angemessen, sie hier auch direkt zu Wort kommen zu lassen.

Zum Hintergrund: Daphne Oram, geboren 1925, ging nach ihrem Studium der Musik und Elektronik als Toningenieurin zur BBC und wurde innerhalb des Senders bald zur treibenden Kraft bei der Entwicklung einer Spezialabteilung, die sich auf das Potenzial neuer Klangtechnologien konzentrierte. Da die BBC-Hörspiel-Abteilung bereits seit der Produktion von Samuel Becketts Stück *All That Fall* (1957) mit elektronischen Klangeffekten in Hörspielen experimentiert hatte, fiel ihr Anliegen auf fruchtbaren Boden. 1958 konnte der neue *Radiophonic Workshop* in den Maida Vale Studios der BBC eröffnet werden. Doch bereits zehn Monate später verließ Oram die Abteilung, um ein eigenes Studio zu gründen, in dem sie in den kommenden Jahrzehnten ihr immens vielseitiges Œuvre schuf. Sie finanzierte ihre schöpferische Klangrecherche durch Auftragsarbeiten: allesamt höchst eigenwillige, originelle Soundtracks fürs Kino, die Werbebranche, das Fernsehen, aber auch für den Konzertsaal. Ungewöhnlich an Orams Praxis war ihre vollkommene Eigenständigkeit: Sie orientierte sich weder an den Sound-Recherchen, die zeitgleich in amerikanischen und europäischen Studios ausgeführt wurden, noch war sie aktiver Teil der zeitgenössischen Klangkunstszene.

Delia Derbyshire kam 1937 in Coventry zur Welt. Im Alter von drei Jahren erlebte sie die desaströse Bombardierung der Stadt durch die deutsche Luftwaffe. Hören Sie sie selbst:

>»Die Sirenen vor dem Luftangriff, [...] das ist ein abstraktes Geräusch, weil man es als kleines Kind ja keiner Quelle zuordnen kann. Auch die ›Entwarnung‹. Das war damals elektronische Musik.« *(Delia Derbyshire, Tonaufnahme)*

Delia hatte bereits früh davon geträumt, einmal in einem Tonstudio zu arbeiten, aber immer zu hören bekommen, dass dies kein Ort für eine Frau sei. Nachdem sie eine Zeitlang bei den Vereinten Nationen in Genf beschäftigt gewesen war, wechselte sie zur BBC und interessierte sich bald für die legendäre Sound-Avantgarde-Abteilung, den *Radiophonic Workshop*. Sie bewarb sich, wurde eingestellt und war somit in den 1960er und 1970er Jahren Teil einer musikalischen Gegenkultur in Großbritannien. Mit seinen schrägen Werbe-Soundtracks innerhalb des Fernseh- und Radioprogramms der BBC brachte der *Radiophonic Workshop* außergewöhnliche elektronische Experimentalmusik in die Wohnzimmer – und damit auch in die Köpfe der Briten. Ich selbst erinnere mich noch an die Nachwirkungen dieses Stils, denn ich habe als Kind und Jugendliche eine Weile in

Großbritannien gewohnt. Es gab Sendungen bei der BBC mit einer sehr merkwürdigen Geräuschkulisse, die meinem kindlichen Surrealismus entgegen kam. Jetzt weiß ich, wer dahintersteckte.

Der Sound des *Radiophonic Workshops* beeinflusste eine ganze Generation von Musikern, die diese Klänge in ihrer Kindheit gehört hatten. Sie hatten ihre ersten Erfahrungen mit der elektronischen Musik in den Fernseh- und Radioprogrammen der BBC gemacht. Ich möchte nur einen kurzen Ausschnitt aus dem Intro einer Sendung mit dem Titel *Talk Out* anspielen. Ob diese Sendung tatsächlich ausgestrahlt wurde, habe ich nirgends herausfinden können, aber das Intro wurde im *Radiophonic Workshop* produziert *(spielt die Aufnahme ab)*.

In der Zeit, als Derbyshire und Oram komponierten, gab es zuerst weder Synthesizer noch Computer. Also schufen sie ihre *Musique concrète* mit Found-Sounds. Sie manipulierten die Maschinen, die ihnen zur Verfügung standen und arbeiteten mit elektronischen Basis-Sinustönen und Weißem Rauschen, mit Sounds, die sie filterten, schnitten und umgestalteten. Sie mussten sich ihre gesamten Technologien und Techniken selbst ausdenken, und sie taten es, getrieben von ihrer Obsession, einen speziellen Sound erzeugen zu können, der ihnen vorschwebte. Die beiden Frauen betrieben das Komponieren wie zwei Naturwissenschaftlerinnen. Daphne Oram entwarf ihre Werke als eigenwillige Zeichnungen. Viele dieser gezeichneten Kompositionsentwürfe wurden in ihrem Archiv gefunden, neben kleinen Notizen über das, was sie an bestimmten Tagen gemacht hatte.

Wir wissen, dass auch Delia Derbyshire Klänge als Bilder wahrnahm. Sie komponierte also beispielsweise nach einer Zeichnung, die ihr jemand vorgelegt hatte. Hier ein Beispiel ihrer Kompositionsmethode, entstanden als Auftragsarbeit anlässlich des 100. Jahrestages der Gründung der Institution of Electrical Engineers (IEE). Ich finde dieses Beispiel sehr interessant, weil man hier gut sieht, wie sie an eine Sache heranging.

»Als erstes interpretierte ich die Zeichenfolge I.E.E. 100 auf zwei verschiedene Arten. Erstens als Version einer Morsekodierung. Ich fand das dann rhythmisch extrem langweilig, und darum setzte ich die Punkte ein, die zwischen dem ›I‹ und den zwei ›E‹ liegen, weil der Punkt einen schönen Klang hat; er klingt so: di-da, di-da, di-da. Mir schwebte außer einem rhythmischen Motiv auch noch ein musikalisches Motiv vor, das sich durch das gesamte Stück zieht, und darum habe ich die Buchstaben und Ziffern noch einmal in musikalischer Hinsicht interpretiert: ›I‹ wird zu ›B‹, das ›E‹ bleibt und die ›100‹ habe ich als römisches Symbol ›C‹ eingesetzt.« *(Delia Derbyshire, Tonaufnahme)*

Die Kompositionen wurden sehr sorgfältig umgesetzt. Jeder einzelne Ton wurde zunächst auf einem Stück Band aufgenommen, dann zusammengeschnitten und so entstanden Rhythmen und Melodien. Ein Stück Band für jede Zeile – und all das ohne Mehrspur-Tonbandgeräte. Das fertige Stück entstand also, indem man alle Bänder gleichzeitig von verschiedenen Bandgeräten abspielte und nur hoffen konnte, dass sie synchron liefen.

Die Wohnungen von Daphne und Delia waren ganz von ihrer Arbeit bestimmt, das weiß man aus vielen Beschreibungen. Auf dem Boden, überall, lagen Bänder herum. Ich stelle mir die Räume sehr gerne vor, denn an ihnen erkenne ich, wie kompromisslos sich beide Frauen ihrer Arbeit verschrieben hatten. Zwei Komponistinnen, die immer hartnäckig auf ihrer künstlerische Freiheit bestanden haben. Eine Geschichte über Delia Derbyshire gefällt mir besonders: Sie arbeitete einmal bis spät nachts im *Radiophonic Workshop* an einer Komposition, stieg dann auf ihr Fahrrad, um nach Hause zu fahren, war aber in Gedanken immer bei der Arbeit. Plötzlich fiel ihr auf, dass sie durch ganz London geradelt war, ohne auf die Richtung zu achten.

Mitte der 1960er Jahre begann Daphne Oram mit der Arbeit an einem Projekt, mit dem sie sich bis zu ihrem Tod hauptsächlich beschäftigte: dem *Oramics*-System. Das war eine Maschine zur Erzeugung von elektronischer Musik auf der Basis von Zeichnungen. Es ist ein einfaches System – so einfach, dass man es heute selbst auf dem einfachsten Computer anwenden kann. Aber damals schien es noch eine pure Illusion gewesen zu sein: Oram wollte sich in die Lage versetzen, Klänge herzustellen, die ausschließlich von ihr, der Komponistin geschaffen waren, ohne die Unterstützung bekannter Mittel oder Instrumente. Sie stellte sich eine Art manueller Schnittstelle vor, eine Maschine, mit deren Hilfe sie anhand von Zeichnungen Musik schreiben konnte. Mit dieser Idee war sie dem Computer um ein Jahrzehnt voraus. Hier ein Ausschnitt, in dem sie selbst ihre Maschine vorstellt:

»Das hier ist eine vollkommen neue Technik, die ich über Jahre entwickelt habe und an der ich immer noch feile. Sie hat noch einen langen Weg vor sich, und ich nenne sie *Oramics*. Es geht darum, graphische Darstellung in Klang umzusetzen. Ich möchte den Klang so manipulieren, dass noch die feinste Nuance, die mir vorschwebt, wiedergeben werden kann. Es scheint in der elektronischen Musik kein richtiges Notationssystem zu geben. Ich wollte ein System zur Hand haben, bei dem ich meine Vorstellungen graphisch darstellen konnte, und diese Darstellung – also gewissermaßen die Partitur – dann in eine Maschine einspeisen, die mir den Klang erstellt. Ich habe herausgefunden, dass man jeden Parameter einzeln herausgreifen muss.

Dann muss man durch einen Graphen anzeigen können, wie laut es an einer bestimmten Stelle sein soll, wie das Vibrato in ein Schwanken der Tonhöhe übergeht. Also läuft hier eine Reihe von Filmtracks durch, auf die ich die Graphen für die Tonhöhe einzeichne. Das nennen wir digitale Information. Das heißt, ich kann einen Punkt hierhin zeichnen, statt einer Viertel- oder Achtelnote. Das geistert mir schon seit einer Ewigkeit durch den Kopf. Ich glaube, mein Vater hat mir erzählt, ich hätte schon mit sieben Jahren vorausgesagt, dass ich irgendwann einmal eine wunderbare Maschine besitzen würde, mit der ich jeden Klang herstellen könnte, den ich hören möchte.« *(Daphne Oram, Tonaufnahme)*

Seit den 1960er Jahren bis heute übt Daphne Oram einen immensen Einfluss auf Popmusiker aus: Viele Musiker suchten sie damals in ihrem Studio auf. Ich habe gehört, dass sogar John Lennon unter den Besuchern gewesen sein soll. Bestimmt hatte sie auch bei ihm, wie bei vielen seiner Kollegen, keine Ahnung, wer er war.

Mit der Hilfe ihrer *Oramics*-Maschine konnte Daphne Tonhöhen sehr fein nuancieren, weswegen ihr Stil als ein Spiel mit sich auflösenden Bestandteilen des Klangs beschrieben wird. Als versierte Ingenieurin konnte sie ihr eigenes Aufzeichnungsmedium entwerfen und bauen. In den späten 1970er und beginnenden 1980er Jahren, also mit dem Aufkommen des Mikroprozessors, bekam sie Fördermittel, um *Oramics* in den Computer zu überführen, womit jede Menge zusätzlicher Arbeit auf sie zukam.

Nach jahrelanger Entwicklungsarbeit an ihrem analogen System musste sie jetzt lernen, wie man einen Computer programmiert. Hier ein sehr schöner Ausschnitt, in dem sie darüber spricht:

»Es geht darum, den Computer dazu zu bringen, den Klang zu formen und zu verändern, genau daran arbeite ich gerade. Ich habe mein Studio buchstäblich auseinandergenommen, weil es veraltet war. […] Das macht mir die Nacht zum Tag!« *(Daphne Oram, Tonaufnahme)*

Eine Arbeit von Delia Derbyshire möchte ich noch kurz ansprechen und Ihnen auch einen Ausschnitt daraus vorspielen. In den 1960er Jahren arbeitete sie gemeinsam mit dem Autor Barry Bermange an einer Radioserie mit dem Titel *Inventions For Radio*. Hierfür schnitt sie seine Tonaufnahmen von Menschen neu zusammen, die unter anderem über ihre Träume reden. In mehreren schönen Arbeiten setzte Delia Derbyshire Bermanges Stimmaufnahmen ein, besonders die Beschreibung jener Träume, die die Menschen immer wieder hatten. Sie ordnete diese Arbeiten unter Titeln wie *Laufen, Fallen, Land, Meer* und *Farbe*. Sie können sie auf *ubu.web* finden, und ich empfehle Ihnen sehr, sie anzuhören. In den Stücken setzt Delia die Stimmen wie Rhythmusinstrumente ein, indem sie sie durch Wiederholungen strukturiert und dann wie Musik in ihre Soundscapes eingliedert. Somit sind diese Kompositionen nicht nur faszinierende Musikstücke, sie halten auch, von heute aus gesehen, einen Moment in der Zeit fest. Das ist mir eben durch den Kopf gegangen, als Sie über die Wirkung von Stimme in der Zeit gesprochen haben. Delias Voices-Stücke regen einen an, darüber nachzudenken, ob diese Menschen überhaupt noch leben, ob ihre Sprechweisen und Dialekte noch so gesprochen werden, wie wir sie hier hören.

Lassen sich mich noch ein Beispiel dieser Zusammenarbeit mit Barry Bermange vorspielen, ein Stück über das Herannahen des Alters:

»Es kommt mir so vor, als vergingen die Tage jetzt sehr langsam, und wenn ich zurückblicke, über all die Jahre, dann scheinen sie sehr schnell vergangen zu sein. Ich kann mich an Dinge erinnern, die ich erlebt habe, als ich 14 Jahre alt war; als ich 24, 34, 44 war; und irgendwann war ich auch einmal 54. Jetzt geht es in Richtung 64 und darüber hinaus, und die Jahre scheinen länger zu werden. Die Zeit scheint sich auszudehnen und in meinem Fall wirklich schnell zu vergehen. Vielleicht kommt es auf die Umstände an, in denen ich lebe. […] Die Zeit scheint bei mir wirklich schnell zu vergehen.« *(Tonaufnahme)*

Wie technisch ihr Arbeitsprozess mit seiner mathematisch-analytischen Konstruktionsweise auch gewesen sein mochte – im Grunde ging es Derbyshire doch darum, etwas sehr Einfaches, Schönes und Eindringliches zu schaffen, etwas, das die Hörer fesseln sollte wie ein Kunstwerk.

In späteren Jahren war Delia unzufrieden mit den damals noch recht starren Grenzen des Synthesizers und am liebsten wäre sie in die Maschine hineingeschlüpft, um so tatsächlich die größtmögliche Kontrolle über den Klang zu erlangen. Es ging ihr um eine »handgemachte« elektronische Musik.

Ich finde es interessant, in einer Zeit über all das nachzudenken, in der *MIDI* in jeder Hardware und Software enthalten ist, die wir nutzen, um Musik zu machen und anzuhören. Ich frage mich, was Daphne und Delia wohl zu dieser Technologie sagen würden, und ich frage mich auch, wie sie diese unendlichen Möglichkeiten einsetzen würden, die ihnen damals noch nicht zur Verfügung standen.

PANEL Musik: Nichts als Musik?

Musik steht oft für pure Emotion – dann geht sie direkt unter die Haut und bringt ihre Hörer zum Weinen oder zum Lachen. Daneben existiert eine intellektuelle Schule der Komposition, die sich »kühl« mit abstrakten Themenfeldern, Stoffen und Motivstrukturen beschäftigt. Beide Formen treffen im Hörspiel und der Audio-Art aufeinander. Im klassischen Hörspiel liefert die Musik den Hintergrund, den Untergrund, schafft die klangliche Basis für die Geschichte. Sie bildet einen Kontrapunkt zum Erzählten oder schafft eine Verbindung: Durch Schnitt und Montage werden sekundenschnell Assoziationen erzeugt. Musik als Material erweitert die Klangzone des Hörers. Aber erschöpft sich hierin ihre Rolle? Sicher nicht. Von Unterschieden, Gemeinsamkeiten und Zusammenhängen, die komplexer sind, als es zunächst scheint, wird hier die Rede sein.

Gaby Hartel und Marie-Luise Goerke

Mit: Martin Daske, Thomas Meinecke, Hans Burkhard Schlichting und Daniel Teruggi
Moderation: Ute Thon

Moderatorin:

Ich möchte Ihnen zunächst die Gäste des Panels vorstellen:

Daniel Teruggi ist Komponist und einer der wichtigsten Persönlichkeiten in der elektronischen Musik. Er ist Leiter des INA-GRM[4] Studios in Paris, eines der ältesten Studios für elektronische Musik, und er hat schon viele fantastische elektronische Kompositionen gemacht. Und er stellt hier eine neue vor.

An meiner rechten Seite sitzt Hans Burkhard Schlichting. Er war lange Zeit Chefdramaturg der Hörspielabteilung des SWF bzw. SWR und ist Autor und Dramaturg. Er war auch Lehrbeauftragter für radiophone Medienkunst am ZKM und an der HfG in Karlsruhe.

Ganz links sitzt Thomas Meinecke, Schriftsteller, Dichter, Sprachanalytiker, der kluge und witzige Bücher geschrieben hat wie *The Church of J. F. Kennedy*, *Tomboy* und *Lookalikes*. Er ist auch Mitbegründer der Band F.S.K. und der Ehemann von Michaela Melián.

Neben mir sitzt Martin Daske. Er hat uns gestern hier die Uraufführung seines neuen Werks *Unwritten* vorgestellt. Er ist Komponist, Autor, Regisseur,

---

4 L'Institut National de l'Audiovisuel – Groupe de Recherches Musicales.

Produzent in Berlin und, denke ich, beeinflusst von John Cage. Martin Daske hat eine neue Form der Notation entwickelt, nämlich eine dreidimensionale Form. Er realisiert aber auch Hörspielarbeiten und Konzertreihen, die so tolle Namen haben wie *Das Tier des Monats*.

Ich möchte zunächst auf Thora Balke zurückkommen, die uns gerade diese zwei faszinierenden Pionierinnen vorgestellt hat, die wirklich eine Mission hatten, den *Radiophonic Workshop* bei der BBC. Und ich muss zugeben, ich hatte noch nicht von ihnen gehört, aber ich habe mir unterdessen einige ihrer Arbeiten angehört, weil sie jetzt u. a. auf YouTube zugänglich sind. Und anscheinend sind sie nicht so bekannt, und ich habe mich gefragt, wie diese Gemeinschaft von Komponisten und Leuten der elektronischen Musik funktioniert. Sind sie wie verschiedene »Stämme« oder Schulen, und wenn man nicht dem richtigen »Stamm« angehört, ist man wahrscheinlich nicht so berühmt, wie man sein sollte? Wenn man auf YouTube geht – und ich empfehle Ihnen allen, das zu tun und sich mehr von ihren Stücken anzuhören –, dann sieht man Kommentare von offenbar jungen Leuten, die sich das zum ersten Mal anhören und so etwas schreiben wie »DJan is now«, »eat your fucking heart out« oder »damn, woman«, »awesome«, »so absolutely amazing«, »rocking« – als wäre da ein neuer Song oder ein neuer Künstler, den sie entdeckt haben. Aber es war doch schon in den 1950er Jahren, als sie angefangen haben, diese Synthesizermusik zu machen. Und ich möchte diese Frage zuerst an Daniel stellen.

Teruggi:

Auch wenn das Konzept der »Stämme« schon immer existiert hat – also, dass die Leute dazu neigen, sich um gemeinsame Themen, Ideen und um praktische Umsetzungen zu sammeln –, ist es im elektronischen oder vielmehr elektroakustischen Bereich ganz neu. Historisch gesehen war es nicht so. Warum? GRM fing 1948 an, und drei Jahre später entstand das WDR-Studio. Dann gab es in vielen Radios entsprechende Studios. Radios haben den Vorteil, Orte zu sein, in denen Menschen Informationen austauschen. Wir haben in der GRM wahrscheinlich die ganze Musik, die in den 50ern und 60ern gemacht wurde, auf Band, weil die Studios in den Radios etwas sehr Wichtiges hatten, nämlich den Austausch. Die Radios haben selbstverständlich jede neue Produktion ausgetauscht. Demnach hätte die GRM, das französische Radio, ihre Produktionen an alle anderen Radios geschickt und alle anderen Radios hätten an die GRM geschickt. Wir hatten die ersten Versionen auf vier Tracks von Stockhausens *Gesang der Jünglinge – Kontakte*. Der WDR hat sie einfach geschickt, wir haben nie danach gefragt. Die elektroakustische Musik in Europa hat – anders als in den Staaten, wo es eher an den Universitäten begann – im Radioumfeld angefangen, und Radios waren Austausch gewohnt. Es gab einen sehr starken Austausch. Im Lauf der Zeit wuchsen nach und nach verschiedene Channels oder »Stämme«. Es kommt darauf an, wo man lebt, es kommt darauf an, was man tut. Wie ich schon vorhin gesagt habe, neigt man dazu, Leute zu finden, die denken und arbeiten wie man selbst. Wenn ich meinen institutionellen Kopf herausstelle, versuche ich so informiert wie möglich zu sein, über das, was überall um mich herum passiert, in all den »Stämmen« oder Schulen. Weil ich sie interessant finde. Da gibt es eine Gemeinsamkeit in uns allen, wir interessieren uns für Sound und dafür, was man mit Sound machen kann. Wir interessieren uns für Sound als etwas, das ins Ohr geht und einen Einfluss auf die Wahrnehmung hat, auf die Gedanken und die Emotionen. All diese Leute, die dafür arbeiten, für mich, sind Teil einer sehr großen Gemeinschaft, in der ich mehrere Richtungen identifizieren kann.

Moderatorin:

Eine weitere Frage zu diesem Thema: Könnte es sein, dass es etwas mit diesen zwei Frauen, Daphne Oram und Delia Derbyshire, zu tun hatte?

Teruggi:

Ich war ziemlich überrascht davon, was Thora Balke sagte. Dass Delia Derbyshire das nicht tun konnte, was sie wollte, weil sie eine Frau war. Ich denke, die erste Frau, die kam, um bei GRM zu arbeiten, war Mireille Chamass im Jahre 1954. Vermutlich war sie nicht einmal die erste und nicht die letzte. Es gibt an sich wenige Komponistinnen und überhaupt Komponisten, die ich in der elektronischen Musik sehe. Sie kommen nicht nur zu uns zum Arbeiten, sondern auch zu vielen anderen. Also ist es vielleicht eher ein BBC-Thema, das ich nicht erklären kann.

Moderatorin:

Eine der Damen, Daphne Oram, hat sich auch damit beschäftigt, wie man Musik visualisiert, indem man Grafiken erstellt. Damit möchte ich zu Martin Daske überleiten. Er geht einen ähnlichen Weg, zumindest in dem, was ich in manchen Werken, wie *Unwritten,* gesehen habe, indem er seine Komposition durch kalligraphische Arbeiten ergänzt hat, die dann in großen Bildern über die Performer gebeamt wurden. Sie dienten als Ergänzung und Inspiration für die Notation. Das können Sie uns vielleicht gleich erklären. Interessant ist, ob die Musik überhaupt noch eine Visualisierung braucht oder ob es einfach nur ein interessanter Add-on-Effekt ist. Warum braucht es das eigentlich noch?

Daske:

Also, die Bilder, die ich gestern parallel zu *Unwritten* projiziert habe, waren schon eher Begleitmaterial, einfach etwas Kalligraphisches, das mit Schreiben in irgendeiner Form zu tun hat, aber nicht direkt mit der Musik. Ansonsten arbeite ich natürlich gerne mit graphischer Notation, und aus der graphischen Notation entwickeln sich dreidimensionale Objekte, die als Notation funktionieren. Die haben dann den Zusatzeffekt, dass, wenn man die Skulptur dreht, sich ganz andere, neue Überlagerungen ergeben. Dann werden Sachen verdeckt oder durch die Beleuchtung hervorgehoben. Man sieht plötzlich andere Dinge hervortreten, die man dann eben auch anders spielt. Das, was ich tue, ist also einfach die Weiterentwicklung einer graphischen Notation, wie sie zum Beispiel Earle Brown in den 1950er Jahren angefangen hat.

Meinecke:

Da würde ich ganz gerne noch eine Frage stellen. Denn gestern bei Ihrer Performance war es ja so, dass die Notation noch während der Performance selbst von dem jeweiligen Solisten verändert wurde. Was geschieht da eigentlich in diesem Moment?

Daske:

Das erste Stück *Notensetzen* ist noch eine andere Form von Notation. Das sind auch dreidimensionale Objekte, die aber nach bestimmten Regeln in etwa DIN A3 große Sandkisten gelegt werden. Und diese Regeln machen die Struktur des Stückes aus. Da heißt es zum Beispiel *5 Elemente:* 1. Die Sandkiste dauert eine Minute. 2. Es muss ein Stein darin liegen. 3. Die Spuren, die man beim Umlegen der Elemente im Sand fabriziert, werden manchmal mitgespielt, manchmal nicht. 4. Das Ganze findet eher laut und hektisch statt oder eben mezzopiano und zart. Und 5. gibt es dann noch ein Motto, zum Beispiel »Wie ein kranker Papagei« oder »Zart wie ein Herbststurm« oder so etwas.

Meinecke:

Und wie würden Sie das Verhältnis zwischen Improvisation und Notation während des Spielens beschreiben?

Daske:

Improvisation gibt es während des Spielens gar nicht, sondern es wird sozusagen umgeblättert.

Meinecke:

Alle machen dann die gleiche neue Sache in ihrem Sandkasten?

Daske:

Ja, aber zeitlich versetzt.

Moderatorin:

Ich danke Ihnen sehr, dass Sie selbst darauf kommen, weil ich mir auch die Frage gestellt hatte: Wie funktioniert das überhaupt? Klar, wir wissen alle, was eine Notation ist. Also man einigt sich auf Zeichen, die man dann spielt, und die Position der Zeichen gibt einem dann Tonhöhe und Länge und so weiter an. Aber die Frage ist ja trotzdem, wie man denn eine Glasscherbe oder ein Stück Schellackplatte oder ein Stück Holz von einem Geigenkörper spielt. Geben Sie etwas vor, indem Sie sagen: »Das hat diesen Charakter«, oder kann der Klarinettist oder die Akkordeonistin sich dazu selbst etwas ausdenken?

Daske:

Na ja, es ist ja so, wenn ich ein langes Stück Geige in den Kasten lege, dann kann es keine kurze Note sein, und wenn ich das oben in die Kiste lege, dann ist es eindeutig ein hoher Ton und ansonsten ein tiefer, und wenn die Kiste in diesem Abschnitt eine Minute dauert und das Geigenstück liegt in der Mitte, dann ist es ungefähr bei dreißig Sekunden. Also das ist schon relativ präzise.

Moderatorin:

Aber haben die Objekte auch noch eine besondere Bedeutung?

Daske:

Die Objekte haben dann noch bestimmte Formen. Also das Geigenstück geht in diesem Fall zum Beispiel ein bisschen aufwärts, dann wird das eben mitgespielt.

Moderatorin:

Und ergibt die Herkunft, also Schellackplatte, Geige, Glasscherbe, auch noch eine emotionale Konnotation oder irgendetwas Nostalgisches, dass man damit vielleicht auch etwas verbindet, oder könnten es auch andere Sachen sein? Könnten wir jetzt auch einen Bleistift oder ein Stück einer Flasche oder so etwas nehmen?

Daske:

Eine Flasche nicht. Ich habe in dieser Notation ein Stück für Orgel gemacht, und da habe ich Granaten aus dem Zweiten Weltkrieg zersägt und platt gehauen, weil

Orgelpfeifen damals ja auch eingeschmolzen wurden, um Munition herzustellen. Ich arbeite mit verschiedenen Materialien. Manchmal sind es Steine, die ich schleife, oder Holzstücke, die ich finde und die dann in eine musikalische Form gebracht werden. Aber die Formen in sich sind immer musikalisch gedacht.

Moderatorin:

Das finde ich insofern interessant, weil Sie damit trotz alledem ein visuelles Element in Ihre Musikperformance einbringen. Wenn Sie ein Stück aufführen, interessiert mich, weil ich ja von der Bildenden Kunst komme, ob es dieses visuelle Element für die Musik braucht oder warum sich ein Komponist noch für ein Bild oder in diesem Falle auch für diesen dreidimensionalen Kasten mit dem Sand und den Stücken, die ja auch über der Performance projiziert werden, entscheidet. Also, braucht es das eigentlich? Ich könnte ja auch sagen, dass Musik dieses allumfassende Medium ist, was tief reingeht, und vielleicht kann ich sogar die Augen schließen. In diesem Falle hier geht es darum, die Augen aufzumachen, denn da oben gibt es noch etwas anderes. Ist es eine Annäherung an die Bildende Kunst? Oder Sie sind vielleicht sogar Bildender Künstler?

Daske:

Also, mein Galerist glaubt das. Man kann aber auch mit geschlossenen Augen nur zuhören. Das ist überhaupt kein Problem. Es ist Musik, es ist absolute Musik. Man muss nichts sehen. Für mich geht es aber immer von der Notation aus. Und wenn die Notation dann zufällig auch noch hübsch anzusehen ist, dann geht es natürlich in den Grenzbereich zur Bildenden Kunst.

Teruggi:

Kann ich etwas hinzufügen? Was ist dieser Stempel, den Sie aufdrücken, wenn Sie sagen, es ist Musik? Und gibt es keinen Klang und die Leute laufen und tanzen und bewegen sich, dann sagen Sie, es ist keine Musik. Wir tendieren dazu, Stempel auf Dinge zu drücken. Das ist die »Stämme«-Frage: Du machst Musik, du machst einen Film, du machst eine Skulptur, du machst ein Gemälde. Und viele Künstler versuchen sich frei zu bewegen und neue Erfahrungen zu machen, Dinge zusammenzubinden und verschmelzen zu lassen, die auf den ersten Blick vielleicht nicht zusammenpassen.

Moderatorin:

Vielen Dank für diesen Punkt! Das ist perfekt, um zum nächsten Thema zu kommen und eine Frage an Herrn Schlichting zu richten. Gestern am Rande des Symposiums haben wir uns unter anderem schon darüber unterhalten, was heute eigentlich noch »experimentell« ist. Der Begriff »experimentell«, sagte mir gestern Herr Schlichting, wäre aus seiner Erfahrung ganz schön abgenutzt, und er verwende den Begriff eigentlich gar nicht mehr. Man muss dazu sagen, dass er sich durchaus noch mit Avantgardemusik und -hörkunst beschäftigt. Hans Burkhard Schlichting ist der Sekretär des Karl-Sczuka-Preises und einer der Preisträger ist hier *(weist auf Thomas Meinecke)*. Trotz alledem ist meine Frage, ob das Experimentelle tatsächlich überstrapaziert ist und ob wir am Ende aller Avantgarden angekommen sind. Konzentriert man sich deshalb vielleicht mal wieder auf ganz klassische Formen, klassische Radioformen, klassische Hörkunstformen?

Schlichting:

Ich bin, glaube ich, in einer relativ privilegierten Situation, dadurch dass gestern schon meine Hörspielkollegen, Martina Müller-Wallraf aus Köln und Herbert Kapfer aus München, hier geredet haben. Ganz wichtig für die Beantwortung dieser Frage ist, dass Hörspiel keine puristische Kunst werden darf. Hörspiel ist ja auch noch eine relativ junge Kunst. Gestern haben wir zwar gehört, dass es als Hörspiel, nicht als Radio, beinahe ein Alter von 90 Jahren, genauer gesagt 89 Jahren, hat. Aber die Musik hat Jahrtausende an Erfahrung mit Klängen in Räumen und mit der Strukturierung von zeitlichen Abläufen. Und für mich war, bevor Hörspiel auf diese Weise überhaupt anstand, eine große Erfahrung, als ich mit 15 Jahren zum ersten Mal nach England kam. Ich bin in der britischen Zone aufgewachsen und hatte alle mögliche Musikkultur in Deutschland mitbekommen, was eine relativ abgeriegelte Angelegenheit war. Bei den Engländern bin ich zu einem Konzert in die Royal Albert Hall gegangen, das war das Henry Wood Promenade Concert *The Last Night of the Proms*. Ich hatte damals von Musiksoziologie noch keine Ahnung, war 15 Jahre alt und der Begriff »Ideologiekritik«, mit dem das heute vielleicht abgewehrt wird, war damals noch weit weg. Aber was die Künstler da in der *Last Night of the Proms* mit einer völlig anderen Präsenz des Körpers und des Überspringens der Musik in das Publikum zelebriert haben, das war für mich etwas, was ich aus diesem Nachkriegsdeutschland nicht kannte. Am Abend dann, weiß ich noch genau, auf der anderen Seite der Straße tönten die *Rolling Stones* herüber. Das war eine völlig andere Präsenz auf allen musikalischen Ebenen. Das kannte ich aus Deutschland nicht.

Als ich dann studiert habe, war die Auseinandersetzung mit den Dadaisten und dem Materialbegriff ganz wichtig für das, was dann kam. Damals hat das Experimentelle auch noch einen positiven Klang gehabt. Und ich habe mich sehr stark mit Kurt Schwitters auseinandergesetzt, der vielleicht im Ideo-

logischen oder in den Manifesten einer der konservativsten Leute bei den
Dadaisten gewesen ist, aber im rein Handwerklichen für die damaligen Verhältnisse – heute wissen wir natürlich etwas mehr – einer der progressivsten
oder einer der radikalsten überhaupt war, die so etwas praktiziert haben, was
später experimentelle Literatur war. Daran konnte man nicht vorbeigehen,
wenn man das einmal verfolgt hatte. Mit diesen Voraussetzungen bin ich ins
Radio gekommen, allerdings auf dem Weg über einen Verlag. Die Verlags-
arbeit hatte mir beigebracht, dass man die Künstler, die etwas schaffen können,
direkt anspricht und nicht über bereits von anderen gemachte und gedruckte
Bücher geht, diese dann einem pflegeleichten Regisseur gibt und sich damit
viel Arbeit erspart. Dazu gehört eine gewisse Wachheit und Aufmerksamkeit
gerade gegenüber der Musik.

Moderatorin:

Lassen Sie uns noch einmal zu meiner Eingangsfrage kommen, ob wir heute an
einem Punkt angekommen sind, an dem Experimentellsein ausgelaugt ist. Sie
haben ja, wenn Sie in dieser Preisjury sitzen, heute das Problem, dass jeder einen
Computer besitzt, man selbst mit einem Smartphone eine Sound-Komposition
machen kann und jeder, der die Software *GarageBand* hat, sich als elektronischer
Komponist fühlen und das ins Internet stellen kann. Wahrscheinlich kommen
da bei Ihnen auch diverse Bewerbungen an, weil eigentlich ja alles möglich ist.
Aber nun die Frage: Sind die Leute heute irgendwie alle Avantgardisten oder
sind wir jenseits von dem Punkt angekommen?

Schlichting:

Es hat sich in der Tat am Gebrauch von digitalen Medien ein bisschen ausgelaugt. Dieser Begriff hat sich gewandelt. Bevor die digitalen Medien da waren,
im Analog-Zeitalter, war der Begriff des Experimentellen ein sehr herausfor-
dernder Begriff. Das konnte er auch sein angesichts der Leute, auf die man verweisen könnte und die immer eine Alternative zu dem, was vorherrschte, waren.
Heute haben wir das Problem beim Karl-Sczuka-Preis zum Beispiel, dass wir
das Maximum von 95 Einreichungen international haben, die man alle hört
und auch die Jury zu hören kriegt. Und jeder, der irgendwo in der Welt sitzt
und Laptop-Musiker ist, denkt, er würde das richtige Werk machen, das er mal
dahin schicken kann, weil die das ja dann entscheiden können. Das ist das große
Problem. In der Zeit, als Mauricio Kagel oder John Cage gearbeitet haben, hatte
man das mit dem Sortieren so nicht, glaube ich. Diese breite Verfügbarkeit von
Montagemedien, die einfach durch die Digitalisierung, im Grunde durch die
Popularisierung der Montage, gekommen ist, das ist in der Tat etwas Neues.

Daske:

Ich wollte diese provokante Frage noch verschärfen, indem ich behaupte, dass die Musikgeschichte eigentlich in den1980er Jahren aufgehört hat zu existieren, also Geschichte als Entwicklung. Denn spätestens in den 1980er Jahren hatten wir nun wirklich alle Möglichkeiten, die wir heute auch noch haben, ausgeschöpft. Da ist nicht mehr viel dazugekommen. Der Dadaismus: La Monte Young, der die Fliege aus der Streichholzschachtel lässt, und sie fliegt so lange, bis der Letzte im Publikum den Raum verlassen hat, vorher endet das Stück nicht, außer die Fliege findet wieder zurück in die Streichholzschachtel. Ich meine, das kann man nicht mehr toppen, oder?

Meinecke:

Ja, man kann's natürlich irgendwann nicht mehr toppen. Das ist ja auch in anderen Musikrichtungen, zum Beispiel beim Free Jazz, irgendwann der Fall gewesen. Oder auch in den Bildenden Künsten gab es generell so eine Art Suspendierung von der Form oder auch des Kanons …

Daske:

… und des Materials.

Meinecke:

Ich fühle mich gerade daran erinnert, wie ich neulich mit einem Teilnehmer der zeitgenössischen E-Musikszene darüber geredet habe, wie interessant es für mich ist – als wir zum Beispiel in Donaueschingen den Sczuka-Preis kriegten – zu sehen, wie viele auch noch klassisch ausgebildete Solisten mit dem Cello dastehen oder -sitzen und immer noch nur auf den Korpus hauen. Was man ja nun auch seit fünfzig Jahren kann oder tut. Oder eben die Trompeter, die nur pneumatisch in ihr Instrument blasen. Was das eigentlich für eine Art von Traditionalismus ist, der sich unter der Attitüde des Tabubruchs, der Formenverletzung, des Avantgarde-Gedankens eingeschlichen hat, sagte ich. Und er entgegnete, dass ich ja keine Ahnung hätte, man würde schon längst jungen Komponisten begegnen, die Stücke spielen würden, bei denen man denkt, das sei von Gustav Mahler. Da dachte ich, das ist ja noch schlimmer, das ist ja ganz traurig!

Aber auf der anderen Seite kommt meine Musiksozialisation ganz stark durch die Popkultur. Und das Tolle an der Popkultur oder auch an der Popmusik ist natürlich das ständige *Remake, Remodel,* das Resignifizieren, das Rekonfigurieren, das Neu-ins-Spiel-Bringen althergebrachter Dinge. So habe ich übrigens den Diskurs vorhin um die Dialogizität von Bachtin verstanden: Es gibt eben auch die andere Stimme, nicht nur im Sinne des Dialogpartners, sondern des Vorformulierten, auf dessen Hintergrund ich mich formuliere. Und da finde ich als großer Gustav-Mahler-Fan bezeichnend, dass es ja vielleicht ein etwas trauriger Moment ist, dass jetzt plötzlich irgendwelche 30-Jährigen wie Gustav Mahler schreiben, aber dass es vielleicht nötig ist, um in so ein merkwürdiges Gezeitenspiel zurückzufinden, das die Musikgeschichte wahrscheinlich seit Jahrtausenden bewegt. Ohne jetzt irgendein Argument wie Arvo Pärt oder diese Leute einzuführen, das ist nicht unbedingt meine Musik. Aber ich denke nicht, dass es vorbei ist. Es geht weiter, und man muss immer aufpassen. Vielleicht ist es ja sogar wirklich toll, ich sollte das vielleicht mal hören, was diese Neo-Gustav-Mahler-Leute schreiben. Vielleicht ist es ja sogar toll, weil es eine Differenz haben muss. Es muss ja auf dem Erfahrungshorizont von Hörgewohnheiten aufbauen, die zu Gustav Mahlers Zeiten nicht existierten. Insofern nehme ich mal an, dass wie so oft in der Popgeschichte – wenn man sagt, das kenne ich schon, das war schon mal da – die Kopie besser ist als das Original.

Daske:

Um vielleicht noch einem Missverständnis vorzubeugen: Ich meine nicht, dass die Musikgeschichte als Entwicklung von Formen und Inhalten vorbei ist, sondern nur dass Material und alle Experimente eigentlich abgeschlossen sind und wir jetzt anfangen können mit all dem, was uns zur Verfügung steht, gute Musik zu machen. Wobei ich allerdings nicht glaube, dass wir wieder Rückschritte in Richtung Gustav Mahler machen sollten.

Teruggi:

Im Jahre 1961 gab es eine Unklarheit darüber, was in der Welt zwischen *Musique concrète* und *Elektronischer Musik* passiert ist. So kam die Idee auf, die Wörter zu ändern. Und so entstand dieses außergewöhnliche Wort, nämlich *Experimentelle Musik*. Entweder wir sehen das sehr positiv: Ich experimentiere mit etwas, und es wird vielleicht zu Musik oder auch nicht. Oder es kann sehr negativ werden: Du bist nicht gut, du machst nur ein Experiment, vielleicht funktioniert es, vielleicht auch nicht. Aber das Konzept dahinter war zu sagen, wenn ich einen Komponisten bitte, eine Sinfonie zu schreiben, kennt er sein Handwerk und weiß, wie man das macht. Ich kann mir sicher sein, dass er ein Stück produzieren würde und ich in der Lage sein würde, es zu spielen. Wenn ich einen Komponisten bitte, eine Arbeit mit Bandrekordern zu machen, bin ich mir nicht sicher, was dabei herauskommt. Lasst es uns nicht sofort Musik nennen, lasst uns warten, bis er fertig ist, und dann entscheiden, wie weit es geht. Wir haben auch heute noch diese Ambition vieler, hauptsächlicher junger

Musiker, etwas zu machen, was noch niemand vorher gemacht hat. Wir können eine neue Sache machen, was eine logische und normale Idee ist.

Ich glaube, wir haben in den 80ern eine ziemlich schlimme Zeit erlebt, nicht aus musikalischer Sicht, aber aus der Sicht des Diskurses, aus der Sicht des Schreibens. In den 80ern konnte man zu einem Konzert mit elektronischer Musik gehen und man konnte dann die Programmnotizen lesen – und es waren technische Programmnotizen: Ich habe diese Software benutzt, diesen Computer, ich habe diese Software selbst geschrieben und ich habe diese Klänge gemacht und so. Und jedes Wort griff höher und höher in seinen technischen Ambitionen. Also gab es diese Idee: Okay, wenn ich Komponist sein will, muss ich bei neuen Dingen technisch topfit sein. Und die 90er und 2000er sind wundervolle Jahre gewesen. Warum? Weil wir alle die gleiche Technologie haben, wir haben alle die gleichen Maschinen, wir haben alle die gleiche Software, und man setzt sich einfach hin und macht Musik. Und von Zeit zu Zeit gibt es jemanden mit einem Popsong oder etwas anderem, und man sagt: »Wow, das ist etwas Neues – zumindest für mich. Ich finde es innovativ, ich finde, es verändert was.« Gleichzeitig müssen wir am Limit leben. Wir wissen nicht, was die Musik von morgen sein wird. Wir wissen, was heute ist. Und wir versuchen die ganze Zeit in die Zukunft zu sehen, zu schauen, ob wir vorhersehen können, welche Musik es in den nächsten Jahren geben wird. Das ist, was ich eine Art – ich mag das Wort wirklich nicht – Avantgarde-Attitüde nennen würde. Das bedeutet am Limit zu sein von dem, was heute ist, und versuchen zu verstehen, was morgen sein könnte.

Moderatorin:

Der ganze heutige Tag ist *der* Kunst gewidmet, die vielleicht der Übergang zu anderen Formen der Kunst sein kann, was Musik immer getan hat. Es scheint eine Renaissance der Idee zu geben, dass Musiker mit Performancekünstlern arbeiten und dass musikalische Werke mit optischen Mitteln arbeiten. Eigentlich will ich Thomas Meinecke eine Frage stellen, da er gestern ein neues, kürzeres Stück aus *Freud's Baby* performt hat, ein Stück aus dem Jahre 1999. Er hat viele nicht so visuelle Dinge vermischt, aber ein hartes Themenfeld wie Antisemitismus, Beschneidung und Hysterie mit elektronischen Clubsounds, was, zumindest für Deutsche, ein Tabu ist. Aber dann wiederum ist es interessant, zu sehen, wie Sie ein solch schwieriges Thema mit den sogenannten weichen Clubsounds eines Tontechnikers oder eines Komponisten, der für seine Clubnächte bekannt ist, vermischen. Ist das eine Art kalkulierte Provokation, oder denken Sie generell, dass Sie das Thema Antisemitismus besser rüberbringen können, wenn Sie etwas Zeitgenössisches oder vielleicht sogar ein bisschen Pop benutzen.

Meinecke:

Ich glaube, David Moufang – *Move D* ist sein Künstlername –, der gestern mit mir performt hat, war hauptsächlich für die Musik verantwortlich. Er ist so eine Art »oceanic techno producer«. Er ist nicht der »harte Kerl«, und seine Musik ist sehr elegant und sehr fließend. Der Roman, aus dem das Motiv stammt, heißt *Hellblau*. In ihm geht es hauptsächlich um Diaspora, die jüdische und die afroamerikanische Diaspora – und das hat viel mit afroamerikanischer Musik zu tun. Techno ist für mich eine afroamerikanische Musikrichtung, in Chicago und Detroit in den 80ern und 90ern entwickelt. Es geht um Dislokation, es geht um Diaspora, es geht um das, was die meisten afrikanischen Musikstars lieben und was einen großen Einfluss auf mein Schreiben gehabt hat und noch hat, vom Bebop zu Techno. Es geht um diese Art Dislokation, es geht darum, exzentrisch zu sein, nicht im Zentrum der Dinge zu sein, es geht um andere Stimmen, nicht meine innere Stimme, aber diese anderen Stimmen, mit denen ich korrespondiere. Und all diese Dinge haben sehr viel mit afroamerikanischen Musikrichtungen zu tun. Vielleicht fängt es schon bei Blues, Ragtime, Bebop, Techno, sogar Disco an. Man hat also diese Räume. Und vor allem Techno und House Music sind keine Musikrichtungen mit irgendwelchen Bezügen. Sie haben schon einen definierten sozialen Raum, die Basedrum ist eine architektonische Sache, die so etwas wie einen Salomonischen Tempel kreiert, zumindest für die eine Nacht. Und zwischen den Säulen dieses Tempels passiert etwas, das bestimmte Codes hat. Es ist ein sozialer Raum und in ihm geht es hauptsächlich um Queer-Identitäten. Und all das ist mit mir verbunden durch den Diskurs um den jüdischen Menschen, um die Diaspora als ein Thema, in dem alles nicht im Zentrum ist und nicht zu Hause ist. Das ist sehr mit mir verbunden, und es spielt in diesem Roman, aus dem es stammt, eine große Rolle, auch diese Art von Musik. Für mich ist Techno ziemlich angenehm und fließend und nicht so sehr Macho-Musik. Das ist meine Meinung und das ist, was ich gehört habe. Es gibt definitiv andere Arten von Techno, nur nicht wie Rock oder Jazz. Man hat immer auch den hässlichen Aspekt, und manche Künstler verstehen einfach die Essenz nicht. Genügt das als Antwort?

Moderatorin:

Ja, teilweise. Es war interessant. Ich denke nur, wenn die Art der Präsentation eine Reflexion darauf sein soll. Versuchen Sie eine bestimmte Aussage oder Meinung rüberzubringen? Oder machen Sie nur eine Art erratisches Stück Kunst, und Menschen hören sich das an, und ob sie es verstehen oder nicht, ist nicht entscheidend?

Meinecke:

Ich würde eher sagen, es ist eine Reflexion. Aber es soll trotzdem Spaß machen, es sich anzuhören, und vielleicht klopft man sogar mit dem Fuß. Aber es ist eher eine Reflexion, wie all mein Schreiben. Wie gesagt, ich interessiere mich nicht so sehr für diese tiefgehenden Dinge mit der inneren Stimme.

Moderatorin:

Ich möchte gerne auf eine Ausweitung der Musik in eine andere Kunstform zurückkommen. Ich weiß, ich beharre darauf, aber das ist es, was mich interessiert: Es gibt offensichtlich Grenzen, weil viele Menschen aus der Welt der Visual Arts nicht nach Donaueschingen gehen – nicht mehr. Früher sind sie dort hingegangen, als Stockhausen dort war. Sie waren wie eine kleine Gemeinde, und alle waren dort. Mary Bauermeister, Stockhausens Frau, machte Gemälde und andere Kunstwerke, und alle arbeiteten zusammen und beeinflussten sich gegenseitig. Aber heutzutage ist es nicht mehr so, aber ich sehe immer noch, dass es ein Crossover gibt. Und ich frage mich, ob man, wenn man mit seinen Kompositionen visuelle Arbeiten zeigt, Kalligraphie und andere Dinge, wenn man eine Art Performance-Set macht, das sich dann auch Performance-Kunst nennt. Ein paar Performer, von denen man viel hört, sind irgendwie dazwischen. Und ich bin mir sicher, dass du, Daniel, auch mit Leuten arbeitest, die in die visuelle Welt treten, und ich frage mich, ob da irgendetwas passiert. Sind wir an dem Punkt, an dem die Grenzen abgeschafft werden und visuelle Kunst und Musikkunst oder Hörkunst zusammenkommen?

Teruggi:

Das pure Hören, das nur aus Lautsprechern und wenig Visuellem besteht, das nennen wir eine akusmatische Situation, auch in der Musik. Allgemeiner betrachtet, waren Bildende Künstler die Ersten, die sich für Sound interessierten, viel früher als Musiker ein Interesse an Visuellem zeigten. Und ich sehe keine klaren Grenzen – außer ob man sich als Bildender Künstler oder Musiker bezeichnet, da liegt die Grenze. Ich meine, die Denkweise kann vollkommen verschieden sein, aber die Ergebnisse können ähnlich sein.

Schlichting:

Es gibt vielleicht eine Grenzziehung, die damit zu tun hat, dass Hörspiel für mich, in welcher Form auch immer und in sehr offenen Formen, eine Darstellende Kunst zu sein hat. Das ist vielleicht ein Imperativ, der noch da ist. Und das ist bei der Musik nicht immer so und bei der Bildenden Kunst auch nicht. Die Darstellende Kunst oder »performing arts« – das Englische ist vielleicht noch eindeutiger und weniger missverständlich als das Deutsche – stellen gewissermaßen einen Kommunikationsakt dar, nämlich eine Kontaktaufnahme mit dem Publikum. Und das ist nicht so ohne Weiteres aus anderen Künsten herzuleiten. Ich habe den Sczuka-Preis in Donaueschingen aus gegebenem Anlass häufig mitbekommen und dort zum Beispiel eine großartige Orchesterinstallation im Raum erlebt: ein Orchester, das von hinten spielte, eines, das von vorne im Angesicht des Publikums spielte, und dann ging einer mit sehr lauten, tappenden Schritten von hinten nach vorne. Diese Schritte waren völlig außerhalb der musikalischen Struktur. Bei Heiner Goebbels werden vielleicht auch noch diese Schritte komponiert. Das ist aber der Unterschied zwischen Darstellender Kunst und reiner Musik, die sich nur als Binnensystem von akustischen Zeichen versteht. Das wäre ein Missverständnis von Musik. Und ich glaube, vieles an Musik versteht sich als etwas, das weit über das Musiktheater und die jahrtausendealten Tänze hinausgeht.

Künstler haben dieses Feld auch von sich aus immer durchkreuzt, und Robert Wilson hat Anfang der 1980er Jahre versucht, etwas zu bringen, von dem ich noch ein Exposé gefunden habe, nämlich sein erstes Hörspiel. Ich musste es dann absagen, weil ich vier Fünftel der sechsstelligen Produktionssumme für das ganze Projekt einstreichen musste, das war für die 1980er Jahre ein sehr, sehr hoher Betrag. Aber Robert Wilson hat damals in dem Script geschrieben – und jetzt muss ich zum Englischen übergehen: »It uses language more in a musical collage than as a narrative. A text which is both, spoken and sung, is assembled in a musical way with a mathematical and poetic structure making it not essential to understand the context in a literal way.« Und das ist, glaube ich, ein Großteil dessen, was im Hörspiel später im Laufe der 1980er und der 1990er Jahre stattgefunden hat. Es ist diesen Weg gegangen, und Thomas Meinecke zum Beispiel hat auch im Hörspiel vieles davon gemacht, was in diese Richtung geht. Man könnte sagen, dass *Übersetzungen/Translations,* das in Donaueschingen auch als Sczuka-Preis-Werk vorgestellt wurde, ein Werk ist, das auch diesem poetischen und mathematischen Sinn mehr folgt als dem narrativen.

Meinecke:
Das stimmt, das war so gedacht.

ART SLAM A K Dolven: »Heard Melodies Are Sweet, But Those Unheard Are Sweeter«[5] – How Sound Acts in my Art

Ich werde Ihnen vier Arbeiten vorstellen. Nur vier. Damit werde ich Ihnen vier verschiedene Ansätze zeigen, wie ich in meiner Arbeit Klang als Material verwende. Was diese vier Arbeiten gemeinsam haben, ist, dass sie vier verschiedene Fragen formulieren in Bezug auf meinen künstlerischen Umgang mit Klang.

Erste Arbeit: *between two mornings*

Wie Sie hören, hat diese Arbeit keinen Ton. Gefilmt habe ich sie mit einer 35-mm-Kamera und dabei nur eine Filmrolle benutzt. Das bedeutet, dass die Arbeit vier Minuten lang ist. Wir sehen vier Freundinnen, die jenseits des Polarkreises auf das Meer starren, bei hellem Tageslicht. Und das, obwohl das Ganze mitten in der Nacht stattfindet, am 21. Juli 2003. Die Arbeit wird hier in einem großen Raum gezeigt, 8 mal 10 Meter. Mitten im Raum steht eine schöne, einladende Bank, auf die man sich setzen und sich vier Minuten lang entspannen kann. Es ist still, aber der Film läuft in einer großen Schleife ab, der ein konstantes Geräusch erzeugt, da es ein 35-mm-Film ist, sodass man ein stummes Werk sieht und dabei ein konstantes »drrrrrrrrrrr« hört.

Die Frage ist also, wie aktiviert Stille eine Klangwahrnehmung in meiner Arbeit? Was passiert, wenn ein Bild, ein bewegtes Bild, Stille in Klang verwandelt? In diesem Fall ist es der Klang des Meeres, an den sich die Leute am besten erinnern können und von dem sie mir noch zehn Jahre später erzählen. Obwohl der Film stumm ist, glauben sie, das nördliche Polarmeer *gehört* zu haben, und erzählen mir, wie wunderschön sie den Klang des Meeres fanden. Aber woher haben sie diesen Klang?

Die Arbeit ist, wie schon gesagt, eine Erfahrung in Echtzeit. Aber gleichzeitig ist sie sehr surreal, da die Mitternachtssonne in diesen vier Minuten weder auf- noch untergeht. Und das ist nur am 21. Juli der Fall. Vor diesem Tag geht die Sonne über dem Horizont auf, nach dem 21. Juli bewegt sie sich unterhalb des Horizonts. Da sich dort mein norwegisches Zuhause befindet, kenne ich die Besonderheiten des Lichts in dieser Nacht: Während die Sonne sich nicht zu bewegen scheint, wie sie es in der Wahrnehmung der meisten Menschen normalerweise tut, rollt der Film weiter, und wir können das Vergehen der Zeit buchstäblich *hören,* indem wir das Geräusch des Projektors hören. Aber wie dem auch sei, die Menschen erinnern sich an den Klang des Meeres. Ich

---

5   John Keats: Ode on a Grecian Urn.

frage mich, wie das geschehen kann, da dieser Klang in der Arbeit nun einmal nicht existiert.

Und dann ist noch etwas Merkwürdiges geschehen: Letzte Woche, als ich an der Vorbereitung dieses kurzen Vortrags saß, bekam ich einen Text von einem Verleger zugeschickt, der die Arbeit *between two mornings* in einen neuen Band über norwegische Kunstgeschichte aufgenommen hat. Er bat mich, das, was er über die Arbeit geschrieben hatte, durchzusehen. In seinem Text war ausführlich vom Klang des Meeres die Rede. Hier war also ein Kunsthistoriker, der die norwegische Kunstgeschichte neu schrieb. Ich fand das sehr interessant und habe mich gefragt, ob ich ihn überhaupt korrigieren soll? Weil, wie wir ja wissen, die Gerüchte, die über Kunstwerke verbreitet werden, ein sehr interessanter Bestandteil des Werks sind. Dann bin ich zu dem Schluss gekommen, dass es sich ja schließlich um eine Kunstgeschichte handelt, die die Fakten korrekt darlegen sollte, und habe es korrigiert. Nun stelle ich also noch einmal die Frage: Wie kann ein Bild Klangwahrnehmung auslösen? Geschieht es – und ich überlege jetzt spontan – in unserer individuellen persönlichen Wahrnehmung oder ist es tatsächlich die Welt der Dinge, die letzten Endes den Klang entstehen lässt?

Arbeit Nummer zwei: *out of tune*

Diese Arbeit entstand 2011 für die Triennale in Folkestone und ist eine Arbeit mit einem tatsächlich hörbaren Ton. Ich hatte mich in England nach einer verstimmten Glocke umgesehen, nachdem ich in Oslo eine temporäre Arbeit mit einer Glocke gezeigt hatte, die aus dem Glockenturm des Osloer Rathauses entfernt worden war, weil sie nicht zum Klang der anderen Glocken passte: Sie war »verstimmt«. Ich habe mit dem norwegischen Komponisten Rolf Wallin zusammengearbeitet, der ein Stück für alle 34 Glocken im Rathausturm geschrieben hat, die ehemals abgelehnte Glocke mit eingeschlossen, die so von den anderen Glocken wieder in die Stadt aufgenommen wurde. Die Komposition war jeden Tag bis zur Vernissage als kumulative Arbeit im Radio zu hören, sodass der Klang im ganzen Land verbreitet wurde. Dann, am Tage der Eröffnung, habe ich dem Land den Klang dieser verstimmten Glocke als letzten Ton in Rolfs Komposition zurückgegeben, indem ich auf ein Fußpedal trat.

Auf der Basis dieser Osloer Arbeit habe ich für Folkestone eine weitere entwickelt, für die ich, in einem langen Rechercheprozess, eine verstimmte Glocke in England fand. Die Glocke ist 500 Jahre alt und war aus den gleichen Gründen wie die Osloer Glocke aus einem Turm entfernt worden: Sie war nicht so gestimmt wie die anderen, sie passte nicht zu den anderen und stand vernachlässigt am Boden. Aber sie war alt und hatte eine wunderschöne Form – ich spreche über Glocken in der weiblichen Form – und stand aufgrund ihres Alters unter einer Art Denkmalschutz. Ansonsten hätte man sie wahrscheinlich als Altmetall eingeschmolzen, das heutzutage ja viel wert ist. Die Zunge – ich nenne es Zunge, Sie wissen schon: der Schlaghammer einer Glocke – war herausgenommen worden. Es war sehr schwierig, die Ausleiherlaubnis für diese wunderschöne alte Glocke aus Scraptoft zu erhalten, doch am Ende ist es mir gelungen. Und so ließ ich sie zwischen zwei zwanzig Meter hohen Pfeilern aufhängen. Es ist eine ziemlich große Arbeit, wie Sie auf diesem Bild sehen können, wenn Sie mich als die klitzekleine Person da unten sehen. Dann bekommen Sie ein Gefühl von der Größe dieser Arbeit: Die Pfeiler sind 30 Meter voneinander entfernt. Ich habe selbst ein Seil geflochten, das an einem der Pfeiler herunterhängt, zu dem man gehen kann, um die Glocke zu läuten. Und sie klingt so … *(spielt Aufnahme der Glocke).*

Die folgende Szene ist mir sehr wichtig. Sie hat mich viel gelehrt. Denn, wissen Sie, wenn Sie mir erlauben, einmal kurz abzuschweifen, es ist sehr interessant für mich, hier zu sein und zu hören, was die Kunsthistoriker und die Theoretiker unter Ihnen zu sagen haben –, weil ich nur eine Künstlerin bin und vielleicht instinktiver arbeite als Sie. Also lerne ich natürlich viel über meine Arbeit durch das, was Sie sagen. Aber ich lerne auch durch die Arbeiten selbst, durch die Art, wie sie sich über die Zeit entfalten, wie die Leute auf sie reagieren. Und so entwickeln sich neue Arbeiten aus ihnen. Vor allem diese Arbeit hat mich viel gelehrt. Kurz nach der Eröffnung kam eine Busladung Leute aus Scraptoft, um die Glocke zu läuten, die aus ihrer Pfarrkirche entfernt worden war. Das war eine sehr interessante Erfahrung für sie, die im Gegenzug einige interessante Fragen für mich aufgeworfen hat. Warum, habe ich mich gefragt, hingen sie so sehr an ihrer Glocke und an ihrem Klang, den manche zum ersten Mal hörten? War es, dass dieser spezifische Klang Bilder ihrer eigenen persönlichen Geschichte in ihnen hervorgerufen hat? Unbekannte Bilder, die im Zeitstrom untergegangen waren, weil sie nie festgehalten worden sind? Sie müssen wissen, dass mir die Leute aus Scraptoft erzählten, wie sie sich plötzlich vorstellten, dass ja ihr Ururgroßvater oder ihre Ururgroßmutter diesen Klang gehört hätten. Sie hatten noch nie ein Foto von ihnen gesehen – man kann schließlich kein Foto seines Ururgroßvaters sehen. Also machten sie durch den Klang der Glocke ganz unmittelbar die Erfahrung, dass ihre Vorfahren den gleichen Klang gehört haben mussten: Sie erlebten einen 500 Jahre langen Zeitstrahl – Zeit, die im Klang ihrer Glocke verdichtet ist.

Und ich habe mich gefragt, ob das Hervorrufen von Bildern der eigenen Vorfahren und von vergangenem Leben durch Klang möglich ist. Haben durch den Klang vermittelt die Leute aus Scraptoft private, bisher ungesehene Bilder erlebt? Wenn das so wäre, wie macht Klang den Lauf der Zeit dann greifbar und wie gelingt es ihm, den Hörer durch die Zeit reisen zu lassen? Kann der Lauf der Zeit somit, durch seine Transformation hin zu einer Reihe von Bildern sowohl von der Gegenwart als auch von der Vergangenheit als künstlerisches Material genutzt werden?

Die Arbeit sollte eigentlich drei Monate lang an diesem Ort bleiben, aber die Leute aus Scraptoft wollten die Stimme der Glocke am Leben erhalten, nachdem sie sie nun einmal geläutet hatten, und so wurde beschlossen, die Glocke als dauerhafte Arbeit in Folkestone zu lassen.

Da sich aus der Arbeit all diese Fragen ergeben haben, arbeite ich weiter an Werken, die sich mit dem Hervorrufen von Erinnerungsbildern im Klang befassen. Ich würde sehr gerne darüber sprechen, aber die Zeit erlaubt es mir leider nicht. Ich werde also stattdessen über *amazon* reden, einen 16-mm-Stummfilm, den ich 2005 gedreht habe. Wie Sie feststellen werden, ist *amazon* eine Referenz an die griechische Mythologie über die weiblichen Krieger, denen nachgesagt wird, dass sie eine Brust abgeschnitten bekamen, um besser zielen zu können. Der Film hat keinen Ton, aber die gesamte Komposition der Arbeit basiert auf Klang. Das heißt, der Klang wird hier konzeptuell genutzt, das Konzept des Schnitts basiert auf dem zweiten Satz aus Schostakowitschs Streichquartett Nr. 8 in c-Moll, op. 110.

Schostakowitschs Komposition hat einen klar erkennbaren tragischen Unterton, da er das Quartett in einer sehr schwierigen Phase seines Lebens im Kurort Gohrisch bei Dresden geschrieben hat, nach einem Besuch der stark zerbombte Stadt im Jahre 1960. Ich kenne dieses Quartett sehr gut und habe meinen Stummfilm in Anlehnung an mein Gefühl Schostakowitschs Musik gegenüber geschnitten. Um Ihnen einen kleinen Eindruck der Atmosphäre dieses Stückes zu vermitteln und um zu zeigen, wie ich hier gearbeitet habe, würde ich Sie gerne einladen, sich einen kurzen Ausschnitt aus dem Streichquartett anzuhören – nur 30 Sekunden *(spielt Musikausschnitt)*. Und hier ist mein Film, er hat 150 Schnitte bei einer Länge von einer Minute und 34 Sekunden. Es gibt keinen Ton, aber man kann die ungehörte Musik fühlen, sozusagen, durch den Rhythmus der schnellen Schnitte *(zeigt Film)*.

Die letzte Arbeit, die ich Ihnen gerne zeigen möchte, meine Nummer vier, heißt *JA as long as I can*. Sie wurde im Jahre 2012 produziert und besteht aus »purem Klang«, sonst nichts. Es handelt sich um zwei Stimmen im Raum, die auf Schallplatte festgehalten wurden, einem Gegenstand, und wenn das Stück öffentlich präsentiert wird, wird es ein Stück in einem Raum, der keine Bilder enthält; es gibt nur die Zuhörer und die Zuschauer.

Ich habe *JA* in New York City mit John Giorno aufgenommen. Wir waren uns vorher schon einmal auf den Lofoten begegnet, wo wir am Meer standen, um das grüne Leuchten zu sehen. Das war ein sehr intensiver Augenblick. Und dann verging die Zeit. Das war sehr wichtig für dieses Projekt: die Zeit, die zwischen unseren beiden Treffen lag. Also reiste ich circa ein Jahr nach unserem ersten Treffen nach New York und John und ich gingen ins Studio und wir sagten einfach »Ja«, getrennt voneinander. Nun, ich bin Norwegerin und »Ja« bedeutet dasselbe für mich wie für Sie auf Deutsch, für John aber war es frei von jeder Sinnassoziation, für ihn war es nur ein Klang. Deswegen, vielleicht, scheint meine Version von »Ja« emotionaler, wohingegen John eher darauf bedacht ist, im Rhythmus zu bleiben. Wie schon gesagt, wurden unsere beiden Stimmen getrennt voneinander aufgenommen und später dann zusammen montiert. Wir haben vorher nicht geprobt, und es gab weder ein Skript noch eine Abmachung. Wir sind einfach ins Studio gegangen mit unseren zwei Stimmen und haben so »Ja« gesagt, wie wir beide es zu diesem Zeitpunkt empfunden haben. Die Aufnahmezeit kam dann auf 22 Minuten.

Nun lautet meine Frage, was schafft der gemeinsame Klang unserer Stimmen? Er kreiert nicht nur Bilder, kreiert er auch eine Geschichte? Unsere Geschichten, vielleicht? Und was passiert, wenn man das Objekt, das sich aus diesem Projekt ergeben hat, die Schallplatte, in einem Kino oder einem Theater vorführt, in einem Raum, in dem wir normalerweise Bilder sehen? Ich habe die Platte, die von René Blocks *Edition Block* herausgebracht wurde, im HAU[6] Theater in Berlin präsentiert, und es war dunkel, es war nichts auf der Bühne, nur der Plattenspieler, der sich drehte und von einem Scheinwerfer beleuchtet wurde. Also lassen Sie uns schauen, was passiert, wenn sich dieser Dialog im Raum entfaltet. Dieser Raum hier ist fast wie ein Theater, also mache ich das jetzt für Sie: Wir haben nur die Platte – und den Ton. Was wird passieren? Werden wir anfangen, uns Bilder vorzustellen? *(Sie spielt die Platte.)*

---

6   Hebbel am Ufer.

PANEL Bildende Kunst: Nichts als Bilder?

Auf der »Documenta 13« ist klar geworden, dass die Bildende Kunst seit einigen Jahren verstärkt auf den immateriellen Klang als Kraftfeld setzt, um so ihre Wirkung zu verstärken. Wenn auch zahlreiche in Kassel gezeigte Werke mit Stimme, Ton, Atem und Luftströmen im Raum arbeiteten, blieb das Radio – selbst schon lange ein wichtiger Generator dieser Kunstformen – merkwürdig unterrepräsentiert. Hier stellen wir die Frage: Warum wird diese neue akustische Erfahrungsdimension eingesetzt? Und wie arbeiten Bildende Künstler mit Klang – diesem ganz und gar nicht visuellen Medium?

Gaby Hartel und Marie-Luise Goerke

Mit: A K Dolven, Tino Sehgal, Steven Connor und Brigitte Felderer
Moderation: Ute Thon

Moderatorin:

Ich möchte zunächst das aufgreifen, was wir grade von A K Dolven gehört haben, dass die Stimme oder Geräusche sehr wohl Bilder evozieren können, ohne dass man unbedingt Bilder zeigen muss. Meine erste Frage geht an Tino Sehgal, weil er als Bildender Künstler keine Bilder im landläufigen Sinne produziert, sondern eher eine performative Situation mit Schauspielern, Stimme und Bewegung erzeugt: Ist diese Form besonders gut geeignet, Bilder beim Betrachter zu erzeugen, oder geht es gar nicht darum, Bilder zu kreieren?

Sehgal:

Warum wird, wenn es um die Stimme geht oder um Sound oder das Akustische, die Frage nach den Bildern gestellt? Generiert das Akustische wirklich innere Bilder? Kleine Kinder hören zum Beispiel noch ganz stark auf den Klang der Stimme, sie reagieren darauf viel stärker als auf visuelle Eindrücke. Und wir sind ja sozusagen eine – also, das sage ich jetzt als Amateur und nicht als Kenner oder Experte – mir scheint, wir sind eine extrem auf das Auge ausgerichtete Kultur. Und deswegen finde ich es interessant, wenn man ans Akustische denkt, diese Frage nach den Bildern zu stellen: Generiert es Bilder? Was mich interessiert – z.B. jetzt auch bei meiner *documenta*-Arbeit, die ja im Dunkeln stattfindet –, was mich interessiert an der Stimme, ist: Wo geht die Stimme, wenn sie aus dem Körper herausgeht, dann eigentlich hin? Sie geht eigentlich sozusagen in den

Körper von jemand anderem hinein. Das hat ja etwas extrem Intimes, würde ich sagen. Das hat mich interessiert. Im Grunde geht es eher nicht um die Frage des Bildes und auch nicht des Hörens, sondern eher um die Frage der Schwingung: Also es geht weder um diesen Sinn *(Geste zu den Ohren)* und auch nicht um diesen Sinn *(Geste zu den Augen),* sondern mehr um diesen Sinn *(Geste zu seinem Brustkorb).* Das habe ich immer gesagt.

Moderatorin:

Also, es geht ihnen nicht unbedingt um das Erzeugen von Bildern jenseits …

Sehgal:

Nicht jetzt in dieser Arbeit von mir, die auf der Venedig-*Biennale* gezeigt wurde. Das ist schon eine sehr visuelle Arbeit, skulptural kann man sagen. Zwei Leute knien, meistens knien sie. Im Grunde ist das auch ein klassischer Topos der Skulptur: die Kniende oder der Kniende in wechselnder Konstellation und von Menschen unterschiedlichen Alters.

Moderatorin:

Ja. Aber interessant ist, dass die Abwesenheit von Geräusch und Sound trotzdem Bilder erzeugt, so wie in der ersten Arbeit, die A K Dolven vorgestellt hat, dass alle Leute diesen Meeresklang hören, ohne dass es den eigentlich gibt. Wir sind offensichtlich in der Lage, uns Klänge zu denken, die überhaupt nicht da sind, weil offensichtlich das Visuelle doch so stark ist, wir also in dem Moment, wo wir etwas sehen, uns quasi das Geräusch dazudenken. Steven Connor, glauben Sie, dass die Abwesenheit von Klang Klang hervorruft? Glauben Sie, dass das so ist, weil der optische Sinn so viel stärker ist? Ich bin mir nicht sicher.

Connor:

Ich denke nicht, dass der optische Sinn unbedingt stärker ist, aber ich glaube, dass wir erkennen müssen, dass wir sehr schlecht hören. Wir hören Dinge sehr schlecht, sozusagen. Wir hören schlecht, was sie im Innern sind, weil unser Gehirn sowohl faul als auch gierig ist. Ich meine, unser Gehirn hat eine Manie für Kohärenzen, unser Gehirn ist eine Kohärenz produzierende Maschine, dafür ist es da, und man produziert Kohärenz, indem man Informationen aus einer Gesamtheit von Informationen extrahiert. Für uns, so scheint es mir, ist Klang ohne Bild inkohärent. Das ist ein Problem, und genau wie es bei bestimmten psychologischen Wahnvorstellungen geschieht, denkt man sich den Klang dazu, wenn das Gehirn Inkohärenz nicht duldet. So scheint es mir. Ich persönlich nehme den Klang eines Seevogels wahr, erinnern Sie sich daran, dass da ein

Meeresvogel durchs Bild geflogen ist? Ich kann ihn so klar hören, wie es nur geht, weil mein Gehirn das so möchte, weil mein Gehirn ein Kohärenz extrahierender Mechanismus ist. Das sagt etwas Wichtiges darüber aus, wie wir Klang erleben. Dem Klang wird nachgesagt, dass er etwas sei, was auf uns zukommt und weniger etwas, was wir im Erkenntnisprozess mit erzeugen. Wir glauben meist, dass wir die Außenwelt genauso sehen und hören, wie sie tatsächlich existiert. Aber in Wirklichkeit sind wir unglaublich aktiv in der Bestimmung und Einordnung von Klängen.

Ich glaube, es ist uns nicht möglich, reinen Klang zu hören: Wir machen das sofort zu dem Klang von etwas. Also, zum Beispiel bei den *JAs,* der Soundarbeit von A K Dolven. Man fängt an, mit Erklärungen zu spielen: eine Art sexuelle Beziehung ist da am Laufen, oder etwas wird ersetzt.

Dolven:

Das ist interessant. Sie sagen »etwas Sexuelles« und andere Leute sagen etwas anderes, also ist das wieder *Ihr* Bild von dem, was Sie gehört haben!

Connor:

Es ist immer *mein* Bild! Es ist immer *mein* Bild, aber was wir *gemeinsam* haben, ist eine Intoleranz dem reinen Klang gegenüber. Menschen sind da einfach intolerant. Wir verfeinern und filtern und machen alles, um ein noch breiteres Spektrum hören zu können, aber eigentlich ist unser Gehirn gegen uns.

Moderatorin:

Ja, also das ist ein interessanter Gedanke, dass wir immer versuchen, dem Klang ein reales und konkretes Bild beizufügen, obwohl es wahrscheinlich gar nicht so leicht ist, das zu tun. Ihr Werk *(zu A K Dolven)* ist ein sehr gutes Beispiel, weil es wirklich offen für jegliche Interpretation ist. Es ist bemerkenswert, dass Sie sagen, es sei sexuell und was andere Leute sagen, was es hätte sein können.

Dolven:

Das ist so interessant, weil manche Leute es total traurig finden, andere finden es sehr einsam, manche finden es sehr sexuell. Die Sache ist, John und ich haben die Aufnahmen separat gemacht, wissen Sie, das war kein Schauspiel. Wissen Sie: Es ist Ihr Leben, es ist mein Leben, und dann werden diese zwei Leben zusammengefügt. Ich war extrem nervös, als wir das Studio verließen, und ich hatte solche Angst davor, meine eigene Stimme zu hören, also war es wirklich, wirklich interessant zu hören, was Sie dazu zu sagen haben.

Connor:

Ein ähnliches Experiment, das man machen kann, ist, jemandem den Klang des Flüsterns vorzuspielen, und wenn man jemandem diesen Klang vorspielt, der ja geschlechtslos ist, ist es sehr schwierig, das Geschlecht des Sprechenden zu bestimmen. Die meisten Menschen hören sicherlich entweder einen Mann oder eine Frau. Also die Frage lautet nicht, ob es interpretierbar ist, sondern ob es auch nicht interpretierbar ist. Die Antwort lautet: Nein! Interpretation ist verbindlich.

Sehgal:

Das ist der Klang von …, das meinen Sie.

Connor:

Ja.

Moderatorin:

Wie wird denn das, was ich höre, eine Stimme zum Beispiel, konserviert? Und wie verändert sich dadurch vielleicht auch das Hören? Diese letzte Soundarbeit – wir könnten uns wahrscheinlich in zwanzig Jahren hinsetzen und würden vielleicht wieder etwas ganz anderes dazu assoziieren. Und meine Frage geht an Brigitte Felderer: Sie haben sich ja mit der kulturgeschichtlichen, kulturhistorischen Bedeutung von Aufzeichnung beschäftigt. Kann man sagen, dass sich die Rezeption einer Aufzeichnung verändert über die Zeit? Sodass man in zwanzig Jahren dieses Soundpiece ganz, ganz anders interpretieren würde, als man es jetzt tut?

Felderer:

Wenn wir von Sound reden oder von Stimme reden, dann reden wir von Räumen. Und wenn wir jetzt über den Bezug reden von Stimme oder die scheinbar neue Wichtigkeit von Geräuschen und Stimme in der Bildenden Kunst, dann reden wir immer auch von diesen so typischen Räumen oder räumlichen Konventionen, in denen Bildende Kunst eigentlich stattfindet. Eigentlich schon die letzten Jahrzehnte stattfindet, wir reden nämlich von diesem *White Cube*. Dieser klassische, weiße, hermetische Ausstellungsraum gibt so eine Stille vor, sozusagen so eine …, wie hat das der Brian O' Doherty so schön beschrieben? Es ist so etwas wie die Gemessenheit eines Labors. Also das heißt, dass eigentlich immer die Stille impliziert wird.

Wenn es aber darum geht, Situationen zu kreieren, dann, denke ich, geht's in gewisser Weise auch darum, etwas Instinktives hervorzuholen und auszulösen und wieder die Unmittelbarkeit, das Nicht-Interpretative, das Nicht-

Selektierende herauszuarbeiten. Und soweit ich die Strandarbeit von A K Dolven verstanden habe oder ihre Beschreibung davon richtig verstanden habe, ist die ja gar nicht still, sondern es ist nur ein anderer Ton als der Strand, den man hört. Also das heißt, man ist nicht in einem stillen, hermetischen Raum, sondern man hört ganz stark das Rattern des Projektors, und das wird dann hier sozusagen so naturhaft, endlos und geht in den Horizont hinaus. In gewisser Weise verwechselt man vielleicht das Geräusch, oder das technische Geräusch bekommt etwas Naturhaftes, oder es öffnet sich. Wenn heute der Ton in der Bildenden Kunst so ein starkes Thema ist, dann sehe ich darin immer auch eine starke Reflexion oder vielleicht auch Kritik an der Präsentation von Kunst, wie wir sie seit den späten 1960er Jahren ausgestellt oder präsentiert bekommen. Es geht eigentlich vielmehr um eine Art sinnliche oder sinnlich neu aufgeladene Situation und darum, diesen Zwang zur Kohärenz, zu diesem ständigen Reflektieren, zu unterlaufen. Es geht ganz stark um die Reflexion des Ausstellungsraumes, das ist immer wichtig, zu fragen, wo diese akustische Produktion stattfindet. Die ist eben nie in einem luftleeren Raum, sondern die bezieht sich ganz konkret auf einen Kontext. Und durch und mit dem Ton kann man auch über Kunst und Kunstdarstellung wieder auf eine ganz neue und frische Art nachdenken.

Dolven:

Bei *JA* geht es um zwei Dinge – viele Künstler arbeiten heutzutage mit Klang im Raum, weg von dem geschlossenen Raum des *White Cube*. Sie schaffen einen neuen Raum in einem anderen Raum. Aber diese Frage der Zeit hat mich wirklich interessiert. Ich finde immer, dass in der Kunst, egal, was man macht, die Zeit Material ist. Zeit – sogar in einem Gemälde, wissen Sie: Wie lange hat man daran gearbeitet, wie alt ist das Gemälde: Zeit als Material. Das steht in Verbindung zum Klang, und das ist ziemlich offensichtlich. Wäre die verstimmte Glocke neu gewesen, wäre die Arbeit etwas anderes gewesen, aber da die Glocke so alt ist, haben wir es wieder: Zeit als Material. Weil sie alt und ausgemustert war und trotzdem all diese Zeit mit dem Widerhall der Erinnerungen in sich trug, ist sie jetzt in Folkestone eine permanente Arbeit: Die wollen sie dort behalten. Zeit als Material ist eine Vorstellung, die wir oft vergessen.

Felderer:

Absolut! Der Ton oder das Geräusch oder die Stimme ist ein wichtiges Medium der Verführung oder der Verlockung, um wieder zuzuhören oder sich einzulassen, denn wenn man genau hinhört und konzentriert hinhört, dann ist man doch eigentlich sehr ungeschützt, nicht?

Moderatorin:

Zeit ist ein gutes Stichwort! Die Präsentation eines Kunstwerks, das eben nicht die ganze Zeit vorhanden ist und auch nicht als visuelle Abbildung vorhanden ist, sondern das nur in diesem Moment passiert – was bei Musik ganz selbstverständlich der Fall ist. Bei Tino Sehgals Arbeiten ist es ähnlich, nämlich, dass man sie nur in einer bestimmten Zeit an einem bestimmten Ort sehen kann, und Sie *(zu dem Künstler gewandt)* treffen sogar noch extremere Maßnahmen: Sie wollen keine Aufnahmen davon, also wollen weder Audioaufnahmen noch Fotografie oder Film, was auch größtenteils befolgt wird. Manche sagen: Das ist auch ein bisschen so eine Attitude – aber es ist natürlich interessant, weil es tatsächlich die Aufmerksamkeit schärft auf dieses Piece, wenn man es jetzt nur in diesem Moment sehen kann. Ist es für Sie und die Rezeption Ihrer Kunst wichtig, dass es davon nirgendwo auf der Welt eine Abbildung gibt?

Sehgal:

So wichtig ist es mir nicht, also deswegen werde ich auch versuchen, darauf nur kurz zu antworten, aber es geht mir auch um so eine bestimmte Situation. Die Stimme ist die eine Sache, aber es gibt auch noch so etwas wie die Schwingung der Stimme, die live ist. Ich bin gestern zum Beispiel zum Kindergarten gegangen und habe meinen jüngeren Sohn abgeholt, und dann hat einer der Kindergärtner dort wirklich super gesungen, aber leise. Das ging sofort irgendwie ganz anders in meinen Körper rein. Es ist ganz anders, wenn du reinkommst und das Radio läuft, es berührt einen auf eine ganz direkte Weise. Es ist sozusagen so, als käme der Körper des einen Menschen direkt über die Luft auf meinen Körper zu. Und ich denke, darin liegt eine bestimmte Qualität. Und das Kunstwerk spielt sich in dieser Qualität ab, und dann stellt sich mir wie für jeden Künstler die Frage: Will ich diesen Kern in der Reproduktion weglassen oder nicht? Gut, da kann man jetzt auch noch lange drüber reden. Aber ich glaube, wichtiger wäre aufzugreifen, was Sie vorhin zum Thema *White Cube* gesagt haben: Der *White Cube* ist zunächst eine Maschine, und es geht darum, das Vermischte des Lebens irgendwie in Objekte und Subjekte aufzuteilen, ja? Deswegen ist die weiße Wand erst mal da, also das heißt: Ich habe ein diskretes Objekt. Das ist klar abgegrenzt, es ist ein Kunstwerk vor dieser weißen Fläche, wovor ich dann als Subjekt treten kann und dann stehen diese beiden buchstäblich gegeneinander. Das ist eine ganz wichtige Geschichte für westlich industrialisierte Konsumgesellschaften, die da sozusagen rituell aufgeführt wird, und es ist auch ganz klar eben kein Sound. Das fand ich interessant, was Sie gesagt haben, dass wir eben eine Kultur sind, die auf das Visuelle fokussiert ist, aber eben auch auf das Produkt. Und das Produkt – und jetzt komme ich zu dem Aspekt des Zeitlichen –, den Sie *(wendet sich an die Moderatorin)* auch angesprochen haben und Sie *(wendet sich an A K Dolven)* auch: Das Produkt ist ja, glaube ich – ich kann mich aus der Schulzeit her nicht mehr erinnern – das Produkt ist das Partizip Perfekt, ja? Also das Produzierte, das, wo die Zeit sozusagen festgestellt wurde. Es gibt zwar einen Produktionsprozess, aber es geht eben um diesen Moment des Feststellens in dem Produkt, ja? Und das 19. und das 20. Jahrhundert waren sozusagen Zeitalter dieses Feststellens. Wenn ich Industrieproduktion mache, dann frage ich mich nicht: »Ist das das gute Leben?«, während ich produziere, sondern ich frage mich: »Was kann ich mit diesem Scheißprodukt machen?« »Das find ich super, was ich damit machen kann.« Jetzt aber geht es wieder mehr um eine sozusagen zeitliche Entfaltung in Prozessen. Es geht weniger um dieses Stillstellen von Zeit in einem Produkt. Und dementsprechend glaube ich nicht, dass der *White Cube* noch so ewig überleben wird.

Felderer:

Das glaub ich auch, er ist nicht mehr unbedingt der richtige Ort, weil er eben diese visuelle Subjekt-Objekt-Geschichte herstellen will, und das ist aber im Grunde gar nicht mehr unser Anliegen heutzutage. Wir sind ja selber total vernetzt, und wir können auch mit dieser Vernetzung umgehen, auch wenn wir auf Kohärenz getrimmte Hirne haben.

Moderatorin:

Steven, wollen Sie das kommentieren?

Connor:

Na ja, mir scheint es, als sei das lebensnotwendig, um die bestimmte Rolle, die der Klang für Künstler oft einnimmt, zu verstehen. Mir scheint, als hätte die Kunst – aus der Sicht der meisten Kunsthistoriker – gegen die Unumkehrbarkeit gekämpft. Die Tatsache, dass wir unser Leben leben und dass es vorbeigeht und nichts übrig bleibt. Und Kunst hat dagegen angekämpft. Jetzt hat es sich die Kunst zur Aufgabe gemacht, gegen die Umkehrbarkeit zu kämpfen. Dagegen zu kämpfen, dass die »CTRL-Z[7]-Kultur«, in der alles, so scheint es, eingefroren, abstrahiert, wiederholt, gelöscht, rückwärtsgestellt werden kann, weil es sich herausstellt, dass es so etwas wie die Unsterblichkeit ist, die wir zu wollen glaubten, und Unsterblichkeit ist das einzig wirklich Böse. Und um etwas Gutes oder einen Wert zu haben, muss es unumkehrbar sein, weil wir schlussendlich

---

7   Tastenkombination auf dem Computer, um zum alten Zustand zurückzukehren und damit das Vorhandene ungeschehen zu machen.

so leben. Und seltsamerweise war es früher das Geschäft der Kunst, uns vor der Zeit zu beschützen, jetzt ist es ihr Geschäft, uns die Zeit, die fortlaufende Zeit zurückzugeben.

Moderatorin:

Unsterblichkeit ist ein gutes Stichwort – Das Panel heißt *Images Only?* und es geht darum, dass mit Sound Bilder erzeugt werden, dass Sound, Geräusche und Stimme Images vielleicht auch unterstützen können, vielleicht aber auch verändern können. Stichwort Immortality: Wenn ein Maler ein Bild gemalt hat, dachte man doch, dass ist das ultimative Ergebnis. Und wenn es gut konserviert ist, sehen wir das noch in tausend Jahren immer noch so, wie es gemalt worden ist. Es gibt aber auch jede Menge Remakes von bestimmten Bildern. Sie beide *(an Dolven und Sehgal gewandt)* haben eine Arbeit gemacht, die sich mit den Remakes von berühmten Bildern beschäftigt, wobei Sie das Bild gar nicht zeigen. Das muss ich kurz erklären: A K Dolven hat eine Arbeit gemacht, die heißt *The Kiss,* die sich auf ein berühmtes Munch-Gemälde bezieht, und sie hat das »restaged«, sozusagen »in a modern way«, nämlich in einem Club, wo ein Pärchen tanzt und das super ausgeleuchtet ist. Dieses Bild ist jetzt eine, wenn man so will »modern version«, aber es ist eben nicht gemalt. Es ist entstanden in einem Club und man denkt sich auch da fast die Musik dazu, wenn man das genau anguckt. Und Tino Sehgal hat eine Arbeit gemacht, die auch *The Kiss* heißt, wo er berühmte Küsse der Kunstgeschichte performen ließ mit jeweils einem Paar von Tänzern, Performern, die das eben ausgetanzt haben, diese Küsse von Klimt, Munch, ich weiß nicht, wer da noch alles dabei war. Das Interessante dabei ist, finde ich, dass dieses ehemals unsterbliche Bild, was es mal gab, jetzt plötzlich eine »commodity«, eine Handelsware geworden ist, aus der man etwas anderes macht, nämlich eine Performance oder eine Erinnerung. Ich würde gerne Sie beide fragen: Ist das eine Verneigung vor der Kunstgeschichte? Oder ist es der Anfang von was ganz Neuem, indem man sich wie aus so einem Setzkasten bedient und dann daraus etwas ganz Neues macht?

Dolven:

Na ja, vielleicht hat es mehr mit einem Thema zu tun, da das Küssen ja etwas sehr Grundsätzliches im Leben ist. Sehr oft ist es das Erste und Letzte im Leben, die sich bewegenden Lippen, die sich suchend kräuseln und darauf warten, genährt oder geküsst zu werden. Also geht es um diese grundsätzlichen Emotionen oder andere Dinge, die im Kern dieser ikonischen Kunstwerke liegen. Für mich war es also eher diese implizite Idee, zu erkennen und zu sehen, dass das auch ein Teil der Zeit ist, in der ich lebe. *Portrait with Cigarette* ist eine weitere Arbeit, weil viele männliche Künstler Männer mit Zigaretten und Pfeifen porträtiert haben, und das findet man oft auf der ersten Seite eines Buches. Ich hingegen habe ein junges Mädchen in dieselbe Position gebracht, mit einer *Marlboro Light,* die sie nie wirklich raucht, aber es dauert 5 Minuten und 29 Sekunden, bis eine *Marlboro Light* heruntergebrannt ist, ohne aktiv geraucht zu werden. Und dann habe ich ihr eine Fernbedienung gegeben, die sie anstelle des Pinsels halten sollte, und somit kontrollierte sie die ganze Welt, während sie *Garage* und *German Base Music* an- und ausschaltete. Es ist ein sehr klassisches Porträt, also kopiert es Munch quasi buchstäblich, aber dann ist da der Klang, und das macht es zu einem Teil unserer Zeit.

Sehgal:

Ich versuche das jetzt nochmal ein bisschen an die Frage nach der Stimme oder auch des Hörspiels anzubinden – bei mir haben viele Dinge eine Rolle gespielt bei dieser Arbeit –, aber mich hat halt interessiert, als jemand der in den 1980er oder 1990er Jahren, also schon mit einem ganzen technologisch-medialen Apparat so um sich herum aufgewachsen ist: »Was ist eigentlich die Spezifität oder auch die Stärke von *Liveness?*« oder an diesem »So-im-Moment-Sein«? Und da hat sich das Thema des Kusses einfach aufgedrängt. Küsse sind oft repräsentiert worden, dabei ist der Kuss vielleicht die einzige menschliche Handlung, die man wirklich nicht repräsentieren kann. Das sieht man zum Beispiel auch in der Prostitution: Es ist das Einzige, was nicht wirklich käuflich ist. Auch wenn sich zwei Schauspieler im Kino küssen, geht's immer darum, ob etwas zwischen denen läuft. Es geht so tief in das menschliche Empfinden, dass es eigentlich nicht darstellbar ist. Und das hat mich interessiert, dieser Dialog zwischen diesen Darstellungen von Küssen – denn es sind ja Darstellungen – und einer Live-Version davon, die dann aus meiner Sicht darüber hinausgeht, denn sie ist keine Darstellung von einem Kuss, sondern sie ist eigentlich ein ganz langer Kuss.

Dolven:

Es gibt etwas, das in Ihrer Arbeit sehr wichtig für mich ist und was ich sehr schätze. Das hat zum Beispiel mit Gerüchten über ihr Venedig-Stück zu tun. Ich habe Gerüchte vorhin erwähnt, Gerüchte als Material. Jetzt haben wir über Klangmaterial gesprochen, über Zeit als Material, aber Francis Alÿs zum Beispiel nutzt Gerüchte in seiner Arbeit. Und das finde ich auch an Ihrer Arbeit so wundervoll: Ich erzähle Geschichten darüber, wissen Sie? Ich habe vielen Leuten über die Performance erzählt, das Stück in Venedig. Wissen Sie, in letzter Zeit habe ich mit einer sehr, sehr alten Sammlung von Sami-Geschichten gearbeitet, Geschichten aus Lappland. Und sie sind Hunderte Jahre alt und sie sind von jemandem gesammelt worden und wiedererzählt worden, und es ist, als würde eine Geschichte auf zehn verschiedene Arten erzählt. Und es ist wunderschön, dass Sie das heute, in unserem digitalen Zeitalter, mit Ihrer Arbeit möglich machen. Dass man jemandem davon erzählt, und es wie in einem Kinderspiel umherwandert.

Moderatorin:
Stille Post.

Dolven:
Ich bin mir sicher, dass Sie das schon oft durchgesprochen haben, aber ich wollte es Ihnen einfach noch einmal sagen.

Sehgal:
Nein, habe ich nicht.

Dolven:
Nein? Weil ich glaube, dass dieser Aspekt des Gerüchts als Material in Ihren Arbeiten sehr stark ist. Und es ist wundervoll, wie das die ganze Zeit wachsen kann und jemand wird in hundert Jahren erzählen, was auf diesem Fußboden in Venedig passiert ist.

Sehgal:
Vielleicht nicht in hundert Jahren, aber … Ich habe nicht so viel darüber nachgedacht, weil das ein bisschen überheblich wäre, aber es stimmt schon, dass Leute sich gegenseitig von ihren Erfahrungen erzählen, auch weil sich das von Moment zu Moment ändert, vor allem in meinen neueren Arbeiten.

Dolven:
Es ändert sich eigentlich durch die Stimme, indem man darüber spricht.

Sehgal:
Aber wenn ich an Kunstkultur denke – nicht, dass ich die Autorität hätte, über Kunstkultur zu sprechen –, aber oft, irgendwie intuitiv, scheint mir unsere Kultur wie ein Teenager zu sein: Wissen Sie, als wären wir Teenager, die von ihren neuen Geräten besessen sind und von all diesen Dingen, die wir rausgefunden haben, und von all diese Technologien, das ist wirklich sehr prickelnd und »feuerwerkig«. Aber ich glaube, dass das Gerücht, das, was Sie Gerücht nennen und ich »Leute-erzählen-Ihnen-etwas«, also dieser alte Modus, denke ich, diese eine Person, die jemandem etwas erzählt, ist auch heute der dominanteste Modus der Ideenverbreitung. Wenn ich zu Steven *(an Connor gerichtet)*

sagen würde: »Steven, du musst losgehen und dieses Ding da am weit entfernten Ende von Karlsruhe sehen, du wirst dich wieder verlaufen, aber das macht nichts, weil es sich lohnt!«, werden Sie etwa Folgendes denken: »Soso, habe ich Tino mit dem, was er mir erzählt hat, vertraut? Ja, doch, es war schon okay, vielleicht gehe ich nicht hin.« Oder: »Hat mir gefallen, wovon er mir erzählt hat, ich werde gehen.« Also, es ist eine ganz andere Sache, ob ich mir die Mühe mache, ihm davon zu erzählen, oder ob er in irgendeinem Touristenführer von Karlsruhe darüber liest, verstehen Sie?

Moderatorin:

Absolut.

Sehgal:

Es ist auch irgendwie eine Art Plattitüde, was ich hier sage, aber ich sage, dass diese alten Modi der *Oral History* kein Ding der Vergangenheit sind. Ich würde sagen, dass *Oral History* das ist, was unser Gesellschaft heutzutage noch zu 80 oder 90 Prozent organisiert.

Connor:

Nun, mir scheint es einfach, als seien dies alles Wege, um die Zeit zu strukturieren. Im menschlichen Leben geht es nicht darum, wissen Sie, der Zeit ausgeliefert zu sein, sondern darum, die Zeit wahrzunehmen, Zeit hereinzulassen – nicht den puren chaotischen Lärm der Zeit –, sie zu strukturieren. Wir können auch nicht dem Meer zuhören – die Menschen zählen Wellen, die siebte Welle soll eine besondere Welle sein. Wir können das Uhrticken nicht hören – im Englischen hören wir »tick-tock« – was hören Sie auf Deutsch?

Moderatorin:

»Ticktack!«

Connor:

»Ticktack!« Und es ist in jeder Sprache, die wir kennen, ein solcher Singsang: immer ein kurzer Vokal, gefolgt von einem langen Vokal. Keine Kultur hört »tack-tick«. Aber der Klang selbst mag »tick, tick, tick, tick, tick« sein, und das ist der Tod, weil es unstrukturiert ist, und so wirkt es für mich, dass das Gerücht irgendwie Teil eines Bemühens ist, das reine Fortlaufen der Zeit einer Art von Struktur zu unterwerfen.

ART SLAM Steven Connor: The Matter of Air

Ich möchte über eine bestimmte Art oder eine bestimmte Lokalisiertheit der Materialität von Luft sprechen. Ich habe ein Buch geschrieben, *The Matter of Air,* und wie gewöhnlich nach einer ziemlich langen Zeit festgestellt, dass es eigentlich auf einen einzigen Satz hinausläuft. Der Inhalt dieses Satzes ist im Grunde, dass Luft, dieser seltsame Stoff, für uns die materielle Form des Immateriellen ist. Wir alle wissen, dass Luft nicht einfach Leere ist: Luft hat Gewicht, Druck, Temperatur und so weiter. Und trotzdem scheint Luft irgendwie die materielle Gestalt des leeren Raums in Reinform zu sein. Und es gibt keinen so komplexen, so leidenschaftlich erfüllten Raum wie den, den ich das »Traumtheater des Munds« nennen will. Das heißt, ich will tatsächlich ein paar Minuten lang über den Mund sprechen, den Mund, der die Form der Luft verändert.

Immer wenn wir sprechen, wenn wir zuhören, leben wir unsere Beziehung mit dem Mund, den René Spitz die »Urhöhle« genannt hat. Der Mund und der Körper scheinen mir in einer Art wechselseitiger Beziehung zu stehen. Natürlich umhüllt der Körper den Mund, der Mund ist eine Öffnung des Körpers, ein Teil des Körpers. Und dennoch kann der Mund als eine Art zweiter Miniaturkörper erfahren werden, als Homunkulus. Und diesen »Mundkörper« können wir mit anderen teilen: Was wir Sprache nennen, ist nichts weiter als die Art und Weise, in der wir innerhalb eines gemeinsamen Munds handeln, ihn bewohnen. Wenn ich Klänge aus Ihrem Mund höre, begebe ich mich an Ihren Platz, irgendwo hinter oder zwischen Ihre Zähne. Einen Akzent, einen Dialekt oder eine Sprache zu teilen, bedeutet, an diesem gemeinsamen Mund teilzuhaben. Es gibt viele Arten, über diese gemeinsame Erfahrung zu sprechen. Ich hoffe, Sie haben alle Ihre Zunge in ihrem Mund herumwandern lassen im Wissen – wir können absolut sicher darüber sein –, dass jeder ungefähr dasselbe dabei empfindet. Es ist gleichzeitig die intimste, durch unsere gemeinsame Sprache aber auch die öffentlichste Erfahrung – ganz abgesehen von unserer gemeinsamen Erfahrung des Essens und Schmeckens.

Ich möchte ein paar Bedeutungen erwähnen, die sich quasi im hinteren und vorderen Teil des Munds versammeln, also im Mund selbst und in der Kehle. Ich weiß ehrlich gesagt nicht genau, wie dieser Raum heißt. Dieser Raum, wo die Empfindung zu enden scheint: Man schluckt und spürt die Flüssigkeit oder das Essen nach unten wandern und an einem bestimmten Punkt verschwindet es plötzlich in dieser großen, formlosen Leere. Wenn Sie aber eine Fischgräte schlucken, spüren Sie die plötzlich viel weiter unten als Sie normalerweise etwas empfinden. Es ist ein ungewöhnliches Phänomen: Unser Empfinden in diesem besonders unvollkommen definierten Raum kommt und geht.

Der Linguist Eduard Sapir hat 500 Testpersonen aus der ganzen Welt versammelt und ihnen erzählt, dass die beiden Worte »mall« und »mill« in einer ungenannten Fremdsprache unterschiedlich große Tische bezeichnen. Er fragte, welches Wort ihrer Meinung nach was bezeichnete. Eine überwältigende Mehrheit, 96 Prozent, nahmen an, das »mall« der große und »mill« der kleine Tisch war. Beispiele wie dieses kommen in der Linguistik regelmäßig vor, und es gibt andere Studien, die versuchen, Korrelationen zwischen Lauten und räumlichen Werten zu finden, seien diese universell oder nicht. Wie weit man solche Gedanken auch treiben will, es scheint jedenfalls sicher, dass es eine Art von systematischem Kontrast gibt zwischen kurzen, hohen Vokalen wie »i« und tieferen, breiteren, offenen oder manchmal auch als dunkel bezeichneten Vokalen wie »a«, zumindest in indoeuropäischen Sprachen und vielen anderen Sprachgruppen auch. Eine ganze Reihe systematischer Kontraste zwischen vorne und hinten, zwischen offen und geschlossen, zwischen hoch und tief und hell und dunkel:

Der grundsätzliche Unterschied liegt meiner Meinung nach zwischen einem geschlossenen, klar definierten Raum und einem vagen, eher unbegrenzten Raum. Klänge, die im vorderen Teil des Munds gebildet werden, profitieren von der klaren, präzisen Kenntnis, die jeder von der Topographie seines Mundes hat. Klänge, die an anderen Stellen im Stimmapparat gebildet werden, können ebenso stark empfunden werden, scheinen aber zu einem vagen, undefinierten Irgendwo zu gehören. Ich glaube, dass es viel beunruhigender ist, einen Teil des Munds betäubt zu bekommen als den inneren Hals, weil der Hals innerhalb des oralen Selbstbilds sowieso wesentlich weniger klar definiert ist. Der Halsinnenraum ist also generell weniger empfindungsfähig als der vordere Mund. Seltsamerweise ist es gerade die Fähigkeit, mir die verschiedenen Teile meines Munds so genau bildhaft zu vergegenwärtigen, die es scheinen lässt, als wäre ich irgendwie außerhalb des Munds und schaute hinein. Und dieser Blickwinkel bleibt mir verwehrt, wenn ich über den Hals, die Kehle nachdenke und über andere, noch verborgenere Bereiche des Atemsystems. Meine Kehle ist ein *Innen,* das auch nur von innen wahrnehmbar ist. Es fühlt sich an, als wäre ich in meiner Kehle, ohne jemals die Möglichkeit zu haben, hineinzusehen, wie ich es ja im Falle meiner Zähne und Zunge tun kann.

Insgesamt denke ich, die Unterscheidung zwischen Klängen aus dem vorderen und Klängen aus dem hinteren Teil des Munds ist eine Unterscheidung zwischen dem Konkreten und dem Formlosen, zwischen Etwas und Nichts. Der Mund ist ein möbliertes Zimmer, in dem Gegenstände nach einer bestimmten Ordnung verteilt sind. Die Kehle und all die anderen inneren Räume, derer wir uns vage bewusst sein können, sind die Leere selbst, eine Art von Nichts, die mich ausmacht. Der Mund ist ein Raum, der je nach Wunsch und in aufeinanderfolgenden Schritten erhellt werden kann durch die Taschenlampe der Zunge. Selbst die schroffe Lücke, die ein fehlender Zahn hinterlässt, wird durch die unermüdlichen Erkundungen der Zunge nach ihr zu etwas Positivem. Die Kehle ist dagegen ein dunkler Ort, ein Raum, unbestimmt nach Form und Ausmaß, ein Tunnel voller Nichts. Es ist der Ort im Mund, in dem das Nichts des reinen Gurgelns, die reine Bewegung vor der Artikulation manchmal als Ausbruch von Sprache hörbar wird. Die Klänge, die aus der Kehle herausdringen, scheinen ihr also nicht vollends anzugehören, insofern sie Klang sind. Sie sind eine Art Ungewissheit.

In meinem Buch *Beyond Words* schreibe ich über meine Mutter, die während des Krieges aufwuchs und oft sagte – sie sprach überhaupt kein Deutsch –, dass Deutsch eine »schrecklich gutturale Sprache« sei. Nicht nur »guttural«, sondern »schrecklich guttural«. Als ich später etwas Deutsch lernte, war ich überrascht und erleichtert, dass es überhaupt keine gutturale Sprache ist, jedenfalls nicht so wie Englischsprechende – einsprachige Englischsprechende – sie wahrnehmen.

Ich behaupte, dass Klänge, die hinten in der Kehle entstehen, eine bestimmte Konnotation haben. Speziell jene Klänge, die Linguisten Frikative nennen, pharyngeale oder velare Frikative: »Rrrrrr« (Wissen Sie, wie man knurrt? Es funktioniert ein bisschen wie Flöte spielen oder pfeifen, Sie dürfen es nicht erzwingen, Sie müssen ein bisschen Luft über Ihr Zäpfchen streichen lassen, so dass es flattert. Aber erzwingen Sie es nicht: »Rrrrr«.) Und dieser Klang, das »rrr«, oder das weiter vorne liegende »ch« aus dem »Ich« empfinden Englischsprechende als ursprünglich und archaisch, als historisch überholt, weil es aus dem Englischen verschwunden ist. Tatsächlich ist es aus ziemlich vielen sogenannten romanischen Sprachen verschwunden. Der »ch«-Klang, der im Englischen sehr verbreitet war, besonders in germanischen Worten, wanderte erst zum vorderen Teil des Munds, wurde zum »h« und verschwand dann völlig. Darum haben wir im Italienischen Wörter wie »onoria«: Das »h« ist verschwunden, die Reihenfolge ist »ch« – »h« – Nichts. Der hintere Teil der Kehle ist also irgendwie der »deep dark backward and abysm of time«[8], wie Shakespeare ihn genannt hat. In Zeiten einer kriegerischen Auseinandersetzung wird eine solche Idee dann von allerlei außergewöhnlichen, fantastischen und trügerischen Assoziationen überlagert.

Unser Verständnis des Munds und der Art und Weise, wie wir Klänge formen, ist, vermute ich, erheblich beeinflusst von diesen kollektiven Fantasien über das Wo und Wie der Entstehung von Klängen. Die Assoziation zwischen gutturalen Tönen und einer Art dunkler, brütender, archaischer und bedrohli-

---

8   Aus: The Tempest, Akt I, Szene II.

cher Leere wird von vielen ähnlichen Assoziationen gestützt. Ich sollte nebenbei noch erwähnen, dass dies nicht nur etwas mit England und Deutschland zu tun hat, sondern auch mit Englisch und den gälischen Sprachen, weil letztere natürlich auch das »Ch« enthalten, im schottischen Wort für See, »loch«, zum Beispiel. Diese Aussprache enthält für Englischsprechende eine ähnliche Konnotation. Eine der Assoziationen mit dem gutturalen oder dem pharyngealen Frikativ, dem »rrr«, ist die Figur der Gorgone in der klassischen Mythologie, die als Verkörperung des Gutturalen betrachtet werden kann – nicht zuletzt natürlich, weil ihr am Ende der Kopf abgeschlagen wird und das Blut aus ihrer Kehle sprudelt. Ihr Schicksal scheint in ihrem Namen vorweggenommen zu sein, dessen Wurzel das »garg« aus dem Sanskrit ist, das, einem Kommentator zufolge, einen gurgelnden, gutturalen, menschlichen, aber öfter tierischen Klang bezeichnet, am nächsten wahrscheinlich zum »rrr« einer knurrenden Bestie. Das Wort »garg« und der Name Gorgo, der sich daraus ableitet, scheinen also Folgendes zu bezeichnen: Die Produktion eines Klangs, der weder Wort noch Name ist, ein Name, der nichts bedeutet außer Lärm.

Die Traumsphäre des Munds ist ungeheuer intim und gleichzeitig das, was wir mit unseren Gesprächspartnern teilen, ein Schmelztiegel, in dem Ideen des Sanften und Klaren und Ideen des dunklen, machtvollen Ungeformten verschmelzen. Ein Mischgefäß für Ideen des Etwas und Ideen des Nichts. Ein Mund ist nicht zuletzt eine Art Loch in der Welt. Ein entrückter Raum, eine geheime, von allen geteilte, halb fantastische Höhle, die ein taktiles Kino sein kann, ein »Theatrum Mundi«, das gleichzeitig die ganze Welt außerhalb unterhalten kann.

KEYNOTE Michael Glasmeier: Krach und Geräusch in der Bildenden Kunst – einige historische Beispiele

Wenn wir das Verhältnis von Malerei und Ton bedenken, finden wir uns recht schnell im scheinbar abgesicherten Raum der Synästhesie wieder. Dieser Raum ist u. a. durch Kandinsky vorgeprägt und behauptet, dass es eine innere Beziehung gäbe zwischen abstrakter Kunst und evokativen Klängen. Es sind die Begriffe von Komposition, Improvisation und Impression, die hier übergreifend wirken und Farbe und Klänge im Begriff des Farbklangs versus Klangfarbe zusammenführen. Gerade in den Avantgarde-Experimenten des frühen 20. Jahrhundert werden solche Synästhesien zum Motor zahlreicher Werke, die sich schließlich in Klang-Licht-Räumen entäußern, aber oft auch einen gewissen mystischen Touch besitzen. Mir erschien das Ganze immer zu abgehoben und paradoxerweise zu konstruiert, denn es fällt mir schwer, die möglichen Klänge abstrakter Kompositionen mit meiner Einbildungskraft zusammenzubringen. Erfreulicherweise kam dann auch recht schnell mit George Antheil oder Luigi Russolo, dann mit Cage der Realismus des gemeinen Geräuschs als Antipode eines edlen inneren Klangs zur Sprache, die Malerei wurde recht schnell in ihre Schranken gewiesen und das Skulpturale zum bildgebenden Motor – frühzeitig von Duchamp theoretisiert und praktiziert. Das Skulpturale bzw. Plastische, also Dreidimensionale, war in Anbetracht der raum-zeitlichen Dimension doch wesentlich angemessener als eine klanglich komponierte abstrakte Malerei, da es eben ein Ort ist, der den Geräuschen und Klängen ihre Daseinsberechtigung und Wirkkraft schenkt.

Wenn wir trotzdem nach Klängen und Geräuschen in gemalten Bildern suchen, sollten wir uns – gegen die Gepflogenheiten – dort umschauen, wo erzählend gemalt wird, also in einer Kunstgeschichte der Vormoderne, falls wir annehmen, dass Moderne mit Aufklärung und Verbürgerlichung einsetzt. Und wir können dort beginnen, wo die Perspektive ihre Anfänge nimmt, also die Darstellung des Raums sich in den Vordergrund drängt und die Figuren und Gegenstände mal mehr oder weniger dicht sich in diesem aufhalten, ihn bestimmen oder vor der Konstruktion zurücktreten, wo sich also im Bild die Möglichkeiten des Plastischen realisieren können. Dabei ist zu beachten, dass das Bild selbst zunächst keinen Ton von sich gibt, es sei denn, es fällt vom Nagel. Dennoch lässt es zu, dass Klänge imaginiert werden, evokativ den gemalten Raum besetzen, und dass es dem Maler darauf ankam, genau den Effekt zu erzeugen und uns zu hörenden Betrachtern zu machen. Ferner sollte beachtet werden, dass es seit der Renaissance den sogenannten *Paragone* gibt, also den Streit darüber, welche der Künste – Musik, Malerei, Skulptur, Poesie – die nun wichtigste und erste sei.

Betreten wir also den Bildraum. 1525 findet sich in Dürers Buch *Unterweisung der Messung* jenes Bild zur Unterrichtung der Perspektive am Beispiel einer Laute (s. Abbildung 7).

Wie bei Magritte »Warum gerade Pfeife?«, so könnte hier gefragt werden »Warum gerade Laute?« als Demonstrationsobjekt. Im Gegensatz zur Bildenden Kunst war die Musik in der Antike Teil der Artes liberales, bestehend aus dem Trivium Grammatik, Rhetorik, Dialektik und dem Quadrivium Arithmetik, Geometrie, Musik, Astronomie. War das Trivium sprachlich orientiert, so gibt sich das Quadrivium mathematisch. Musik war demnach bis ins 17. Jahrhundert Harmonie qua Mathematik, die ihre höchste Form schließlich in Bachs Kunst der Fuge fand. So berichtet der großartige, leider immer noch wenig bekannte Renaissanceforscher Robert Klein, dass in dieser Zeit Musiker beim Bau von Kirchen als Partner der Architekten hinzugezogen wurden. Der architektonische

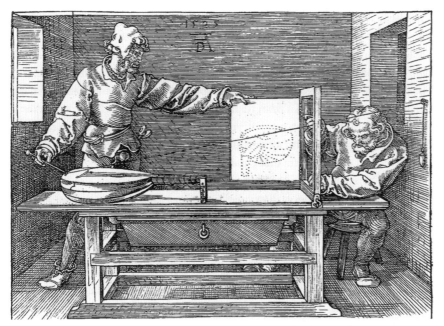

Abbildung 7: Albrecht Dürer »Der Zeichner der Laute« aus: Vnderweysung der Messung, 1525

Raum ist ein wesentlich enger Verwandter des Klangraums, der mit der Kunst der Perspektive eben auch gemalter Raum sein kann. Künstler wie Leonardo sind auch Musiktheoretiker, und in Vasaris Viten wird immer wieder auf die enge Beziehung von musikalischer und malerischer Tätigkeit angespielt; denn wie der Musiker sollte auch der Maler der Harmonie verpflichtet sein. So also kann die Laute beim Italienreisenden Dürer Demonstrationsobjekt werden. Aber sie ist eben auch bauchiger Körper, wohlgeformt und gleichzeitig dem musikalischen Teil des Liebeswerbens dienend. Zudem versinnbildlicht Dürers Stich, wie sich eine durch ein Lot gezogene Linie vom Instrument als eine Art Saite abhebt, vom Körper sich als eine Manifestation möglichen Klangs erhebt, um vermittels des Rahmens Bilder erzeugen zu können: das mögliche Bild als ein Widerklang des realen Objekts, ein Echo im Raum.

Diese enge Beziehung zwischen Musik und Malerei unter dem Stichwort der Harmonie zeigt sich auch ganz praktisch. Viele Bildende Künstler der Renaissance waren, wie etwa Giorgione oder Parmigianino, auch als ausgezeichnete Musiker durchaus bekannt und erfüllten damit nicht nur eine Rolle im höfischen Umfeld, in dem das von Baldesar Castiglinone proklamierte Ideal eines humanistischen *Uomo universale* verlangte, eben auch Gedichte zu schreiben, zu fechten und Musik zu machen. Einleuchtend wird diese enge Verschränkung von Musik und Malerei schließlich in Veroneses *Hochzeit zu Kana* (1562/63), in der vor der Tischgesellschaft und im zentralen Blickfeld des wundertätigen Jesus ein Sextett aufspielt, wobei die vier Musiker im Vordergrund der Legende nach (von links nach rechts) die Künstler Veronese (Tenorgambe), Bassano (Zink), Tintoretto (Violino) und Tizian (Bassgambe) darstellen sollen. Auch wenn die Porträtähnlichkeit bis auf Tizian heute etwas fragwürdig erscheint, so verweist die Legendenbildung doch generell auf jene Musikalität der Bildenden Künstler, die bis heute andauert und sich noch in unseren Tagen in Installationen, CD-Einspielungen und Performances leidenschaftlich entäußert. Damit stehen wir seit der Frührenaissance vor einer inhärenten Musikalisierung des Bildes, und es wird deutlich, dass dieses übervolle Bild einer Hochzeitsgesellschaft mit den Musikern, die sehr konzentriert bei der Sache sind, uns zu hörenden Betrachtern machen will, zumal uns einige Personen am Tisch eigens in der Rolle der aufmerksamen Hörer vorgestellt werden und uns so auf eine mögliche akustische Imagination vorbereiten. Wir haben hier ein »Akustikbild« vor uns!

Doch zurück zu Dürer: Ein weiteres seiner Perspektivlehrstücke ist der Holzstich vom Zeichner, der einen Akt fabriziert: Hier ist ein Frauenkörper Demonstrationsobjekt (s. Abbildung 8).

Abbildung 8: Albrecht Dürer »Der Zeichner des liegenden Weibes«, aus: Vnderweysung der Messung, 1525

Statt der Klanglinie nun das Raster des Zeichners, ein Netzwerk vieler Linien, räumliche Kartographie, raschelnde Kleider und das leise Kratzen des Stifts im konzentrierten, stillen Raum: erotischer Körper als Landschaft. Eros ist für Sokrates das »Verlangen nach Schöpfung im Schönen«. Eros ist nicht Erfüllung, ist Steigerung der Sehnsucht der Körper. Eros ist Distanz, die zerfließen, aufgehen möchte. Eros ist die perspektivische Beziehung der Körper im Klangraum der Malerei. Daher werden die Engel, seit es sie gibt, vornehmlich als musizierende dargestellt. Auf dem Weihnachtsbild des Isenheimer Altars von Grünewald hat der Engel den Bogen in der Hand und die Gambe, wie es sich gehört, zwischen den Beinen. Beide, Spieler und Instrument, strahlen Begehren und Verzückung aus. Beide, Engel wie Gambe, besitzen den dümmlichen Ausdruck der Hingabe. Sie imprägnieren mit dem Chor das ganze Bild zum Klangraum. Die Feier der unbefleckten Geburt als erotische Manifestation.

Die beiden Schautafeln Dürers können also zusammen gesehen werden, wobei das Auftauchen von Musikinstrumenten seit der Renaissance ikonographisch einerseits Sinnlichkeit, andererseits Vergänglichkeit als Zeitmoment und natürlich umfassende Harmonie ins Bild setzen sollte. Davon sprechen die alten Emblembücher und die seit ca. fünfzig Jahren existierende Musikikonographie: Instrumente und Personen als Körper- und Zeitdemonstrationen der Erotik im Perspektivraum. Dürers Stich verweist uns unmittelbar auf jene Serie von fünf Bildern Tizians, in denen der Maler eine nackte Venus mit einem männlichen Musiker in immer gleicher Konstellation mit Abweichungen dargestellt hat. Offensichtlich war das Thema bei höfischen Sammlern äußerst beliebt. In der Berliner Fassung (um 1550) sehen wir links den Orgelspieler, der seine Hände scheinbar noch auf den Tasten hat und über seine Schultern auf eine nackte weibliche Person blickt, die sich in größter Pracht auf ihrem Bett dem Betrachter hingibt, während ein Cupido ihr etwas ins Ohr flüstert und gleichzeitig versucht, ihr die Brust zu tätscheln. Ein kleiner Hund bellt leibhaftig uns Betrachter als Störer der Intimität an. Im Hintergrund der Loggia mit Vorhang zelebriert sich eine arkadische Landschaft. Dieses rätselhafte Bild hat natürlich für einige Interpretation gesorgt, wobei Erwin Panofsky davon ausgeht, dass es sich hierbei um eine neoplatonische Demonstration der schon angesprochenen Frage handelt, welcher Sinn für die Feier der Liebe empfänglicher macht: Gehör oder Sehvermögen? Dennoch ist das Bild zuallererst eine Manifestation des Erotischen, betrachtet man die frühere Fassung des Bildes, die heute in Madrid hängt. Hier richtet sich der Blick des Orgelspielers, dessen Körper näher an die Venus gerückt ist, direkt auf die Scham der Nackten (s. Abbildung 9).

Wir erkennen auch die Tastatur und damit das Spielen des Hofmanns. Die Orgel ist prächtiger und mit einem Medusenhaupt geschmückt, als Verweis auf die unheimliche, lähmende Kraft der Liebe, während Arkadien nun eine gepflegte Parklandschaft mit Brunnen und Pfau abgibt, aber auch mit Liebespaar und – weit auseinander – Hirsch und Hirschkuh. Liebe, Erotik, Begehren also, wohin auch geblickt werden kann. Wenn Dürer seine erotische Fantasie im Demonstrationsraum der Perspektive stattfinden lässt, so ist hier nun die Perspektive erfüllt mit einem Orgelklang, der von den Händen über die Augen des Spielers direkt auf die Scham und damit auf die Erfüllung eines erotischen Versprechens zielt. Im Konzept einer verfeinerten höfischen Liebe galt es, das Herz der Angebeteten durch Poesie, aber vor allem durch Selbstmusizieren zu

Abbildung 9: Tizian »Venus mit Cupido und Orgelspieler«, um 1548, Museo del Prado, Madrid

Abbildung 10: Giorgone »Das Konzert«, um 1509, Musée du Louvre, Paris

erweichen, eine Praxis, die mit dem Verschenken von selbst kompilierten CDs an die Geliebte heute noch in abgewandelter Form gültig ist. Die Diskussion, ob es sich in diesem Bild nun um Venus handelt oder um die zu seiner Zeit beliebten Kurtisanen, ist zunächst uninteressant, da es die Erotik pur ist, die sich hier als zutiefst musikalisiert vorstellt. Während sich im Hintergrund ein symbolischer Liebesraum auftut, ist der Vordergrund besetzt durch die schonungslose Anwesenheit der Körper und damit durch die imaginierte Realität eines sexuellen Aktes, getrieben durch Musik und Blickrichtung. Vor allem aber verdichtet sich der Raum in der Imagination der Musik atmosphärisch. Die Töne legen sich gleichsam auf das Inkarnat der Nacktheit, zelebrieren sich im Blick und weiten den symbolischen Raum der Landschaft.

Diese reale Körperlichkeit im atmosphärischen Raum finden wir präfiguriert in dem Giorgone zugeschriebenen, geheimnisvollen Meisterwerk *Das Konzert* (um 1509), das der Kunsthistoriker Gustav Friedrich Hartlaub 1925 als Kultbild der Erotik preist (s. Abbildung 10).

In einer Vergil rezipierenden pastoralen Landschaft mit Hügeln, Bäumen, Architektur, einem Hirten und jener Weite, die mit Leonardo berühmt werden sollte, finden sich im Vordergrund vier Personen, zwei weibliche in kaum bekleideter Nacktheit und zwei männliche in höfischer und ländlicher Kleidung. Keine der Personen nimmt Kontakt zum Betrachter auf. Die zentrale Nacktheit mit der abgesetzten Flöte bildet dagegen einen bequemen Rückenakt aus, während die andere Nacktheit einen gläsernen Krug in ein gemauertes Becken gießt. Die beiden Herren scheinen mit sich selbst beschäftigt. Der Hofmann mit der Laute sinnt dem Nachklang seines Spiels hinterher, während der ländliche Kumpane in seine Richtung schaut, aber auch er eher zurückhaltend. Er könnte der Sänger sein, der gerade sein Madrigal beendet hat. Bis heute ist – wie auch bei anderen Bildern Giorgiones – nicht klar, worum es hier eigentlich geht. Sind die nackten Damen Nymphen, Geistererscheinungen, welche die Herren nicht sehen? Wir haben es hier mit einem typischen Rätselbild der Renaissance zu tun, als eine Aufforderung auch an die Zeitgenossen, den Sinn wie eine Hieroglyphe zu entziffern, ein intellektuelles Freizeitvergnügen bei Hofe. Ich werde die interpretatorischen Mutmaßungen einfach überspringen und konstatieren, dass das Geheimnis des Bildes in seiner eindringlichen Stille liegt, der Stille unglaublicher Entspanntheit. Und folgt man der Interpretation von Ulrike Groos, so erleben wir hier den unmittelbaren Beginn einer musikalischen Pause. Die Konzentration des Aufeinander-Hörens von bukolischer Flöte, höfischer Laute und vielleicht Hirtengesang lässt gerade nach. Und just in diesem Moment wird Wasser ausgegossen, und uns Nachfahren von John

Cage ist es erlaubt, das Plätschern zu hören und jene Geräusche, die dann entstehen, wenn die Musik nicht spielt.

Leonardo nennt die Musik als Schwester der Malerei »unglückselig«, weil sie
im Entstehen verklingt. In dem Moment aber, wo das Verklingen selbst wie hier
bei Giorgione zur Darstellung kommt, öffnet sich der proportionale Raum dem
Geräusch oder den leisen Stimmen der Natur und eröffnet damit unserer hörenden Imagination ein weiteres akustisches Feld, das eher den zufälligen Dingen
des Alltags zuzuordnen ist als einer wohlgeordneten Komposition. Die Harmonie, die lange vor der Synästhesie Kandinskys in der Malerei der Renaissance
den Farben und Proportionen zugeordnet ist, ließe sich also als zugrunde liegen-
des Prinzip aller Künste mit der Einführung von Instrumenten und Musikern
steigern, aber auch durch geräuschvoll handelnde Personen auf den gesamten
akustischen Bereich ausdehnen, wobei letztere vor allem zu Affektdramatisie-
rungen eingesetzt werden, wie schon früh praktiziert im Bildfries *Das Wunder
der entweihten Hostie,* den Paolo Uccello zwischen 1465 und 1469 für Urbino
malte. Die Legende, die dem Bild zugrunde liegt, ist ziemlich wüst, judenfeind-
lich und handelt von einer Frau, die eine Hostie an einen jüdischen Händler
verkauft. Die Hostie wird verbrannt und beginnt zu bluten, sie wird neu geweiht
und die Frau hingerichtet. Auf dem zweiten Bild des frühen »Comics« sehen
wir durch die bühnenmäßig fehlende vierte Wand in einen Raum hinein mit
vier verwunderten Personen an einer Tür und einem angeschnittenen Kamin, in
dem die Hostie gerade verbrannt wird und zu bluten beginnt. Wir sehen dieses
Blut sich auf dem Boden verbreiten und wunderbarerweise durch die Wand in
den Außenraum dringen, in dem Soldaten versuchen, die Tür aufzubrechen. Für
uns interessant sind die beiden handelnden Personen. Die eine hämmert mit
dem Stiel einer Axt an die Tür, die andere versucht sie von unten her mit einem
Eisen aufzubrechen. Um diesen Akt als akustischen begreifbar zu machen, inszeniert Uccello das Interieur sehr leer und die Personen als unschlüssig, aber auch
die übrigen Soldaten sind in Wartehaltung, so dass der Realismus der erbosten
Handlung automatisch akustisch verstärkt und erfahrbar wird. Dieses Bild der
Frührenaissance ist m. E. eine der ersten Herausforderungen des Hörbaren im
Bild jenseits von abgebildeter Musik, nämlich als Geräusch oder Stimme.

Ich bezeichne solche Werke als »Akustikbilder«, die vor allem dann entstehen, wenn die Perspektive einer gewissen Leere Raum schenkt, also Stille evoziert, besonders deutlich im Schweigeraum der Vision des heiligen Augustinus,
den Carpaccio um 1502 inszeniert. Um die Stimme des heiligen Hieronymus,
dem Augustinus gerade einen Brief schreibt, als akustisches Ereignis erfahrbar
zu machen, findet sich das prächtige Studierzimmer trotz vieler Gegenstände
und Möbel, die quasi an die Wand gedrückt werden, entleert. Der Hund ist es,

der die Leere als einsame Kreatur verdoppelt und mit gespitzten Ohren auf das Hören verweist, ein Hören, das wie schon bei Dürer oder Tizian durch Licht, das durch das Fenster scheint, getragen wird. Auch das Ohr des Augustinus ist freigelegt, so dass die Vision nicht nur als Lichtereignis, sondern eben auch als Hörerlebnis geradezu sichtbar wird. Besonders auffällig ist neben den in den Dingen verkörperten Artes liberales jene zur Schau gestellte Notation, auf der sich sakrale und religiöse Weisen befinden, die so deutlich lesbar sind, dass sie noch heute aufgeführt werden könnten. So ist der ganze Raum von möglichen Klängen geradezu besetzt, von Musik, Geräusch und Stimme. Er findet sich verzeitlicht in einem visionären Jetzt mit der Aufforderung an den Betrachter, jene Einbildungskraft, zu der er fähig ist, auch für das Hören zu reklamieren.

Aber auch mit Bruitismus ist schon zu rechnen. In Piero della Francescas *Geburt Christi* (1470–85), eines der räumlich bezauberndsten Bilder der Renaissance, ist es ein Esel, der das singende Quartett der Engel mit seinem bekannten Geräusch empfindlich stört und den Einbruch des unfein Animalischen akustisch ins Bild setzt. Und er kann das mit aller Kraft, weil er perspektivisch zwar im Hintergrund des rechten Engels, aber anderseits in der Zentralachse des Bildes eingesetzt ist.

Solche Akustikbilder mit musikalischen oder geräuschvollen akustischen Evokationen können, wenn erst einmal der Sinn dafür geweckt wurde, bis ins Zeitalter des Barock zahlreich aufgespürt werden. Wir erkennen sie, um meine bisherigen Beobachtungen zusammenzufassen, natürlich leicht an dem szenischen Einsatz von Musikern, Instrumenten oder Noten, ob nun gespielt wird oder nicht. Zudem verweist die Darstellung von Hörenden auf ein mögliches akustisches Ereignis. Zentral ist auf jeden Fall die Architektonik des Perspektivraums, vor allem wenn ein Raum der Stille ausgebreitet wird. Dann werden vornehmlich Geräusche evoziert, deren schönste Beispiele wir in den Kircheninterieurs der holländischen Malerei des 17. Jahrhunderts finden, in denen es oft Handwerker gibt, die in der Leere des Raums den Fußboden für ein Grab bearbeiten. Oder in jenem als *Die Pantoffeln* (1654/62) betitelten Meisterwerk des Samuel van Hoogstraten, das uns einen Blick in gestaffelt leere Räume und gleichzeitig ein erotisches Versprechen gewährt, das von den unordentlich platzierten Pantoffeln über das Bordellbild an der Wand und die erloschene schräge Kerze hinter die rechte Tür des letzten Raums führt. In der Stille der Leere lässt sich das Rascheln der Kleider geradezu zwingend vernehmen.

Das Thema des Akustikbildes ist für Kunst- und Musikwissenschaft eher marginal, vielleicht weil es sich zwischen den Künsten ansiedelt, vielleicht weil es zu spekulativ ist. Dennoch ist es reichhaltig und schärft die Sinne für imaginäres Hören. Einerseits scheint es zu sehr von unserer Vorstellungskraft abhängig zu sein, andererseits könnten unsere augenblicklich monströsen akustischen Erfahrungen in Richtung Stille, Zwischentöne und Raumerfahrungen sensibilisiert werden. Und dann ließen sich Bruce Naumans *Concrete Tape Recorder Piece* mit dem in Beton gegossenen Endlosloop eines Schreis auf einem Tonbandgerät oder der leere, weiße Raum aus dem gleichen Jahr, in dem die Stimme des Künstlers immer wieder »Get out of my mind, get out of this room!« flüstert, als eine radikale Forcierung des Hörraums durch das Leise begreifen, auf die uns die Akustikbilder von Renaissance und Barock vorbereiten.

Literatur

Block, R., Dombois, L., Hertling, N., Volkmann, B. (1980). Für Augen und Ohren. Von der Spieluhr zum akustischen Environment. Ausstellungskatalog Akademie der Künste, Berlin.

Frings, G. (1999). Giorgiones Ländliches Konzert. Darstellung der Musik als künstlerisches Programm in der venezianischen Malerei der Renaissance. Berlin: Gebr. Mann.

Glasmeier, M. (2001). Dipingere la musica. Musik in der Malerei des 16. Und 17. Jahrhunderts. Ausstellungskatalog Kunsthistorisches Museum Wien.

Glasmeier, M. (2002). John Cage, Marcel Duchamp und eine Kunstgeschichte des Geräuschs. In B. Schulz (Hrsg.), Resonanzen, Resonances. Aspekte der Klangkunst, Aspects of Sound Art (S. 49–69). Ausstellungskatalog Stadtgalerie Saarbrücken.

Groos, U. (1996). Ars Musica in Venedig im 16. Jahrhundert. Hildesheim: Georg Olms.

Klein, R. (1996). Gestalt und Gedanke. Zur Kunst und Theorie der Renaissance. Berlin: Wagenbach.

Phillips, R. (1998). Musik der Bilder. Von der Frühzeit bis zur Gegenwart. München u. a.: Prestel.

FOCUS & ECHO 5

Mit: Steven Connor und Michael Glasmeier
Moderation: Ute Thon

Frage aus dem Publikum:

Die erste Frage geht an Herrn Glasmeier. Sie sprechen über den Perspektivraum, der durch die Leere im Raum Stille evoziert. Stille ist jedoch eine Utopie, die nicht mehr hörbar ist, sobald Hörende anwesend sind. Ist somit der gemalte Raum, dadurch dass der Raum nie gehört werden kann, praktisch die Verbildlichung der Utopie?

Glasmeier:

Na ja, nicht jeder gemalte leere Raum ist ein Hörraum. Er ist auch manchmal einfach nur leer, aber er ermöglicht in gewisser Weise dieses imaginierende Hören. Es kommt aber darauf an, ob er eine Geschichte erzählt, ob wir quasi durch die Räume hindurchschreiten, bis wir glauben, durch diese weit offen stehende Tür hineinsehen zu können. Oder ob sich eine Geschichte beispielsweise aus bestimmten Gegenständen entwickelt.

Das fällt Ihnen wahrscheinlich nie auf, dass zum Beispiel die Stillleben der holländischen Malerei – so gigantisch zelebrierte Gegenstände auf Silberplatten mit tollsten Früchten und Fischen – immer auf der Kippe sind. Dass also diese vordere Platte immer gefährlich nah an den Abgrund kommt, sodass das Ganze auch hinunterfallen könnte. Das heißt also, dass es auch ein Geräusch geben könnte, wenn man die Zeit weiterverfolgt. Es ist für mich nicht nur ein Memento mori oder ein Gleichgewicht-Suchen. Das Künstlerduo Fischli/Weiss sagt dazu, dass das Gleichgewicht am schönsten ist, kurz bevor es zusammenbricht. Genau das hat etwas mit Akustik zu tun.

Frage aus dem Publikum:

Die nächste Frage möchte ich Herrn Connor stellen. Sie sprachen über die Leere und die Nichtexistenz, und ich habe mich gefragt, wie wir umgeben sind von unsichtbaren und ungesehenen Dingen, denen wir Namen geben. Das heißt, durch unsere Sprache machen wir sie erfahrbar, und plötzlich werden sie Teil unserer Existenz. Worin besteht die Faszination, Leere oder Nichtexistenz erfahrbar zu machen? Was denken Sie?

Connor:

Nun, ich kann Ihnen nur zustimmen, dass darin eine Faszination liegt. Als wir Daphne Oram zugehört haben, gab es einen Moment, in dem sie sagte: »Ist es nicht wundervoll, wenn die Maschine ›laaa‹ anstatt ›mouw‹ macht?« Es hat etwas mit dem Trieb kleiner Kinder zu tun, die ganze Welt, wie sie vor ihnen liegt, in den Mund zu nehmen. Dazu kommt dieses Gefühl, dass der Mund in einer Weise das ist, was Alain Turing die *Universalmaschine* genannt hat. Es müsste eine akustische Universalmaschine sein, die es uns erlaubt, die Welt nicht nur zu bezeichnen, sondern sie zu imitieren, zu reproduzieren, eine kleine Echokammer der ganzen Welt gewissermaßen. Das war genau, worauf ich hinauswollte: Das Gefühl, dass Sprache diese Dimension hat, eine geradezu gierige und simulative. Es ist fast, als wollte dieser Mund die gesamte Welt des Geräuschs schlucken. Ich bin mir nicht ganz sicher, ob das so stimmt, aber ich bin froh, daran erinnert worden zu sein, vielen Dank!

Frage aus dem Publikum:

Meine Frage richtet sich an Herrn Glasmeier: Ich bin Ihrer Meinung, dass man umso mehr die Ohren spitzt, je stiller es ist. Bei den gezeigten Bildbeispielen sah man das sehr schön: Aufgeblätterte Seiten etwa evozieren Wind im Raum. Je mehr die Sinne also bis an die Schmerzgrenze anästhesiert werden, wird das Diskriminierungsvermögen des Organs gesteigert. Was ich allerdings eine kleine Falle finde – was natürlich am Medium der Malerei liegt – ist, dass man Leere wirklich mit Stille assoziiert. So wie man auch Blendung mit Lärm assoziieren würde, die beiden Extreme der Überflutung und des sinnlichen Entzugs. Ich glaube, das Tolle ist, wenn man diesen wunderbaren Text von Aristoteles über *De anima* liest – von dem wir auch alle irgendwie auszugehen scheinen –, dann wird einem klar, dass sich jeder Sinn eigentlich auf wunderbare Weise *ganz* fühlt, weil er seine ihm eigenen Grenzen mit den ihm eigenen Mitteln fühlt. Ich möchte also behaupten, Stille fühlt sich immer noch akustisch an und wird zwar anders, aber ähnlich schmerzhaft wahrgenommen wie große Leere. Genauso wie die Blendung des Auges sich anders anfühlt als großer Lärm. Es gibt also eine Verwandtschaft, aber es gibt auch eine Differenz. Und das ist das Tolle an Sinnlichkeit überhaupt, dass nichts empfindlicher sein kann als die Sinnlichkeit, aber auch nichts unempfindlicher sein kann als die eigene Sinnlichkeit. Mit anderen Worten, es ist wunderbar, dass ein Mensch, dem ein Sinn fehlt, keine Schmerzen hat. Er weiß nicht, was ihm fehlt, weil jeder Sinn die ihm eigenen Grenzen mit den ihm eigenen Mitteln kennt. Und es wäre falsch zu meinen, dass die Synästhesie darüber hinwegretten würde, dass man von dem einen Sinn über den anderen aufgeklärt würde. Also, ich wollte Sie einfach fragen, wie sie dazu stehen. Und ich denke, es liegt natürlich an dem besonderen Medium der Malerei, zu deren Leistungen es ja gehört, dass sie uns immer auch die Erfahrung von Stille abverlangt.

Glasmeier:

Ich habe über dieses Problem nachgedacht, aber quasi mit Mitteln der Malerei. Zum Beispiel sind die Bilder von Brueghel, die Feste schildern, unglaublich laute Bilder. Da lärmt es an allen Ecken und Enden. Und für mich war immer die Frage, warum wir da das Lärmen nicht empfinden, warum das für uns im Grunde so platt ist, nicht dreidimensional, nicht tönend. Und warum empfinde ich – das ist ja auch eine subjektive Frage – gerade bei solchen Bildern, wie ich sie eben gezeigt habe, etwas Akustisches? Ich glaube, es ist schon diese Stille. Und zwar, weil die Stille sich durch diesen Perspektivraum zeigt. Der Perspektivraum hat eben die Möglichkeit, Weiten zu zeigen und damit atmosphärische Dimensionen einzuschieben. Und in diesen atmosphärischen Dimensionen – also zwischen dem Blick des Hofmanns und der Scham der Venus –, in diesen Entfernungen findet auch Zeit im Bild statt. Zeit, die wir auch haben, wenn wir von oben nach unten oder von links nach rechts oder wo auch immer gucken.

Ich bin damit überhaupt noch nicht fertig. Ich habe mich gefragt, wie eigentlich das Verhältnis von Zeit im Bild und meiner Zeit als Betrachter ist. Mit diesem Verhältnis spielt auch Duchamp mit seinen Maschinen. Können wir dieses Verhältnis auch auf alte Kunst anwenden? Gibt es da solche? Und wenn man dann genau diese Perspektivlinien nachzieht, dann verkörpert sich aber in diesen Linien, die wir ja eigentlich gar nicht sehen, diese Zeit. Wie gesagt, ich bin da am Ball.

ART SLAM Heiner Goebbels: In der Hauptrolle Sound – über Wahrnehmungsformen in den Darstellenden Künsten

Wie hören wir Worte? Wie hören wir Geräusche? Wie hören wir Musik? Mit diesen Fragen führte Heiner Goebbels seine Collage aus früheren Arbeiten ein. Auf dem Symposium präsentierte er sich mit seiner Theorie-Performance *In der Hauptrolle Sound/Starring: Sound*. In dieser Performance flicht er theoretische Fragen seines Arbeitsprozesses in die Präsentation mit ein, z. B. die Frage der Priorität von Seh- und Hörsinn (die sich in seiner eigenen künstlerischen Biographie widerspiegelt als allmähliche Hinwendung vom Theaterstück zum Hörspiel). Welche Gewichtung hat Text, hat Geräusch, hat Musik? Welches Verhältnis hat die Theorie Goebbels' im Verhältnis zu seinen eigenen Hörstücken, die – oft nach Texten von Heiner Müller – selbst eine gewisse Textlastigkeit aufweisen?

Die Grenzen zwischen Theaterstück und Hörstück verschwimmen bei Heiner Goebbels: Seine Arbeit mäandert zwischen der Inszenierung im Raum und der Konzentration auf eine Hör-Welt. Dominiert das Gesehene oder das Gehörte? Heiner Goebbels' Hybrid aus Theorie, fertigem Stück und philosophischer Auseinandersetzung regt zum eigenen Nachdenken an.

Franziska Vogel

PANEL Theater/Tanz/Performance: Wenn Körper und Klang erzählen

Wenn der Körper im Raum gemeinsam mit dem Sound »erzählt«, eröffnet das andere und neue Narrationsebenen. Die Teilnehmer des Panels erkunden den »Body in Motion and Sound« als Narrathem, als die kleinste erzählerische Einheit – oder vielleicht die größte?

Gaby Hartel und Marie-Luise Goerke

Mit: Andreas Ammer, Doris Kolesch, Reinhild Hoffmann und Kirsten Astrup
Moderation: Ute Thon

Moderatorin:

Als Erstes möchte ich die Panelisten vorstellen:

Neben mir sitzt Reinhild Hoffmann. Sie ist eine Pionierin des deutschen Tanztheaters, ausgebildet an der Folkwangschule und gründete ein eigenes Ensemble in Bremen, mit dem sie später nach Bochum ging. Sie ist Choreographin, Tänzerin und hat eine neue Sprache des Tanzes entwickelt, bei der es darum geht, dass Tanz nicht unbedingt eine Narration benötigt oder Emotionen nachtanzt, sondern eine eigene Form der Darstellung ist und sich die Bewegung vielleicht auch aus dem Raum, aus dem Klang und aus dem Körper selbst entwickelt. Dazu wird sie uns nachher hoffentlich noch einiges erzählen.

Dann ist Andreas Ammer hier. Er ist TV- und Radioautor und bekannt für seinen kreativen Einsatz von Geräuschen, Musik und Sprache. Seine Hörspiele, die er selbst produziert, werden auch als »tanzende Hörspiele« bezeichnet. Er hat etwas subversivere Historienopern inszeniert, mit *FM Einheit,* einem Mitglied von den *Einstürzenden Neubauten,* gearbeitet und auch schon mal eine ziemlich große Fußballoper mit der Bayerischen Staatsoper und mit Texten von Karl Valentin inszeniert. Außerdem ist er Karl-Valentin-Experte. Und was man vielleicht noch sagen sollte, um die Popularität von Andreas Ammer anzusprechen: Er ist auch der Realisator des ARD-Literaturmagazins *Druckfrisch* mit Dennis Scheck, das eine enorme Breitenwirkung erzielt.

Und dann haben wir Doris Kolesch bei uns. Doris Kolesch ist Literatur- und Theaterwissenschaftlerin, Professorin für Theaterwissenschaft an der FU Berlin. Sie ist Expertin für Stimme als performatives Phänomen und arbeitet an verschiedenen Forschungsprojekten, zu denen wir gleich noch kommen werden.

Auf unserer Bühne ist auch die Künstlerin und Performerin Kirsten Astrup, die musikbasierte, kunst- und ortsbezogene Installationen macht. Sie hat unter anderem eine Arbeit realisiert, die uns wieder in den Kreis des Radiomachens zurückführt, nämlich eine Reihe von Porträts einiger Freunde. Sie hat analoges Radio aufgenommen und daraus Tapes gemacht – vielleicht erklärst du uns das lieber selbst. Ich fand an dieser Arbeit interessant, dass es eigentlich sehr einfach klingt, es steckt keine unglaublich komplexe Technik dahinter. Wir haben aber etwas, das jemanden aus einer ganz anderen Generation, der nicht mehr notwendigerweise Radio hört und sich mit diesem analogen Medium beschäftigt, in eine ganz andere Dimension holt. Vielleicht erzählst du uns ein bisschen über diese Arbeit und warum du gerade auf Radio gekommen bist, als du Freunde von dir porträtieren wolltest.

Astrup:

Ich glaube, es begann, als ich anfing zu studieren. Ich habe Film- und Medienwissenschaften in Kopenhagen und Berlin studiert, und uns wurde beigebracht, wie man Fernseh- und Radiosendungen sowie Filme produziert. Ich hatte allerdings erhebliche Schwierigkeiten mit diesem öffentlichen Mythos, dass die Massenmedien objektiv seien. Mir wurde zunehmend klar, dass die Massenmedien tatsächlich sehr subjektiv sind, sowohl in der Produktion wie auch in der Rezeption. Nach der Universität ging ich auf die Kunsthochschule und fing an, Kunstwerke zu machen, in denen die subjektive Wahrnehmung von Geräuschen im Fokus stand. Ich glaube, das ist der Grund, warum es für mich natürlich war, mit dem Radio anzufangen und mich mit der Art und Weise zu beschäftigen, wie wir Geräusche wahrnehmen und was das für die Bilder bedeutet, die dabei in unserem Kopf erschaffen werden. Also habe ich diese Radiocollagen gemacht, die du angesprochen hast. Und dann habe ich sie in Videocollagen übersetzt, indem ich die einzelnen Klänge untersucht habe. Ich habe mich bei jedem einzelnen Klang gefragt, welches Bild er in dieser Sekunde in mir erzeugt, und dann dieses Bild oder Video online gesucht und daraus eine Videocollage gemacht. Später habe ich diese Collagen in Live-Situationen gemacht. Aber das ist ein anderes Feld, und ich weiß nicht, ob wir da jetzt einsteigen sollten.

Moderatorin:

Ja, es ist interessant zu sehen, dass hier Radio quasi als Reservoir genutzt wird, um zu einem ganz anderen Ergebnis zu kommen. Das heißt, die Stimme oder was immer du aufgezeichnet hast, war nicht mehr inhaltlich interessant, sondern es sollte vielleicht eher eine Stimmung rübergebracht werden.

Das bringt mich zu einer anderen Frage. Frau Kolesch, Sie haben ein Forschungsprojekt, in dem sie sich mit den Eigenschaften der Stimme beschäftigen und damit, dass Stimme ebenfalls mehr ist als nur ein Träger von Informationen, also ein Medium, das Stimmungen erzeugt. Vielleicht können Sie uns darüber ein bisschen erzählen.

Kolesch:

Ich kann da sehr schön an das anschließen, was Heiner Goebbels sagte: Es ist interessant, dass auch die Theaterwissenschaft sich sehr lange nicht mit der Stimme beschäftigt hat, obwohl Stimme und Körper ja zu ihren wesentlichen Medien gehören. Und ich denke, in den Künsten beobachten wir eben nicht nur die Hybridisierungen in der Nachkriegszeit, sondern wir beobachten auch – und das geht jetzt ein bisschen gegen das Programm, wie es hier im Programmheft geschrieben ist –, dass die Stimme nicht mehr Träger der Narration ist. Denn im klassischen psychologischen Theater sollte die Stimme zwar gestützt sein und bis in die letzte Reihe gut klingen, aber sie sollte eigentlich verschwinden, um das Gesagte rüberzubringen. Und da wird in den letzten Jahrzehnten in der Kunst die Eigenwertigkeit der Stimme als Material oder als Skulptur entdeckt und wirklich geschmeckt und entfaltet. Das ist der eine Punkt, mit dem wir uns beschäftigen.

Das andere ist eben – und insofern würde ich auch immer sehr stark zwischen menschlicher Stimme und Sound oder Geräuschen unterscheiden –, dass ich glaube, dass die menschliche Stimme einen ganz anderen Appellcharakter als zum Beispiel ein Geräusch hat und dass bei Geräuschen zwar auch Orientierungs- und Stimmungsfunktionen vorhanden sind, aber dass die menschliche Stimme ein Band zu der oder dem anderen stiftet. Und wie dann diese Relation gestaltet ist, ist sehr unterschiedlich, aber ich kann mich diesem Band nicht so entziehen, wie ich das beispielsweise im Visuellen kann. Insofern ist es mir in diesen Projekten wichtig, dass wir auf den *Visual Turn*, der ja jetzt in der Kunstgeschichte sehr breit entfaltet ist, immer wieder aufmerksam machen, nämlich dass der Mensch ein Wesen ist, das gesellige Sinne hat. Wir hören niemals nur und wir sehen niemals nur, sondern die Sinne funktionieren immer zusammen. Damit meine ich nicht die Synästhesie, sondern wirklich diese Geselligkeit der Sinne, sodass wir Phänomene einfach nicht adäquat beschreiben, wenn wir uns nur auf das Visuelle oder nur auf das Akustische verlegen. Sondern wir müssen immer dieses Zusammenspiel im Auge behalten.

Diese Veranstaltung ist ja auch ein Beispiel dafür, dass sich allein in den letzten zehn Jahren die Sensibilität für diese akustischen und auch audiovisuellen Dimensionen enorm verstärkt hat, was meines Erachtens auch mit der Veränderung der technischen Medien zu tun hat. Die Stimme ist ja der Sinn, der als spätester Sinn, verglichen mit dem Sehsinn oder anderen, technisch armiert wurde. Wir haben aber inzwischen technische Medien, die so etwas wie eine »sekundäre Oralität«, also eine technische Form der Mündlichkeit, erzeugen. Das führt meines Erachtens auch dazu, dass wir jetzt verstärkt Dimensionen der Stimme in den Künsten und auch im Alltag erleben und in der Wissenschaft reflektieren, auf die wir bislang nicht so aufmerksam waren.

Moderatorin:

Das finde ich spannend, das Stichwort »Stimme muss nicht mehr unbedingt die Narration tragen«. Das führt mich zu Frau Hoffmann, weil Sie sich als Choreographin und Tänzerin per se nicht unbedingt mit Stimme als Träger von Narration beschäftigen. Auf der anderen Seite fragt man sich, ob für Sie im Tanz Stimme auch ein wichtiges Element ist. Oder ob man sagen kann, dass man, wenn man sich beim Tanz etwas Neues überlegt, nicht notwendigerweise an Stimme denkt, weil Tänzer ja eigentlich stumm sind. Ist es aber vielleicht etwas, worüber man in Ihrem Bereich nachgedacht hat, dass Stimme auch beim Tanz eine Rolle spielen könnte?

Hoffmann:

Ja, also ich habe mich, glaube ich, immer mit diesem Verhältnis von akustischer Aktion oder Tanz und Musik auseinandergesetzt, weil es immer etwas Visuelles und gleichzeitig etwas Akustisches ist. Und wenn man beides aufnehmen muss, beeinflusst sich das gegenseitig, also das Akustische beeinflusst das Sehen und umgekehrt. Insofern habe ich immer versucht oder gesagt: »Choreographie ist stumme Musik« –, weil sie mit den gleichen Gesetzmäßigkeiten arbeitet wie Musik. Denn Zeit und Energie sind die Hauptelemente.

Sobald ich Musik dazunehme, ist es schon etwas anderes. Und allein ist es einfach diese Stille, die da ist, die aber gleichzeitig die Chance gibt, dass man eventuell Musik hören könnte, zumindest einen dynamischen Vorgang hören könnte.

Ich bin eine Generation, in der es verboten war, dass ein Tänzer spricht. Es fing mit Pina Bausch an, die sich erlaubte, dass die Tänzer nach vorne an die Rampe gingen und sagten: »Ich heiße so und so und komme da und da her« oder irgendeinen Witz erzählten. Und plötzlich war das Eis gebrochen, dass ein Tänzer überhaupt wagt, auf der Bühne zu sprechen. Das ist etwas, wo auch der Tänzer als Person etwas über sich sagen kann.

Aber wenn man Texte nehmen oder mit Lauten arbeiten würde, ist es sehr viel komplizierter. Mit Lauten wäre es wie eine musikalische Komposition. Mit anderen Texten muss man ein Handwerk haben. Wirklich geschriebene Texte sind dem Schauspieler vorbehalten. Ich habe mich auch immer ein bisschen zurückgehalten, weil ich dachte, dass es dem Tanz das Geheimnis nimmt, wenn ich jetzt anfange zu sprechen. Denn der Tänzer hat etwas – gerade durch seine Sprache als Ausdruck des Tanzes. Wenn er dann dazu spricht, wird eigentlich das, was er an Künstlichkeit auch hat, das Geheimnis in sich, weggenommen. Plötzlich ist er die Privatperson. Und das hat mich oft einfach nicht interessiert.

Aber ich habe Tänze kreiert, in denen ich mit akustischen Ereignissen gearbeitet habe. Ich habe mir zum Beispiel drei Meter lange Bretter auf den Rücken geschnallt und diese Bretter konnte man wie eine Schere verschieben. Ich konnte mich auf dem Boden rollen und auf einem Holzboden richtig starke akustische Geräusche machen, oder ich konnte aufstampfen. Es war aber immer wieder die Stille und dann wieder Geräusche. Und das Gleiche habe ich mit Steinen gemacht, indem ich Steinschleudern an meinen Körper gebunden habe, sodass es, wenn ich mich gedreht, auf den Boden geschmissen habe und weitergerollt bin, wie ein Steingeröll war. Also ein unglaubliches Geräusch, was mir sehr viel Spaß gemacht hat, das zu wagen und damit umzugehen.

Und noch einmal zur Stimme, wenn ich das hinzufügen darf: Ich arbeite auch seit vielen Jahren mit Sängern. Und auch da versuche ich, dass Aktionen, Gestik und Gesang in einem Verhältnis stehen, dass es sich nicht dauernd tautologisch bedient.

Moderatorin:

Mal richtig Geräusche und auch Krach machen! Das gibt mir das Stichwort für Sie, Herr Ammer. Sie sind sicher nicht nur, aber auch bekannt für Hörspiele oder Produktionen, in denen es auch mal richtig kracht und richtig laut ist. Und da wir uns jetzt hier in einem Umfeld bewegen, in dem man auch immer wieder die Frage stellt, wie Hörkunst heute noch sein kann oder wie Hörspiele sein können, an Sie die Frage: Bringt es eigentlich nur noch etwas, wenn man in jeder Hinsicht richtig aufdreht, also sowohl was das Thema als auch was die Soundeffekte angeht?

Ammer:

Ja, das hängt von der Sozialisation ab. Ich bin in lauten Konzerten groß geworden und dann habe ich es, wenn ich auf der Bühne etwas mache, auch mal wieder ganz gerne laut. Mir schwirrt so ein bisschen der Kopf auf diesem Panel, ich weiß gar nicht wieso.

Bevor ich jetzt auch erzähle, was ich mache – alle anderen machen hier so wunderschöne Sachen –, wollte ich kurz noch einmal auf vorhin zurückkommen, was mir gerade auffiel, als Herr Goebbels geredet hat: Es war ein wunderbares Lehrbeispiel – sozusagen sein Auftritt –, was es Schönes gibt und was der Mangel ist am Höheren, an solchen Aktionen. Nämlich als Herr Goebbels sein Stück

La Jalousie vorspielte. Was passiert? Alle Leute starren gebannt auf dieses einzige Wort »La Jalousie«. Wenn man etwas hört, fehlt sofort etwas. Man möchte irgendwie jemanden tanzen sehen, man möchte jemanden, der einem dazu etwas erklärt.

Oder andersrum, als wir plötzlich etwas gesehen haben, nämlich dieses wunderbare Stück *Max Black,* ging es los mit einem Geräusch. Geräusche sind ja komischerweise eigentlich sehr unsemantisch. Wir reden ja die ganze Zeit über Geräusche und tun so, als ob sie etwas erzählen. Sie erzählen überhaupt nichts. Man hat es in dem Moment gemerkt, als Herr Goebbels bei dem ersten Geräusch sagte: »Jetzt ist es eine Espressokanne.« Man hätte das nie irgendwie klar machen können, dass es eine Espressokanne ist, sondern man braucht sofort die Erklärung dazu.

Und durch diese beiden Sachen bin ich noch einmal darauf gekommen, was eigentlich passiert, wenn wir hier die ganze Zeit so über Geräusche und Sprache reden. Es wird ja immerzu ein Raum geschaffen, es ist ja immerzu etwas am Entstehen.

Und jetzt darf ich auch noch einmal etwas erzählen, was ich selber gemacht habe: Als wir das erste Hörspiel mal live auf der Bühne aufführten, war es sehr laut: Die Leute haben schon so dagesessen *(hält sich die Ohren zu),* aber es war eben mit *FM Einheit* von den *Einstürzenden Neubauten* und musste laut sein. Es war ein Hörspiel über den Weltuntergang. Nun hat der Weltuntergang, soweit wir wissen – sonst würden wir fünf nicht hier oben und Sie nicht da unten sitzen –, nicht stattgefunden. Also der Weltuntergang existiert schlichtweg nicht. Das heißt, aus diesem Raum »Es gibt nichts« wurde uns durch das Buch, also die Bibel, zum ersten Mal von der Apokalypse erzählt. Zweites Stadium war, dass in der Bibel auch etwas fehlt, wenn man das bloß in diesem stummen Schriftmedium hat. Da kommen dann zum Beispiel so komische Sachen raus wie, dass der eine Mensch ein Buch isst, durch irgendeinen Übersetzungsfehler. Das hat überhaupt keinen Sinn, aber es steht immer noch in allen Bibeln, dass »in the end he ate the book«. Albrecht Dürer hat's dann mal gemalt.

Auch da hat sozusagen noch etwas gefehlt und dann habe ich nochmal ein Hörspiel draus gemacht. Und in dem Hörspiel dachte ich mir, es ist vielleicht – ähnlich wie es bei Goebbels ist mit dem Wort »La Jalousie« – dieses nicht existente Ereignis, mit dem es irgendwann mal losgeht. Es entsteht trotzdem etwas im Hörspiel, das man plötzlich vor Augen hat, obwohl man es nicht gesehen hat.

Aber trotzdem fehlte mir beim Hörspiel irgendwie ein Körper, und dann dachte ich, dann gehen wir live auf die Bühne und fügen diesen fehlenden Körper auf der Bühne hinzu – auch dann, wenn wir es nur im Radio live übertragen. Und dazu passt die Anekdote, dass die ersten Hörspiele produziert wurden: live – mit der Rüstung im Studio, sozusagen um diesem fehlenden Körper des Mediums einen Körper hinten dazu zu verleihen. Man könnte auch dazu tanzen. Ich würde auch gerne zu Hörspielen tanzen.

Thomas Meinecke ist übrigens auch da, der seinen durchaus voluminösen Körper seinen Hörspielen hinzufügt und dem Ganzen dadurch doch irgendwie Gewicht verschafft. Also da passiert dann plötzlich etwas, wenn es nicht mehr die Stimmen sind, die irgendwie aus dem Nichts von leeren Nachrichtenkanälen zu uns durchbrechen.

Moderatorin:

Ja, das ist interessant, dass Sie diesen Vortrag von Heiner Goebbels erwähnen und diese paradoxe Situation, dass wir zwar hier die ganze Zeit über Sound und Stimme und die Wichtigkeit von Stimme und auch den unglaublichen Reichtum, den uns das bietet, und die Wirkung, die das entfacht, reden. Dass wir aber tatsächlich hier sitzen, und sobald etwas hinter uns als visuelles Medium an die Wand geworfen wird, starren wir darauf und konzentrieren uns nicht unbedingt auf das, was vielleicht wichtig ist, was aus den Lautsprechern kommt oder was der Mensch, der uns etwas erzählen will, sagt.

Ammer:

Nun ja, die Frage ist, was wichtig ist. Alexander Kluge hat mal versucht, die Geräusche zu zählen, die wir wahrnehmen können. Er kam auf eine wahnsinnig große Zahl. Er lügt natürlich. Aber die akustische Wahrnehmungskraft, die Differenzierungskraft ist unglaublich viel höher, was das Ohr betrifft. Eine alte Lehre, ich glaube, da können Sie mir, Frau Kolesch, helfen: Wir können sehr viel mehr Nuancen wahrnehmen. Wenn ich hier etwas exaltiert rede, um mich hier gegen vier Frauen durchzusetzen, da kommt ganz viel rüber, was in der Schrift nicht vorhanden ist, was wir mit dem Ohr aber wahrnehmen könnten. Es würde jetzt, glaube ich, auch verstanden werden, wenn man mich hier nicht im karierten Hemd sähe.

Kolesch:

Vor allem, glaube ich, haben wir überhaupt kein Bewusstsein für die Historizität unseres Sprechens und Hörens. Wir haben uns also inzwischen daran gewöhnt, dass zum Beispiel die Augen durch die Brillen armiert sind und so weiter. Wir nehmen Landschaft, die wir sehen, seit der Perspektive und seit wir mit Zügen und Flugzeugen durch die Welt reisen, anders wahr. Aber komischerweise denken wir immer, die Leute vor 200 Jahren hätten genauso gesprochen wie wir und sie hätten genauso gehört wie wir. Das ist natürlich Blödsinn. Wir sprechen heute anders als vor 100 Jahren. Wir können das natürlich schwer rekonstruieren, aber wir sprechen auch aufgrund bestimmter Medien und aufgrund bestimmter Techniken, mit denen wir umgehen. Und ich glaube, man muss auch sagen, dass wir immer so auf das Bild starren, ist ja keine Naturgegebenheit. Das machen wir in unserer Kultur so.

Und wenn ich mir als Kulturhistorikerin alte Quellen angucke, dann wird vom Hören und Sehen im Theater gesprochen. Da war es im 17. und 18. Jahrhundert viel wichtiger, zunächst die Ohren aufzumachen. Und dann hat man auch noch ein bisschen geguckt, gesehen hat man eh nicht viel. Also sind das auch Konventionen, die sich entwickelt haben. Und dass wir eine Konvention haben, wie sich Publikum zu verhalten hat; dass wir einen dunklen Raum haben und so weiter, das ist ja erst eine Konvention seit Wagner, wo sich angeblich alles auf der Bühne konzentriert. Das sind keine natürlichen physiologischen Voraussetzungen, sondern nur eingespielte Konventionen.

Ammer:

Zu denen natürlich immer auch das Medium gehört. Sie kennen sicher die berühmten Aufnahmen von Kaiser Wilhelm, den man sich einfach nur brüllend vorstellen kann. Wahrscheinlich hat er auch normal geredet, aber er musste so laut in das Grammophon reinschreien, bis was drauf war. Deshalb ist der Erste Weltkrieg uns nur schreiend in Erinnerung. Adolf Hitler schrie auch tendenziell eher. Das muss Helmut Schmidt nicht mehr, der kann jetzt auch ein bisschen nuscheln.

Moderatorin:

Also ich würde Ihnen, Frau Kolesch, da folgen, dass man vor 200 Jahren wahrscheinlich anders gesehen hat und auch anders gehört. Meinen Sie, dass man auch physiologisch gesehen anders gehört hat oder dass einfach die Geräuschwelt eine andere war?

Kolesch:

Wir haben dazu Erkenntnisse. Ich will es jetzt nicht mit einem Beispiel von vor 200 Jahren erklären, aber mit einem schönen Beispiel, bei dem wir ganz harte, messbare Fakten haben, was ja in unserer zunehmend naturwissenschaftlichen Welt der letzte Ankerpunkt ist: Wir wissen zum Beispiel, dass Frauen in Deutschland heute deutlich dunkler und tiefer sprechen als noch vor zwanzig Jahren. Und das hat nichts mit der Physiologie, sondern damit zu tun, dass wir Emanzipationsbewegungen haben, dass wir zum Beispiel Frauen wie Anne Will oder Marietta Slomka im Fernsehen haben, die deutlich unter ihrer Nulllinie sprechen, das heißt, die ihre Stimme künstlich drücken.

Was damit zu tun hat, dass man offenbar bestimmte Klischees hat. Es gibt ja ganz extreme Stimmklischees. Wir haben bei Steven Connor ganz spannend von den Phantasmen der Stimme gehört. Zum Beispiel die tiefe Stimme des Märchenonkels, des greisen, alten, weisen Mannes: Die Stimmen älterer Personen gehen physiologisch hoch, also ist das ein Phantasma. Denn wir haben die tiefe, dunkle Stimme der Autorität. Und insofern haben wir ganz viele Frauen in öffentlichen Positionen, auch Politikerinnen, die sehr dunkel sprechen. Wir wissen heute, dass inzwischen bei den Stimmmedizinern sehr viele junge Frauen mit Knötchen in den Stimmebändern erscheinen, weil sie versuchen, diese tieferen Stimmlagen zu imitieren. Und natürlich hören wir heute auch anders, seit wir zum Beispiel schnellere Schnitte oder diese technischen Geräusche, wie das Apple-Geräusch, was es vorher nicht gab, kennen. Da, würde ich sagen, gibt es Indizien.

Hoffmann:

Asiatinnen, finde ich, haben immer eine hohe Stimme.

Kolesch:

Ja, das hat Steve Connor auch gesagt. Wer Fremdsprachen spricht, weiß das: Die Stimme und auch das Hören sind eben niemals nur ein natürliches Medium. In jeder Sprache ist auch die eigene Stimme eine andere. Also Amerikanerinnen sprechen tendenziell höher. Und wenn ich jetzt zum Beispiel Französisch sprechen würde, wäre meine Stimme eine andere, weil die französische Sprache sozusagen eine andere Lautkultur hat. Und darum kräht der Hahn im Französischen »Cocorico« und im Deutschen »Kikeriki«, auch wenn es derselbe Hahn ist, der dann im Elsass mal nach da und mal nach da kräht.

Das ist auch das Spannende, dass die Stimme so ein Zwischenphänomen ist. Wo wir in der ganzen Kulturgeschichte einerseits unsere Phantasmen von der Lebendigkeit haben, also der erste Schrei des Neugeborenen, dieses vermeintlich Ungestaltete und auch Nichtartifizielle. Und zugleich ist die Stimme natürlich vollkommen durchdrungen von Kulturtechniken. Wer Kinder hat, kennt das, gerade wenn sie älter sind: Man ruft bei jemandem an und weiß dann nicht, ob es jetzt die ist, die ich sprechen will, oder ist es die Tochter, die plötzlich genauso spricht. Oder wir kennen das in der Wissenschaft, wenn man plötzlich Schüler so sprechen hört wie den verehrten Meister. Auch die Stimme ist da durch und durch geformt. Und das ist eben, was ich glaube: dass wir für den visuellen Körper inzwischen ein ganz anderes Bewusstsein haben als für den akustischen und stimmlichen Körper.

Hoffmann:

Darf ich etwas fragen? Kirsten Astrup hat mir vorhin erzählt, dass sie in ihren Arbeiten mit Masken und mit verschiedenen Charakteren arbeitet und sie auch alle selbst spielt. Verstellen Sie auch die Stimme?

Astrup:

Ich wechsle zwischen sechs Sprachen, wobei sich jeweils die Tiefe meiner Stimme ändert.

Hoffmann:

Ja, weil es verschiedene Sprachen sind.

Astrup:

Ja, es gibt zum Beispiel einen Charakter, der ganz viel schimpft.

Frage aus dem Publikum:

Spricht er Deutsch?

Astrup:

Nein, Dänisch. Aber der dänische Charakter ist eine aufgedrehte Person, die laut herumschreit und alle aus der Galerie wirft. Nachher bitte ich sie wieder herein und dann bin ich eine Person, beinahe nackt, und ich flüstere fast, singe ein Lied über die Männer.

Moderatorin:

Um jetzt noch mal zurückzukommen auf den Einsatz von Stimme in der Bildenden Kunst, auch weil wir während des Symposiums schon darüber gesprochen haben *(wendet sich an Astrup):* Ich hatte dich gefragt, warum du genau dieses Medium wählst. Du benutzt ja verschiedene Elemente – die klassischen schon mal nicht, sagen wir mal Pinsel und Leinwand, aber performative – zum Beispiel Schauspiel, wenn du in verschiedenen Personen auftrittst.

Welchen Stellenwert hat für dich in deiner Arbeit dieses Einsetzen von Stimme oder Dialogen. Ist das vielleicht ein besserer Weg, um zu Leuten durchzudringen, als wenn du ein Bild malen würdest? Ich weiß nicht, ob du jemals daran gedacht hast, Bilder zu malen, die still an der Wand hängen. Wie bist du zu dieser Form von einem hybriden Kunstbegriff gekommen?

Astrup:

Ich finde zeitgenössische Kunst oft ziemlich langweilig. Damit mache mir hier vielleicht Feinde, aber als ich mit Videokunst angefangen habe, hatte ich immer ein komisches Gefühl: Man macht ein Video, hat einen *White Cube* und drückt »play«, eine Projektion erscheint und man weiß nicht, was passieren wird. Oft, wenn ich in Ausstellungen gehe, fehlt mir etwas. Ich habe einen musikalischen Hintergrund, als Kind und Teenager spielte ich auf einem sehr hohen Niveau. Nachdem ich für ein paar Jahre auf der Bühne gespielt hatte, vermisste ich diesen Kontakt zum Publikum und diese Präsenz. Das war auch ein Grund, warum ich die Collagen gemacht habe, über die hier gesprochen wurde. Ich habe dieselbe Struktur verwendet, sie aber übersetzt, sodass es live war.

Ich habe beispielsweise auch eine Art Kabarett gemacht: Dazu komponierte ich sechs Lieder aus sechs unterschiedlichen Genres in sechs unterschiedlichen Sprachen. Nachdem ich die Lieder geschrieben hatte, habe ich sie mir angeschaut und versucht, herauszufinden, welche Charaktere solche Lieder singen würden. Also bekam ich sechs verschiedene Charaktere und mit diesen habe ich dann Kabarett gemacht.

Ammer:

Es gefällt mir, wie Sie von Ihrer Arbeit erzählen, es ist, als ob Sie damit ein eigenes Kunstwerk entstehen lassen, direkt hier im Raum. Genau das ist gerade passiert.

Astrup:

Das ist die Herausforderung.

Ammer:

Aber das ist das, was Sprache kann.

Astrup:

Ja, manchmal.

Ammer:

Ich glaube, immer! Man kann ein Gemälde erzählen, ohne das Gemälde zu sehen. Ein Gemälde musikalisch zu vertonen – da gehe ich mit Kandinsky –, das hat nicht so funktioniert. Aber ich glaube, dass es möglich ist, dass es sozusagen das Alleinstellungsmerkmal von uns Wunderkindern der Schöpfung ist, die so etwas eben machen können, die etwas hier in den Raum stellen, und es sehen 100 Leute vor sich und können sich ungefähr vorstellen, wie es funktioniert, ohne dass es überhaupt hier ist.

Astrup:

Ein Märchen.

Frage aus dem Publikum:

Eine Frage, die sich wahrscheinlich jetzt an die Künstler richten könnte: Zu Beginn des Symposiums hat Peter Weibel vom Radio als demokratischem und expansivem Medium gesprochen. Wie und mit welcher Konsequenz stehen Sie zu dieser Beobachtung?

Ammer:

Radio ist das totalitärste Medium, das es überhaupt gibt! Das können wir allein davon lernen, dass der Zweite Weltkrieg allein ein Radio-Weltkrieg war. Alles, was im Weltkrieg vermittelt wurde, wurde über das Radio vermittelt. Der Volksempfänger war sozusagen das Mobilmachungsinstrument schlechthin. Es gibt heute so viele Privatradios, das ja fast jeder irgendwie auf Sendung gehen kann, mag, will. Es ist ja ganz einfach geworden, es ist auch sehr schön. Zeigt halt bloß leider, wie oft Demokratie in der Kunst zu einer gewissen Verflachung führt. Ich bin der absolut entgegengesetzten Meinung, bin aber auch der Meinung, dass ein bisschen Diktatur in der Kunst durchaus manchmal sein kann, muss, auch wenn wir laut auf der Bühne sind und das Publikum keinerlei Möglichkeit mehr hat zu reagieren. Es kann ja rausgehen. Das ist heutzutage das Schöne an der Demokratie, man kann das Radio auch wieder ausmachen, das konnte man im »Dritten Reich« nicht so richtig.

Frage aus dem Publikum:

Das heißt, Sie würden das Radio auch totalitär bedient haben in Ihren Hörspielen?

Ammer:

Es ist das klassische Einbahnstraßen-Ding. Das hat Brecht irgendwann mal gehofft, dass man genauso, wie man aus einem Lautsprecher rausbrüllt, auch in ihn reinbrüllen kann. Es hat sich schnell herausgestellt, dass das eine idealistische Hoffnung war und dass es leider nie funktioniert hat: Als nächstes kam Hitler.

Hoffmann:

Vielleicht hat er aber auch gemeint, dass das Radio einem eine gewisse Freiheit lässt: Man kann es hören und kann gleichzeitig ganz andere Dinge tun. Und wenn man das Hörspiel hört, hat man seine eigenen Bilder. Also ist man nicht gezwungen, nun hier zu sitzen und das anzuschauen und zu hören.

Kolesch:

Aber es scheint mir doch eine Aussage da zu sein, der ich sehr kritisch gegen-überstehe – ein gerade auch im Bereich der Sound-Studies und der Stimmfor-schung zu charakterisierender Zug –, nämlich dass die Stimme oder auch das Akustische immer zu einer besseren Welt gemacht werden. Es gibt entweder diese ganz kritischen Sound-ökologischen Personen, die nur über Lärm forschen und wie schlimm er ist. Oder es ist irgendwie so, dass, wenn wir jetzt achtsa-mer sind gegenüber der Stimme und Geräuschen, dann sind wir bessere Men-schen, das ist irgendwie die bessere ethische Welt. Davon halte ich gar nichts. Also Hören und Hörigkeit und der Gehorsam und die Macht der Stimme und auch die Ohnmacht des Sprechenden und auch die Macht des Publikums und so weiter, das gehört genauso dazu. Das ist also nicht immer nur dieser Gutmen-schenteil im Stimmlichen. Und es ist auch nicht so, dass man sagt, das sehende ist das alte kartesianische Subjekt – und das hörende ist jetzt, dass wir dann mit-einander in Relation sind. Das ist, glaube ich, so ein bisschen diese Bewertung, die in diesem Satz noch drinsteht, den man aber natürlich so ausdeuten kann, dass man sagt, wie Reinhild Hoffmann, dass wir halt dabei abwaschen können, wenn wir Radio hören, oder rausgehen.

Ammer:

Das ist interessant, man kann ja, wenn Musik spielt, schon tanzen, das ist sozu-sagen die Teilhabe. Aber das Schöne an der Musik ist ja auch, der Beat steht im Club fünf Minuten, und nach fünf Minuten sind alle so. Und das ist das Schöne an der Musik, deshalb geht man in den Club, weil man sich nach fünf Minuten der Musik sozusagen totalitär unterworfen hat.

Hoffmann:

Ich tanze meistens nicht nach der Musik, sondern ich höre sie entweder ganz konzentriert oder ich hole mir im Radio Information. Und Information ist das Radio auch, das finde ich das Gute. Das ist vielleicht ein Vorteil, wenn man den richtigen Sender hört.

Ammer:

Es könnte sein, dass wir ein bisschen unterschiedliche Erfahrungswelten haben oder vielleicht auch unterschiedliche Sender hören.

Astrup:

Ich möchte dem noch etwas hinzufügen: Ich glaube, in diesem Kontext ist das Fernsehen weit problematischer. Ich glaube, jeder hat schon mal versucht, mit geschlossenen Augen fernzusehen. Ich finde es absolut furchtbar, wie wir durch Klänge emotional manipuliert werden, einfach, weil Klänge unsichtbar sind. Sie denken, Sie schauen sich irgendeinen blöden Actionfilm an, und bemerken plötzlich, dass es die Nachrichten sind. Wenn das visuell passieren würde, Helikopter und kleine Männchen, die über den Bildschirm krabbeln, würden wir es nie akzeptieren. Und nur weil Klänge unsichtbar sind, passieren da so viele Dinge. Ich halte das für wesentlich problematischer, weil wir emotional kontrolliert werden und unsere Wahrnehmung der Dinge, die hinter den Vorhängen passieren, auch kontrolliert wird.

Frage aus dem Publikum:

Vorhin, als die Frage gekommen ist: »Meinen Sie, dass wir heute anders hören?«, ist geantwortet worden, dass wir anders sprechen als früher. Ich würde gerne noch mal auf diese Frage zurückkommen, weil ich das sehr essenziell für das Thema hier finde. Es gibt auch Untersuchungen, dass zum Beispiel Neugeborene ein viel breiteres Wahrnehmungsspektrum im Akustischen haben als ein paar Monate später, wenn sie sich sozusagen in den Bedeutungstransport der Muttersprache einarbeiten. Und was ich ganz interessant finde in diesem Zusammenhang, wenn man sich jetzt zum Beispiel die Schule anguckt: Da gibt es immer noch den Musik- und den Kunstunterricht. Da hat man sozusagen auf der einen Seite die Akustik, das ist dann die Musik, die ist strukturiert und so und so gestaltet. Und dann gibt es die Bildende Kunst, und da lernt man zu sehen. Das ist zwar im Musikunterricht auch noch so, aber es ist wirklich auf die musikalische Struktur beschränkt, und was im Radio möglich ist und vielleicht auch in ganz anderen Unterrichtsformen möglich sein könnte, ist, dass man neue Wahrnehmungsräume auch im Akustischen fördert. Das ist aber wirklich wenig der Fall, und ich fände das eine tolle Aufgabe, sich auch in diese Richtung zu bewegen.

Kolesch:

Also bei Letzterem stimme ich Ihnen vollkommen zu. Weshalb ich sagte, wir sprechen anders, ist, weil ich ja sage, dass Hören und Sprechen zusammengehören. Das heißt, unser Hören ist ja nicht einfach irgendwie gestaltet, sondern gestaltet sich an dem Gehörten. Und ich würde daher Stimme auch immer als gehörte Stimme konzeptualisieren. Die Stimme als solche gibt es nicht. Wenn ich über Stimme sprechen kann oder wenn ich Stimme wahrnehme, ist es eine gehörte Stimme, egal ob meine oder jetzt Ihre. Und was Sie sagten, das mit den Neugeborenen, das stimmt. Das hat zum Beispiel damit zu tun, wenn ich jetzt eine afrikanische Sprache mit einem Knacklaut lernen würde, dann könnte ich diese Sprache bald nicht mehr adäquat sprechen, weil wir nach acht Monaten sozusagen das Fenster verlieren, diese Laute genau zu hören. Also, wenn wir nicht Sprecher und Sprecherinnen haben, die uns genau diese Laute vorsagen, verlieren wir die Fähigkeit, diese Laute exakt zu hören, und damit – und das hat mit dem Mimetischen des Sprechens zu tun – die Fähigkeit, diese Laute exakt zu reproduzieren. Also hat es nichts mit den Bedeutungen zu tun, sondern: Wenn wir nicht mit bestimmten Geräuschen beschallt werden, dann verliert unser Ohr irgendwann die Fähigkeit, diese Geräusche auch wirklich genau wahrzunehmen und zu reproduzieren.

Ammer:

Also was ich von hier oben wirklich mitnehme, ist der Gedanke, dass sich das Hören in den letzten 200 Jahren verändert hat. Mir ist auch sofort ein Beispiel eingefallen: Man müsste sich jetzt mal einen Menschen des 19. Jahrhunderts oder sagen wir Mitte des 20. Jahrhunderts in einem modernen Supermarkt vorstellen, in dem wir uns angewöhnt haben, die Ohren zu verschließen. Aber wahrscheinlich würde, ich gehe mal davon aus, jeder Mensch des mittleren 20. Jahrhunderts hören, dass in diesem Supermarkt Musik spielt. Er würde hineingehen und fragen, wieso die hier Musik spielen. Wir gehen da rein und hören keine Musik mehr.

Hoffmann:

Das frage ich mich jetzt schon. Bereits im Hotel beim Frühstück: warum?

Ammer:

Das sind Hörgeschichten, die uns wirklich passieren.

Kolesch:

Da kommen wir auch schon in den Bereich des Spekulativen. Aber es gibt durchaus Evidenz: Es gibt ja immer diese kulturkritische These, dass die Welt immer lauter wird und immer schneller und so weiter. Schneller wird sie ja vielleicht. Ich bin mir unsicher, ob die Welt zum Beispiel lauter geworden ist, also wenn man sich mal Paris oder London des 18. oder 19. Jahrhunderts anguckt, das war ein Lärmen, ein Schreien und ein Toben. Dagegen sind die heutigen Straßenbahnen und Autos und Züge und so weiter leise. Also, da müssen wir auch mit bestimmten Klischees aufräumen. Aber, wie gesagt, das ist das Schwierige, dass es niemals direkt historisch über die Stimme oder über das Akustische zu forschen gelingt, eigentlich eben immer nur indirekt.

Das ist auch etwas, was mich sehr interessiert. Ich glaube, wenn wir eine Theatergeschichte des Hörens schreiben könnten, und wir fangen da jetzt an, etwas auszuprobieren, müssten wir bestimmte Selbstverständlichkeiten der Theatergeschichte, die bis heute gelten, umschreiben. Wenn man sich zum Beispiel mit Shakespeares Theater beschäftigt. Da haben wir diesen schönen Nachbau, das »Globe« in London. Wer da mal Erfahrungen gemacht hat, der merkt ganz klar, dass Legionen von Theaterwissenschaftlern offenbar Schwachsinn erzählt haben mit bestimmten Überlegungen zu diesem Theater, die rein aufgrund von Bauplänen, von Skizzen und von visuellen Eindrücken gemacht worden waren. Das Absurde ist ja, dass wir bis heute über das Akustische im Visuellen forschen. Also was machen die Akustiker? Die machen Frequenzanalysen, werfen einen Graph von der Stimme oder dem Aufgenommenen an die Wand, obwohl, wie Andreas Ammer sagte, die Frequenzen und auch die Fähigkeit des Gehörs, Schichtungen differenziert zu verorten, weit höher sind als das, was sozusagen das Visuelle, bei uns das Auge, kann. Da müssten wir, glaube ich, auch Techniken mit akustischen und hörenden Methoden entwickeln, um uns diese Phänomene zu erschließen.

Sounds in Public Spaces: Ausweitung der Hörzone

Nachdem die Gestaltung des öffentlichen Raums durch Klang lange Zeit im Windschatten der Aufmerksamkeit lag, ist das Thema endlich in Kunst, Stadtplanung, Wissenschaft und Werbung angekommen. Der dritte Tag des Symposiums stellt Fragen nach Wirkung, Möglichkeiten und Mehrwert von Sound-Design unserer Umgebung: Was sind das für Räume, die akustisch gestaltet werden oder gestaltet werden sollen? Wollen wir überhaupt in designten Klanglandschaften leben? Was geschieht mit uns, unserem Befinden und unseren Erinnerungen, wenn das Geräusch im Alltag bearbeitet wird?

Und vor allem: Gibt es überhaupt eine Kategorie des »schönen Geräuschs«, die allgemeinverbindlich ist? Künstler, Sound-Designer und Kulturwissenschaftler begeben sich in diese ausgeweitete Hörzone und präsentieren uns ihre Sicht auf den Gegenstand.

Gaby Hartel und Marie-Luise Goerke

KEYNOTE Thomas Macho: Geräusche im öffentlichen Raum

1.

Unsere Welt ist keine leise Welt. Weder die sogenannte Natur noch die öffentlichen Räume der Städte sind still, vielmehr ist die Welt in den vergangenen Jahrhunderten immer lauter geworden. In seiner vielzitierten Studie *The Tuning of the World* von 1977, die den Begriff der »Soundscapes« prägte, konstatierte der kanadische Komponist Raymond Murray Schafer, die industrielle Revolution habe »eine Vielfalt neuer Laute« mit sich gebracht, »und zwar mit unglücklichen Folgen für viele natürliche und menschliche Laute, die übertönt wurden. Diese Entwicklung wurde ausgeweitet, als die elektronische Revolution neue, eigene Wirkungen hinzufügte und Geräte für die Bündelung von Lauten einführte und dadurch diesen über Zeit und Raum hinweg eine verstärkte oder vervielfältigte Existenz gab. Heute leidet die Welt an Lautüberflutung; es gibt so viele akustische Informationen, dass nur wenige davon deutlich wahrzunehmen sind« (Schafer, 1988, S. 97). Schafer sprach von einer »Lo-fi-Sphäre«, die seit dem frühen 18. Jahrhundert entstanden sei. Ihre Verbreitungsgeschichte lasse sich leicht einer Liste der technischen Erfindungen entnehmen, die zur akustischen Revolution der Moderne beigetragen haben: Nähmaschinen (1711), Trambahnen auf Gusseisenschienen (1738), Pressluftzylinder (1761), Bohrmaschinen (1774), Webmaschinen (1785), Dreschmaschinen (1788), Telegraphen (1793), Hydraulikpressen (1796), Drehbänke (1797). Diese Maschinen haben den wirklichen Klang der Welt – nicht jenen Sound, von dem die Neopythagoreer träumten (vgl. Berendt, 1983) – entscheidend beeinflusst: »Ein Blick auf die Lautstärke einer repräsentativen Auswahl moderner Maschinen genügt, um zu zeigen, wo die Zentren der Macht in der modernen Welt liegen«: von der Dampfmaschine (85 dBA) bis zur startenden Rakete (160 dBA) (Schafer, 1988, S. 104).

Zugleich ist die Welt aber nicht nur lauter, sondern auch immer musikalischer geworden: als könnten sich die Menschen vor dem zunehmenden Lärm, vor der Bedrohung durch akustische Innovationen, nur durch ohrenfreundliche Gegenklänge schützen. Selbst die alltäglichsten Lebenssituationen wurden inzwischen einer musikalischen Begleitung unterworfen. »Wer morgens sein Haus verlässt, hat bereits die erste Intensiv-Beschallung durch das Radio hinter sich, vielleicht weil er nur die Verkehrsdurchsagen oder die Nachrichten hören wollte. Der Radiowecker eröffnet den Tag, Musik ertönt beim Wecken, Rasieren, Frühstücken. Musik unterbricht die Morgenmagazine, erklingt immer dann, wenn der Sprechende gerade nichts zu sagen hat. Im Auto wird weiter Musik gehört, schon des möglichen Staus auf dem Altstadtring wegen und der

Warnung vor ihm, oder auch nur, weil es zur Gewohnheit geworden ist und fest zum Ablauf des Alltags gehört, vielleicht aber auch, weil wir uns einbilden, auf diese Weise munter zu werden. […] Musik dudelt im Büro, in den Werkshallen, in den Kantinen, auf den Toiletten. Sie begleitet uns in Supermärkten, beim Einkaufen in Passagen, in Kaufhäusern, ertönt in öffentlichen Verkehrsmitteln und soll die Angst vorm Fliegen nehmen. Musik während der Dauerwelle beim Friseur, Musik, wenn der Zahnarzt zum Bohrer greift, Musik in nahezu allen Restaurants. Musik auf den Straßen, im Schwimmbad, im Stadion während der Halbzeitpause. […] Und abends geht es dann in Bars, in Discos, in Stammkneipen oder auf Partys – überall Musik. Musik findet in Konzertsälen und in der Oper statt, sonntags in der Kirche und täglich rund um die Uhr im Rundfunk – Musik bis zum frühen Morgen. Ravels ›Bolero‹ als Tonleiter des Liebeslebens. Musik dröhnt aus den riesigen HiFi-Anlagen in der eigenen Wohnung, und wenn nicht, dann beglücken uns die niedrigen Frequenzen vom Nachbarn durch die hellhörigen Wände« (Liedtke, 1988, S. 7).

Die technischen Revolutionen der Neuzeit haben uns zwar in eine laute Welt gestürzt; aber sie haben uns zugleich die Möglichkeit eröffnet, die akustischen Strapazen durch die Bildung musikalischer Ornamente zu verringern. Mit sublimer Gewaltsamkeit wird der zeitgenössische Lärmpegel, die permanente Gefährdung der Synchronisierung eines Hörens nach innen und nach draußen, durch Musikalisierung neutralisiert. So »wird von Passanten zunehmend als ›normal‹ empfunden, dass die Stereo-Anlage eines vorüberrasenden Automobils vollends dessen eigentliches Fahrgeräusch noch überdröhnt« (Metzger, 1983, S. 307). Als Walter Benjamin die möglichen Konsequenzen der technischen Reproduzierbarkeit von Kunstwerken darzustellen versuchte, konzentrierte er sich auf die Bildenden Künste, Literatur und Film. Seiner These vom »Auraverlust« des Kunstwerks ließe sich freilich durchaus widersprechen: Gerade der Sammler Benjamin wusste genau, dass die perfekte Reproduzierbarkeit von Gemälden und Büchern den Wert der Originale, Handschriften und Erstdrucke nicht senkt, sondern steigert. Erst der Film fungiert dagegen als eine neue Kunstgattung, deren Wirkung auf die konstitutive – eben nicht nachträgliche – Auslöschung der Differenz zwischen Original und Kopie zurückgeführt werden kann. Einzig die Geschichte der Musik hat Benjamins These bestätigt. Der Verlust jener auratischen Singularität, die einer bestimmten, unwiederholbaren musikalischen Aufführung zukommt, wurde schon durch die Erfindung des Grammophons und der Schallplatte bewirkt. Im digitalen Zeitalter können wir erst recht – so oft wir wollen, vor allem aber wo wir wollen – hören, wie ein längst verstorbener Virtuose, sei es Jimi Hendrix oder Glenn Gould, ein musikalisches Kunstwerk spielt oder interpretiert; die Aufführungen sind gleichsam zeitlos und kontextneutral geworden.

2.

Öffentliche Räume werden heute freilich nicht nur durch Maschinenlärm oder dessen musikalische Begleitung definiert, sondern zunehmend auch durch akustische Signale. Noch vor wenigen Jahren genügten Ampeln, Verkehrszeichen oder Rand- und Spurmarkierungen, um den Straßenverkehr zu regeln. Neuerdings klopfen die Ampeln für Blinde, Fahrstreifen kreischen, wenn sie überfahren werden, und viele Autos piepen den Abstand zu anderen Objekten, was das Einparken und Manövrieren in engen Straßen erleichtern soll. Zumeist zeigen akustische Signale irgendeine Anwesenheit an. So wie Vögel zwitschern: Da bin ich, und hier verlaufen die Grenzen meines Reviers, hupen die Autos, pfeifen die Züge und klingeln die Straßenbahnen. Anders als in Deutschland werden in manchen Metropolen – etwa in New York – Hupkonzerte als kollektive Existenznachweise veranstaltet: Ich hupe, also bin ich. Auf dem Flughafen von Newark verschaffen sich die Fahrer elektrischer Gepäckwägen die nötige Aufmerksamkeit, indem sie Hupgeräusche imitieren: »Beep, beep!« Ein Alarm wird immer seltener optisch signalisiert: Effektiver als rote Absperrungen oder Leuchtraketen sind an- und abschwellende Sirenen oder andere laute, erschreckende Geräuschsequenzen. Dieser Wandel wurde zwar durch Sound-technische Innovationen ermöglicht; doch beruht er auf schlichten, evolutionär tief eingewurzelten Faktoren: Augen können geschlossen werden, Ohren dagegen nicht, und kein visueller Effekt ist so erschreckend wie ein lauter Knall oder ein schriller Schrei. Horrorfilme ohne Ton oder Geisterbahnen ohne Geräuscheffekte wirken zuverlässig albern. Die öffentlichen Räume der Gegenwart gleichen allmählich dem Signalregime einer Intensivstation: Lebensfunktionen werden in vielfältige akustische Signale übersetzt; und die berüchtigte *Flatline* reüssiert – etwa in zeitgenössischen elektronischen Kompositionen oder TV-Serien – als Sound, nicht als die visuelle Anzeige, auf die ihr Name eigentlich verweist. Die Alarmsignale auf einer Intensivstation erinnern daran, dass öffentliche Räume vorrangig durch die Soundscapes der Gefahren und Warnungen strukturiert werden.

Akustische Signale fungieren häufig metakommunikativ. Ein Handy meldet einen Anruf. Eine SMS kündigt mit einem frei wählbaren Geräusch oder Klang an, dass eine Botschaft zugestellt wurde. Ein Sender teilt einem Empfänger mit, dass er ihm eine Nachricht geschickt hat oder zu schicken beabsichtigt. Er übermittelt also ein metakommunikatives Signal, dessen Funktion einzig und allein darin besteht, die eigentliche Kommunikation zu avisieren. Der Zwang zur Metakommunikation kann sogar Rundfunk und Fernsehen erfassen: Im Katastrophenfall fahren Polizeistreifen mit Sirenen und Megaphonen durch die Straßen, um die Bürger aufzufordern, ihre Radio- und Fernsehgeräte einzuschalten. Wir kennen viele Beispiele solcher Metakommunikationsstrategien; sie kommunizieren schlicht und einfach, dass kommuniziert wird oder kommuniziert werden soll. Im intimen Bereich sind es Blicke, verliebte oder zornige Gesten, die ein Gegenüber einladen oder sogar zwingen können, sich auf ein Liebes- oder Streitgespräch einzulassen. Doch überall, wo nicht klar ist, an welchem Ort sich die potenziellen Kommunikationspartner aufhalten, sind laute akustische Zeichen effektiver. Metakommunikative Signale sind darum so wichtig, weil sie dazu beitragen, direkte durch indirekte Kommunikation zu ersetzen. Auch in der direkten Kommunikation *face-to-face* sind die Signale, dass wir einander hören und wahrnehmen, dass wir auch etwas zum Gespräch beitragen wollen, dass wir einverstanden oder nicht einverstanden sind mit dem Gesagten, unverzichtbar. Doch werden diese Signale durch kurze Interjektionen (mhm, ja, nicht wahr, oder), Laute der Zustimmung oder des Widerspruchs – fast unmerklich – ausgetauscht. Erst die Etablierung indirekter Kommunikationsordnungen, die Abwesenheit der Autoritäten, das Fehlen der Befehlenden, zwingt zur Ausarbeitung komplexer metakommunikativer Codes. Seit dem Spätmittelalter waren die Stadtbewohner daran gewöhnt, verschiedene Glockensignale zu beachten: Während die Kirchenglocken den Beginn, den Höhepunkt oder das Ende der Kommunikation mit Gott markierten, riefen Gemeindeglocken zu gemeinsamer Beratung, die Werkglocken verkündeten den Arbeitsbeginn oder Feierabend, und die Schmiedeglocken priesen das Ende der Lärmbelästigung durch Handwerker. Wein- oder Bierglocken läuteten die Sperrstunde ein, Zinsglocken mahnten die säumigen Steuerzahler, Marktglocken erklangen bei der Öffnung und Schließung des Marktes, Totenglocken bei einer Bestattung (vgl. Wendorff, 1980, 144 f.; Corbin, 1995).

Beispiele zur Geschichte der akustischen Signale, die als metakommunikative Codes fungieren, lassen sich leicht finden: Ein Klingeln ruft die Kinder zur Bescherung unter den Weihnachtsbaum. Ein Gongschlag eröffnet die nächste Runde im Boxring. Pausenzeiten in der Schule oder in der Oper werden ebenso akustisch markiert wie der – mit drei Hammerschlägen – vollzogene Abschluss einer Auktion. Und auch die Konditionierungsexperimente des russischen Physiologen (und Nobelpreisträgers für Medizin von 1904) Ivan Petrovic Pawlow operierten mit akustischen Signalen: Die Hunde ließen sich rasch daran gewöhnen, dass ein bestimmter Klingelton die Fütterung ankündigte und ihren Speichelfluss vermehrte. Pawlow studierte an seinen Hunden, was bereits seit Jahrhunderten – unter Menschen wie Haustieren – bestens funktioniert hat: die akustische Abrichtung. Sie bedarf nicht zwingend einer semantischen Interpretation. »Der Befehl ist älter als die Sprache«, bemerkte Canetti in *Masse und*

Macht (1993, S. 357), »sonst könnten die Hunde ihn nicht verstehen. Das Dressieren von Tieren beruht eben darauf, dass sie, ohne eine Sprache zu kennen, begreifen lernen, was man von ihnen will.« So hat sich das Leibniz-Institut für die Biologie landwirtschaftlicher Nutztiere in Dummerstorf jahrelang mit der Intelligenz von Schweinen beschäftigt und dabei herausgefunden, dass die klugen Tiere bei konventioneller Haltung unter Langeweile und Unterforderung leiden. In Erweiterung der Konditionierungsstrategien Pawlows haben die Forscher ein System entwickelt, nach dessen Maßgabe jedem einzelnen Schwein – eingeübt durch *Trial and Error* – ein individuelles Tonsignal zugeordnet wird, das es als sein persönliches erkennt. Wenn der eigens konstruierte »Ton-Schalter-Futterautomat« seine Tonfolge zu einer unvorhersehbaren Zeit spielt, kommt das angesprochene Schwein als einziges zum Automaten und muss mit seinem Rüssel mehrmals auf einen Schalter drücken, um die maximale Futtermenge zu bekommen. Diese Belohnung der Aufmerksamkeit und Lernfähigkeit von Schweinen, gaben die Wissenschaftler 2005 bekannt, stärke das Immunsystem der Tiere und damit ihr Wohlbefinden und ihre Gesundheit – was zuletzt auch die Qualität des Schweinefleisches steigern soll.

3.

Was für Hunde und Schweine gilt, wurde auch an uns selbst praktiziert und eingeübt. »Die Befehlsempfänger, denen am gründlichsten mitgespielt wird, sind Kinder. Dass sie unter der Last von Befehlen nicht zusammenbrechen, dass sie das Treiben ihrer Erzieher überleben, erscheint wie ein Wunder. Dass sie es alles, nicht weniger grausam als jene, später an ihre eigenen Kinder weitergeben, ist so natürlich wie Beißen und Sprechen« (Canetti, 1993, S. 360). Befehle sind metakommunikative, akustische Signale, die dem Sprechen vorausgehen, doch folgt ihnen gewöhnlich keine kommunikative Verständigung, sondern schlicht eine Tat. Auch darum haben sich akustische Zeichen eingebürgert, die den Befehl ankündigen: Der Herr klingelt dem Diener, um eine Anordnung erteilen zu können, und die Mobiltelefone klingeln, um bedient zu werden. »Men have become the tools of their tools«, »Der Mensch ist zum Werkzeug seiner Werkzeuge geworden«, heißt es in Thoreaus *Walden* (1971, S. 48). Zwar werden Glocken und Klingeln inzwischen selten benötigt, doch leben wir in akustischen Signalräumen, in denen alle Akteure des gesellschaftlichen Lebens nicht nur über Bankverbindungen, Versicherungsnummern, PIN-Codes und Identitätsnachweise verfügen, sondern – wie die Schweine in Dummerstorf – auch über individuelle Jingles. Die Geschichte der Handys könnte – unter Bezug auf den Begriff der »nomadischen Objekte« (nach Jacques Attali, 1992, S. 97–100) –

geradezu als Geschichte der Jingles erzählt werden: Denn erst die Individualisierung der Signale erzeugt den Schein der Versöhnung zwischen direkter und indirekter Kommunikation. Keine Abwesenheit muss mehr ertragen werden, kein Fehlen der befehlenden Autorität. Im Zeitalter digitaler Kommunikation können Briefe wie Telefonate die körperliche Gleichzeitigkeit der Kommunikationspartner erfolgreich simulieren: das Gesicht als Repräsentation eines gesichtslosen Mediums.

Mit der Personalisierung akustischer Signale hat das Telefon jene metakommunikativen Funktionen vermehrt, die schon im 13. Jahrhundert postuliert wurden: im Kontext der Anrufungen guter oder böser Geister, die damals zu den üblichen Experimental- und Praxisfeldern eines Gelehrten gehörten. Zwar ging es beispielsweise im *Heptameron* des Pietro d'Abano (1250–1316), eines Philosophen und Arztes, noch um die Anrufung von Engeln. Aber die Techniken der Evokation wurden nach vergleichsweise rationalen Prinzipien organisiert: einerseits nach den Regeln der Zeitmessung – den Tagesstunden und Wochentagen, den Planeten und Jahreszeiten wurden jeweils Engel zugewiesen –, andererseits nach Maßgabe der metakommunikativen Unterscheidung zwischen den eigentlich gemeinten Engeln und den Engeln der Luft, den ätherischen »Medien-Engeln«, die (wie die späteren Telefonistinnen) eine Verbindung herstellen sollten. Die »angelos aeri dominantes in die illo, in quo facit opus seu experimentum« mussten in jenen magischen Kreisen oder Quadraten benannt werden, die einem modernen Ziffernblock (mit seinen Wähltönen) entfernt ähnlich sehen und sich mühelos als Codierungen des angerufenen Kontakts interpretieren lassen. Schließlich kam alles darauf an, den zuständigen Engel im richtigen Moment – und keinen Dämon – zu erreichen. Minimiert werden sollte das Risiko, den gewünschten Engel zu verfehlen oder falsch verbunden zu werden. Nebenbei bemerkt: Die Techniken der Codierung bestimmter Adressen waren so leicht verwechselbar mit den Operationen der schwarzen Magie, dass etwa die *Steganographia* des Abtes Johannes Trithemius (1462–1516) – ein codierter Traktat über die Künste der Codierung – ab 1609 auf den *Index librorum prohibitorum* gesetzt wurde (Culianu, 2001, S. 235–253).

In einem Raum universeller akustischer Adressierbarkeit könnte leicht in Vergessenheit geraten, dass Stille, Aufmerksamkeit und Seelenruhe einst zu den wichtigsten Zielen religiöser oder philosophischer Praktiken zählten. In diesem Sinne wusste beispielsweise John Cage, dass die Stille keine Repräsentation der Leere oder eines Abgrunds bildet, sondern vielmehr den Boden, auf dem sich Aufmerksamkeit entfalten kann. Als Cage sein berühmtes Stück *Vier Minuten und dreiunddreißig Sekunden* komponierte – ein Stück, in dem während drei Zeitabschnitten, die durch das Öffnen und Schließen eines Klavierdeckels abge grenzt werden, kein einziger Ton erklingt – wollte er nicht die Stille propagieren. Ganz im Gegenteil: »Die meisten Leute haben das Wesentliche nicht begriffen. Es gibt keine Stille. Das, was man (bei meinem Stück 4'33") als Stille empfand, war voller zufälliger Geräusche – was die Zuhörer nicht begriffen, weil sie kein Gehör dafür hatten. Während des ersten Satzes (bei der Premiere) konnte man draußen den Wind heulen hören. Im zweiten Satz prasselte der Regen aufs Dach, und während des dritten machte das Publikum allerhand interessante Geräusche, indem sie sich unterhielten oder hinausgingen« Kostelanetz (1989, S. 63). Nicht die Stille sei das Ziel, sondern die Aufmerksamkeit. In der Begegnung mit den weißen Bildern entwickelt sie ein neues Sehen, ein neues Hören, wie es Botho Strauß in einigen Fragmenten über *Sigé,* den alten Aion des Schweigens, darzustellen versucht hat. »Zwischen den Fingern das kaum hörbare Fauchen des ergriffenen Geckos, ein unendlich zartes Gebrüll aus der Welt der Stille, aus der Welt der anderen Eile. Miniatur des Drachens, der Feuer spie, sein kleiner, ausgebrannter, tonloser Rachen. Todesangst treibt die Stille über die äußerste Grenze zum Laut. Irgendwann ganz leise, aus dunkelster Entfernung, aus Chaos fast, brüllt auch der Baum. So wie Licht zu uns dringt aus maßlosem Einst, erreicht uns der Schall aus den Urgründen der Stille, aus der Wahnzeit der Dinge, und selbst der Stein umschließt einen heiseren Hauch. Auch er ist aus Stimme verwittert« (Strauß, 1989, S. 35).

4.

In der Idealisierung der Seelenruhe, des inneren Friedens und einer aufmerksamen Stille verkörpert sich kein romantischer Eskapismus, sondern ein eminenter Fortschritt der Gattungsgeschichte. Denn vor dem Zeitalter der Weisheitslehren, das seit wenig mehr als zweitausendfünfhundert Jahren zur Übung von Kontemplation anleitet, herrschte eine Epoche buchstäblicher Besessenheit. Zwar haben die Menschen – als Jäger und Sammlerinnen – lange Zeit ohne komplizierte Zugehörigkeitsregeln, Eigentumsordnungen und Ahnenkulte gelebt. Doch mit dem Übergang zur Sesshaftigkeit, mit dem Aufbau von Städten und der damit verbundenen Einführung vertikaler, anonymer und indirekter Kommunikationsordnungen, wurde die Erfahrung vertieft, dass die meisten Menschen einem fremden und mächtigen Wesen gehören: einem Gott, einem König, einer sakralen Autorität. Ab diesem Zeitpunkt bedeutete »gehören« nicht mehr bloß zu- oder anzugehören, sondern zu gehorchen: ein Ohr verschenkt zu haben, den Weisungen verinnerlichter Stimmen zu folgen. Diese Stimmen vertraten den Ahnengott, den Priesterkönig, den Gesetzgeber und Herrscher. Sie mussten in die Seelen versenkt werden, um die konkrete Abwesenheit der idealisierten

Anführer zu kompensieren. Abwesend waren die göttlichen Herrscher nicht nur aufgrund des extremen Abstands, der zwischen ihnen und der Gesellschaft eingerichtet werden musste; abwesend waren sie vor allem als Gestorbene. Die vertikale, hierarchisch gegliederte und nach genealogischen Kriterien organisierte Gesellschaft wurde im Namen von Toten regiert: Besessenheit folgte der Logik des Abstammungsprinzips, dieser Auferstehung der Toten im Bewusstsein der Lebenden.

Unter Berufung auf zahlreiche Quellentexte – insbesondere die homerische *Ilias* – hat der Neuropsychologe Julian Jaynes die Hypothese entwickelt, dass der Bewusstseinshorizont der frühen Stadtkulturen von halluzinierten Stimmen strukturiert wurde. In den Köpfen der Menschen hätten sich direkt und unverstellt die Autoritäten ihrer gestorbenen Ahnen, Clangötter und Priesterkönige zu Wort gemeldet. Was in der modernen Psychiatrie als Symptom einer psychotischen Störung qualifiziert werde, sei noch vor wenigen Jahrtausenden der Normalfall gewesen. Am Beispiel der *Ilias* lasse sich zeigen: Wann immer die Helden des trojanischen Kriegs in Stress und Entscheidungsnot gerieten, befahl ihnen eine göttliche Stimme, was zu tun sei. Die Götterstatuen der theokratischen Hochkulturen fungierten – so behauptet Jaynes (1988, S. 218 ff.) – als »Halluzinationsmedien«. Sie waren Stimmenträger, die Manifestationen innerer, unsichtbarer Sprecher. Besessenheit bildete das faktische Überlebensprinzip der alten Großstädte. Ein inzwischen verstummtes Sprachzentrum in der rechten Gehirnhälfte habe als Schutz und Beratungsinstanz gewirkt, als Orientierung und Abwehrmechanismus. Gegen jene alte Unübersichtlichkeit, die mit steigenden Bevölkerungszahlen, mit wachsender Abhängigkeit von ungewissen agrarischen Erträgen und mit dem Verlust nomadischer Freizügigkeit einherging, bildete Besessenheit die soziale Bedingung von Zivilisationsprozessen: eine psychische Organisationsform für »die Kunst des menschlichen Zusammenlebens in Städten von solcher Größe, dass nicht mehr jeder jeden kennt« (S. 185).

Erst die Ausbreitung und Differenzierung der Schrift revolutionierte den frühen Funktionszusammenhang des menschlichen Bewusstseins. Mit der möglichen Objektivation der Götter- und Ahnenstimmen wurde eine neue Bewusstseinsfunktion etabliert, die als inneres Hör- und Zeitbewusstsein, als ein stummes »daimonion«, als jenes »Ich denke, das alle meine Vorstellungen muss begleiten können« (Kant,1968, S. 136/B 132 f.), als der Gottesname aus dem Dornbusch »Ich bin der ›Ich-bin-da‹« *(Exodus 3,14)*, dem Stimmenchaos besessener Geister gegenübertreten konnte. Mit der Entstehung eines lesefähigen, meditationstüchtigen Bewusstseins begannen die Götter und Dämonen zu schweigen. Die alten Stimmen traten in die Kulissen des Bewusstseins zurück, wo sie bis heute – als Assoziationsfetzen, als Gedankensplitter, als Gewissensbisse, hypothetische Imperative und »Ohrwürmer« – herumspuken. Anders gesagt: Das Ideal der Stille ist uns nicht einfach zugefallen. Zahlreiche Generationen haben an seiner Entfaltung und Verfeinerung mitgewirkt. Vielleicht ahnt niemand mehr, was es bedeutet haben mochte, ein ruhiges, schweigsames Zentrum – ein persönliches Herz der Stille – gegen die Ansprüche einer stimmengläubigen, besessenen Welt auszubilden. Erst nachdem die Götter und Dämonen verstummt waren, konnten die Menschen andere Formen sozialer Zugehörigkeit erlernen. Nach Abwerfung der psycho-akustischen Gehorsamsfesseln konnten sie etwa versuchen, einander konzentriert zuzuhören. Die Geschichte der Weisheit ist darum identisch mit der Vorgeschichte der modernen Therapeutik; und die Geschichte der Stille mit der Kultivierung der Aufmerksamkeit.

Literatur

Attali, J. (1992). Millennium. Gewinner und Verlierer in der kommenden Weltordnung. Übersetzt von Bernd Rüther. Düsseldorf u. a.: ECON Verlag.

Berendt, J.-E. (1983). Nada Brahma: Die Welt ist Klang. Frankfurt a. M.: Insel.

Canetti, E. (1993). Masse und Macht. Werke Band III. München u. Wien: Carl Hanser.

Corbin, A. (1995). Die Sprache der Glocken. Ländliche Gefühlskultur und symbolische Ordnung im Frankreich des 19. Jahrhunderts. Übersetzt von Holger Fliessbach. Frankfurt a. M.: S. Fischer.

Culianu, I. P. (2001). Eros und Magie in der Renaissance. Übersetzt von Ferdinand Leopold. Frankfurt a. M. u. Leipzig: Insel.

Jaynes, J. (1988). Der Ursprung des Bewußtseins durch den Zusammenbruch der bikameralen Psyche. Übersetzt von Kurt Neff. Reinbek: Rowohlt.

Kant, I. (1968). Kritik der reinen Vernunft. Werkausgabe Band III. Frankfurt a. M.: Suhrkamp.

Kostelanetz, R. (1989). John Cage im Gespräch zu Musik, Kunst und geistigen Fragen unserer Zeit. Übersetzt von Almuth Carstens und Birger Ollrogge. Köln: DuMont.

Liedtke, R. (1988). Die Vertreibung der Stille. Wie uns das Leben unter der akustischen Glocke um unsere Sinne bringt. München: dtv/Bärenreiter.

Metzger, H.-K. (1983). Zur möglichen Zukunft Weberns. In Anton Webern, Band I. Musik-Konzepte Sonderband (S. 306–315). München: edition text + kritik.

Murray Schafer, R. (1988). Klang und Krach. Eine Kulturgeschichte des Hörens. Übersetzt von Kurt Simon und Eberhard Rathgeb. Herausgegeben von Heiner Boehncke. Frankfurt a. M.: Athenäum.

Strauß, B. (1989). Fragmente der Undeutlichkeit. München u. Wien: Carl Hanser.

Thoreau, H. D. (1971). Walden oder Leben in den Wäldern. Übersetzt von Emma Emmerich und Tatjana Fischer. Zürich: Diogenes.

Wendorff, R. (1980). Zeit und Kultur. Geschichte des Zeitbewußtseins in Europa. Opladen: Westdeutscher Verlag.

RESPONSE Julian Treasure: Prototyping Sounds

Ich habe eine sehr einfache Antwort auf den Vortrag, den wir gerade gehört haben: So ist es! Und eigentlich könnte ich mich jetzt einfach wieder hinsetzen. Aber vielleicht kann ich Ihnen in 15 Minuten noch eine andere Perspektive auf die ganze Sache vermitteln.

Lassen Sie uns kurz über ein Geräusch nachdenken, über das auch Thomas Macho gerade gesprochen hat *(Aufzeichnung von Verkehrslärm startet. Treasure hebt die Stimme, um gehört zu werden.)*: Wir stehen an einer Straßenecke, reden über den Lärm drüber und tun damit so, als wäre er nicht existent. Aber der Lärm existiert, er umgibt uns jederzeit, und die meisten Menschen reagieren, indem sie versuchen, ihn nicht wahrzunehmen, ihn zu unterdrücken. Wir haben uns daran gewöhnt, Lärm zu unterdrücken *(Aufzeichung endet)*.

Der Lärm um uns herum hat einen großen Einfluss auf die Gesellschaft. Ich weiß nicht, ob Sie die Zahlen kennen, die von der WHO veröffentlicht wurden *(zeigt Abbildung: »2 % leiden an erheblich gestörtem Schlaf aufgrund von Verkehrslärm«)*. 2 % der europäischen Gesamtbevölkerung hört sich zuerst nicht nach besonders viel an, bis einem klar wird, dass es um Millionen von Menschen geht, deren Schlaf jede Nacht erheblich durch Verkehrslärm gestört wird. Die WHO schätzt, dass dieser Lärm uns in Europa jedes Jahr eine Million Jahre gesundes Leben kostet.

Ich denke, dass die Beziehung vieler Menschen zu Geräuschen ungefähr so aussieht: *(zeigt Abbildung der Wörter »unconcsious/unbewusst«)*. Wir nehmen sie nicht mehr bewusst wahr. Wir hören noch, hören aber nicht zu, wir unterdrücken den Lärm. Wir haben uns daran gewöhnt, aber trotzdem beeinflussen uns Geräusche auf vier sehr machtvolle Arten und Weisen – und diese vier möchte ich jetzt mit Ihnen besprechen:

(Geräusch eines Weckers ist zu hören) Das war einigermaßen sanft, oft ist es wesentlich brutaler. Das hier ist wie ein kleiner Stoß Cortisol, Ihr »Fight-Flight/Kampf-oder-Flucht«-Hormon. So etwas bewirken plötzliche Geräusche. Ich hoffe, Ihr Wecker daheim klingt anders, so etwas hier sollten Sie sich morgens nicht antun. Geräusche beeinflussen ihren gesamten körperlichen Rhythmus, nicht nur den Hormonhaushalt *(Brandungsgeräusche sind zu hören)*. Wenn ich dieses Geräusch längere Zeit laufen lasse, werden die meisten von Ihnen einschlafen. Die Wellenbrandung ist ein Geräusch, das sehr entspannend auf uns wirkt: Es weist ungefähr zwölf Zyklen pro Minute auf, also sehr ähnlich dem Atemrhythmus eines schlafenden Menschen. Außerdem verknüpfen wir den Klang mit Entspannung, Schlaf, Sorglosigkeit, Urlaub oder ähnlichen Gemütszuständen. Das heißt, Geräusche beeinflussen unseren Herzschlag, Atemrhyth-

mus und Hormonhaushalt. Sogar unsere Hirnströme werden von den Klängen um uns verändert.

Die zweite Art und Weise der Wirkung ist eine psychologische *(Klassische Musik wird eingespielt)*. Dieses Musikstück wird Sie nicht fröhlich stimmen, denn es ist nicht dazu geschrieben worden, Sie fröhlich zu stimmen. Musik ist emotional und häufig ungeheuer aufgeladen. Bisher weiß noch niemand genau, wie das wirklich funktioniert: Viele Bücher sind zum Thema geschrieben worden, niemand hat es so richtig rausbekommen, aber Musik trägt Emotionen *(die Musik geht in Vogelgezwitscher über)* ebenso wie der Gesang von Vögeln. Viele Menschen fühlen sich sicher, wenn sie Vögel singen hören, weil wir über Hunderte von tausend Jahren gelernt haben, dass alles in Ordnung ist und wir sicher sind, solange die Vögel singen. Nur wenn die Vögel plötzlich schweigen *(Gezwitscher bricht ab)*, wissen wir, dass gleich etwas Schlimmes passiert. Kein gutes Gefühl, oder? Diese plötzliche Stille. Klänge beeinflussen uns also auch psychologisch.

Die dritte Wirkung ist das Kognitive *(zwei Menschen reden gleichzeitig und laut)*. Sie können keine zwei Leute verstehen, die gleichzeitig reden, es ist völlig unmöglich. Noch nicht mal Frauen können das. Das stimmt. Unsere Bandbreite erlaubt es uns, ungefähr 1,6 menschlichen Konversationen zu folgen. Das heißt, wenn Sie in einem Büro arbeiten *(chaotische Bürogeräusche sind zu hören)*, ist die Geräuschkulisse extrem schädlich für Ihre kognitiven Fähigkeiten. Die Forschungsergebnisse variieren *(zeigt Abbildung: »Offene Büros, um 66 % gesenkte Produktivität«)*. Das ist das höchste Ergebnis, das ich finden konnte, die Aussagen schwanken zwischen 5 % und 66 %, aber ich bevorzuge die 66 %. Jeder von Ihnen kennt das Gefühl: »Halt den Mund, ich kann nicht denken!« Ihr Denkprozess wird durch Gespräche und Lärm in Ihrer Umgebung in Mitleidenschaft gezogen.

Die vierte Weise, auf die Klänge uns beeinflussen, funktioniert über unser Verhalten *(elektronische Musik mit heftigem Beat startet)*. Fragen Sie sich selbst: Wird diese Person mit 35 km/h fahren? Wahrscheinlich eher nicht. Wir alle kennen den Effekt von Geräuschen auf unser Verhalten, darauf, wie wir tatsächlich reagieren *(Musik hört auf)*, Die simpelste Form ist, vor unangenehmen Geräuschen davonzulaufen, wenn wir können. Wenn ich also so etwas anmache *(Presslufthammer ist zu hören)* und für die nächsten zehn Minuten laufen lasse, werden wahrscheinlich viele von Ihnen den Raum verlassen. Wenn wir nicht gezwungen werden, meiden wir unangenehme Geräusche und, wie ich Ihnen vorher gezeigt habe, steht unsere Gesundheit auf dem Spiel, wenn wir ihnen nicht entkommen können *(stellt das Presslufthammergeräusch ab)*.

Mein Büro und ich, wir arbeiten viel mit dem Einzelhandel und mit Einkaufszentren zusammen. Das sind also Orte, an denen wir viel Zeit verbringen.

Diese Orte sind so eine Art halböffentlicher Raum, und viele Besitzer merken nicht einmal, dass die Geräusche in ihren Geschäften oft so unangenehm sind, dass sie einen großen Einfluss *(Geräusch Registrierkasse ist zu hören)* auf ihre Umsätze haben. Viele Verkäufer stellen sich jeden Tag selbst ein Bein mit diesen furchtbaren Geräuschen, die uns dazu bringen, viel früher zu gehen, als wir wollten, und auch viel weniger auszugeben, als wir könnten.

Bei *The Sound Agency* haben wir ein Modell, das *SoundFlow* heißt *(zeigt dazu eine Grafik)*. Es ist ein simples Modell: Hier sind die Ergebnisse, die ich Ihnen gerade beschrieben habe und hier sind einige Filter, die widerspiegeln, was die Menschen in diesen Räumen tun wollen. So sollte zum Beispiel eine Bücherei ganz anders klingen als ein Fußballstadion. Es geht hier um die Angemessenheit. Wie sieht die Umgebung aus? Manchmal können wir sie verändern, manchmal nicht. Dieser Raum hier im ZKM klingt wundervoll. Es gibt nicht viele Räume, die so gut klingen. Der Sound in diesem Raum wurde bewusst designt. In den meisten Räumen, die Sie betreten, wurde hingegen alles von irgendjemandem designt, *außer* dem Sound. Sound ist wie Abgas, wie ein Nebenprodukt der Dinge, die so sind, wie sie sind. Also müssen wir über Vieles nachdenken: Dringen Geräusche von außen ein? Wie gut ist das Soundsystem, wenn wir Klänge verwenden? Wie ist die Akustik? Und so weiter. Wer ist das Publikum? Das verändert alles! Was gefällt Ihnen? Was nicht? Auf was werden Sie gut reagieren? Und wenn es um Marken geht, wie im Falle eines Geschäfts, um welche Marke geht es? Unsere Vorstellung ist, dass Sie in einem Markengeschäft die Augen schließen können und wissen, wo Sie sind. Das ist im Moment nicht der Fall.

Mit den *SoundFlow*-Filtern können Sie einfach alles in die Maske eingeben: Hier sind die Ergebnisse, hier sind die Filter, und das verursacht den entsprechenden Sound. Dazu führen wir Prüfungen durch. Ich mache das auf der ganzen Welt, ich gehe in Einkaufszentren und höre mir die schlagende Tür an, den Handtrockner auf der Toilette, der 95 Dezibel in einem hallenden Raum erzeugt, die quietschende Klimaanlage, den polternden Aufzug – all diese Sachen. Es gibt einen Nachhall von zwei Sekunden in einem Raum, und trotzdem wird Musik über eine Soundanlage gespielt, die für Notfallanweisungen designt wurde! So klingt die Umgebung, in der wir die meiste Zeit einkaufen gehen. Wir hören uns das an und sagen dann, so macht ihr es, so sieht eure Umgebung aus und darum habt ihr jetzt dieses Ergebnis.

Interessanter ist es andersherum: Wollen Sie einen bestimmten Effekt in einer bestimmten Umgebung, dann sollten Sie dieses tun. So gestaltet man eine vollständige Klangsphäre: *(zeigt Abbildung »Optische Effekte hören«)*.

Ein kurzes Wort zu kreuzmodalen Effekten: Sie haben wahrscheinlich davon gehört. Viele kennen die *McGurk-Illusion*. Ich möchte Ihnen zeigen, dass unsere

Sinne verflochten und nicht in Isolation begriffen sind. Schauen Sie auf den Bildschirm und hören Sie zu, was der Mann sagt. Schauen Sie auf den Bildschirm *(Bildschirm zeigt einen sprechenden Kopf mit Sound).*

Die meisten hören »Dada«. Schließen Sie ihre Augen. In Wirklichkeit sagt er »Baba«. Und wenn Sie nur das Video betrachten, sagt er »Gaga«. Ihre Augen sehen also »Gaga«, Ihre Ohren hören »Baba« und Ihr Hirn macht daraus »Dada«. Sie können das auch nicht einfach so überwinden. Wenn Sie auf den Schirm schauen, hören Sie »Dada«. Das heißt, was Sie hören, ist nicht notwendigerweise real, es ist eine Interpretation, weil alle Sinne miteinander verknüpft sind und zusammenarbeiten.

Ein anderes Beispiel: Man hat Leuten Kopfhörer aufgesetzt, während sie Chips aßen, und die Frequenz um 5 KHz verstärkt, ohne dass die Opfer davon wussten. Diese Leute berichteten, dass die Chips im Mund 15 % knuspriger waren, weil das Geräusch eine höhere Frequenz hatte.

Und noch eins kommt hinzu: die Verpackung eines Produkts. Als die Chemikalien verboten wurden, die Aerosolen dieses »tschhhhhht«-Geräusch verliehen haben, machte die Verpackung plötzlich »fffffft« und Kunden klagten, dass das Produkt nicht mehr funktionieren würde. Also wurde viel Geld investiert, um die Packung so umzugestalten, dass sie wieder »tschhhhhht« macht und plötzlich funktionierte alles wieder.

Das Geräusch der Verpackung allein beeinflusst, was Leute über die Funktion denken. Wenn Sie das gut hinkriegen, erreichen Sie etwas, das *Super Additivity* genannt wird. Dazu gibt es mittlerweile Forschungen, vor allem in Großbritannien, wahrscheinlich aber überall auf der Welt: Bringen Sie die Sinne in Einklang und Sie erreichen *Super Additivity,* alle Sinne deuten in dieselbe Richtung. Das ist es, was unsere Städte brauchen: den *Super-Additivity*-Ansatz, den Ansatz, um die Sinne kongruent zu kombinieren.

Im Allgemeinen sind Soundscapes/Geräuschkulissen nicht gut. Meistens sind sie zufällig (niemand hat sie geplant), inkongruent (passen nicht mit den anderen Sinnen zusammen) und viele sind offen feindselig. Und so fühlen wir uns dort auch. Wir haben einen simplen Ansatz, mit dem wir alles das prüfen, und dafür müssen vier Dinge in Betracht gezogen werden *(zeigt eine 4-Ebenen-Grafik).*

Wir fangen mit der Akustik an: Egal, ob Sie einen Eingang gestalten, ein Geschäft oder eine Stadt – unter freiem Himmel ist Akustik kein Faktor. In jedem Raum ist sie ein extrem wichtiger Faktor. Wenn die Akustik furchtbar ist, ist die Sache kaum zu retten. Alles wird sehr schwierig, wenn die Akustik nichts taugt. Wir verwenden viel Zeit, Menschen dabei zu helfen, die Akustik zu verbessern. Und wir beschäftigen uns dann auch mit Lärm, mit dem Thema, über das auch Thomas Macho gesprochen hat: elektromechanischer Lärm, der uns umgibt. Sie können heute Waschmaschinen kaufen, auf denen steht: »45 Dezibel«; das ist gut, auf Haushaltsgeräten steht das mittlerweile, aber bei HLK (Heizung, Lüftung, Klimatechnik) in Großraumbüros, Einkaufszentren oder Hotels kümmert das niemanden. Niemand fragt nach »45 Dezibel auf einen Meter, bitte«. Mittlerweile fragen sie das, weil wir ihnen beibringen, die Hersteller zu fragen. Es ist eigentlich einfach, aber vorher hat sich niemand darum gekümmert. Das heißt, dass wir Zeit mit diesen Geräten verbringen müssen, die 60 oder 65 Dezibel produzieren, oder diese Kühltheken in Supermärkten, an denen wir teilweise 85 Dezibel auf einen Meter gemessen haben. Sie kennen dieses Geräusch: »ssssss«, schrecklich!

Lassen Sie mich kurz über Musik sprechen, wie es auch Thomas Macho vorhin gemacht hat. Musik ist ein sehr spezieller Klang, sie ist stark, wir erkennen sie sofort und verbinden sie *(der erste Akkord aus »A Hard Day's Night« von den Beatles erklingt)* mit Situationen und Dingen – das heißt, viele von Ihnen erkennen diesen Akkord. Und jeder von Ihnen wird das *(die ersten paar Töne des »Weißen Hai«-Soundtracks sind zu hören)* mit etwas verbinden. Wir verbinden Musik sehr stark mit irgendetwas. Daher kann Musik keine Verkleidung sein, ich kämpfe ständig gegen geistlose Verwendung von Musik. Musik wird zumeist zum Hören komponiert und gemacht, und wenn wir sie in den Hintergrund packen und versuchen, sie auszublenden, entsteht ein Konflikt. Musik ist einfach kein angemessener Hintergrund. Denken Sie zum Beispiel an Starbucks, die spielen Musik in einem lauten Raum, der nicht viele absorbierende Oberflächen hat und in dem solche Geräusche herrschen *(Geräusche aus einem vollen Café sind zu hören)*. Das ist wie Zuckerguss auf Matsch. Musik, die über Lärm gelegt wird, ist einfach bloß mehr Lärm, aber die Leute verstehen das nicht. Sie denken, es wäre eine Art Gegenmittel gegen Lärm, aber das stimmt nicht *(Geräusch endet)*.

Musik kann sehr mächtig sein. Hier ist eine faszinierende Studie aus Großbritannien: Französische Weine und Deutsche Weine wurden auf dieselbe Art und Weise dargeboten, nur die Musik war unterschiedlich *(typisch französische Musik ist zu hören)*. Am ersten Tag etwas davon, am zweiten Tag eins von Ihren Lieblingsliedern *(typisch deutsche Musik ist zu hören)*. Glauben Sie mir, egal wo auf der Welt ich diese Musik anmache, bringt sie die Leute zum Lächeln. Es muss die fröhlichste Musik der Welt sein. Besonders für Sie, denn Sie lachen sogar. Was ist passiert? Am Tag mit der französischen Musik wurde fünfmal mehr französischer Wein als deutscher verkauft. Das mag wenig überraschend sein, weil französischer Wein sich normalerweise besser verkauft, tut mir leid! Aber am Tag mit der deutschen Musik verkaufte sich der deutsche Wein doppelt so gut wie der französische. Das ist interessant. Und wenn Sie die Leute, die aus dem Laden kamen, gefragt hätten: »Haben Sie den deutschen Wein gekauft, weil die deutsche Musik lief?«, hätten die geantwortet: »Welche Musik?« Weil sie sie nicht bewusst wahrgenommen haben – und trotzdem hat die Musik eine Änderung des Käuferverhaltens bewirkt.

Ihr Verhalten wird ständig von den Geräuschen um Sie herum verändert: Die sind nur nicht bewusst designt. Normalerweise beginnen wir mit der Stille, ich könnte stundenlang über die Stille sprechen, ich liebe Stille, auch Thomas Macho hat gerade eloquent über Stille gesprochen. Die Menschen in elisabethanischen Zeiten haben »Konversation« als »geschmückte Stille« beschrieben. Wenn wir also Sound gestalten, sollten wir versuchen, die Stille zu schmücken. Beginnen Sie von der Stille aus zu denken, und es ist ein bisschen wie mit einem Gemälde: Vielleicht wollen Sie erst den Vordergrund, vielleicht den Hintergrund. Die Frage ist also, wie gestaltet man was exakt, damit das Ergebnis später so und so aussehen soll? Wir haben einen Kasten, der *Ambifier*™ heißt. Es hat fünf Jahre gedauert, ihn zu entwickeln. Es ist ein Klang, es ist generative Musik oder generativer Klang. Es ist ein Klang zwischen Stille und Musik. Es ist nicht zum Zuhören gemacht, hurra! Es ist so gestaltet, wie die Wände dieses Raums. Sie kommen ja hier nicht herein, schauen sich die Wände an und denken: »Wow!« Die Wände sind einfach da, sie tun ihren Job, sind konstruktiv, sehen gut aus und sorgen dafür, dass wir uns wohlfühlen. Das ist genau, was generativer Sound auch tut. Jetzt ein paar Fallstudien:

(Hintergrundgeräusche werden eingespielt.) Das ist der Flughafen von Glasgow. Das Ziel war, Stress an Flughäfen abzubauen. Das ist die Geräuschkulisse, die wir für den Flughafen gestaltet haben. Ein bisschen Vogelgesang – Sicherheit! –, langsames Tempo, um die Menschen zu entschleunigen. Und der Flughafen hatte auch etwas davon, weil die Verkaufszahlen in den Geschäften anstiegen: Es gab also nur Gewinner.

Hier ist ein anderes Beispiel, die Feinglasabteilung bei *Harrods,* unserem größten Kunden. Das ist die Geräuschkulisse, die wir dort eingerichtet haben *(Aufnahme startet).* Jeder Klang, den Sie hier hören, wurde mithilfe von Glas erzeugt. Das heißt, sie hören, was Sie auch sehen. Ich denke, das ist ziemlich angemessen: Es ist generativ und algorithmisch. Wenn Sie das Gerät starten, beginnt der Sound, er läuft einfach, wiederholt sich nie, ist nicht aufgezeichnet. Dieser Klang hat letztes Jahr die Goldmedaille bei den »Audio Branding Awards« gewonnen.

In Lancaster, Kalifornien, haben wir einen Sound im sogenannten »Boulevard« eingerichtet, und dafür eine ganze Reihe Lautsprecher den zentralen Teil entlang aufgestellt. Und die Polizei berichtete, dass dort die Kriminalität um 15 % gesunken ist. Die Ladenbesitzer lieben es, ich war dort.

Ich schließe mit einigen Gedanken. Der erste ist, dass, wenn es um Städte geht, das Problem nicht einfach nur der Sound ist: Die Leute reden nicht mit Stadtentwicklern – ich habe noch nie einen urbanen Soundgestalter getroffen. Seit ich letztes Jahr einen TED-Vortrag zum Thema gehalten habe, habe ich nach solchen Menschen gefragt: Es gibt sie nicht. Und sogar Profis aus der Akustik-, Aufzeichnungs- und Soundtechnik leben in Bunkern. Wir reden nicht miteinander. Diese Leute reden nicht miteinander. Akustiker reden nicht mit Musikern, Musikpsychologen nicht mit Sound-Designern, Klangkünstler nicht mit Akustikökologen. Na ja, manchmal reden sie miteinander, aber wissen Sie, in diesen Bunkern schlummert ein ungeheurer Erfahrungsreichtum, und trotzdem reden sie tragischerweise nicht miteinander und mit den Stadtentwicklern redet erst recht niemand. Das ist schrecklich, und wir müssen das überwinden. Wir wollen nicht in einer Welt enden, die so aussieht *(man hört die Geräusch-kulisse einer asiatischen Großstadt)* und sich so anhört. Das wäre ein Desaster. Dies ist wirklich eine echte Stadt, und ich würde dort nicht leben wollen. Würden Sie dort leben wollen? Es ist einfach zu viel.

Ich erzähle Ihnen, was meine beiden Lieblingsorte auf der Welt sind *(Geräusch endet)* und die ihren Respekt für Klänge teilen: Venedig, die einzige Stadt auf der Welt, wo Sie hinfahren können und nicht mit Reifenlärm belästigt werden, es gibt in Venedig einfach keinen Reifenlärm. Aus diesem Grund liebe ich auch Genf. Wenn Sie in Genf zur Kathedrale gehen, können Sie sich daneben hinsetzen und hören fast nichts. Es ist ein sehr stiller Ort, für das Zentrum einer Großstadt absolut fantastisch.

Man kann es also schaffen. Es geht hier nicht nur darum, die Erscheinung zu gestalten, wie Architekten es tun, sondern darum, die Erfahrung all unserer Sinne zu gestalten. Wenn Sie sich dafür interessieren: Ich habe ein Paper mit dem Titel *Building in Sound* geschrieben, das sehr viel Forschung in sich vereint über das, worüber Thomas gerade gesprochen hat. Sie können es auf meiner Website oder auf der Website der *Sound Agency* herunterladen.

Bevor ich meinen Vortrag beende, hier noch die vier goldenen Regeln des Sounds – jedes Sounds. Wir sprechen oft von kommerziellem Sound, weil wir über Marken sprechen, aber es stimmt immer.

1. Der Klang muss kongruent mit den anderen Sinnen sein – das gilt überall.
2. Er muss angemessen sein, den Menschen, der Situation, der Umgebung. Wir haben so viele unangemessene Geräusche um uns.
3. Machen Sie den Klang wertvoll. Wenn der Klang den Menschen nichts geben kann, warum ihn verwenden?
4. Und dann müssen wir testen, testen, testen. Sound beeinflusst Menschen und sehr oft sind diese Effekte ausgesprochen komplex.

Ich würde sie gerne auf die Vision einschwören, mit der ich immer gearbeitet habe: Die Welt soll schön klingen! Um das zu erreichen, müssen wir bewusst zuhören und den Klang ebenso bewusst erzeugen, wir als Individuen und als Organisationen. Das ist meine Vision. Vielen Dank dafür, dass Sie mir heute ihr Ohr geliehen haben.[9]

FOCUS & ECHO 6

Mit: Julian Treasure, Thomas Macho, Thora Balke
Moderation: Walter Filz

Moderator:

Hiermit eröffnen wir die Diskussion, die *Focus & Echo* heißt. Die Studenten der HfG haben hoffentlich viele Fragen und hoffentlich nicht nur die Studenten.

Frage aus dem Publikum:

Sollte Klang im öffentlichen Raum gestaltet werden? Besteht da nicht die Gefahr, in eine Art »Klang-Krieg« zu geraten, insofern dass jeder versuchen wird, Klang zu designen und dadurch so viele verschiedene Klang-Schichten entstehen könnten, dass die Differenzierung einzelner Laute schwerfällt?

Treasure:

Geht diese Frage an mich? Ich fange mal an. Meiner Meinung nach wird dies von der urbanen Stadtplanung abhängig sein. Ich meine, wir haben eine Stadtplanung, was das Visuelle angeht – was die Architektur betrifft –, man kann nicht einfach irgendwo etwas hinbauen. Also: Ja, die Stadtplaner sollten, was Klang angeht, sensibilisiert sein und tatsächlich sollten sie dies schon seit Jahren sein, was aber nicht der Fall ist. So passiert gerade eine Menge schrecklicher Dinge im Bereich des Klangs, weil niemand diese Vorgänge stoppt. Ja, ich stimme ihnen zu, dass da eine Bedrohung existiert. Im Grunde genommen ist sie schon im Gange. Es wäre besser, wenn wir den Klang bewusst gestalten würden, und es ein Verfahren zum Einreichen und Genehmigen von derart klangbewussten Entwürfen geben würde.

---

9   Für mehr Informationen über Treasures Buch *Sound Business* und seine Online-Kurse zum Thema Sound und Kommunikation, siehe die Website: www.juliantreasure.com

Moderator:

Thomas Macho nickt.

Macho:

Natürlich weiß ich auch nicht, wie dieser »Klang-Krieg« zu vermeiden ist, da uns so viele Sounds und Klänge umgeben – nicht bloß zur Verkaufssteigerung, auch Warnsignale, um uns auf Risiken und Gefahren aufmerksam zu machen und so weiter. Und so bin ich nicht ganz sicher, ob wir es vermeiden können, wissen Sie, dieses allgemeine (Klang-)Bild von einer Notaufnahme. Ich wüsste nicht, wie man einen »Klang-Krieg« vermeiden könnte.

Treasure:

Es gibt Hoffnung. Wir arbeiten mit Krankenhäusern zusammen, und in der Tat weiß ich, dass auch andere Leute auf stillen Alarm angewiesen sind. Vor Kurzem gab es eine von *Dyson* gesponserte Studie in Großbritannien, welche belegt, dass Babys auf ruhigeren Stationen, also ohne das »Tsssss-piep-piep-piep« im Hintergrund, sich besser entwickeln. Was mir wirklich das Herz bricht, wenn man an die Tausenden von Babys denkt, die in den ersten Wochen ihres Lebens unter diesem Lärm leiden müssen – das ist schrecklich! Allerdings gibt es Alternativen, stille Alarme oder In-Ear-Systeme für die Mitarbeiter, so dass sie sie hören, aber nicht jeder mithören muss usw. Es gibt eine bessere Akustik.

Was hingegen ein Alptraum ist, schildere ich Ihnen jetzt: Sie wissen, dass Elektroautos mit langsamer Geschwindigkeit geräuschlos sind. Die Frage ist nun, ob wir für die allgemeine Sicherheit ein Geräusch in die Autos installieren müssen. Können Sie sich vorstellen, wie das aussehen würde, wenn es dort wie bei einem Handy erlaubt wäre, personalisierte Klingeltöne zu benutzen? Oh mein Gott!

Hoffentlich wird dies gesetzlich geregelt, und das auf der Hand liegende Geräusch, was künftig verwendet wird, wird das eines Autos sein, da wir programmiert sind, diesem aus dem Weg zu gehen. Aber vielleicht wird es wie bei *Blade Runner* oder so –, solange es nur nicht personalisierte Klingeltöne sind!

Balke:

Ihrem Beitrag folgend stellt sich mir die offensichtliche Frage, dass Sie eine schreckliche Art von Welt skizzieren. Ich meine, Künstler – oder allgemein jeder – ist geschichtlich gesehen durch Klänge und Geräusche inspiriert worden, und jetzt stelle ich mir eine mehr oder weniger perfekt gestaltete Shopping-Klanglandschaft vor, welche auf diese Art und Weise gestaltet wird, um unsere Sinne zu manipulieren. Vielleicht können Sie dazu was sagen? Ich bin gerade nach New York gezogen, was eine sehr laute Stadt ist. Zugleich macht sie das aber auch inspirierend und unterscheidet sie von anderen Städten. Sollte ihrer Ansicht nach die ganze Welt schön, harmonisch, ruhig klingen und … einheitlich?!

Treasure:

Sie verschmelzen dabei zwei Dinge: Schönheit und Ruhe. Schönheit kann laut sein, Schönheit kann außergewöhnlich sein. Schönheit kann lebendig sein, Schönheit kann spannend sein und Schönheit kann beängstigend sein, insofern schränke ich Schönheit nicht ein. Und ich bin nicht auf der Suche nach einer Billardkugel, bei der alles gleich klingt oder jeder sich in gleichartigen Umgebungen bewegt. Wir haben Dinge von Anbeginn der Menschheit bewusst für das Auge gestaltet. Sieht die Welt gleich aus? Ich teile also Ihre Angst nicht. Alles was ich sage, ist, dass wir Klänge bewusst gestalten sollten. Das ist alles. Ich denke nicht, dass es dazu führen würde, alles einheitlich zu machen. Menschen sind unterschiedlich. Jede Situation ist unterschiedlich. Es werden Künstler beteiligt sein. Es werden viele Leute, die kreativer sind als ich, an der Erschaffung von Klanglandschaften beteiligt sein. Sobald wir das Werkzeug dazu haben, ist alles möglich, und ich bin gespannt darauf, was kommen wird. Ich denke nicht, dass es Homogenität sein wird.

Frage aus dem Publikum:

Direkt dazu: Kann es sein, dass wir in der Zukunft dann eine Soundregulierungsbehörde brauchen, die sich darüber Gedanken macht, wer den öffentlichen Raum beschallt und gestaltet?

Moderator:

Ja, vielleicht eine Frage für Thomas Macho?

Macho:

Ich würde auch wieder schlicht mit »Ja« antworten. Das könnte durchaus sein, dass man solche, »Agencies«, sozusagen, braucht.

Frage aus dem Publikum:

Wer sollte diese Aufgabe übernehmen?

Treasure:

Eine offizielle Agency also, das habe ich jetzt verstanden. In Deutschland wird es wohl fast sicher dazu kommen! Im Falle Frankreichs, Italiens oder anderer

Ländern bin ich mir nicht so sicher. Wissen Sie, es wird dazu kommen. Es wird den Menschen in den Ländern passieren, die dafür abstimmen, was sie wollen. Wissen Sie, für ganz Europa wurde vor einigen Jahren eine Klangkarte erstellt, und bis jetzt ist nichts weiter damit passiert, die Pläne liegen nur in einem Regal. Ich glaube, Frankreich ist das einzige Land, das diese Karte zur Lärmreduktion genutzt hat. Zumindest in Großbritannien haben wir nichts damit angefangen. Es ist also eine Frage nach den Menschen, die einen besseren Klang fordern. Wir müssen aufstehen und schreien. Wir müssen Lärm machen, um den Lärm zu stoppen.

Frage aus dem Publikum:

Ist nicht das Bewusstsein in der Bevölkerung oder der Gesellschaft noch so gering, dass die Gefahr besteht, dass Leute, die sich mit dem Thema auseinandersetzen und für das Sound-Design zuständig sind, schon Entscheidungen treffen, bevor sich die Bevölkerung damit auseinandergesetzt und überhaupt die Gefahren erkannt hat?

Treasure:

Es ist möglich. Ich appelliere an Sie alle, dass Sie anfangen, darüber zu sprechen. Das ist der ganze Zweck meiner TED-Vorträge – und ich erkenne die gleiche Leidenschaft bei Thomas Macho –, es geht um bewusstes Zuhören.

Macho:

Ja.

Treasure:

Und lassen Sie uns unsere Freunde inspirieren! Dafür sind die TED-Vorträge da. Also, zeigen Sie sie Ihren Bekannten! Ich meine, es gibt auch andere Wege dies zu tun, indem man einfach nur bewusst rausgeht und zuhört. Sie könnten ihre eigenen Zuhör-Spaziergänge machen oder so, Hauptsache, Sie bringen die Leute dazu, zuzuhören. Und umso mehr sie das tun – das ist auch gut für Beziehungen. Ich meine, was ist die häufigste Beschwerde in Beziehungen? Er hört nicht zu. In der Regel geht es darum, dass *Er* nicht zuhört.

ART SLAM Christina Kubisch: Electrical Walk – eine kurze elektromagnetische Untersuchung

In ihren ortsspezifischen Installationen und künstlerischen Arbeiten im öffentlichen Raum setzt Christina Kubisch häufig selbst entwickelte Induktionskopfhörer ein, die außerhalb des vom menschlichen Ohr wahrnehmbaren Klangspektrums liegende, elektromagnetische Felder hörbar machen.

Bei ihren sogenannten »Electrical Walks« können Teilnehmende im eigenen Tempo und Rhythmus den Klang von Orten und Städten erkunden. Die Wahrnehmung fokussiert sich auf das Gehör, die Orientierung im Raum verändert sich.

Im Zentrum steht für Kubisch das »unvoreingenommene« Hören, das viele unserer Annahmen darüber, was »künstlich« und was »natürlich« ist, infrage zu stellen scheint und einen Spannungsbogen zwischen »Natur« und »Technik« intendiert.

Kubischs Arbeiten haben keine festgelegte Choreographie; der Teilnehmer wird zum Performer und Komponisten, der dabei auch seine eigenen Wahrnehmungsbedingungen untersucht.

In ihren Installationen setzt Kubisch mitunter – neben dem Klang – auch Schwarzlicht ein, um historische Spuren der Architektur sichtbar zu machen. Sie möchte so die Herkunft der Klänge aus einer gestalteten sozialen Umwelt aufzeigen.

Lisa Bergmann

ART SLAM Peter Cusack: Why are Favourite Sounds Favourite?

Wenn ich aus den vorherigen Diskussionen ein Fazit ziehe, scheint es, als ob wir alle von stetig zunehmenden, unangenehmen, kontrollierenden und manipulativen Geräuschen umgeben sind und die Welt ein schrecklicher Ort ist. Mich interessiert herauszufinden, ob nicht auch andere Schlussfolgerungen möglich sind.

Seit rund 15 Jahren leite ich ein Projekt namens *Favourite Sound Project,* das auf der Idee beruht, Menschen, die in verschiedenen Orten, Städten, Nachbarschaften, Stadtteilen leben, zu fragen, welches ihr Lieblingsgeräusch ist an diesem Ort, in dieser Stadt, der Nachbarschaft, diesem Stadtteil und warum es das ist.

Das Projekt begann in London, wurde jedoch bereits in Beijing, Manchester, Birmingham, Southend-on-Sea, vor kurzem in Berlin, Prag und Chicago durchgeführt: eine ganze Reihe von verschiedenen Orten mit unterschiedlichen Kulturen und Antworten. Und es ist interessant zu hören, wie die Leute auf diese Frage antworten. Das Ziel ist nicht, herauszufinden, was der beliebteste Klang der Stadt ist, sondern die Menschen dazu zu bringen, über das zu sprechen, was sie hören, über ihre Gefühle zur lokalen Klanglandschaft und wie sie mit ihr interagieren.

Hier sind einige der Antworten aus London:

1. »Die ›Mind the gap!‹-Durchsage der Londoner U-Bahn.« (Dies ist sogar ein recht populärer Klang in London.) Begründung: »Es ist ein originärer Klang Londons, und ich finde ihn auch ein bisschen lustig.«

2. »Der Gesang einer Misteldrossel an einem hellen Winter- oder an einem Frühjahrsmorgen in einem Londoner Park.« Begründung: »Ich bin Ökologe, und Vogelgesang ist mein Ding. Der Gesang der Misteldrossel ist unglaublich intensiv und sehr bewegend.«

3. »Der Applaus am Ende eines *Leyton-Orient*-Heimsiegs.« (*Leyton Orient* ist einer von Londons weniger bekannten Football-Teams.) Begründung: »Er ist in der Regel der Abschluss eines Nachmittags mit einer ganzen Palette von Emotionen. Persönliche Emotionen, die aber mit vielen anderen geteilt wurden.«

4. »Ein guter Straßenmusiker in einer U-Bahnstation, aber nicht im Wagon.« Begründung: »Er lässt lange Gänge weniger düster erscheinen.«

5. »Das Miauen meiner Katze, wenn sie mich sieht, und der Klang ihrer Pfoten, wenn sie die Treppe heraufkommt.« Begründung: »Weil sie sich freut, mich zu sehen, und sie mir so ›Hallo‹ sagt und ich immer antworte. Es macht mich glücklich, da ich sie sehr gern habe und sie pelzig und weich ist.«

6. »Der Klang von Vogelgesang und der Klang der Füchse in der Nacht auf Londons gemeinschaftlich bewirtschaftetem Grundstück *Little Scrubs.*« (Das ist ein bestimmter Ort in West London.) Begründung: »Es erinnert mich daran, dass die Natur weiterhin präsent ist, auch in London, und wir sie schützen müssen. Das ist positiv.«

7. »Ich fühle mich durch die Bandprobe der *Royal Guards* auf der *Horse Guards Parade* oder bei den Kasernen sehr patriotisch.« Begründung: »Es ist ein sehr satter Klang und eine gute Begleitung für Spaziergänge durch den St. James Park.«

8. »Der Mann an der *Bethnal-Green*-U-Bahnstation, der ›Stehen sie hinter der gelben Linie!‹ in einem nigerianischen Akzent singt. Er ist in der Regel zwischen 8.00 und 8.30 Uhr am Gleis.« Begründung: »Er muntert mich auf.«

9. »Das Geplänkel zwischen Markthändlern.« Begründung: »Es fasst für mich die früheren Zeiten des Londoner Alltags zusammen: Das geschäftige Treiben in den Straßen und die Interaktion zwischen Menschen. Markthändler neigen auch dazu, starke Londoner Akzente zu haben und bringen mich

immer zum Lachen. Mein Vater ist auch damit groß geworden, auf dem *Peckham*-Markt zu arbeiten, und es erinnert mich an ihn.«

Es gibt mehr als tausend Antworten aus London und dies sind nur einige davon.

Was lässt sich generell beobachten? Zum einen, dass Menschen Klänge mit verschiedenen Aspekten ihres Lebens assoziieren. Jeder der Befragten hat erwähnt, wo sie waren, was sie taten, oft auch was sie fühlten, an was sie sich erinnerten: Insofern besitzt der Klang all die Fähigkeiten, Erinnerungen zurückzuholen beziehungsweise verschiedene Orte, Menschen und gewisse Emotionen assoziativ hervorzulocken.

All das betrifft Klänge, die wir mögen, aber auch Klänge, die wir nicht mögen. Denn wenn wir einen Klang hören, hören wir nicht nur einen bloßen Klang, sondern seine Geschichte, unsere Geschichte, unsere Interaktion mit ihm. Es ist ein sehr komplexer, vielschichtiger Prozess. Den Klang von allen anderen Sinnen zu trennen, ist daher eigentlich ziemlich sinnlos für mich.

Obwohl ich noch nicht alle tausend Antworten gelesen habe, gibt es eine weitere Beobachtung, die ich machen kann, nämlich dass fast niemand das Gleiche sagt wie jemand anderer. Die Durchsage »Mind the gap!« kommt zwar mehrmals vor, wie ich schon sagte, ist es einer der beliebtesten Klänge Londons. Aber die Leute reden in unterschiedlicher Weise darüber. Tatsächlich werden alle Arten von Bahnhofsansagen der Londoner U-Bahn oder des Londoner Overground regelmäßig erwähnt. Die Klänge der öffentlichen Verkehrsmittel sind somit wohl die größte Gruppierung der Londoner Lieblingsklänge. Aber die Menschen bemerken immer verschiedene Stationen. Ich nannte *Bethnal Green,* aber *Regents Park, London Bridge* – all diese verschiedenen Orte wurden ebenfalls genannt. Es ist offensichtlich, dass die Lieblingsklänge der Menschen sehr viel mit ihrem täglichen Leben und Alltag zu tun haben. Mit anderen Worten, wenn Sie täglich über die *London-Bridge*-Station fahren, dann lernen sie eine Menge darüber, wie sie klingt.

Wenn es darum geht, Zukünftiges zu denken, zum Beispiel in größerem Umfang geplante Klanglandschaften in Städten, wäre es wohl naheliegend für die Forschung, herauszufinden, welche Klänge Menschen an bestimmten Orten hören möchten. Das war ein Punkt auf der Liste der Verfahren von Julian Treasure. Was den Außenraum betrifft, kann ich – abgesehen von einigen Ausnahmen – getrost vermuten, dass es sehr schwer sein wird, eine solche Einigung über bestimmte Klänge zu erzielen.

Was kann man also tun, wenn tatsächlich an einem gleichen Ort viele Leute verschiedene Dinge wollen? Wie kann man sich auf eine solche Situation planerisch vorbereiten? Das ist eine gute Frage!

Eine weitere Beobachtung zu London: London ist berühmt für den Klang der Glocke des *Big Ben.* Ebenfalls berühmte Klänge Londons sind zum Beispiel die Glocken der *St. Paul's Cathedral* oder die *Bow Bells,* welche man eigentlich seit Jahrzenten nicht mehr hören kann. Keiner dieser Klänge wird als persönlicher Favorit genannt. Insofern trifft die Idee, dass eine Stadt auch stadtweite Klangmerkmale hat, nicht auf London zu. London ist einfach zu groß. Wenn ich sage, sie werden überhaupt nicht erwähnt – gelegentlich ist das natürlich der Fall, aber im Vergleich zu Klängen wie die Stationsansagen lokaler U-Bahnstationen oder die Vögel im Garten, treten diese als offiziell gehandelten Klänge in den Hintergrund und sie sind nicht Teil davon, wie die Londoner über die Klanglandschaft ihrer Stadt denken.

Doch oft sind es genau diese Klänge, mit denen für London geworben wird. Daher glaube ich, dass es eine riesige Lücke gibt zwischen dem, was die Menschen tatsächlich hören und womit sie interagieren, und den vielen Verallgemeinerungen, die derzeit über unsere Klanglandschaften gemacht werden.

Eine weitere Stadt ist ebenfalls eine Überlegung wert, Berlin zum Beispiel. Das tat ich im letzten Jahr, als ich dort lebte. Es sind wieder einmal die Geräusche der öffentlichen Verkehrsmittel in ihrer ganzen Vielfalt, welche die größte Gruppe der Lieblingsklänge bilden. Und an der ersten Stelle der Liste steht die S-Bahn.

Ich habe wahrscheinlich nicht mehr so viel Zeit, aber ich lese Ihnen mal ein paar Begründungen vor: »Ich mag den spezifischen Klang der Berliner S-Bahn, mit all seinen Obertönen. Es ist beruhigend.«

Selbstverständlich gibt es auch hier persönliche Unterschiede. »Wenn ich von einer Reise zurückkomme, und die S-Bahn in die Station einfährt, weiß ich, dass ich zu Hause bin.« – Das ist wohl wahr! »Der Klang der S-Bahn deutet immer Ankunft oder Abreise an und steigert meine Zeitwahrnehmung, insbesondere der letzte Zug nach Mitternacht und der erste Zug am frühen Morgen.« »Der Wind, wenn ich auf eine S-Bahn warte.« »Die erste S-Bahn hält um 4.30 Uhr morgens, wenn mein Fenster zum Garten geöffnet ist. Deutsche Melancholie.« »Der Klang beschleunigender und stoppender Züge, die Durchsagen im Zug, Aufzüge sowie die Schritte der Menschen sind sehr spezifisch und charakteristisch für Berlin.«

Das ist auch meine Meinung zu Berlin. Meine Lieblingsklänge sind die Geräusche der S-Bahn. Wahrscheinlich hat die Berliner Regierung überhaupt keine Ahnung davon, dass die S-Bahn tatsächlich einer der einzigartigsten und geschätztesten Berliner Klänge ist.

Mittlerweile werden immer mehr S-Bahnen durch neue Züge ersetzt. Diese klingen tatsächlich anders als die alten S-Bahnen. Berlin wird also im Laufe der

Zeit einen seiner beliebtesten Klänge abschaffen. Das gleiche ist auch in London passiert. Einer der beliebtesten Klänge Londons war die Klingel im Bus, die noch manuell betätigt wurde. Diese wurde vor zehn Jahren abgeschafft. Stattdessen haben wir jetzt dieses »Eeee-Üüüü-Ding«, Sie wissen schon, das Summen, wenn sie mit dem Daumen auf einen Knopf drücken, das gar nicht nach der alten Klingel klingt. Für niemanden waren diese neuen Bus-Klänge der Favorit. Der Londoner Verkehrsverbund hat so also einen der charakteristischsten und populärsten Klänge abgeschafft, ohne dass irgendjemand mit der Wimper gezuckt oder es kommentiert hat. Das ist eine Schande!

Wir müssen uns der Klänge – der simplen, kleinen Klänge – von den Orten, an denen wir leben, viel bewusster werden, da diese wirklichen Einfluss auf unser tägliches Leben und unsere Interaktion mit unserer akustischen Umwelt haben. Danke!

ART SLAM Michaela Melián: Memory Loops

Die Bildende Künstlerin Michaela Melián bedient sich unterschiedlicher Medien: Man sieht bei ihr z. B. Zeichnungen, Skulpturobjekte, Wandbilder, Ton- und Diaprojektionen.

Die Audioarbeit *Memory Loops,* die sie bei den *ARD Hörspieltagen* 2013 vorstellte, entstand für den realen und den virtuellen öffentlichen Raum. Das Konzept für *Memory Loops* hatte 2008 einen Wettbewerb gewonnen zur zeitgemäßen Gestaltung städtischer Gedenkkultur im Hinblick auf die Opfer des Nationalsozialismus in München.

Mündliche Erinnerungen von Opfern und Tätern – entnommen aus Sound-Archiven oder von der Künstlerin neu aufgezeichnet – wurden von Schauspielern neu eingesprochen und als Tondateien auf der Webseite *www.memoryloops. net* zur Verfügung gestellt. Die Verlinkungen der Tondateien mit spezifischen Orten der Stadt laden dazu ein, sich die Tonspuren mit dem Handy oder MP3-Player an ihrem jeweiligen spezifischen Ort in München anzuhören. So vergegenwärtigen exemplarische Berichte von Zeitzeugen einen geschichtlichen Augenblick in jenem flüchtigen Moment des Zuhörens an einem Ort der Gegenwart.

Melián gelingt es mit *Memory Loops,* indem sie verborgene oder von der Zeit verschüttete Geschichten freilegt, dass sich Historie und aktuelles Zeiterleben überlagern und ineinander verweben.

Lisa Bergmann

FOCUS & ECHO 7

Mit: Peter Cusack, Christina Kubisch und Michaela Melián
Moderation: Walter Filz

Moderator:

Es geht jetzt um die drei Positionen von Cusack, Kubisch und Melián, die, so unterschiedlich sie sind, ja doch eine Gemeinsamkeit haben: Es handelt sich nämlich um Interventionen im öffentlichen Raum und um Erkundungen des öffentlichen Raums. Und da ist auch schon die erste Frage:

Frage aus dem Publikum:

Frau Melián, ich wollte gern wissen: Wie haben Sie diese Personen und diese Schicksale eigentlich recherchiert?

Melián:

Das ist ein wichtiger Punkt: Unsere Städte sind ja alle voll von diesem Material. Es gibt unheimlich viele Archive und natürlich vor allem auch Radiostationen, es gibt Dokumentarfilme – und da war meine Idee, dieses Material, das da in den Speichern schlummert, in der Luft oder in den Archiven, dieses Material wirksam zu machen.

Ich habe dann eine studentische Arbeitsgruppe mit zwölf Mitarbeitern gebildet, die sich zunächst Themen gesucht haben und die sich dann durch diese unendlich vielen Archive durchgehört haben. Das wurde dann alles mit Stickern versehen und »verschlagwortet« und nach Themen geordnet.

Was dann letztendlich auf der Website gelandet ist, das sind nur maximal fünf Prozent von dem, was wir transkribiert haben. Das war ein riesiger Zeitaufwand, denn man musste erst mal alles hören und dann überlegen, was man auswählt.

Das war auch ein ganz schlimmes Gefühl: Denn die Stimmen, die wir jetzt hören, sind nur die Stimmen der Leute, die überlebt haben – die müssen jetzt für all diejenigen reden, die nicht überlebt haben. Und alle anderen, die wir nicht berücksichtigt haben, die sind auch wieder in der Versenkung verschwunden und sind dadurch auch wieder, im übertragenen Sinne, »gekillt« worden. Das war ganz schwer auszuhalten.

Am liebsten hätte ich Hunderte von Stunden gemacht. Aber so ein Projekt muss ja auch funktionieren.

Um die Frage konkret zu beantworten: Sehr viel ist aus dem Archiv des Bayerischen Rundfunks übernommen worden, sehr viel von zwei Dokumentarfilmerinnen, aber auch von dem Stadtarchiv in München, das eine Datenbank hat mit Stimmen jüdischer Überlebender, die nach München kamen und dort nach einem bestimmten Fragenkanon interviewt worden sind.

Aber diese Interviews, die ich jetzt hier vorgespielt habe, die habe ich alle selbst geführt, indem ich ganz viele Leute, auch Wissenschaftler, die zu dem Thema gearbeitet haben, gefragt habe und auf diese Weise noch mal Leute gefunden habe, die zum Teil noch nie über ihre Erlebnisse geredet hatten – was natürlich auch eine interessante Erfahrung war, im öffentlichen Raum Leuten zu begegnen, die solche Geschichten mit sich herumtragen.

Frage aus dem Publikum:

Eine Frage zur Inszenierung: Warum die Schauspieler? Sind das schriftliche Dokumente gewesen, die von den Schauspielern gesprochen werden, oder hört man auch originale O-Töne, also wie die Leute selber sprechen?

Melián:

Nein, man hört überhaupt keine Original-O-Töne. Das war auch eine ganz wichtige Entscheidung, weil bei den O-Tönen, die wir im Archiv haben, die Leute, die sprechen, immer oder meistens sehr alt sind. Und ich wollte das aktualisieren. Ich wollte diese Thematik, die in diesem Material drin ist, nämlich die zeitlose Thematik der Ausgrenzung, des Rassismus, die wollte ich aktualisieren durch junge Stimmen.

Außerdem wollte ich alles auf ein gleich gutes Produktionsniveau bringen, denn die Quellen sind ja oft weniger gut, auch die aktuellen: Bei einem Interview, das ich führe, hört man z. B. die Kaffeetasse, oder ich treffe mich mit den Leuten, und die schalten dann den Fernseher ein oder zeigen mir was, also darum geht es nicht. Ich will viele Quellen zu Wort kommen lassen, ich nenne auch keine Namen, es geht mir sozusagen um die exemplarische Stimme.

Frage aus dem Publikum:

Ich habe eine Frage an Herrn Cusack. Ihr Hauptspektrum von Interessen ist immer mit der Umwelt und den Auswirkungen menschlicher Aktivitäten auf die Natur verbunden. Es scheint also, dass Sie immer versuchen, andere Menschen dazu zu bringen, mehr auf die Umwelt beziehungsweise auf urbane Klanglandschaften zu achten. Aber welche Art von Erfahrung oder Erleuchtung haben Sie aus dieser Forschung gewinnen können?

Cusack:

Ich habe eine riesige Menge über London, Berlin und die anderen Städte gelernt, indem ich ihnen zugehört habe. All die Antworten kamen von Menschen, die

ihren eigenen Klang zu einem bestimmten Ort vorschlagen. Von vielen dieser
Orte wusste ich nichts, von manchen hatte ich noch nie gehört und fuhr deshalb dorthin, um Aufnahmen zu machen und selbst zuzuhören. Es gab mir also
eine unglaublich breitere Perspektive auf meine eigene Stadt. Das ist eine Sache,
die ich persönlich aus dem Projekt gewonnen habe.

Eine weitere wäre, dass ich einen sehr guten Gesamteindruck davon bekommen habe, wie sich die Menschen in ihrer Stadt bewegen. Durch viele dieser
Antworten bekommt man ein Gefühl des alltäglichen Reisens. Oder wie Menschen ihren Sonntagmorgen verbringen: Sie liegen im Bett und hören den Vögeln
zu oder hören Musik. Man bekommt einen sehr guten Eindruck, wie die Stadt
von gewöhnlichen Menschen genutzt wird. Und ich glaube, dass ist auch sehr
wichtig. Das sind also zwei Einsichten, die ich gewonnen habe.

Und: Städte lassen sich übrigens auch vergleichen. Verschiedene Kulturen
nehmen ihre Umgebung unterschiedlich wahr und hören dieser auch anders zu.
In China zum Beispiel waren die Antworten der Menschen zu den jeweiligen
Klängen und Geräuschen viel poetischer und philosophischer. In Westeuropa,
insbesondere in Großbritannien, steht Poesie ganz unten auf der Liste. Demnach sind die Ohren der Menschen zwischen verschiedenen Kulturen unterschiedlich. Ihr soziales Zuhören stammt aus einer anderen Geschichte, einer
anderen Tradition, und das muss auch berücksichtigt werden.

Ich werde eine – hoffentlich kurze – Geschichte erzählen: Wie wir vorhin
gehört haben, können wir nicht zwei Stimmen gleichzeitig zuhören. Als ich nach
Indien gereist bin, besuchte ich eine Universität, um einen Kollegen zu treffen,
und in seinem Büro waren fünf weitere Mitarbeiter und ein Deckenventilator.
Auf jedem Schreibtisch war ein Telefon. Die Telefone klingelten häufig und
jeder telefonierte gleichzeitig, also sagte mein Freund zu mir: »Lass uns woanders hingehen, um uns zu unterhalten. Ich weiß ja, dass ihr Westler nicht in der
Lage seid, beim Zuhören zu multitasken. Hier in Indien sind wir das gewohnt.«

Frage aus dem Publikum:

Ich habe noch eine Frage an Frau Kubisch. In ihren Arbeiten sind meistens
die Zuhörer oder Zuschauer die Protagonisten, und heute waren Sie praktisch
unsere Protagonistin und haben uns durch Ihre Hörwelt geführt. Wie war das
für Sie, und ändert das die Intention ihrer Arbeit?

Kubisch:

Also, ich bin ausgebildete Musikerin und habe früher auch mit Neuer Musik auf
der Bühne gestanden. Ich habe dann damit aufgehört, weil diese Situation für
mich äußerst unangenehm ist. Ich finde dieses Gegenüber, diese Hierarchien,

die da entstehen, diese Erwartungshaltung, die da entsteht, einfach schrecklich. Das ist eine Art von Aufführung, die ich manchmal auch schön finde, wenn ich selbst auf der anderen Seite bin, die mir aber normalerweise nicht gefällt.

Deswegen bin ich wohl auch Anfang der 1980er Jahre dann von der Bühnensituation, auf der ich vorher mit Performances und mit körperlichen Dingen zu sehen war, zur Installation übergegangen, wo das Publikum die Rolle des Performers übernimmt.

Ich mache aber seit einigen Jahren wieder selbst Performances mit meinem elektromagnetischen Equipment, was normalerweise auch wesentlich ausgefeilter ist als das, was ich heute hier benutzt habe. Ich habe zum Beispiel große Empfänger für Radiowellen, ich habe bestimmte Stäbe für den Empfang von Hochleitungsspannung und so weiter, und das kann ich machen, weil ich mich eben nicht mehr auf der Bühne befinde, sondern weil ich einen Raum erkunde, und den Raum muss ich dann auch akzeptieren.

Das heißt, normalerweise verbringe ich ein, zwei Tage damit, mir diesen Raum erst mal anzuhören, vielleicht auch Aufnahmen davon zu machen, und erst danach kann ich eine Art von Konzertperformance, oder wie immer man das nennen will, machen. Die Situation jetzt war mir also nicht unvertraut, sondern es war sozusagen eine Vorstufe der Arbeit, die ich, wenn ich wirklich etwas hätte machen wollen, auch hätte weiterführen können.

Interessant daran ist für mich, dass jeder Ort anders klingt und dass jeder Ort so klingt, wie er ist. Damit meine ich jetzt nicht das Akustisch-Elektromagnetische, sondern die Eigenschaften, die ein Ort hat. Die Städte klingen eben auch so, wie sie sind.

Manchmal gibt es auch Orte, die einfach langweilig klingen – das ist das Risiko, aber ich mag Risiken – und dann muss man eben diese Langeweile zu etwas anderem transformieren können, vielleicht auch erkennen, dass ganz wenig passiert, aber dass das auch interessant sein kann.

Frage aus dem Publikum:

Frau Melián, ich wollte Sie fragen: Bei mir haben diese drei Beispiele, die sie uns vorgespielt haben, höchste Betroffenheit ausgelöst. Und ich kann mir auch vorstellen, dass ich hier im Raum nicht der Einzige bin, bei dem diese Emotionen wach geworden sind, und ich kann mir weiterhin vorstellen, dass das eine Ihrer Intentionen ist, aber was wollen Sie denn außer Betroffenheit noch auslösen? Wollen Sie auch Handlungen, Aktionen auslösen?

Melián:

Ich will, glaube ich, keine Betroffenheit auslösen. Wenn Sie jetzt betroffen sind, dann hat es ja etwas damit zu tun, dass Sie vielleicht etwas erfahren haben, was Sie nicht wussten. Aber sicher hat es auch damit etwas zu tun, wie ich das produziert habe.

Natürlich leistet die Musik, in die die Stimmen eingebettet sind, da etwas ganz Bestimmtes, das ist klar. Wie wird denn normalerweise eine solche Narration dieser Stimmen – die wir vom Fernsehen ja auch kennen –, in was für eine Musik wird die denn normalerweise eingebettet? Meistens in Kompositionen, die aus der Zwölftonmusik kommen. Davon habe ich Abstand genommen.

Ich habe eher mit Samples gearbeitet, die aus derselben Zeit wie die Erinnerungen stammen, und habe diese dann musikalisch verarbeitet. Gleichzeitig gab es auch die Regieanweisung an die Schauspieler und Schauspielerinnen, dass sie diese Geschichten möglichst ohne Pathos erzählen sollen und dass der Text eher möglichst abstrakt gelesen werden soll.

Die Betroffenheit, die dann entsteht, die entsteht wahrscheinlich wirklich über die Information. Aber es gibt auch sehr viele lustige Spuren hier, das muss man auch mal sagen. Und es gibt auch immer große Irritationen, denn ein großer Anteil der Spuren wird von Kindern gelesen – ohne Musik –, die Originaldokumente verlesen, etwa die Gesetze, Zeitungsartikel, Plakate, Gerichtsurteile der Zeit, die eine ganz große Fremdheit bekommen, weil die Kinder das einfach so lesen, als würden sie einen Text in der Schule vorlesen.

PANEL Urbane Klänge: Verloren, gefunden oder designt?

Klang als Gestaltungsmittel im öffentlichen Raum wird oft unter dem Namen »Sound-Design« zusammengefasst und ist doch viel mehr: Denn es gibt nicht nur das designte Geräusch, sondern auch das in der Kindheit verloren gegangene und möglicherweise später wiedergefundene Geräusch. Sound kann Menschen beeinflussen, verstören, Gefühle erzeugen und (wieder)erwecken. Inwieweit sollte der akustische Stadtraum »wild« und zufällig bleiben oder bewusst gestaltet werden? Welche Gefahren birgt überhaupt das neue Interesse von Wirtschaft, Wissenschaft und Kunst an dem Ambient-Sound? Müssen wir uns entscheiden zwischen dem »Sound IN public Spaces« und dem »Sound FOR public Spaces«?

Gaby Hartel und Marie-Luise Goerke

Mit: Peter Cusack, Christina Kubisch, Thomas Macho, Michaela Melián
und Julian Treasure
Moderation: Walter Filz

Moderator:

Wir haben heute im weitesten Sinne über Sound im öffentlichen Raum (Macho, Treasure) und Erkundungen im öffentlichen Raum (Melián, Cusack, Kubisch) gesprochen.

Christina Kubisch, wenn Sie im öffentlichen Raum mit ihrer Apparatur unterwegs sind – und das war jetzt hier die mit massenhaft Elektromagnetismus versehene »Hinterstube« der Bühne – denkt man natürlich sofort, dass Ihr Ansatz irgendwie ein ökologisch-kritischer sein muss. Sind Sie der Kammerjäger des Elektrosmogs? Oder haben wir es bei Ihrer Arbeit eher mit in Sound verwandelbare Quellen zu tun?

Kubisch:

Elektrosmog haben *Sie* jetzt gesagt!

Moderator:

Ja, ich weiß, das würden Sie nie sagen.

Kubisch:

Ich glaube, man kann das nicht so einseitig sehen. Meine Arbeit besteht nicht nur daraus, dass ich mit einem Kopfhörer oder was auch immer durch die Straßen und vor allen Dingen die tollen Shopping-Center gehe, die sind nämlich besonders intensiv. Sondern sie besteht darin, dass die Menschen zwar etwas Vertrautes sehen – nämlich Orte, die sie kennen, Häuser, die sie kennen, einen Bankautomaten, eine Reklame – aber dass sie nicht das hören, was sie erwarten. In dem Moment entsteht eine Art Diskrepanz im Gehirn: Es ist dann eben nicht mehr vertraut, es passt nicht mehr zusammen, und dadurch entsteht auch eine Fragestellung. Und diese Fragestellung ist für mich wichtig, weil wir mit Klang – das haben wir ja auch bei meinem Kollegen Julian Treasure hier gehört – unheimlich viel manipulieren. Diese Manipulation, zum Beispiel »Vögel sind schön« oder »Bestimmte Klänge lassen uns in ein bestimmtes Gleichgewicht kommen«, das ist alles Bullshit meiner Meinung nach!

Moderator:

Also mit Vögeln können wir Ihnen nicht kommen?

Kubisch:

Doch, es gibt ganz tolle Vögel, die klingen wie elektronische Musik. Aber ich wehre mich dagegen, dass wir von Anfang an auf »bestimmter Blick – bestimmtes Geräusch« konditioniert werden. Beispiel Chicago: Ich habe erfahren, dass da zum Beispiel sämtliche Telefonleitungen im Millenium Park unter Hügeln liegen und die nur gebaut wurden, damit man die Kabel nicht sieht. Also, mir geht es nicht nur um Elektrosmog! Sondern mir geht es darum, zu sagen: Was ist mir vertraut, was ist mir nicht vertraut und was passiert dann da in dem Moment, wo es nicht zusammenpasst.

Moderator:

Das heißt, die Ideen, die wir von Julian Treasure gehört haben, dass ein paar Maßnahmen – vermeintlich genprogrammiert archaische –, Verbesserungsmaßnahmen im Sound-Design gut wären, dass wir also beruhigt werden, wenn es zwitschert: Das lehnen Sie ab?

Kubisch:

Für Herrn Treasure funktioniert das bestimmt bestens, aber für mich nicht.

Moderator:

Das soll ja nicht nur für Herrn Treasure, das soll ja für alle Menschen funktionieren!

Kubisch:

Das geht leider nicht.

Moderator:

Wenn Sie durch den öffentlichen Raum gehen, sprich durch die Straßen, durch die Gegend gehen – ich würde ja sagen, alle, die hier sitzen, sind in einer hochprofessionellen Art und Weise sensibilisiert für Sound – blenden Sie das weg? Oder sind Sie permanent sensibilisiert und machen sich Gedanken über den Sound?

Kubisch:

Sie meinen jetzt, was das Elektromagnetische angeht?

Moderator:

Nein, überhaupt!

Kubisch:

Man ist übersensibel, das stimmt schon. Es ist oft sehr schwierig, einfach nur so irgendwohin zu gehen oder nicht zu hören. Dass man es nicht mehr hört oder verdrängt, das geht, glaube ich nicht, wenn man wirklich die ganze Zeit mit dem Ohr arbeitet. Aber genau darum machen wir diese Arbeit ja auch: Damit man nicht mehr sagt, man hört den Fluglärm nicht mehr oder man hört dieses und jenes nicht mehr. Es bleibt ja im Gehirn, es wird nur eben verdrängt und dadurch entsteht auch eine Art von Unruhe, von Unwohlsein und Ungleichgewicht.

Moderator:

Peter Cusack, wenn Sie in einer Stadt durch die Straßen laufen, hören sie sich dann immer nach potenziellen Lieblingsklängen um, nach einem »favourite Sound«?

Cusack:

Nein, definitiv nicht.

Moderator:

Weil es sonst unmöglich wäre, zu überleben ...

Cusack:

Ja, vielleicht.

Moderator:

... wenn Sie das machen würden?

Cusack:

Ich muss dazu sagen: Auch wenn ich ein professioneller Sound-Mensch bin, bin ich auch noch ein ganz gewöhnlicher Mensch, so dass ich nicht glaube, dass meine Art, mich im Alltag umzuhören, sich allzu sehr von der einer normalen Person unterscheidet. Ich kann Dinge ausblenden, wenn ich will. Daran denke ich dann gar nicht, das passiert einfach.

Moderator:

Sie erzählten uns von verlorenen Klängen, dem Klang der S-Bahn in Berlin und dem Klang der Klingel in Londoner Bussen. Glauben Sie, wir haben ein Klang-gedächtnis, ähnlich wie wir ein visuelles Gedächtnis oder eines bei Gerüchen besitzen? Wir alle kennen die Geschichte von Marcel Proust und der Made-leine: Seine ganze Kindheit wird ihm durch den Geschmack des in Lindenblütentee eingetauchten Gebäcks ins Gedächtnis gerufen. Gibt es Klänge, welche uns unsere Kindheit zurückgeben?

Cusack:

Unbedingt, ja. Ich denke, unser Klanggedächtnis ist das unmittelbarste Gedächtnis von allen Sinnen, und das ist sehr einfach zu zeigen: Wenn Sie einen Klang spielen, können Erinnerungen ausgelöst werden, die Jahrzehnte zurückgehen. Tatsächlich ist eine der Therapien für Menschen, die Alzheimer haben, dass Klänge oder Musik abgespielt werden, zu der diese Menschen vor fünfzig, sechzig Jahren Erinnerungen besitzen und darauf reagieren.

Moderator:

Ja, ich denke mit Musik ist es offensichtlich. Aber ich glaube, ich habe keine akustischen Kindheitserinnerungen.

Cusack:

Ich fürchte, ich glaube Ihnen nicht. Versuchen Sie es mal.

Moderator:

Ich muss darüber nachdenken. Michaela Melián, Ihre Arbeit ist, wenn ich das richtig verstehe, historisch-ortsgebunden, aber natürlich nicht über Sounds ortsgebunden, oder?

Melián:

Nein, sie ist aktualisiert. Die Orte sind in der Beschreibung historisch, aber es sind die heutigen Orte. Es bleiben ja dieselben Orte. Und es geht um diese Schichtung. Aber ich wollte eigentlich gerne nochmal zurück auf das, was Frau Kubisch schon gesagt hat, dass wir, die wir solche Arbeiten machen, natürlich immer hören, die ganze Zeit hören. Auch dann, wenn andere vielleicht weghören.

Ich finde den Begriff Sound, wie wir ihn jetzt hier verwenden, sehr unpräzise. Denn Sound ist ja alles, Sound ist auch Musik, Sound ist Sprache, Sound ist Klang, Sound ist Geräusch. Und bei Herrn Treasure geht es ja um Lärm sozusagen, um Lärm, der uns davon abhält, gute Consumer in der Shopping Mall zu sein. Aber wenn ich zum Beispiel in einem Laden bin, dann höre ich gerne, wie der Kühlschrank »bsssssss« macht, das, finde ich, ist ein schönes Geräusch.

Das Geräusch hat auch eine Geschichte, denken Sie nur an die gesamte Musikgeschichte des 20. Jahrhunderts, dort bekommt das Geräusch eine Narration, eine Bedeutung, kann verschiedene Erzählebenen bedienen.

So gehe ich auch als Musikerin vor: Es gibt den Klang, und der kann aus einem Instrument kommen, aber auch von der Abtastnadel eines Schallplattenspielers. Das müsste man jetzt eben präzisieren. Ich würde auf bestimmte Klänge nicht verzichten wollen in unserer Umwelt. Ich möchte zum Beispiel im Flughafen kein Vogelgezwitscher hören, weil ich dann sofort an einen Vogel denken würde, der in die Turbine geraten ist und den Flieger zum Abstürzen bringen könnte. Also, ich würde mich dann überhaupt nicht entspannen können, weil ich ja weiter denke bei den Geräuschen.

Ich denke schon, dass unterbewusst übers Hören viel ausgelöst wird, aber dass alle, die hier sitzen, auch alle diese Geräusche kontextualisieren können. Gleichzeitig denke ich natürlich auch an die Verkäuferin, die in einem Laden steht und den ganzen Tag solche Geräusche hören muss oder *Cheap Music*, diese Gebrauchsmusik – das könnte schon fast Körperverletzung sein, denke ich, wenn man da zwölf Stunden arbeiten muss. Also, das wollte ich nur kurz mal zu diesem ganzen weiten Feld des Sounds sagen.

Kubisch:

Als Brian Eno zum ersten Mal *Music for Airports* vorgestellt hat in Berlin-Tempelhof, da haben nach einem Tag alle Leute, die dort gearbeitet haben, gesagt: »Nein, es reicht!« Und dann ging es auch nicht weiter. Dann, ich weiß nicht, 15 oder 20 Jahre später wurde die *Music for Airports* erneut installiert, und alle haben sie geliebt.

Treasure:

Darf ich auf etwas antworten?

Moderator:

Das sollten Sie sogar!

Treasure:

Ich denke, Wiederholungen sind immer problematisch. Wenn ich Ihr Lieblingslied zehntausendmal spielen würde, würden Sie es schließlich hassen. *Music for Airports* ist 40 Minuten lang, und sie haben es immer und immer wieder wiederholt. Jeden würde das langweilen.

Ein paar interessante Dinge ergeben sich daraus: Das Erste ist etwas, was ich in meiner Ausbildung zum bewussten Zuhören unterrichte. Es ist wirklich wichtig, eine Sache zu verstehen: Wir alle hören unterschiedlich zu, wir haben verschiedene Filter, jeder von uns. Ihr Zuhören unterscheidet sich genauso von dem anderer wie Ihre Fingerabdrücke, Ihre Stimme, Ihre Pupillen. Insofern respektiere ich vollkommen, was hier an persönlichen Meinungen gesagt wurde, es ist sehr schwierig, zu einem Konsens zu kommen. Wir müssen unterschiedliche Meinungen respektieren in der visuellen Welt, in der Politik, in vielen verschiedenen Feldern, weil wir alle auf verschiedene Arten unterschiedlich sind. Insofern plädiere ich auf keinen Fall für einen Sound, der ein idealer Sound sein soll. Den gibt es nicht. Mir ist hingegen die Diskussion über das »bewusste Zuhören« viel wichtiger. Wir befinden uns gerade in einer Zeit, in der wir die meisten Klänge und Sounds unbewusst konsumieren, und viele davon sind nicht gut für uns.

Ich liebe die Klänge, die uns Christina Kubisch vorgespielt hat. Aber ich denke auch, dass es keine absoluten Wahrheiten gibt. Ich habe Leute kennengelernt, die Vogelgezwitscher hassen. Es gibt also wirklich keine absoluten Wahrheiten. Ich finde diesen oder jenen Klang schön und bezaubernd, aber nicht jeder ist dieser Meinung.

Es geht mir also um den Klang des Hier und Jetzt, um den bewussten Dialog darüber. Darum geht es mir. Mit Menschen zusammenzukommen, die alle (zu)hören und sich über einen Konsens austauschen, was gut für uns ist, was uns gefällt, was funktionieren kann … um solche Fragen geht es. Ich möchte, dass das ein bewusster Dialog wird. Was auch immer das Ergebnis davon sein mag, denn es ist vielleicht nicht Vogelgezwitscher am Flughafen, es werden verschiedene Dinge sein. Jeder Mensch ist unterschiedlich.

Für mich jedenfalls, der sich mit dem Hier und Jetzt beschäftigt, war jetzt zum einen das Nachdenken über den Klang in seiner historischen Bedeutung sehr faszinierend. Sie wissen schon, die akustisch-historische Bedeutung der Orte, wie sie bereits von meinen zwei Vorrednern, Cusack und Melián, demonstriert wurde, ist faszinierend und dann ist da dieses Archiv, in dem ganz viele Dinge gespeichert und »eingesperrt« sind. Ich weiß, dass es vor ein paar Jahren ein Sound-Archivierungs-Stück in Großbritannien gab, wo Menschen mit *AudioBoo* den Klang von Räumen aufgenommen haben und damit dann eine Karte davon erstellt haben. Das ist, soweit ich weiß, dauerhaft gespeichert. Wir könnten viel mehr Sachen dieser Art machen.

Und der andere Punkt war ja, dass es Klänge anderer Dimensionen gibt, die wir ohne speziellen Technikeinsatz noch nicht mal hören können, die uns aber umgeben. Diese beiden Aspekte sind für mich neu. Mich würde interessieren, ob Sie, Frau Kubisch, körperlich empfindlich auf die Auswirkungen dieser Klänge reagieren?

Kubisch:
Natürlich. Ich meide Einkaufszentren.

Treasure:

Also, Sie wissen ja, dass wir die ganze Zeit mit verschiedenen Klängen bombardiert werden. Und wenn ich hieraus einen übergreifenden Schluss ziehen kann, dann ist es der, sich dessen bewusst zu sein. Sich der Geschichte sowie der verlorenen Stimmen bewusst zu sein und den Sounds um uns herum bewusst gegenüber zu treten. Bewusstsein ist der Schlüssel für mich.

Moderator:

Soweit ich das verstanden habe, hat Ihre Arbeit, Herr Treasure, vor allem mit Verbesserung und Reparatur zu tun. Wenn Sie zum Beispiel in Deutschland die Chance auf einen Job mit einer »National Sound Agency« – genannt NSA – hätten, eine Stadt komplett zu designen, den Klang der Stadt …

Treasure:

Meine Güte! Nun, ich glaube nicht, dass man »einen« Sound hätte.

Moderator:

Würden Sie es machen?

Treasure:

Es wäre ein faszinierendes Projekt, ja. Ich würde es wahrscheinlich machen. Ich meine, ich würde eine Menge Energie in den Entstehungsprozess stecken, ähnlich dem Prozess, wenn man sagen würde: »Designen Sie eine ganze Stadt!« In China gibt es Leute, die so etwas gerade machen, immer und immer wieder. Auf der ganzen Welt entstehen Städte mit mehr als 10 Millionen Einwohnern, von denen wir noch nie gehört haben. So etwas wird also bereits gemacht. Ich denke, es wäre ein faszinierendes Projekt, aber es müssten Leute wie Peter Cusack involviert sein, und man müsste einen Konsens finden, was den Menschen gefällt und was interessant ist. Es wird also wohl nie nur »eine« Vereinbarung gefunden werden. Sind wir uns jemals über irgendetwas einig? Nein.

Man wird nicht einen Stadtklang haben, sondern hunderttausend Stadtklänge. Aber es muss immer einen Dialog darüber geben, was in bestimmten Räumen angebracht ist, was effektiv ist, was erfreulich für die Menschen ist. So zu einer Lösung zu kommen ist zwar nicht leicht, aber ich weiß zumindest, dass, wenn ich nach Genf gehe und an der besagten Kathedrale sitze, dies ein guter Ort ist. Es gibt Orte und Räume, die viele Menschen mögen und ähnlich verhält es sich mit Klängen. Ich meine, ich will nicht wieder über Vogelgesang reden, aber heben Sie die Hand, wer mag Vogelgezwitscher?

Antwort aus dem Publikum:

Alle!

Treasure:

Ja, ich denke, dass wir uns über einiges einig sind, über plätschernde Bäche zum Beispiel – es gibt bestimmte Geräusche in der Welt, welche die meisten Menschen angenehm finden.

Cusack:

Ich denke, hier gilt es zu unterscheiden. Es gibt Tausende von Vögeln, und gefällt uns wirklich der Gesang von allen? Wollten Sie Ihren Garten komplett mit Krähen und Elstern bevölkert haben?

Antwort aus dem Publikum:

Einige sind genial!

Cusack:

Und keine Amseln oder Nachtigallen singen hören? Man muss viel detaillierter und genauer über diese Dinge diskutieren, sonst sind es bloß sinnlose Aussagen!

Treasure:

Ich stimme zu. Wir sind absolut einer Meinung. Das ist es ja, was ich gerade sagte. Ich behaupte keineswegs, dass Vogelgezwitscher überall gut ist, wir haben alle unsere individuelle Art, zuzuhören, und es gibt andererseits individuelle Klänge – es wird eine sehr schwierige Aufgabe sein, diese beiden Dinge zu vereinbaren.

Moderator:

Thomas Macho, welche Vögel wären bei Ihnen erlaubt?

Macho:

Bei mir wären, glaube ich, relativ viele Vögel erlaubt. Ich habe jetzt sofort an die Spatzen denken müssen, die ja real in manchen Flughäfen Kolonien bilden, zum Beispiel in Berlin-Tegel – das wäre übrigens mein »favourite sound« für Berlin und nicht die S-Bahn. Nach zwanzig Jahren hier bin ich ganz glücklich, wenn in den Flughäfen manchmal Vögel zu hören sind.

Aber insgesamt geht es mir – und ich glaube, dass ist der Punkt, an dem Julian Treasure und meine Lecture sich berührt haben – um die Frage des »conscious Listening« – um bewusstes Hören, um das geht es. Aufmerksames Hören. Das, was ich ablehne und wogegen ich kämpfe, sind diese »ver-unbewussteten« Befehlsordnungen. Ich finde auch, dass die Welt nicht immer ein schrecklicher Platz ist, Mr. Cusack, aber manchmal ist sie es und sie ist es genau dann, wenn wir über nicht mehr bewusst wahrnehmbare Beeinflussun-gen zu Automaten und zu Robotern gemacht werden, die verschiedenste Dinge tun sollen. Und ob wir dann töten oder ob wir einfach nur gut einkaufen, das mögen letztlich nur verschiedene Resultate sein, aber dass Befehlsordnungen über akustische Signale gegeben werden, ist etwas, wogegen ich ein Stück weit zu kämpfen versuche.

Um es an einem Beispiel aus der Filmgeschichte deutlich zu machen, das vielleicht weniger moralisch ist als die Themen, die Frau Melián völlig zu Recht in Erinnerung gerufen hat: Was ich am Stummfilm grauenvoll finde, ist, dass die Musik, die dazu komponiert und gespielt wurde, einem die Stimmungen und Affekte beibringt, in denen man die Szenen wahrnehmen soll. Deshalb habe ich immer den Satz von Robert Bresson geliebt, der gesagt hat: »Der Tonfilm hat uns die Stille gebracht.« Er hat uns nicht die Stille gebracht in dem Sinne, dass es nichts mehr zu hören gab, sondern dass das, was es zu hören gab, überhaupt Bedeutung haben konnte.

Von daher kämpfe ich auch weniger gegen die Geräuschwelt, die Frau Kubisch ein Stück weit auch hörbar gemacht hat, sondern eher gegen diese unendli-che Ubiquität von Musik. Dass man sozusagen dauernd an den unmöglichs-ten Orten und Gelegenheiten von Musik belästigt wird, die eigentlich zu ganz anderen Zwecken und mit einem ganz anderen Hintergrund gedacht war und komponiert wurde. Da würde ich mir manchmal einen »Sound-Gerichtshof« wünschen, der dann sagt: »Das geht nicht, das ist unmöglich!« Darüber können wir dann wohl auch relativ rasch Verständigung herstellen, denke ich.

Melián:
Ich denke, darüber herrschen gar keine Meinungsverschiedenheiten.

Kubisch:
Ich denke, Sie, Herr Treasure, sind ein wirklich guter Manager, und wenn ich Klang verkaufen müsste, würde ich mich sofort an Sie wenden. Aber ich kann mich nicht dazu bringen, es zusammenzuführen: Wenn ich bewusst zuhöre, will ich nicht automatisch auch was kaufen. Ich möchte eine Creme oder Zahnpasta oder was auch immer nicht angucken und mit meinen Ohren mit höchster Auf-merksamkeit zuhören. Geht das also Hand in Hand? Ich meine, Sie behaupteten vorhin, dass beim Hören von französischer Musik die Verkäufe französischen Weins um 25 % stiegen. Wie ist das möglich?

Treasure:

Nun, ich will Ihnen auch nicht unbedingt einreden, dass Sie einkaufen gehen und das tun müssen. Ich weise bloß darauf hin, dass die Menschen, die die Musik für den Laden auswählen, dies bewusst machen sollten. Wir müssen alle bewusst zuhören, und wir können uns jederzeit beschweren, wenn wir in Orten oder Räumen sind, die schlecht klingen. Ich meine, ich weiß nicht wie es Ihnen geht, aber ich gehe nicht gerne in ein Restaurant, wo ich brüllen muss, um mich zu verständigen, weil es um mich herum 90 Dezibel laut ist. Für mich ist das keine angenehme Erfahrung, also würde ich dort nicht noch einmal hingehen. Ich meine, manche Leute könnten das mögen, und ich bin sicher, dass es sogar viele sind.

Wissen Sie, Musik ist ein ziemlich dichter Sound, und was Menschen die meiste Zeit damit machen, ist so ähnlich wie das Dekorieren einer Wand voll mit Gemälden von Großmeistern. Wir tun dies nicht, sondern malen die Wände weiß. Was ich also in diesen Situationen suche, ist das akustische Äquivalent zu weißen Wänden, etwas im Hintergrund, was gar nichts mit Ihnen machen soll. Wir manipulieren keine Menschen, es soll bloß wie weiße Wände funktionieren, etwas Angenehmes im Hintergrund, was einen Rahmen schafft, ein angemessenes Ambiente.

Ich könnte übrigens auch noch über Bildung sprechen. Ich habe im letzten Jahr eine Reihe von Workshops namens *Sound Education* unterstützt, in denen es darum ging, dass viele Kinder ihren Unterricht aufgrund der schockierenden Klassenraumakustik gar nicht hören können. Oder nehmen Sie Krankenhäuser, die ja bereits genannt wurden: Man kennt das Piepsen, das Summen, alle bedrohlichen Klänge in Krankenhäusern. Mir geht es nicht darum, dass Menschen mehr Geld in den Geschäften, die wir designen, ausgeben. Mir geht es darum, Umgebungen, in denen wir uns bewegen, so zu designen, dass sie für ihren jeweiligen Zweck geeignet und angebracht sind. Und das ist gewissermaßen erst der Beginn dieser Reise, und ich hoffe, dass ich das jetzt also klären konnte.

Melián:

Ich möchte nochmals auf die »Aufmerksamkeit« in Bezug auf Sound zurückkommen. Was bedeutet »Aufmerksamkeit«? Als Musikerin kann ich es nicht ertragen, dass wir heutzutage Musik in *mp3*-Qualität hören müssen. Als ich meine Aufnahmen gemacht habe, habe ich Stunden damit verbracht, die Stimmen und die Musik anzuhören, die ich komponiert habe. Was bedeutet die niedrige Qualität von *mp3* eigentlich für die Musik, was wird hier alles weggelassen? Der Effekt ist vergleichbar mit dem Betrachten einer Fotokopie einer Fotografie. Wir sind nicht mehr wirklich in der Lage, uns auf das, was wir hören, auch zu konzentrieren: Wir hören klassische Musik, die absolut perfekt aufgenommen ist, aber wir hören sie auf *mp3*. Sogar Radiostationen fangen an, Musik als komprimierte Dateien zu spielen, anstatt von großen Datenbanken aus. Das ist wirklich ein Problem, und für mich beginnt es auch dadurch, dass man nur noch Aufnahmen in schlechter Qualität kriegt. Man hört auf, aufmerksam und bewusst zuzuhören, man hört nicht mehr, was in dem Sound wirklich präsent ist, geschweige denn hört man auf die Narration des Sounds.

FOCUS & ECHO 8

Mit: Peter Cusack, Christina Kubisch, Thomas Macho, Michaela Melián und Julian Treasure
Moderation: Walter Filz

Moderator:

Lassen Sie uns an dieser Stelle unsere Diskussion für das Publikum öffnen. Fragen, Anmerkungen?

Frage aus dem Publikum:

Ich heiße Anne Katrine Dolven. Ich denke an die Zukunft und ich frage mich, ob wir das Recht haben, den Sound unserer Zeit zu manipulieren. Alle, die hier sitzen, wurden im letzten Jahrhundert geboren. Vielleicht würden die Geräusche, die wir jetzt manipulieren, in der Zukunft als Geräusche von Sicherheit und Geborgenheit wahrgenommen werden. Der Ablauf der Zeit ist somit also wichtig. Gestern haben wir ein wenig über die Zeit als Material gesprochen. Es scheint mir, dass Sie, Herr Treasure, die Dimension der Zeit in Ihrer Denkweise vergessen haben. Eine sehr persönliche Erfahrung: Als mein Kind noch klein war, fragte es mich: »Kannst du in der Küche Geräusche machen? Dann kann ich einschlafen.« Vielleicht brauchen wir ja eine Spülmaschine. Wir produzieren Spülmaschinen heute, und um ihren Preis zu rechtfertigen, machen wir sie leise. Aber vielleicht gibt uns der Sound der Spülmaschine Sicherheit. Insofern denken Sie mit den Sounds, die Sie manipulieren, nicht an die Zeit als Material für die Zukunft: Welches Recht haben wir, dies zu tun?

Treasure:

Ich finde es interessant, dass, wenn Sie über Sound sprechen, das Wort »Design« plötzlich zu »Manipulieren« wird. Ich meine, wenn es um das Auge geht, sprechen wir auch nicht so darüber. Fühlen Sie sich durch Architektur manipuliert? Denn das werden Sie auf ähnliche Art und Weise. Ich denke, wir müssen da ein bisschen aufpassen, aber ich bin vollkommen einer Meinung mit Ihnen und komme nochmals auf denselben Punkt zurück: Ein Sound kann für eine Person oder eine Gruppe von Personen sehr wichtig sein, und es ist genau das, was Peter Cusack sagte: Wenn wir nicht aufpassen und wir Leute nicht danach fragen, verlieren wir das »Diing« der Busklingel oder den Sound der Waschmaschine. Und dies könnten sehr wichtige Klänge gewesen sein. Was Sie gesagt haben, ist also absolut richtig. Und noch mal: Ich glaube nicht an Manipulation. Ich glaube an bewusstes Zuhören und an den Versuch, an Klänge zu kommen, die produktiv, angebracht, angenehm sind.

Frage aus dem Publikum:

Mein Name ist Emilio, ich komme aus einem anderen kulturellen Hintergrund. In anderen Teilen der Welt, unter anderem da, wo ich lebe, in den Tropen, scheint es einen Mangel an Bewusstsein und Toleranz zu geben, denn es wird zu jeder Zeit und gleichzeitig sehr laute Musik gespielt. Wenn Sie an den Strand gehen, gibt es nicht nur einen, sondern mehrere Lautsprecher, aus denen laute Musik ertönt. Wenn man in einem Bus im Stau steckt, hört man ganz laute Reggaemusik und kann nichts dagegen machen. Warum ist das Ohr so viel toleranter als die Nase? Ich meine, wenn etwas schlecht riecht, reagiert man und läuft weg. Aber es scheint, dass wir sehr laute und nervige Klänge aushalten, ohne wegzugehen. Warum? Hat das kulturelle Gründe?

Moderator:

Eine Frage für Julian Treasure, Peter Cusack oder Thomas Macho?

Cusack:

Ich befürchte, dass kann ich Ihnen nicht beantworten. Ich meine, was Sie sagen, ist absolut wahr, aber der Grund dafür … Ich bin kein Experte in Psychologie oder Kulturpsychologie oder so. Aber ich bin mit Ihnen einverstanden, dass das sicherlich der Fall ist.

Macho:

Ein guter Freund von mir, Sam Auinger, hat mal in Dumbo, in dieser berühmten, neuen, sehr angesagten Gegend in der Nähe der Manhattan Bridge in New York, einen Soundscape gemacht und festgestellt, dass dort Lautstärken von nahezu 100 Dezibel erreicht werden, also das geht schon in Richtung einer startenden Rakete. Und er hat sich auch gefragt, was bringt Menschen dazu, so etwas zu tolerieren?

Auf der einen Seite könnte man natürlich sagen, dass es Makler gibt, die ein Interesse daran haben, Wohnungen zu verkaufen, und es nicht als eine Qualitätsminderung hinnehmen wollen, wenn es eine laute Gegend ist. Aber es muss noch etwas anderes geben, und das hat für mich sehr viel zu tun mit diesem »Ver-Un-bewussten«, dem »Unbewusst-Werden« von Soundeffekten. Das ist sozusagen die andere Seite der White Wall: *White Walls are beautiful,* aber wenn diese Wände plötzlich etwas ganz Bestimmtes mit mir machen sollen, dann ist der Hintergrund und also das, was ich nicht mehr wahrnehme, etwas ganz Bedrohliches.

Moderator:
Peter Cusack, Sie haben auf der ganzen Welt Sounds aufgenommen, Lieblingsklänge. Gab es einen Lieblingssound der Art »Mein Lieblingssound ist die Disko am Ballaballa-Strand« oder so etwas Ähnliches?

Cusack:
Ja, es gibt Menschen, die diese Sounds mögen, es gibt sogar Menschen in London und Berlin, die den Verkehr mögen. Aber sie haben dann normalerweise auch eine Begründung dafür. Zum Beispiel: »Ich mag den Verkehr nachts in der Ferne, weil er wie das Meer klingt« – was durchaus möglich ist. Deshalb ist es nicht gut, so ungenau in den Fragen zu sein. Man muss viel detaillierter sein.

Frage aus dem Publikum
Herr Cusack und Herr Treasure: Ihre Vision ist es, schönere Sounds für einen großen Prozentsatz der Menschen in der Welt zu machen. Das ist gut, es ist eine schöne Vision, aber wir als die jüngere Generation sind in der Lage, nicht zuzuhören und abzuschalten. Wir hören unbewusst. Wenn Sie einen neuen, schönen Sound designen würden, würden wir diesem bewusst zuhören. Aber was heißt das für die nächste Generation? Würden Sie für sie auch wieder einen neuen Sound kreieren? Und was würde passieren, wenn wir diesen Sound dann schrecklich fänden?

Treasure:
Ja, ich meine, in jedem Sound ist auch Zeit eingebettet, nicht wahr? Es gibt nicht so etwas wie Fotografie im Klang. Hermann Hesse hat, glaube ich, gesagt: »Musik ist Zeit, die ästhetisch wahrnehmbar gemacht wurde.« Ein Sound ist etwas, wodurch wir Zeit wahrnehmen.

Ihre Generation verhält sich im Vergleich zu meiner ganz anders – es gibt heutzutage viele gleichzeitige Inputs, es gibt drei Bildschirme, vier Bildschirme, auf die man schaut, und dabei redet man auch noch mit jemandem. Ich denke schon, dass darin eine Gefahr liegt.

Es gibt ein tolles Buch von Sherry Turkle, betitelt *Alone Together,* wo sie sagt, dass Technologie uns nicht näherbringt, sondern auf verschiedene Weise auseinandertreibt, da wir am Ende oftmals nur noch Schattenbeziehungen, *Facebook-*»Freunde« und so weiter haben, anstatt weniger und dafür tiefgründige Beziehungen. Das ist eine interessante These. Ich denke, es gibt eine Menge Lärm heutzutage. Und ich denke auch, es ist sehr traurig, dass wir das Zuhören nicht in Schulen unterrichten. Der Sound, der einen umgibt, hat nichts damit zu tun, wie man zuhört. Wenn wir Zuhören lehren würden, könnte jeder sich seine eigne Meinung darüber bilden, was ein guter Sound ist, und das auch noch lange, nachdem ich weg bin – das hätte dann nichts mehr mit mir zu tun.

Frage aus dem Publikum:

Eine Frage an das gesamte Panel: Ich fand diese Diskussion sehr faszinierend und versuche mal die verschiedenen Standpunkte hinter ihren Aussagen auszumachen. Ich finde es interessant, dass Peter Cusack als jemand vorgestellt wurde, der nicht behauptet, Kunst zu machen, und nun haben Sie, Herr Cusack, den Begriff des *Sonic Journalism,* also »Klang-Journalismus« geprägt. Dies könnte sehr gut mit dem, was Christina Kubisch und Michaela Melián tun, in Verbindung gebracht werden: Dokumentation. Und um es noch komplizierter zu machen, segelt Julian Treasure unter der Flagge des Designs. Also, Michaela Melián, die Art und Weise, wie Sie ihre Arbeit mit den *mp3*-Dateien beschrieben haben, ist das, was ein guter Sound-Designer auch machen würde.

Melián:

Ich habe dafür einen Sound-Designer gehabt, ja.

Frage aus dem Publikum:

Also: Wo sind Sie »verortet«, worin besteht bei der Arbeit mit Sound der Unterschied zwischen Kunst, Dokumentation und Design und warum ist er wichtig? Oder ist er überhaupt wichtig? Vielleicht ist er auch nicht wichtig, aber Michaela Melián hat ihren Vortrag begonnen mit den Worten: »Ich bin eine Künstlerin.«

Melián:

Ich würde sagen, die Grenzen sind natürlich fließend. Wie ich schon am Anfang von meinem Vortrag gesagt habe: Mein Projekt, das ich vorgestellt habe, ist ein *commissioned Piece.* Ich bin beauftragt worden, das zu machen, und die Produktion muss man vielleicht vergleichen mit einer Spielfilm-Produktion: Ich habe rund 120 Mitwirkende gehabt.

Jede Form, die hierbei verwendet wurde, ist wichtig: Ob das jetzt die Bearbeitung des Sounds war, die Aufnahme der Stimme und so weiter. Da gibt es ja unglaublich viele Möglichkeiten, wie man so was machen kann – ob ich hier sozusagen *Google Maps* benütze oder, wie ich's gemacht habe, eine Landkarte zeichne – das hat alles Bedeutung.

Ich bin eine Künstlerin, die genauso über die Kontexte nachdenkt, wie es vielleicht ein Designer macht. Und ich habe hier mit Designern zusammengearbeitet, ich habe mit Toningenieuren zusammengearbeitet, ich habe mit Schauspielern zusammengearbeitet, Regieassistenten und und und.

Heute arbeiten Künstler insgesamt sehr komplex, haben einen sehr hohen Rechercheanteil in ihrer Arbeit und befinden sich damit dann in einer Art künstlerischer Forschung – das lässt sich alles nicht mehr so leicht trennen.

Ich würde mich in diesem Panel hier eher so mit Christina Kubisch gemeinsam sehen: Dass wir nämlich an die Klänge glauben. Ich finde es die ganze Zeit so problematisch, wie hier der Begriff des *Noise* und des *Sounds* vermischt werden. Also, dass uns der Lärm in den Städten so bedrängt – aber eigentlich sind diese Geräusche in der Stadt auch ein ganz großes Versprechen, das sind sie im 20. Jahrhundert immer schon gewesen. Sie sind auch eine große Nahrung für die Avantgarde und Weiterentwicklung von Musik, und wenn man, wie ich, gerne zeitgenössische Musik hört, dann fließen eben Geräusche auch in die Musik ein, und sie werden dadurch thematisiert und unserer Aufmerksamkeit wieder zugeführt. Deswegen sind solche Arbeiten auch wichtig, damit man eben bei Apparaten und Maschinen nicht nur feindliche Strahlen und Lärmverschmutzung und Elektrosmog spürt, sondern dass man auch weiß, dass all diese Geräte eigentlich Hilfsmittel sind, Medien, die uns etwas erleichtern sollen. Aber sie haben natürlich, wie alles im Leben, auch eine schlechte Seite und damit muss man halt umgehen können.

Connor:

Ich wollte fragen, was die Teilnehmer des Panels über die Idee einer Schallbelastungspolitik denken. Vielleicht leben wir in einer Welt, in der es »sonores Kapital« gibt, bei dem es jedoch nicht darum geht, mehr zu haben, sondern um die Fähigkeit, weniger zu haben. Es scheint mir, dass, wenn Sie eine Karte von London erstellen würden, man mit enormer Genauigkeit sagen könnte, wo die Orte mit dem größten wirtschaftlichen Privileg sind, da dies Orte sind, an denen man sich dem Lärm und den Geräuschen entziehen kann. Man hätte große Gärten, wäre nicht in der Nähe einer Straße oder Autobahn. Ihre Wände wären nicht hauchdünn, man hätte keine lauten Nachbarn, man schickt die Kinder auf Schulen, in denen sie zuhören können.

Treasure:

Ich möchte nur sagen, dass du vollkommen Recht hast und das auch bewiesen ist. Unter den gesundheitlichen Auswirkungen von Schall und Klängen leiden normalerweise eher unterprivilegierte Menschen, da sie es sind, die unter Flugzeugrouten leben müssen. Sie leben neben Fabriken und so weiter, denn dort stehen die günstigsten Häuser. Das ist ein bewiesener Teufelskreis. Es gibt eine Studie, die zeigt, dass die Kinder, die unter Flugzeugrouten aufwachsen und erzogen werden, vier bis sieben Monate hinter Kindern, die an ruhigeren Orten leben, hinterherhinken in ihrer Entwicklung. Insofern sind die Auswirkungen auf die Bildung gleichzeitig gesundheitliche Auswirkungen. Es gibt also ganz sicher eine politische Dimension des Lärms.

Cusack:

Ja, das ist ein sehr wichtiger Punkt. Ich meine, es geht nicht nur um die Lärmpolitik, sondern auch um die Frage: Wer hat eigentlich die Kontrolle über die Klänge, über die wir keine Entscheidungsmöglichkeit haben, außer ihnen zuzuhören? Und einer der Gründe, warum ich instinktiv etwas zurückweiche, wenn Julian Treasure über Lautsprecher und öffentliche Plätze redet, ist wahrscheinlich, weil er – als ein Sound-Designer – ebenso wie die Ladenbesitzer, die Möglichkeit hat, Klänge zu kontrollieren, und ich mir sicher bin, dass die Kunden nie gefragt werden, was sie darüber denken. Wenn ich zum Beispiel zu einem Ladenbesitzer gehen würde und fragen würde: »Könnten Sie das ausschalten?«, würde ich wahrscheinlich wie ein Idiot behandelt werden.

Es gibt also bereits verschiedene Kontrollmechanismen, in dem Sinne, dass die Klanglandschaften bereits hergestellt werden. Es gibt zum Beispiel in London viele Vorschriften, die besagen: »Sie dürfen hier keine Musik spielen!«

In Bezug auf das Argument der Flugrouten: Ian Rawes hat eine Sound-Karte von London auf seiner Website erstellt[10] und die Korrelation zwischen den Wohnorten und Flugrouten zweier Londoner Flughäfen untersucht. Er verwendete Daten aus einer aktuellen Volkszählung in London und kartierte sie auf den Flugbahndaten. In der Tat verlaufen viele dieser Flugrouten über sehr reiche Teile Londons. Es ist also nicht ganz so offensichtlich korreliert, wie man denken könnte.

Treasure:

Zu dem, was Peter Cusack gerade gesagt hat: Ich sagte, dass einer der vier wichtigsten Sachen das Testen und nochmals das Testen ist. Das bedeutet Menschen zu fragen. Und ich habe außerdem alle ermutigt, sich über schlechte Klänge zu

---

10   www.soundsurvey.org.uk

beschweren. Das wiederum schließt ein, dass die Menschen, die die Klänge kontrollieren, auch zuhören. Und das alles funktioniert nicht, wenn dieser Ablauf unterbrochen wird, da stimme ich Ihnen völlig zu, Peter.

Frage aus dem Publikum:

Eine Anmerkung: Ist jemand von Ihnen schon mal im Dschungel gewesen? Ich habe drei Wochen im Dschungel gelebt, und der ist so viel lauter als jede Stadt, es gibt überhaupt keine Harmonie! Es ist wirklich sehr laut, die Affen und die Grillen, es ist unglaublich! Man hat keine Chance zu schlafen. Also, ich sehe mich als eine Person, die der jüngeren Generation angehört, und ich habe das Gefühl, dass man immer unter Druck steht, Avantgarde in der zeitgenössischen Kunst sein zu müssen. Also nimmt man einfach etwas Hässliches, lässt es so, wie es ist, und behauptet dann, es klinge wie *Musique concrète*.

Wenn man sich umschaut, merkt man, dass viele Künstler, die mit Musik und Klängen arbeiten, sich aus ihrer Umwelt, die sie umgibt, bedienen und dieses in einen künstlerischen Kontext setzen. Ich bin in der Nähe einer Autobahn, am Rande der Stadt aufgewachsen. Ich habe eine Menge Autos und U-Bahnen gehört und mache jetzt mit eben diesen Klängen elektronische Musik. Es ist mir wirklich sehr wichtig, aber andererseits gibt es physiologische, biologische Faktoren, denen man sich bewusst sein muss. Man kann es nicht leugnen: Wenn ich das direkt vor ihrem Gesicht mache *(schnippst mit dem Finger)*, ist das unangenehm. Niemand und kein Künstler dieser Welt wird dies jemals ändern.

Und zur Musik von Frau Kubisch: Sie klingt wie die 50-Hertz-Frequenz, die man die ganze Zeit hört, und zwar überall. Es ist ein fester Bestandteil unserer modernen Welt. Wenn sie moderne elektronische Musik hören, werden sie feststellen, dass diese Musik genau wie ihre Arbeiten klingt. Sie müssen sich bloß mal die Musik von vor zwanzig Jahren, vor zehn Jahren anhören, das frühe Genre der elektronischen Musik, das man *Clicks and Cut* nennt. Also diese ganze Debatte über »künstlich« versus »nicht künstlich, aber natürlich« ist ein bisschen albern.

Kubisch:

Ich denke, das war eine sehr schöne Zusammenfassung und ja, vielleicht haben wir Diskutanten hier oben ein wenig gegeneinander gekämpft, aber das, was uns alle vereint und hier am Wichtigsten ist, ist die Freude am Zuhören.

Treasure:

Ja, definitiv.

Kurzbiographien

Andreas Ammer: Autor, Journalist, Theater- und Hörspielmacher. Ammer veränderte mit seinen Produktionen in den Achtziger- und Neunzigerjahren die Ästhetik des Hörspiels grundlegend. Für »Apocalypse Live« und »Crashing Aeroplanes« wurde er mit dem Hörspielpreis der Kriegsblinden ausgezeichnet. Lebt und arbeitet in Berg am Starnberger See.

Kirsten Astrup: Künstlerin und Performerin. Studierte in Kopenhagen, Oslo, Paris und Berlin Bildende Kunst, Film, Rhetorik und Kulturwissenschaften. Ihre Arbeit besteht aus musikbasierten, ortsbezogenen Installationen, narrativen Videocollagen und Performances. Die Präsenz und Verwandlung der Künstlerin auf der Bühne und die Bewegungen der Besucher im Raum sind genauso Teil ihrer Arbeiten wie ihr Gesang und die von ihr entworfenen Kostüme. Kirsten Astrup lebt und arbeitet in Oslo und Kopenhagen.

Thora Balke: Künstlerin, Fotografin, Musikerin und Kuratorin. Sie hat seit vielen Jahren künstlerisches Interesse an Alltagsgeräuschen und Klang. 2009 auf Einladung von Michael Elmgreen und Ingar Dragset Teilnahme an der *Biennale* in Venedig (Nordischer Pavillon). 2011 Kokuratorin von *LIAF*, Norwegens einziger internationaler Kunstbiennale. Zusammenarbeit mit Magne Furuholmen. Lebt und arbeitet in New York und Oslo.

Steven Connor: Literaturwissenschaftler, Kunst- und Stimmtheoretiker, Radiopraktiker. Professor für englische Literatur an der Universität Cambridge. Autor zahlreicher Studien zu Themen wie Bauchrednerei, Stimme, Lärm und das hörende Ich. Zuletzt: *The Matter of Air,* eine Geschichte der Äthertheorie und -kunst. Lebt und arbeitet in Cambridge und London.

Peter Cusack: Musiker, *Field Recordist, Sonic Journalist* und Dozent am London College of Communication. Initiator der *Favourite Sounds*-Projekte (seit 1998), die auf der Basis von aufwendigen Umfragen Lieblingsgeräusche in Metropolen erforschen und künstlerisch auswerten. Außerdem: *Sounds from Dangerous Places*, eine Recherche über akustische Umwelten in ökologisch prekären Gebieten. 2011 Gast des DAAD Gastkünstlerprogramms, Berlin. Lebt und arbeitet in London und Berlin.

Martin Daske: Komponist, Klangkünstler und Musiker. Kompositionsstudium in den USA am Dartmouth College bei Christian Wolff, in Krakau und am Mozarteum Salzburg bei Boguslaw Schaeffer. Daske entwickelte neben seinem »normalen« kompositorischen Schaffen eine Form dreidimensionaler Notation (»folianten«) und 2010 eine weitere (»Notensetzen«). Zahlreiche Hörspiele und andere Radioarbeiten, zuletzt: *… und er zerdrückte weinend das Wölkchen der Zeit* (2012), Klanginstallationen, zuletzt *Memoiren eines Echonebels* (2010), Theater- und Filmmusiken. Als John Cages Enkelschüler versteht Martin Daske Zufälliges, Profanes und Beiläufiges als Chance zur Erzeugung neuer, unverbrauchter Klangbilder. Seine Kompositionen wechseln zunehmend von der Ein- in die Mehrdimensionalität und sind kein ein für allemal festgelegtes Endprodukt, sondern eine permanente Einladung an die Interpreten, mit dem vorgegebenen musikalischen Material zu »spielen.«

A K Dolven: Künstlerin. Arbeiten im Bereich Malerei, Film, Video und Sound, die weltweit in Ausstellungen, Sammlungen und Museen gezeigt werden. Mehrere ortsbezogene Klanginstallationen. Zuletzt: *Out of Tune* (Folkestone Trieniale 2011) und *JA, as long as I can,* (CCC Tours 2013; Edition Block, 2013). Demnächst akustische Großprojekte im Bodø Cultural Quarter, Norwegen, und in Cambridge. Von 2007 bis 2013 Professorin an der Kunstakademie Oslo. Lebt und arbeitet in London und auf den Lofoten.

Brigitte Felderer: Ausstellungskuratorin und Lehrbeauftragte an der Universität für angewandte Kunst, Wien. Langjährige Forschungen zur Geschichte, Erzeugung und Darstellbarkeit von Stimme. Felderer kuratierte die Ausstellungen *Phonorama* im ZKM 2005 und *The Sound of Art* (Museum der Moderne, Salzburg, 2008). Lebt und arbeitet in Wien.

Walter Filz: Autor und Journalist. Die Radioarbeiten von Walter Filz wurden mit diversen Preisen ausgezeichnet, darunter dem Prix Futura, dem Hörspielpreis der Kriegsblinden und dem Ernst-Schneider-Preis. Er leitet seit 2005 die Redaktion Literatur und Feature bei SWR2. Lebt und arbeitet in Köln und Baden-Baden.

Magne Furuholmen: Musiker, Bildender Künstler, Komponist für Opern-und Filmmusik. Mitglied der 2010 aufgelösten norwegischen Musikgruppe *A-ha*. Als bildender Künstler Beschäftigung mit Malerei und Grafik. Gründungsmitglied der Gruppe *Apparatjik,* einem Künstlerkollektiv, das in seinen Shows Kunst, Musik, Wissenschaft und Film zu einem Gesamtkunstwerk verbindet. Zuletzt: *The Apparatjik Light Space Modulator* zusammen mit dem Deutschen Kammerorchester (Deutsche Nationalgalerie, Berlin, 2011).

Michael Glasmeier: Kunsttheoretiker, Essayist, Ausstellungskurator und Professor für Kunstwissenschaft an der HBK in Bremen. Autor des Hörspiels *Kaputt* (1970). Zahlreiche Ausstellungen. Etwa: *Samuel Beckett/Bruce Nauman* (Kunsthalle Wien, 2000) oder *Diskrete Energien,* Ausstellung und Katalog anlässlich des fünfzigjährigen Bestehens der *documenta* (Kunsthalle Fridericianum Kassel, 2005). Veröffentlichungen zu den Themen Erzählen, Vergessen, Künstlerschallplatten, Kriminologie, Albernheit und visuelle Poesie. Lebt und arbeitet in Berlin und Bremen.

John Giorno: Performancekünstler und Dichter. Begründer der *Performance Poetry* und des Genres *Spoken Word.* Gründung des Labels *Giorno Poetry Systems* (1965). Giorno ist Initiator der ersten Telefonkunstaktion *DIAL-A-POEM* (1968 im MoMA), bei der täglich wechselnde Gedichte auf Anrufbeantwortern abgefragt werden konnten. Lebt und arbeitet in New York.

Heiner Goebbels: Musiker, Komponist und Theatermacher. Kompositionen für Ensemble und großes Orchester (*Surrogate Cities* u. a.), Hörstücke, oft nach Texten von Heiner Müller (z. B. *Die Befreiung des Prometheus*), szenische Konzerte (*Der Mann im Fahrstuhl, Eislermaterial*), Musiktheater (*Schwarz auf Weiß, Max Black, Eraritjaritjaka, Stifters Dinge* u. v. a). Zahlreiche CD-Veröffentlichungen und Publikationen, u. a. *Ästhetik der Abwesenheit – Texte zum Theater.* Zahlreiche internationale Schallplatten-, Hörspiel-, Theater- und Musikpreise, u. a. *International Ibsen Award* 2012. Professor am Institut für Angewandte Theaterwissenschaft der Justus-Liebig-Universität Gießen und Präsident der Hessischen Theaterakademie. Künstlerischer Leiter der *Ruhrtriennale – International Festival of the Arts* 2012/2013/2014. Heiner Goebbels lebt in Frankfurt am Main.

Marie-Luise Goerke: Autorin und Hörspielmacherin. Gründete 2002 mit dem Toningenieur und Musiker Matthias Pusch die Firma *Serotonin*, ein Radiokunstduo, das für seine aufwendig produzierten, fiktionalen und halbdokumentarischen Arbeiten bekannt ist und zahlreiche Original-Hörspiele und künstlerische

Features im eigenen Studio realisiert, u. a. über »Freeter« in Japan (*Heimatlos – Tokios digitale Tagelöhner*, 2011) und Performances im Stadtraum (*Buddenbroichs*, 2011), zahlreiche Hörbücher sowie Klang- und Rauminstallationen (*The Walk-In Archive*, 2011). Das Duo lebt in Berlin und arbeitet zurzeit an neuen Hörspielformen für Ausstellungen und ethnologische Sammlungen.

Frank Halbig: Dramaturg und Klangkünstler. 2006/2007 Gastkünstler am ZKM Karlsruhe, seit 2007 Dramaturg für Hörspiel und ars acustica beim SWR. Leiter des Bereichs Medienkunst/Sound an der Staatlichen Hochschule für Gestaltung, Karlsruhe. Er realisierte diverse Projekte im Bereich der elektroakustischen Musik, Hörspiel, Medienkunst und Theater, sowie Installationen und Konzerte. Lebt und arbeitet in Karlsruhe.

Gaby Hartel: Kulturwissenschaftlerin, Radioautorin, Autorin und Mitherausgeberin von Monographien und Aufsätzen zur Medienästhetik des Radios, der körperlosen Stimme und von ortlosen Geräuschen. Radiosendungen und Ausstellungen zum Grenzbereich zwischen Literatur und zeitgenössischer Kunst, zur Ästhetik des Radios und zur Stimme als Medium, zu Samuel Beckett, zur Albernheit und zur *Dark Modernity*. Mehrere Ausstellungen zu diesem Themenkreisen, z. B. *Samuel Beckett/Bruce Nauman* (Kunsthalle Wien, 2000, mit anderen), *SOUNDS – Radio. Art. New Music* (nbk 2010, mit anderen), A K Dolven: *JA as long as I can* (CCC Tours; Edition Block, Berlin 2012). Seit 1999 Konzeption und Durchführung von Radiokunstprojekten und Hörkunstfestivals (Kulturstiftung des Bundes, Akademie der Künste). Seit 1989 freie Journalistin für die taz, epd-medien, Theater der Zeit. Vorträge und Lehre am St. John's College Oxford, an der Kunstakademie Oslo, Hochschule für Künste Bremen, FU Berlin, Reading University, Universität Kassel, Wissenschaftskolleg Berlin. Prix Italia (mit anderen) für *My Body in Nine Parts* (2009). Lebt und arbeitet in Berlin.

Reinhild Hoffmann: Choreographin, Tänzerin und Opernregisseurin. Hoffmann gehört zu der Pioniergeneration des deutschen Tanztheaters (mit Susanne Linke, Pina Bausch, Gerhard Bohner und Johann Kresnik). Ausbildung an der Folkwang-Hochschule Essen bei Kurt Jooss. Ihre Stücke, die zunächst am Bremer Theater (1978–1986), dann am Schauspielhaus Bochum (1986–1995) entstanden, wurden auf vielen internationalen Gastspielen gezeigt. Seit 1995 freischaffende Choreographin und Regisseurin. Der Schwerpunkt ihrer Arbeit hat sich auf Regie im Musiktheater verlagert. Zu ihren Inszenierungen gehören u. a. *Don Giovanni* (Mozart), *Tristan und Isolde* (Wagner), *Salome* (Strauss), die Uraufführungen von *Begehren* (Furrer), ausgezeichnet als »Uraufführung des

Jahres 2003«, *Ein Atemzug – die Odyssee* (Mundry), »Uraufführung des Jahres 2005«, und die Schweizer Erstaufführungen der Stücke *Die tödliche Blume* 1999 und *Macbeth* (Sciarrino) 2004. Reinhild Hoffmann wurde mehrfach mit Auszeichnungen gewürdigt.

Herbert Kapfer: Leiter der Abteilung Hörspiel und Medienkunst im Bayerischen Rundfunk. Herausgeber der CD-Reihe *intermedium records*. Veröffentlichung von CD-Editionen, u. a. Rolf Dieter Brinkmann: *Wörter Sex Schnitt,* Robert Musil: *Der Mann ohne Eigenschaften. Remix* (beide mit Katarina Agathos). Herausgeber und Autor zahlreicher Publikationen zu den Themen Hörspiel, Medientheorie, Dada und Exilforschung, u. a. *Vom Sendespiel zur Medienkunst; Intermedialität und offene Form; Dada-Logik 1913–1972/Richard Huelsenbeck.*

Doris Kolesch: Theater- und Literaturwissenschaftlerin sowie Professorin für Theaterwissenschaft. Lehr- und Forschungstätigkeit an der Johannes-Gutenberg-Universität Mainz, dem interdisziplinären Graduiertenkolleg *Theater als Paradigma der Moderne* und an der Freien Universität Berlin. Autorin und Mitherausgeberin diverser Publikationen, u. a. *Stimm-Welten. Philosophische, medientheoretische und ästhetische Perspektiven* (transcript, 2009), *Stimme. Annäherung an ein Phänomen* (Suhrkamp, 2006) und *Kunst-Stimmen* (Theater der Zeit, 2004). Doris Kolesch lebt und arbeitet in Berlin.

Christina Kubisch: Komponistin und Klangkünstlerin, bis Sommer 2013 Professorin für Audiovisuelle Kunst an der HBK Saar. Agiert in ihren Werken mit verschiedenen Räumen, gestaltet fiktive Räume aus elektronischen Materialien oder entwirft mithilfe von Sound und Licht die Idee einer fiktiven Natur. 2008 Ehrenpreis des Deutschen Klangkunstpreises. 2013 residierende Stadtklangkünstlerin der Beethovenstiftung in Bonn. Lebt und arbeitet in Hoppegarten bei Berlin.

Michael Lentz: Autor, Musiker, Literaturperformer. Professor am Literaturinstitut der Universität Leipzig. Zuletzt veröffentlicht: *Offene Unruh* (Gedichte), *Textleben* (Essays) *Atmen Ordnung Abgrund* (Frankfurter Poetikvorlesungen). Zahlreiche Hörspiele und CDs. Lebt und arbeitet in Leipzig und Berlin.

Thomas Macho: Kulturwissenschaftler und Philosoph, Professor für Kulturgeschichte an der Humboldt-Universität zu Berlin. Mitarbeit an Ausstellungsprojekten im Hygienemuseum Dresden. Veröffentlichungen zur Stimme, zum Wetter, über die Geschichte der Zeitrechnung, die Kulturgeschichte der Mensch-

Tier-Beziehungen sowie über die Ästhetik des Monströsen. Macho schreibt für die Neue Zürcher Zeitung, Die Zeit und andere Printmedien. Zahlreiche Buchveröffentlichungen, u. a. *Kulturtechniken der Synchronisation* (Fink, 2013) und *Zwischen Rauschen und Offenbarung. Zur Kultur- und Mediengeschichte der Stimme* (Akademie Verlag, 2002). Lebt und arbeitet in Berlin und Linz.

Thomas Meinecke: Autor, DJ und Musiker in der Band *Freiwillige Selbstkontrolle (F.S.K.)*. Ab den 1990er Jahren schreibt Meinecke Romane, u. a. *Tomboy* (1998), *Musik* (2004) und *Lookalikes* (2011). 2008 erhielt er gemeinsam mit David Moufang den Karl-Sczuka-Preis für das Stück *Übersetzungen/Translations*. 2012 hielt Meinecke die Frankfurter Poetik-Vorlesungen. Lebt und arbeitet in Berg bei Eurasburg.

Michaela Melián: Künstlerin, Musikerin, Mitglied der Band *F.S.K.* Zahlreiche internationale Einzel- und Gruppenausstellungen. Professorin für zeitbezogene Medien an der HFBK Hamburg. Melián arbeitet mit verschiedenen Medien, wie Zeichnung, Objekten, Fotografie, Film, Musik und Wort. In ihren Rauminstallationen entwickelt sie vielschichtige Erinnerungsfelder und komplexe Verweissysteme, in denen akustische Kompositionen und rhetorische Strukturen eng miteinander verwoben sind. Ihre Arbeit *Föhrenwald* wurde 2005 mit dem Hörspielpreis der Kriegsblinden ausgezeichnet und *Speicher* 2008 zum Hörspiel des Jahres gewählt. Das Medienkunstwerk *Memory Loops*, Hörspiel des Jahres 2010, erhielt 2012 den Grimme Online Award. Lebt und arbeitet in München und Hamburg.

Kaye Mortley: Featureautorin und Regisseurin. Mortley arbeitet als freie Autorin in Paris für die Australian Broadcasting Corporation, France Culture und ARD. Für ihre assoziative Erzählweise wurde sie mit diversen Preisen ausgezeichnet, darunter der Prix Futura und der Prix Europa. Lebt und arbeitet in Paris.

David Moufang *(Move D)*: Komponist, Klangkünstler und Musiker. 1992 Gründung des Labels *Source Records* mit Jonas Grossmann. Seit 1996 immer wieder Zusammenarbeit mit dem Goethe-Institut. 1996 Gründung des zweiten Labels *KM20* (mit Jonas Grossmann). Komposition zahlreicher Musiken im Auftrag des Bayerischen Rundfunks für Hörspiele und Medienkunstprojekte. 2008 Karl-Sczuka-Preis (gemeinsam mit Thomas Meinecke) für »*Übersetzungen/Translations*«.

Martina Müller-Wallraf: Dramaturgin, Journalistin und Leiterin der Hörspielredaktion des WDR. Zusammenarbeit u. a. mit Christoph Schlingensief,

Schorsch Kamerun, Andreas Ammer und *FM Einheit, Console,* Paul Plamper und *Rimini Protokoll.* Lebt und arbeitet in Köln.

Mark Ravenhill: Hausautor der Royal Shakespeare Company. Zu seinen Stücken zählen: *Shopping and Fucking, Product, Pool (No Water), Shoot/Get Treasure/Repeat* und *The Experiment.* Ravenhill schreibt regelmäßig über kulturelle Entwicklungen für den Guardian und arbeitet derzeit im Auftrag der Norwegischen Nationaloper.

Kate Rowland: Radiomacherin, Kreativchefin der Gruppe *New Writing* bei der BBC und Vorsitzende des *BBC Writersroom.* Sie war Leiterin der Hörspielabteilung der BBC und ist Schirmherrin des *Writers Prize,* einer Auszeichnung für junge Autoren in den Bereichen Drama und Comedy. Lebt und arbeitet in London.

Hans Sarkowicz: Leiter des Ressort Literatur und Hörspiel von *hr2-kultur.* Lehrt an der Johann-Wolfgang-Goethe-Universität Frankfurt am Main, Institut für Allgemeine und Vergleichende Literaturwissenschaft. Diverse Veröffentlichungen und Biographien u. a. über Erich Kästner und Heinz Rühmann. Mitherausgeber der Werke Kästners sowie Autor von rundfunkhistorischen Publikationen, etwa über alliierte Rundfunkpropaganda im Zweiten Weltkrieg und das Radio während der NS-Zeit.

Mirjam Schaub: Professorin für Ästhetik und Kulturphilosophie an der Hochschule für Angewandte Wissenschaften Hamburg. Studierte Philosophie, Politikwissenschaft und Psychologie in Münster, München, Paris und Berlin. Besuch der Deutschen Journalistenschule München, Ausbildung zur Redakteurin. Seit 1991 freie Journalistin für taz, freitag, ZEIT, Magazin der Süddeutschen Zeitung und FAZ. Sie forschte u. a. in Paris und Edinburgh und lehrte an der FU Berlin und TU Dresden. 2001 promovierte sie über Gilles Deleuze (Kino- und Ereignisphilosophie), 2009 habilitierte sie über Logik und Praxis des Beispielgebrauchs in Philosophie und Ästhetik. Aktuell interessiert sie sich für Praktiken des ubiquitären Selbstgebrauchs von Radikalität als Verletzung der symbolischen Ordnung. Diverse Publikationen zur Kunst von Mathew Barney und Janet Cardiff, u. a. *The Walk Book* (Verlag der Buchhandlung König, 2005). Lebt und arbeitet in Hamburg und Berlin.

Hans Burkhard Schlichting: Begann nach dem Studium seine Tätigkeit als freier Rundfunkautor beim hr und Dramaturg im Suhrkamp-Theaterverlag.

1981–2010 Chefdramaturg der Hörspielredaktion des SWF/SWR. 1999 bis 2014
Sekretär des Karl-Sczuka-Preises. 1999–2010 Mitglied der *Ars-Acustica-Gruppe*
der European Broadcasting Union (EBU) in Genf. Zahlreiche Rundfunksen-
dungen, Editionen und Forschungsbeiträge über moderne Literatur, Hörspiel
und Medienkunst. Lebt und arbeitet in Baden-Baden.

Tino Sehgal: Bildender Künstler. Seghal war auf der *documenta 13* vertreten
und erhielt den Goldenen Löwen der *Biennale Venedig* 2013. Seine Kunst besteht
aus Begegnung und existiert in dem Moment, in dem die Besucher Sehgals auf
die Performer treffen. Von diesen Momenten gibt es auf Wunsch des Künstlers
keine Dokumentationen. Lebt und arbeitet in Berlin.

Ekkehard Skoruppa: Hörspieldramaturg und Leiter der Abteilung *Künstlerisches
Wort* (Hörspiel, Literatur und Feature, Künstlerische Produktion) beim Südwestrundfunk (SWR). Leiter und Moderator im *Literatur-Atelier,* Köln (gemeinsam
mit Liane Dirks), Mitherausgeber der Edition *Kölner Texte,* Festivalleitung der
ARD Hörspieltage. Seit 2015 Sekretär des Karl-Sczuka-Preises. Diverse Auszeichnungen, darunter der Kurt-Magnus-Preis der ARD 1989 und Prix Italia 1998.
Lebt in Gernsbach bei Baden-Baden.

Daniel Teruggi: Elektroakustischer Musiker und Klangforscher. Zahlreiche Ton-
bandkompositionen (u. a. *Aquatica, Variations Morphologiques, Voix Fugitives*)
und Kompositionen »gemischter«, d. h. elektroakustisch-instrumentaler Musik
(u. a. *E Cosi via* für Klavier und Tonband, und *Le Cercle* für Klavier, Flöte, Kla-
rinette und Tonband). Seit 1997 Leiter Groupe de Recherches Musicales des
L'Institut National de l'Audiovisuel (GRM-INA) in Paris.

Ute Thon: Kunstmarktexpertin und Textchefin der Zeitschrift *art.* Vor Ihrem
Wechsel zu Gruner + Jahr nach Hamburg lebte die Diplom-Kommunikations-
wirtin zehn Jahre in New York, zunächst als Reporterin für *Vogue,* später als
US-Korrespondentin für *art.* Zu Ihren Spezialgebieten zählen der Kunstmarkt
und die amerikanische Nachkriegskunst. Ihre Reportagen, Interviews, Kolum-
nen und Essays aus den Bereichen Kultur und Gesellschaft erschienen auch in
der FAZ, Frankfurter Rundschau, Basler Zeitung, Woche, Stern, Kunstforum,
WDR, hr und RTL. Lebt und arbeitet in Hamburg.

Julian Treasure: Sound-Designer, Musiker, Autor und Unternehmer. Autor des
Buchs *Sound Business,* Vorsitzender der *Sound Agency,* einer englischen Sound-
Consultingfirma mit Kunden wie BP, Harrods, Nokia, Honda, Nestlé und BAA.

Seine Arbeit handelt davon, das Sound-Design zu optimieren, an die jeweiligen Bedürfnisse anzupassen und mit visuellen Strategien abzustimmen. Lebt
und arbeitet in Surrey.

Peter Weibel: Bildender Künstler, Kurator sowie Kunst- und Medientheoretiker.
Ab 1964 performative Aktionen, welche die »Medien« und interaktive elektronische Umgebungen untersuchen. Aktionen mit Vertretern des Wiener Aktionis-
mus, ab 1966 Arbeit mit Valie Export, Ernst Schmidt jr. und Hans Scheugl an
einem »erweiterten Kino«. Ab 1976 Lehrtätigkeit an zahlreichen Hochschulen,
seit 1999 Vorstand des ZKM. Lebt und arbeitet in Karlsruhe.

Jenni Zylka: Sie schreibt Romane (Rowohlt Verlag) und Drehbücher und als
Kulturjournalistin für u. a. taz, Tagesspiegel und Spiegel Online, moderiert Film-
gespräche/Pressekonferenzen (Berlinale, FF Emden, FF Dresden), ist Grimme-
Jurorin, FSF-Gutachterin, Dozentin für Journalismus. In ihrer Sendung *Wort-
Laut Homestory* (WDR3) besucht Zylka Autoren zu Hause (Deutscher Radiopreis
2011 in der Kategorie Beste Sendung). Lebt und arbeitet in Berlin.

Übersetzungen aus dem und ins Englische:
Thora Dolven Balke – Lena Baumann – Annika Eisenberg – Jacob Engert – Gaby
Hartel – Uta Kornmeier – Alan Miles – Julia Rilling – Laurie Schwartz – Gratia
Stryker – Charlotte Titze.

Words of Welcome

Ten years of *ARD Hörspieltage* – a small, but grand anniversary. Since its launch by the broadcasting directors of ARD and Deutschland Radio in 2004, this event has developed into the most prominent festival of extended radio drama in the German-speaking world. To mark this anniversary, *ARD Hörspieltage* presents two very unique projects. These are the first ever radio drama by theatre director, choreographer, scenographer and author Robert Wilson – and the symposium "Choreography of Sound – Between Abstraction and Narration".

The symposium invites national and international artists, academics and dramaturges to think about the materials that constitute radio drama: Sound and noise, voice and music. The team around the two curators Gaby Hartel and Marie-Luise Goerke has worked intensively to put together a rich programme. The aim and possible outcome is to extend radio drama and make it possible for different art forms to meet. Through this exchange between references and presentations we are confident that new ideas and observable impulses specific to the art of radio will emerge.

This symposium, along with the Hörspieltage as they exist today, would not be possible without the support of long-time partner ZKM/Centre for Art and Media technology (Zentrum für Kunst und Medientechnologie), as well as the Karlsruhe University of Arts and Design (Staatliche Hochschule für Gestaltung Karlsruhe). They deserve special thanks – as does the German Federal Cultural Foundation which has included the symposium and Robert Wilson's radio drama project in its funding programme.

Ekkehard Skoruppa (SWR2) and Hans Sarkowicz (hr2 Kultur)
– Festival direction –

Preface

Artistic invention, scientific insights and the actual seeking of traces that remain solitary endeavors or exclusively within a circle of like-minded people, might very often be no more than a backslapping ego boost and unproductive repetition. But in the open and generous exchange with representatives from different disciplines on a topic that is common to all, lies the chance to reconsider one's own position, to take in crucial impulses and to fathom new opportunities.

We, the curators, are of the same opinion as the initiators of the symposium, Ekkehard Skoruppa (SWR), Prof. Peter Weibel (ZKM) and Hans Sarkowicz (HR), and so we gladly accepted their invitation to devise the program for this interdisciplinary and international symposium on the Choreography of Sound. To us the symposium provided the opportunity to concentrate all our practical and theoretical interests as well as our own artistic approach and introduce them to an interested public by way of noted protagonists from the fields relevant to us. During the conceptual stage of this two and a half day long marathon of performances, lectures and conversations, it was crucial to involve not only renowned representatives from different artistic, scientific and economics-based disciplines, but also to include young academics. From the outset, we saw students as being part and parcel of the target audience, and thus their active presence in the realization of the festival conference was very close to our hearts. We are happy that two departments of the HFG Karlsruhe, Fine Arts and Media Philosophy, as well as the Media Art/Sound department, were brought close to the symposium through a special seminar that was administered by Mareike Maage and Frank Halbig, which was able to invest the audience discussions with an engaged, challenging and focused depth and to uphold the programmatic title of this format: *Focus & Echo.*

Students of the Department of English and American Studies at the Goethe-Universität Frankfurt did an invaluable job as well. They were available to our English speaking guests as mobile interpreters on the podium, in the hall and at the coffee bar alike. Without this active language mediation, not only the discussions and panels, but also the presentations and keynotes, would not have been able to prepare the ground which is vital for an profound encounter.

The year 2013 proved to be an ideal point in time to commemorate essentials of the cultural history of listening across genres, of sound design or incidental sounds, of the sound of voice and of dealing with the performative corporeality in an apparent or real immateriality.

This was because a hundred years ago, in March 1913, Luigi Russolo demanded the expansion of the definition of acoustic art in his emphatic manifesto *L'arte dei rumori*. Russolo was not the first to elevate noise as equal to music though. Orlando Gibbons had already walked through London with open ears in the 17th century and found in the *Cries of London* everyday sounds as material for his compositions. However it was Russolo who put his case the most loudly, drowning out all others. A glance at history shows the waves of interest which the arts had in the acoustic, in the incorporation and transformation of everyday realities, in something seemingly so immaterial and atmospheric. At times the interest would rise, then it would ebb away again. A sign of the rapid rise of interest beginning in the early 2000s is shown by major events such as the *documenta 13*, the *Biennale* in Venice 2013, brand new, special fields of research and conferences[1], transmedia exhibitions, and also a vast number of individual artist's projects.

2013 also marked a special anniversary for the *ARD Hörspieltage*. This important radio drama event for German-speaking countries, which is organized and carried out in cooperation with the ZKM, the Karlsruhe University of Arts and Design (HfG), the ARD and DRadio (central coordinator: SWR/HR), celebrated its 10th anniversary in November 2013.

During an acoustic experience, the artistic use of voice, language, speech, movement, sound, noise and music play an important role. This is not surprising, since it is through the ear that unfiltered acoustic and spatial information reach deeper layers of consciousness, accessing memories, emotions, and – more concrete – entering the corporeal centre for orientation. With sound, many things can be traced, narrated and depicted immediately. For instance the knowledge of contemporary history can be linked to private history by using aural research results without the slightest effort, as the latest research studies on the narration of WWI prove. According to Rudolf Arnheim, the voice as the "earthly profile of human beings" ("irdischer Steckbrief des Menschen"), brings the body with it,

---

1   To name only a few iconic examples: *Shhh … Sounds in Spaces,* Victoria & Albert Museum 2004; *Phonorama – Eine Geschichte der Stimme als Medium,* ZKM 2004; *SOUNDS – Radio Kunst Neue Musik,* Neuer Berliner Kunstverein 2010.

directly into space – even if the stage, the place of the installation, or the public space might otherwise be deserted.

Thus, many artists work with the acoustic, in order to add this quality of an intense and dense experience to their works, and to connect message and reception more closely.

Noise or sound is rarely clear and unambiguous, and paradoxically it is precisely this ambiguity that touches us instantly and immediately. This ambiguity of the acoustic does not limit the possibilities of interpretation but contains the freedom for an individual reaction, linking passive reception with active participation. Just like a certain odour or the texture of something can suddenly bring to life things from days long gone, so our ear is incapable of resisting this force of memory.

And it is not only personal memory lines that are brought to the surface of conciousness through sound, but also further reaching and general designations:

For instance in "Out of Tune", a work by the artist A K Dolven, we do not only hear the sound of a 500 year-old bell, we also literally hear its reception by the bell's contemporaries. This "double entendre" of sound reception is picked up in a different way in Thora Balke's presentation, where she introduces the little known English sound pioneers Daphne Oram and Delia Derbyshire. These 'workers in sound' drew their creations of sound and noted them graphically – and thus they did not only leave their electroacoustic compositions behind, but physically inscribed them very individually and directly in their notational system. This could be understood as an acoustic precursor of today's tagging. The pioneers succeeded in distributing aesthetically highly complex electronic avantgarde music to extremely popular TV and radio shows via their soundtrack compositions.

The artist Christina Kubisch takes the opposite path to some extent. Her acoustic interventions deal less with eliciting designed sounds from a vast space of artistic imagination, rather more she lets the audience hear the existing electromagnetic sounds of our environment. In doing so, she achieves two things In the tradition of the 20th century Avantgarde she uses new technology to free "disruptive noise" to become coincidental composition, and at the same time she draws our attention to the very fact that we cannot escape noise or unpleasant sounds. We need to remove ourselves physically to escape them.

Studies on cultural history, philosophy but also applied marketing communication deal with this phenomenon, and, – as one might assume with regard to cultural and educational policies, they don't always disagree. From time to time there are surprising overlaps, too. This was for instance the case when philosopher Thomas Macho met the advertiser Julian Treasure. Both are interested in the manifold and individual perception of language, noise or sound in public spaces and advocate an increased awareness of the acoustics of space. Thomas Macho calls our attention to the consequences of an ubiquitous and inflationary use of sounds and to the danger of acoustic non-awareness. In doing so, he fights for conscious listening and a conscious use of sound. Sound designer Julian Treasure shares this concern and argues for a good design of the acoustic environment in such a way that architects should not develop their constructions according to coincidental optical design choices but take more care in planning and creating their structures. Treasure's London office works mainly with global and consumer-oriented large companies and his statements prompted critics to point to the dangers of manipulation. Peter Cusack turns to the problem of the generalization of sound preferences. A sound that might be pleasant for one can be a dissonance for another and vice versa. Cusack, who has been collecting "favourite sounds" in numerous surveys since 1998, gives us not only a fascinating and intimate glimpse into everyday life of people around the globe. He also points out that the only constant in his investigation is the diversity of sounds, which highlights the potentially explosive nature of centrally controlled and functional sound design in public places.

In a similar way the discussion in other areas of the symposium proved to be just as critically interwoven in thematic and productive ways. On the first day the panel entitled *"Plucked From the Public Air"* dealt with fundamental research on anything radio. Here, theory entered into a dialogue with artistic practice. While host Peter Weibel and Brigitte Felderer took different perspectives on the question as to what has sounded out through public air (through the centuries), the poets/authors Michael Lentz, Thomas Meinecke and John Giorno presented their positions by way of their dramatized *"Word Art"*. In a discussion with pop critic Jenny Zylka, the pop musician and visual artist Magne Furuholmen presented his aesthetic strategies for including the audience in his work.

In the workshops that followed, participants created their own pieces of art. An internationally staffed panel of radio play dramaturges and authors (Kate Rowland, Martina Müller-Wallraf, Kaye Mortley, Herbert Kapfer, Mark Ravenhill) explored the question of what radio art means today. Is it narration? Artistic feature? Or experimentation with words, sounds and performances?

On the second day *"Listening to the Arts"* was in the spotlight. Here, philosophy met New Music and those visual arts that are working with sound. Besides the already mentioned artists Thora Balke and A K Dolven, the philosophical side was spoken about and discussed by Steven Connor and Mirjam Schaub, the composers Martin Daske, Daniel Teruggi, the author Thomas Meinecke, the artist Tino Sehgal and the dramaturge Hans Burkhard Schlichting. In her workshop, Julia Tieke demonstrated her mini radio format *"Wurfsendung"* both aurally and visually, while William Engelen asked for sound memories and had pieces composed from them in his project *"'My Piano Teacher'. How Stories and Memories Are Turned Into Music"*. The art historian Michael Glasmeier took an inspiring look at the history of onomatopoieses during the renaissance and baroque eras and Heiner Goebbels shared his multidimensional practical experience of the dramatization of sound and image with the audience. The Panel *"Watching the Unseen"*, staffed with theatre scholar Doris Kolesch, the artists Kirsten Astrup and Reinhild Hoffmann as well as the author Andreas Ammer, dealt with the artistic potential of the invisible as seen from the point of view of cultural studies, visual arts, opera and radio drama.

On the final day, *"Sounds in Public Spaces"* broadened the perspective on the artistically designed to cover the coincidental sound in public space. Here, Michael Melián's history-based intervention *"MemoryLoops"*, which draws on archival material, met head to head with the other already mentioned and only partially contrary positions of artists, philosophers and sound sociologists, as well as a member of the acoustic advertising industry.

Where does radio art stand in this context?

Radio has specialized in the artistic, documentary or realistic representation of the world through acoustic design since 1923. It is the chameleon amongst media, swift and constantly changeable. Mobility, agility, openness and the mass appeal of radio has always attracted artists because all of this stands for a specificity that Richard Kostellanetz, with regard to John Cage, has called "polyartistic". One topic of our symposium was how radio drama, as the quintessential form of radio and a polyartistic medium, has provided a playing field for other forms of art since its invention. As a look at older as well as more recent media history shows, radio art is the first-built, artistic house of sound that brings together all previously asked questions under one roof. For good reason radio art was not only the starting point and driving force of the entire symposium, it was the initiator. And so it was logical to ask how the other arts – literature, theatre, visual arts, New Music and opera have turned or are turning towards the acoustic as well.

As a consequence, *Choreography of Sound* related radio drama to the other arts. In this encounter with different disciplines the aesthetic possibilities of the acoustic were sounded out and new developments picked out as the central theme. Radio dramatists met sound poets, theorists, theatre-makers, authors, composers and performance artists, whose works transcend traditional genre boundaries. We investigated how sounds, noises, language, rhythm and music

figured in their works and in their thinking. And how new technological circumstances influence forms of narration and reception. In addition, we wanted
to know what happens between the two extreme positions of documentary-sen-
sitive field recording and that of "aggressive marketing leisure sound", especially since the latter often operates using the same knowledge and the same
means as the arts.

This brings up certain questions, such as whether communication and interaction that is initiated by art is increasingly orientated towards the international
internet world, or whether it is also – as an opposing trend – returning to the
analogue and auratic experience that cannot be retrieved, as has been show-
cased by several art projects of recent years. The question is also whether this
can actually be called an opposing trend at all, or whether the recorded and
replicated art work had developed its own medial aura right from the beginning, as early media theorists from Kurt Weill to Rudolf Arnheim have noted.

The productive tension, the sound vibrating between dramatic art as well as
the visual arts and the acoustic, is and has been inspiring and stimulating and
has by no means faded away yet. And so the city space researcher Iain Sinclair's
remark still holds true; that we just need to listen more carefully!

Gaby Hartel and Marie-Luise Goerke
– Festival curators –

Plucked From the Public Air[2]: Assessing the Essence of Radio

Radio breathes the public air, it is both social space and medium of transmission. From its inception it has been characterized by its densely heterogeneous programming and the audience has since been free to act as it will and take what they find interesting from the "ether" created by radio.

A main protagonist of this medium is the art of language, which through the technology of radio becomes audible in the most varied of forms.

The first day of the symposium is given to fundamental research. We shall ask where is radio art in relation to media art? What were the thoughts behind recording sound and voice before technical storage and transmission became possible? How alive is the word as the building block of radio art? Who or what narrates in radio? Is it the language, sound itself, or the sequencing of sounds? Is it the authors, under the auspices of dramaturges? Or perhaps it is the participating audience. Which rules do the stories adhere to? Is it those of the classical five acts, those of the exciting story? Or perhaps it is more akin to the rules of play in pop-music?

Gaby Hartel and Marie-Luise Goerke

---

2   From *An Equal Music* by Vikram Seth.

KEYNOTE Peter Weibel: Radio Art as Media Art

Ladies and gentlemen, today I would like to talk about radio as media art. That is, about a radio that really reaches its peak, finds its inner self, when radio is truly radio. Radio is truly radio not as a mass medium but as an art medium. To me, as chairman of the Centre for Art and Media Karlsruhe (ZKM), radio is only at its best when it is art.

Radio is not just a medium of history, which reports about history, but radio has the capability to write history itself. Radio does not only report about art, it has the capability to be art itself, a medium of art. To support the claim that radio is capable of being art and making history and making art and being history, there is an exemplary radio event from 1938. You all know it: *War of the Worlds* by H. G. Wells and Orson Welles. I will not go into detail about the well-known content of this radio drama but explain what constituted the legendary success of this piece. This radio play has shown us that radio is not only an artistic medium of literature but it has been a medium of sound and music from the outset. Thus, radio as a medium of art is an experimental system.

At the same time it is not only a medium of production but – and this is important – a medium of distribution as well. It is a multiple medium that provides opportunities of production and distribution for all sorts of sounds, for all sound frequencies – from literature to music. When we say: "Everything with wings flies", then we might as well say: "Everything that surfs on and is transported by electromagnetic waves is radio material." Not only language and not only music.

As you know, Heinrich Hertz furnished proof of the existence of electromagnetic waves through experiments with electrical sparks ("Funkenexperimente") here in Karlsruhe in 1886/88. The German term for radio broadcasting "Rund-Funk" still holds the etymological roots that can be traced back to those experiments in Karlsruhe. They laid the technological foundation for radio technology. So from a physical point of view radio artworks are signalling events in the acoustic spectrum. Their physical limit ranges between 16 Hz and 20 Hz, the channel capacity of the human ear. As an analogy to visual arts it would be correct to talk about acoustic art, or "ear art", or more specifically radiophonic ear art. Another physical limit to radio art is that of transmission paths, either satellite-based or terrestrial. The signals go from earthbound radio transmitters (here the German word is "Funksender", which goes back to Hertz' experiments and is a strange word formation that literally translates as "sending a spark", which does not actually make much sense) to receivers with their antennas on roofs, indoors and on cars and to evermore mobile devices as well. Sure enough these signals are limited by another restriction, which is imposed by radio authorities themselves. Radio artworks do not occur on all frequencies or rather wavelengths, they are usually limited to so-called minority programmes. This is a pity. Because from an artistic perspective, radio art is actually unlimited.

By way of its transmission power, radio is an expansive and distributive medium. This is a fact that is hardly played around with. Because of its reception technology it is a mobile medium, this fact too, is mostly neglected. Radio is still perceived as a central broadcasting station that transmits something, but it is de facto a distributive medium, laterally and horizontally cross-linked, it is a mobile medium. New transmission technologies such as via satellite or the internet increase the possibilities of radio use. However it is only artists, and of them only a few artists, that actually make use of these technological options for their radio art. This is a warning for the future!

The classic artworks, and this is important, were only media of production. The artists produced something in a workshop or studio, for a place. Seldom enough they reproduced the production of an individual work of art, for instance through printing technology, which produced multiples. But printing technology is just the multiplication of this one original, from an individual work of art. Radio, on the other hand, is the first medium of distribution. It anticipated the World Wide Web to a certain extent. Radio actually knows no products. Between sender and receiver only an ephemeral communication takes place. If it is not recorded, it is lost. As a consequence, radio is basically an event, or radio art is basically event art. As already hinted at, radio is a performative medium. The first pure mass medium of distribution.

And what is being distributed? Not artworks, but data. Not things, as analogue art produces them. We have become used to art consisting of things and now we are learning, slowly, after 80 years, that art can consist of data. To me, radio artworks are acoustic data artworks, spatio-temporally based artworks. They occur in a parallel space and in successive time.

So, radio is the first data medium, the first medium as we use the term today. The history of the radio drama "War of the Worlds" shows quite clearly that when you listen to radio, you don't listen to the medium radio. It is as if a fish were swimming in an aquarium. It doesn't know that it swims in water but it believes that this is its natural environment and that this is just invisible. Only when the fish is thrown out of the aquarium through human intervention and gets in contact with air, does it suddenly realize that something is wrong, it is in a new medium. Today's radio listeners act in a similar way. They listen to radio and don't even know in which medium they are. It is only when they are thrown out that they notice.

Only radio drama artists, and this is the wonderful thing about it, play with these inherent laws of the medium. The others who use radio most often without any reflection are the fish who don't know that they are swimming in an aquarium of sound waves. They act as if the medium radio didn't actually exist. They simply start speaking and act as if they wouldn't speak through a medium with us. The artists are the only ones showing us and letting us hear that we are in an aquarium of sound waves. This is the important message of radio art. The inherent laws of the medium demand being aware of the medium. Fish are not aware of the aquarium. But radio art is distinguished by being aware of the medium, by being aware of the special inherent laws of the medium.

When did the term radio art appear? Strangely, and typically, it wasn't the radio technicians and radio directors, but rather the composer Kurt Weill. In 1925 he wrote the article *Möglichkeiten absoluter Radiokunst (The Possibilities of Absolute Radio Art)* for the German radio programme-schedule magazine *Der deutsche Rundfunk*. In a way he introduced the term and at the same time pointed to the fact that radio art is not just about texts but equally about sounds and rhythms of music, about sounds from the spheres, about calls of human and animal voices, about sounds of nature, the whispering of winds, the sounds of water and trees. And furthermore about an army of new, never heard before sounds and noises, that the microphone itself can artificially produce when acoustic patterns are augmented, deepened and changed in an artificial way. Weill realized early on that radio art is a machine art that is not just about reproducing natural sounds, but about producing unheard of, new, artificial sounds.

This made it clear from the outset that radio art is always interdisciplinary. This is why it is nice that the Bavarian public radio station Bayerische Rundfunk has a program with the title *Medienkunst (Media Art)* and announces inter-media projects as such. From the beginning, radio art was an experiment with literature and music. It has always been visual arts and performance. The pieces of radio art designed by artists work with sound compositions, with actions, performances, and today even with satellites, sound sculptures, soundscapes, network projects, and much more. The origins of this radio art as we all know, lie in modern art. It stems from the futurists for instance and their discoveries of sound since 1913, see for instance Luigi Russolo's manifesto *L'arte dei Rumori (The Art of Noise)*. Since then engagement with noise has continually broadened and entered into pop music.

Edgar Varèse proposed that one should no longer talk of music but of organized sound. The ideal medium for this "organized sound" is really the radio and not the concert hall. I always say this: What is Sound Art? What is Hearing

Art? It is everything that isn't heard in a concert hall, because in the concert hall only music is offered.

In the 1960's the medium that is radio was home to the greatest new musicians from Milan to Stockholm, from Cologne to Freiburg. It was a great, heroic era, with artists from Karlheinz Stockhausen to Luciano Berio making radio their medium. Today, new and experimental artists are rather rare in public broadcasting! In the 1960's great artists still had their home in radio. But I am as good as certain and I can see already, that the 10th anniversary of the ARD Hörspieltage will herald a second heroic era for radio art.

I should also mention the important Czech art historian Karel Teige, who created the title *Poesie fürs Hören (Poetry for Listening)* in 1928. He wrote: "Just as one can carry out poems in film, which are composed of light and movement, so one can create radiogenic poetry as a new art of tones and sounds, which is just as far removed from literature and recitation as it is from music" (Teige, 1968, S. 103 f.). This is exactly the point. Radio art is able to exceed literature and exceed music, one can create something new. "Radiogenic poetry is a composition of sound and noise, recorded in reality, but weaved together in poetic synthesis" ("Die radiogene Poesie ist eine Komposition von Klang und Geräusch, in der Wirklichkeit aufgezeichnet, aber zu einer dichterischen Synthese verwoben").

The first really interesting artistic radio experiment in Germany was conducted by Hans Flesch in 1924, that is 14 years before *War of the Worlds* by Orson Welles. *Zauberei auf dem Sender (Magic at the Radio Station)* was the beautiful title of the program, which did indeed simply play with radio waves. Flesch had his poke of fun, by first of all beginning with the waltz *An der schönen blauen Donau (Blue Danube)* and thus the natural waves on water. And then he deformed, transformed, drowned out the water waves with electromagnetic waves and created a mixture of numbers, music, barking dogs, the voice of the presenter. You see, radio had gone crazy, as Flesch always said. That was the slogan he came up with; "Crazy radio". That was a job done well!

I have already alluded to the heroic period in Europe, when the artists of the New Music, from Pierre Schaeffer in Paris to John Cage in Cologne, made their works specifically in and for radio. In 1966 John Cage did his *radio happenings*. Only the radio provided the technological requirements and the tools necessary to carry out such works. After the eventful 1950's and early 1960's, where New Music had advanced radio drama, it was during the 1960's and 1970's that experimental poets focused on radio drama. Finally, visual artists like Wolf Vostell or Dieter Roth joined the scene and were invited to develop radiophonic plays at the broadcasting studios. These artists highlighted the nature of event art, that of the performance between the listener and radio station, and they made the medium of radio, the recording situation or the studio situation the subject of radio dramas, just as Mauricio Kagel did too. This met wonderfully with media theorists, who first entered the scene in those years. For example Marshall McLuhan wrote in his famous *Understanding Media:* "Radio is provided with its cloak of invisibility, like any other medium" (McLuhan, 1964, p. 263). I have mentioned it before: It is invisible, as it was with the fish in the aquarium. "Even more than telephone or telegraph, radio is that extension of the central nervous system that is matched only by human speech itself" (p. 264). A grand guideline. "Is it not worthy of our meditation that radio should be specially attuned to that primitive extension of our central nervous system, that aboriginal mass medium, the vernacular tongue" (p. 264). This is precisely what we are doing here at the *ARD Hörspieltage:* Thinking about the medium of radio as an art medium.

I would like to give some suggestions for the next 10 years of the *ARD Hörspieltage.* As we have seen, radio artworks consist of more than just literature. Radio art has advanced enormously through impulses from visual arts, performance, action and theatre. This is why it is so fantastic to have Robert Wilson with his first radio drama with us at the *Hörspieltage.* Artists from other genres point to the fact that radio artworks can go beyond experimental literature and experimental music. You will be able to experience visual arts, performance artists, happenings, the action-art artists, the media artists. They should become part of radio art more and more distinctly because they can give impulses from the outside and reflect on the medium itself.

I suggest we shouldn't talk of radio drama but of radiophonic listening art or even radio art, not audio art because audio art can happen anywhere, even in a museum. Radio art is more than audio art. Basically, we could say "Radiotage" or "Radio days" instead of "ARD Hörspieltage", because radio as medium finds to itself only as an art form.

I hope that I can reinforce these perspectives and beliefs on the occasion of the 10th anniversary of the *ARD Hörspieltage* – and I am confident that they will continue along those lines for the next couple of years. Radio art is acoustic event art, the performance aspect lies between sender and recipient, between artist and listener and especially between the technical production and distribution apparatus. Because the place of the event is not only the studio, it is everywhere the work can be received. And in theory it can be received everywhere. Here in the studio of the ZKM, next door in a room at the Hochschule für Gestaltung, everywhere in all of Germany, mobile reception has long since become a part of everyday life. Thus, the place of reception is ubiquitous. In this respect, radio has something that no other art form exhibits: It is simultaneous – as event art – and at the same time ubiquitous. No other analogue art medium features this quality. A work of visual art for instance, can only be seen in a museum, while radio is capable of being perceived everywhere. In this respect, the medium of radio is the first truly democratic mass medium.

Unfortunately, the mass medium somehow degenerates under the pressure of ratings. This is not a reproach addressing primarily the radio directors, but also the artists themselves. One might take a look at a different discipline as a point of comparison, a discipline that does not comply with ratings: I'm talking about science. Scientists do not do ratings! If people ask us: "You are a museum, where are the bus loads full of people?", then I always reply that here in Karlsruhe there is the KIT, the Karlsruhe Institute of Technology, with 3,000 researchers: Where are the buses there? Or where are they at CERN, the European Organization for Nuclear Research, which is supported to the tune of 1 billion euros by the EU. Science still believes in autonomy, in the value of what they are doing, even if it is fundamental research and there is no immediate financial profit from it. Research does not have to justify its immense expenses through visitor ratings. Researchers say self-confidently: "Our research has value in itself." Researchers do have this self-assurance of autonomy. Art lacks this self-assurance at times, the conviction that their artistic research has its own value. This attitude needs to be reinforced urgently. In the 1960s and 1970s this was the case for a short period of time. We need to tie in with this again.

I am convinced that in this symposium we will again recognize and revive the possibilities that radio still has as a democratic mass medium in the field of the arts. It is a medium that can serve to emancipate the masses. Just as the Russian film maker Dziga Vertov had already announced in his famous text *Radio Eye* from 1929. However Dziga Vertov made one mistake. He described radio drama using a theory of the *Cinema Eye*. Vertov was mistaken about the terminology. Radio is an acoustic organ, not an eye. An interesting mistake, but at least the description fits cinema, the camera being an extension of the eye. Only, radio is not an extension of the eye, this would fit TV at best. It is an extension of the ear. Vertov's essay should have been called *Radio Ear*.

Let me link this with a plea. The ARD *Hörspieltage* should underline that we can learn from radio art and artists, from people who hail partly from other media, not only from literature or music but also theatre, performance and the visual arts. This symposium will do good to glance at the future of the Radio Ear: "The Ear in the Digital Era".

Bibliography

McLuhan, M. (1964). Understanding Media. The Extension of Man. 2nd Edition, New York: The New American Library.

Teige, K. (1968). Liquidierung der "Kunst", Frankfurt a. M.: Suhrkamp.

Weill, K. (1925). Möglichkeiten absoluter Radiokunst. Der deutsche Rundfunk, 26, 1625–1628.

RESPONSE Brigitte Felderer: Radio before Radio – a Short History

Right at the beginning of his talk Peter Weibel mentioned the name of Orson Welles. Peter Weibel made the manuscript of this talk available to me in advance. In it he deals in greater detail with *War of the Worlds* and with the question of why this radio broadcast became a legend.

Let me remind you of a talk delivered by Wolfgang Hagen here in the ZKM in 2005. It fits well with our subject. This talk was entitled *The Radio I, "First Person Singular" and the ventriloquistic voices. Early American Radio and Orson Welles.* In it Wolfgang Hagen dealt, among other things, with a historical detail that time and again seems to be overlooked or forgotten, when this much-discussed radio broadcast is being talked about.

The radio play was broadcast on 30th October, Halloween, 1938. In June 1938 the new head of CBS, William Paley, had appointed a new editor who was at the same time a presenter: He was the vocal genius Orson Welles. William Paley is basically an anticipation of the figure of Citizen Kane: He is the billionaire son of a cigarette tycoon, has been in charge of the CBS chain for nine years and is under tremendous pressure to catch up with the market leader NBC. He brought in Orson Welles, who was to do everything to make sure CBS stood out in comparison to the competition NBC. Paley had hired Welles on account of his voice, the aim being to set up and position him and his voice against another blockbuster, against a quite different voice and figure. The other voice was that of a ventriloquist dummy, Charlie McCarthy. The ventriloquist was called Edgar Bergen. The programme featuring Edgar Bergen and his dummy Charlie McCarthy was a blockbuster and reached an audience of double-figure millions. And so the voice Orson Welles was to compete against, was not actually a voice in the real sense of the term.

The slot assigned to Orson Welles was Sunday evening with the demand and task of holding his own against the blockbuster duo of Bergen/McCarthy. Welles had named his show after his theatre company *The Mercury Theater on the Air* and on that 30th October 1938 it was the 17th edition of the show.

With his series Welles was already getting through to 2 to 3 % of the listeners, as a pioneer of radio research Hadley Cantril discovered, and this amounted to a million or at best a million and a half. As Welles' programme was being transmitted, the Edgar Bergen Show was already running on the rival channel. Bergen, the ventriloquist, was the stupid one, and of course his dummy was super-smart. Then came a musical interlude, with Dorothy Lamour singing *Two sleepy people*. So what happened? At a quarter past eight, when Dorothy Lamour started to sing the sentimental ballad, every fifth listener switched channels. Charlie McCarthy had collected an unstable and probably highly heterogeneous audience, and the music, which was only intended as a relaxing interlude until the next gag, prompted this 20 % of the listeners to switch channels. It was precisely at this time, 8.15 pm, that "War of the Worlds" could be heard on the neighbouring channel CBS. Those switching over had of course missed the fifteen-minute introduction, because it was already over. The channel hoppers therefore leapt straight into the dramatic plot, wrongly believing that they were witnessing an authentic live report and thus falling for the illusion in an amazing way.

Peter Weibel mentioned Hans Flesch's *Zauberei auf dem Sender (Magic at the Radio Station)* and *Radio als Tarnkappe (Radio as a Cloak of Invisibility)*. For me the question arises as to whether the medium really remains unnoticed, whether the fish really doesn't taste his water?

Having been introduced as the person who deals with the subject of *radio before radio* (I would like to say that) the early historical attempts to broadcast voices could be read differently. Namley as attempts to shift the apparatus, the speaking machines with the metal heads and trumpets, or the then magic tricks with dummies, to the centre of attention instead of the human voice. In view of these acoustic and phonetic illusions, did the historical audience (and I'm talking here of the 18th and 19th centuries) not always see themselves confronted with the question as to how does it actually work? Where does the voice come from, how does this disembodied voice emerge from some kind of strange speaking machine? After all, the history of the voice from the box can also be understood like many other histories of the magic art, white magic, which was of course always science as performance and was intended to specifically pull the wool over the eyes of the sceptics in the audience.

The best audience for a magician was the sceptical audience, the scientists who wanted to know exactly what it was all about. The magicians and manipulators of the late 18th and 19th centuries instrumentalised the latest knowledge in the fields of physics and acoustics. You could actually say that they were something like media artists "ante litteram".

The art of magic is part of a history of entertainment and should be interpreted as a training of reason, as a consistent tracing of the limits of perception
and the possibilities for transcending these limits. These examples are part of
the scientific history of phonetics, acoustics and the art of magic:

What you see (fig. 1, s. p. 26) is "a radio before radio", a speaking machine.
This speaking machine belonging to an Austrian, could probably be seen on occasion in Karlsruhe in the 18th century. Wolfgang von Kempelen was a high-ranking official in the court of Maria Theresia and travelled throughout Europe with
this speaking machine and a reputed android which could play chess. He may
have been a high-ranking official and of noble descent, but an aristocrat on
the stage was not so unusual, and he could easily be mistaken for magicians of
the time who also presented themselves on stage in this role. They appeared as
widely travelled professors and mysterious noblemen in order to present their
magic tricks with credibility. They operated quite deliberately on this boundary
between entertainment and science. Many scientists were forced to attract a paying public. I am thinking here of someone like Ernst Florens Friedrich Chladni
with his sound figures. He was perhaps the first freelance scientist. Chladni's
sound figures were not only a scientific proof, but at the same time they offered
a good performance, a convincing feat which did not involve deception.

The speaking machine you see here today is in the Deutsches Museum in
Munich. It comes from the estate of Wolfgang von Kempelen and is perhaps
a hybrid, consisting of various prototypes. You have to imagine that it works
roughly like this: With the right hand the lever was operated and with the left
hand the small rubber funnel, which is now corroded, was pressed together. It
was intended to replicate the human mouth in a way. For the history of speech
synthesis it is interesting that this apparatus makes do with a single vocalizing
source and was able to form single sounds by "articulation", by changing the
passing of air by squeezing this mouth, or as the inventor himself called it, this
funnel.

But what escapes notice somewhat is the context of the historical performance. The key questions here were also: Where does the radio produce its
sound and where is it recieved? This speaking machine was demonstrated on the
stages of magic shows, in the back rooms of inns and in noble salons in order
to amuse and entertain an audience on a high level.

Baron von Kempelen called on his audience to utter certain words aloud and
then he used the speaking machine to repeat them, articulate them. A wonderful
ventriloquist's trick, if you wish. You saw what you heard. You heard what you
saw. This was precisely the game. You mustn't forget that the speaking machine
was the second trick in the programme. The first was the android, a man-sized

figure dressed in a Turkish costume which could evidently play chess – a bluff of course. The speaking machine, on the other hand, gave the impression of being a serious scientific experiment. What it de facto couldn't manage to achieve as an experiment, namely to articulate all the sounds of human speech (it only had a limited repertoire), was brought about by the performance, the proximity to ventriloquism, with the questions to audience and the repetition of words with the machine. In other words a skilled magician was in fact at work here, and at the same time a creative scientist; the possible confusion of the two was definitely intended.

Here (fig. 2, s. p. 28) is another speaking machine of the time, a direct competitor so to speak. Apart from this drawing, nothing of it has been preserved. This comes from an interesting source, from the year 1784: The travel writer Philip Thicknesse, a friend of Benjamin Franklin's, was enraged by a showman appearing with a speaking dummy who exhibited his apparatus in the house next door to where Kempelen showed his machine in London. Thicknesse demonstrated in his pamphlet how the trick actually worked and was amazed by the fact that people fell for it.

How did the illusion work? In the diagram you can see a door frame. A small dummy was suspended in the frame. It resembles a baroque angel and carried a small trumpet through which it spoke to the audience. Its head was decorated with opulent plumage which in turn concealed a megaphone, and this pointed upwards. A second corresponding megaphone was installed in the door frame itself. The tube was interrupted, but it directed the sound so as to carry it further in a targeted fashion.

In the next room there was a person who was able to follow the scene in a concealed mirror or through an opening. This individual was quite often someone familiar with the locality and fully up with the latest gossip. The members of the paying public were even able to take the dummy in their arms, to ask it questions and a gentle voice could actually be heard coming from the dummy's body. Such tricks or feats were also sometimes introduced as "invisible girls". In the Hoffmann novel *The Life and Opinions of the Tomcat Murr* there is an invisible girl who is freed from a box in which the cruel showman had kept her captive. This was also a voice from a parallel world, if you will, from a "radio before radio".

Here you can see (fig. 3, s. p. 30) a publicity leaflet. Performances of all kinds of "visions and illusions", including an "invisible girl". It is possible to see a cage whose bars snake upwards. In this transparent structure a sphere is suspended bearing a face on each of four opposing sides, a trumpet in very mouth. It appeared to float in the air, to fly, but a voice came from this sphere.

The object (fig. 4, s. p. 31) is to be found in the collection of the Deutsches Museum. A megaphone was concealed in the suspension assembly to generate the illusion of a disembodied voice. The leaflet announcing this magic trick already shows that it was quite a popular one. In addition to these two examples one could mention other "invisible ladies" or Delphic oracles (fig. 5, s. p. 31).

These finds are from collections dedicated to the history of magic. In all this it would also be possible to trace a media history of disembodied voices. Kempelen and the acoustic illusions shown here have contributed to the development of phonetic theory and were based on the respective scientific state of the art of their time. However they involve acoustic observations which always require the audience's imput, the feedback of the sense of hearing. In Kempelen's case it was clear that he had to involve his own hearing in order to operate the machine. He made use of the technique of acoustic illusion, but at the same time he wanted to provide an instrument to people with impaired hearing.

One saw what one heard and not vice versa. First one watched, was amused and perhaps then was able to understand the speaking machines technical workings but also its potential social benefit. The historical recognition of Kempelen as a phonetician is also based on his skilled staging of an effect. And as we can see, the competition was intense.

On the stage Kempelen demonstrated his skill as a magician and in a subsequent book he recorded his intentions as a researcher. As a performing scientist and as a mechanical artist, Kempelen understood, as did his still anonymous contemporaries, how to employ their acoustic and phonetic expertise as well as their visual rhetoric and to contribute in this connection to the development (and reception) of speech synthesis, of an artificially generated voice, to create "radio before radio".

In conclusion I want to return to the beginning, the magician Orson Welles. His last film was called *F for Fake. Magic Show,* planned as a depiction of the history of magic, remained unfinished.

Soon after *War of the Worlds* from 1938 Orson Welles went to Hollywood and made *Citizen Kane.* Truffaut speaks of it as the first radiophonic film. And I think the trailer to the film will give us a wonderful example of "radio" as a magic trick at the boundary of perception between the disembodied voices and the silent bodies. (Here below is what can be heard in the film.)

„Light! Give me a mike! Thank you.
How do you do, ladies and gentlemen? This is Orson Welles. I'm speaking for the *Mercury Theatre* and what follows is supposed to advertise our first motion picture. *Citizen Kane* is the title. We hope it can correctly be called a coming attraction, it's

certainly coming – coming to this theatre. And I think our *Mercury* actors make it an attraction. I'd like you to meet them.

Speaking of attractions: Our chorus girls are certainly an attraction. But frankly, ladies and gentlemen, we're just showing you the chorus girls for purposes of bally-hoo, it's pretty nice ballyhoo.

But here is one of our real *Mercury* people – this is the first time you've seen most of them on the screen. Hey, give Joe a little light! Thanks. Now smile for the folks, Joe, smile! Joseph Cotten, ladies and gentlemen. … Joseph Cotten, I think you're going to see a lot of him.

Here's Ruth Warrick, whom I know you'll love. Ruth, look to the camera, Ruth. We caught Ruth with her hair up.

And here's someone you've all heard on the radio, so I don't have to tell you he's wonderful: Ray Collins.

Dorothy Comingore is a name I'm going to repeat: Dorothy Comingore. I won't have to repeat it much longer, you'll be repeating it.

And here is George Coulouris who is a grand actor. I'll say that name again: George Coulouris.

Watch it! Here comes Everett Sloane … Whoops. Everett Sloane, ladies and gentlemen, he isn't necessarily a comedian.

And here is one of the best in the world: Agnes Moorehead.

I've said a lot of nice things, but Erskine Sanford deserves some more. Erskine, Erskine Sanford.

So does Paul. Paul, Paul Stewart everybody.

Citizen Kane is a modern American story about a man called Kane, Charles Foster Kane. I don't know how to tell you about him. There are so many things to say. I'll turn you over instead to the characters in the picture. As you'll see, they feel very strong, they are the subjects:

- Charles Foster Kane is a …
- he started the war, but … the United States would have the Panama canal?
- Charles Foster Kane is nothing more or less than a communist!
- He, governor? Listen, when … Mrs. Kane learns what I found out about Mr. Kane and a certain little blondie named Susan Alexander he couldn't be elected … Mr. Charles Foster Kane alive.
- I'm gonna marry him next week. At the White House.
- Emily, I heard you've been stepping out with Charlie Kane.
- Of course I love him. I gave him 60 million dollars.
- Well, of course I love him. He's the richest man in America.
- But all the girls say about him – at first.
- …

- He's crazy!
- He's wonderful!

Ladies and gentlemen, I don't know what you will think about Mister Kane, I can't imagine. You see, I played the part myself. Well, Kane is a hero and a … no account for this well guy, a great lover, a great American citizen and a dirty … It depends on who's talking about him. What's the real truth about Charles Foster Kane? I wish you'd come to this theatre when *Citizen Kane* plays here and decide for yourself.

The word "silence" in the background and Orson Welles speaks all the roles. You can hear everything, the trailer is at one and the same time a radio play and a film. It shows the mutual entanglement which basically still applies.

FOCUS & ECHO 1

With: Brigitte Felderer and Peter Weibel
Host: Jenni Zylka

Question from the audience:

What could the future of radio technology look like? Especially from my generation's point of view this seems interesting because with my generation the fish can virtually choose which water to swim in. On the internet one can record and store all sorts of things, and determine autonomously what to see or hear and when. This seems to be the big difference to the traditional form of radio: New media does not know this simultaneity of radio events. I'm interested in your opinion on this – on "radio after radio" so to speak.

Felderer:

When we talk about the history of radio and when I provide examples from the late 18th or the first half of the 19th century, then it seems to me that this was actually not long ago. And even closer to us are the 20's and 30's of the 20th century. Since then, however, media history has developed at a tearing pace. And even so, it seems noteworthy that radio and its use have remained constant in a sense. To listeners, radio still has the quality of structuring the day.

Those wild panic reactions after *War of the Worlds* revealed how radio can take hold of its audience and provoke emotions. Certainly, this is due to the fact that you couldn't access those stories at will but that there was this phenomenon of "channel-hopping" and you might enter a story right in the middle. Maybe it is how radio accompanies your day, the linearity of listening to a programme that is slightly antiquated on the radio, but this is a quality. I wouldn't look upon this as a set of historical opposites. To me there is no radio after the radio. Radio is a living medium that you still listen to in its traditional sequence of programmes.

Let me ask a question in return: How much radio do you actually listen to if you ask such questions? How exotic has radio already become to you potentially?

Question from the audience:

Me, personally? I don't listen to radio that much.

Felderer:

Yes, I thought as much.

Weibel:

Well, I'd like to answer this question, too. I presented the thesis that the medium itself is invisible, or rather inaudible. To point it out directly, Orson Welles' trailer, which we have seen and heard, employs an artistic strategy: The technological means that produce the magic on screen are placed at the centre of attention as means of creating illusion. You can hear Welles' voice but you can only see the microphone, not him. That is a wonderful artistic answer.

Later, people like Handke or Kagel made the recording studio the subject of their works. And Dieter Roth produced a radio drama, it was relatively unsuccessful but the idea was good, where he went into the studio drunk and said: Is this the microphone? Are you the technician? How close should I come? He articulated all the problems that you might have when doing a radio drama while drunk. So it is possible to reflect the circumstances and means of a production as well. And to raise awareness of the medium. This was nicely done in Welles' trailer as well as we have seen.

Brigitte Felderer showed us wonderful gadgets, invisible media so to speak, as in the invisible lady. In 1989 I founded the Institut für Neue Medien (Institute for New Media) at the Städelschule in Frankfurt. The Städelschule used to be a stronghold of painters like Immendorff or Kirkeby. They liked to tease and say: "Ahh, Peter Weibel, Head of the Institut für Neue Mädchen (Institute for New Girls)". This was supposed to be a joke. They probably didn't know that there was indeed a certain line of connection between the "invisible girls" and the "invisible media". Usually, radio makes the medium itself invisible or rather inaudible. But there is always the possibility of rendering it visible and audible.

Musique concrète had the same problem. When I record a sound, I know where it's coming from. I hear a car sound and know this sound comes from a car. And when I knock on the ground, then I know this is a wooden floor or a carpeted floor. Usually one is able to hear quite precisely what the source of a sound is. With the aid of the sound source, as so often in radio drama and especially in crime fiction radio drama, I tell a story. In a way, sound becomes an anecdote in the narration. With the musicians of *musique concrète* there were two schools. One of them wanted to delve into the concrete aspect of music, the anecdote. Such was the approach of Luc Ferrari. Pierre Schaeffer had a different view: He wanted the sound to be abstract as well. Incidentally, the subtitle of our symposium refers to this difference: "Between abstraction and narration".

If I recognize a sound, a creaking door or wooden floor, then I can tell a story with it. Or I treat sound deliberately in an abstract way and then I am able to compose with the material without naming the sound source. Radio provides numerous possibilities for dealing with voice, sound and even time in a very abstract way. Another artistic possibility consists of playing around with reception. Admittedly, almost no one has done this yet. Except for Handke once. I will give you an example of a Yugoslavian artist. He worked with cab drivers. They listen to radio, are constantly bound for the city and as a consequence always have a different position. This position was transferred to a gallery and the artist made an invisible sculpture from the cab drivers' determination of position. Only those smart enough to add up these statements of frequency and place saw the sculpture. I think it might as well be about increasingly incorporating the popularity of the medium and its reception into the artistic production.

Felderer:

What I would like to add because you have also marginally mentioned television is that a proof for the magic of the mass medium was and still is Uri Geller. The medium of television seemed so invisible that it was able to act on the analogue realm and bent spoons. Such a power of suggestion and such an opening up of spaces of imagination can hardly be outdone. To a certain degree, Orson Welles' trailer thrives on the power of suggestion in a similar way. First there is the voice, the images are brought in afterwards. Orson Welles plays with such a suggestion. But what can't be beaten is imagining an invisible manipulation of a magician across the screens, for instance Geller.

I wonder if such a thing would work in the so-called "new" or more tangible media. We'll see.

Performing the Word

Language is a virus, as rock music knows, and the words are alive. They can be brutal, they can divide, disintegrate and reconfigure in new ways, pitting themselves against reality. They can argue with each other, reconcile and make alliances. Here are three artists, three positions, to be performed with language and sound. Three students from the Staatlichen Hochschule für Gestaltung Karlsruhe outline the performances.

Gaby Hartel and Marie-Luise Goerke

Michael Lentz: *Drive*

The artist, author, musician and sound poet Michael Lentz. Quite calmly he stands on the stage and explains that we are now present at a performance which has a certain didactic content. There is a seamless transition to word acrobatics between nonsense and Dada. The performance-title is *Drive:* "Musicality of words to bring the dynamism of poetry onto the stage ". Lentz plays with anagrams and tunes his voice, he speaks spoken word poetry, and then he repeats those texts. Gradually one attunes one's hearing and then his voice doubles up, it is the electronically canned version of his voice one hears, duplicated and modified, not falsified but mixed up with itself and within itself. Lentz passes from the meta-perspective of didactic explanation to a highly emotional vocal sound furore of word fragment cascades, which then also dominates his performance for some considerable time. Then he begins to explain first to his auditorium, then the electronics, and then to himself, and finally to everyone; "that, … nothing, … will, … change as a result ". Nothing even changes as a result when he leaves the stage and his voice continues to chant out of the loudspeakers; " that, … nothing, … will, … change as a result". Then to liberate in a final act of didactic mercy – as Michael Lentz himself – himself, the electronics and the audience from the endless loop of "that – nothing – will – change as a result ". Not without the terse remark that this was after all a didactic event.

Markus Vögele

John Giorno: *Introspection*

John Giorno's latest works, *Memoirs,* are introspective and echoes of moments in his life. Giorno becomes a storyteller of his own reality – in rhythm and dynamics.

His performance for *Introspection – Lorca please help me,* describes a young artist's paths in the early stages of his studies, who is looking for his own ways of expression parallel to those of his idol. His aestheticised rendition of personal reality is revealed in his memoirs through repetition and the rhythmizing of individual sentences and lines. The voice becomes a sole medium of reproduction. It uses dynamics to emphasize and stress single passages. The rhythmical repetition of individual sentences and words opens up an ecstatic space of emotion.

John Giorno therefore not only creates a memorial to Federico Garcia Lorca, but also evokes a time which is far from the present. A time that is actually alien to our contemporary experience.

Franziska Vogel

Thomas Meinecke + Move D: *Fragmentation*

Thomas Meinecke and Move D. present an excerpt from the production *Freud's Baby,* which deals with the preliminaries to the historically handed down operation by Sigmund Freud and Wilhelm Fließ on the nose of Emma Eckstein. But, in contrast to the original 1999 production for Bayerischer Rundfunk, it is realised not with computers, but merely with a synthesizer, two record players and two microphones.

The sounds of Move D fill the room, Thomas Meinecke puts his glasses on and a text is read out: "I am looking forward to a Congress as to the slaking of hunger and thirst …", "Sigmund Freud's immaculate conception through the ear, like the Virgin Mary …", "After the death of Christ, all Jewish men, like women, suffer menstruation …".

Synthesizer sounds move stereophonically from left to right and back. MoveD and Thomas Meinecke synchronise with one another. About what? Further on in the text. A rhythmic construct from the two record players slowly lodges itself in one's ear. "The topos of the Jewish man as a woman …", "… Image of the difference …". Brighter tones. "Freud's Baby, Fließ' Maybe", "After the frightful labour pains of the last weeks I gave birth to a new piece of knowledge". "Sigmund Freund, giving birth to Wilhelm Fließ' Baby." "Parallels between nosebleeds and menstruation, 'abort' and 'abortus' …", "the Jewish man as a masturbating woman …".

The whole is a fairly odd production. An offbeat text decorated with cultured house music: "The two of us, the one of us, the two of us, the one of us ..."

Markus Vögele

FOCUS & ECHO 2

With: John Giorno, Michael Lentz, Thomas Meinecke and David Moufang
Host: Jenni Zylka

Question from the audience:

A question to all participants on the podium. You all have very different approaches to music and rhythm. We heard this distinctly and palpably with Mr. Meinecke and Move D. Mr. Lentz gave a little sound and noise interlude at the end, and a recognizable rhythm accompanied Mr. Giorno's performance. How does music and rhythm influence your work?

Giorno:

Well, it's extremely important when I write a poem, whether it's on the computer or by hand, that I speak the words out loud as they are rising in my mind. So I know what their sound is and how they are connected when I put the words together in a poem So I work with the sound of each phrase, and the phrase grows more and more as I recite it and this is a part of the writing process. Actually the writing process is about writing words down, so these two things happen simultaneously.

Lentz:

Every speech already has a rhythm. When I try to talk to you normally, then this has a rhythm too. There is no monotonous speech, there is only monotonous speech in contrast to another kind of speech. I can't sing, fortunately, but I am certainly interested in what you can do with your voice in a presentation or a reading beyond experimental singing and beyond rapping or poetry slam. I discovered a certain realm for this, from turbo-talking to unanticipated variations in pitch, slowing down or speeding up, which are, depending on the text. And I try to do this in a deliberate way, superimposed onto the text as it were, so that ideally text and voice become inseparable.

Meinecke:

I would say that even when writing a novel the need for rhythm cannot be eliminated. Rather a wrong word that has the right number of syllables than a right word with the wrong number of syllables. I believe there's no getting around it. Even though there are people who don't care as much, there are also those who care all the more. My collaboration with David Moufang for example, which has lasted for 16 years already, resulted from the fact that I'm a huge fan of his Techno-LPs, which dealt with rhythms in a totally intelligent way, and that you could also escape the "prison" of what a prose text could stand for and partly suspend its meaning and attend to narration in a completely different way. In my collaboration with David this is an absolute stroke of luck to me.

Question from the audience:

What is first in this collaboration? Text or sound? How do you work together?

Moufang:

As a rule the text is usually first. For instance when we take one of Thomas' novel as a basis. But there was an exception as well. With *Translations* we first conceived of the concept or idea, the words and the actual text were chosen with regard to the music. Overall, I would say that it is always an extreme dovetailing of both aspects. A text might possibly be variable in blocks as well and can be exchanged to better fit the "flow", but the collaboration is always a close dovetailing.

Meinecke:

Yes, dovetailing. I dream of turning exclusively to music and at the same time carry words with me. That is the great thing about working with the sonic, coming much more to the level of noises and sounds and leaving the nuisance of what has to be told as well somewhat behind. I dream of ditching the text that is already there, or as with *Übersetzungen/Translations,* of generating a common denominator for both music and text from the outset. However, this also earned us a slating headed "boom-boom-boom". When we won the Karl Sczuka Award with this piece, the NZZ (New Zurich Newspaper) wrote: *Boom-boom-boom.* So rhythm is always something suspicious too, especially the straight rhythm. But it is precisely the straight rhythm that builds the columns of the Solomon's temple called *Clubnight.*

Question from the audience:

I have a question that is more related to Mr. Lentz and Mr. Giorno: To what extent do your texts represent the process of remembering?

Lentz:

Remembering and repeating. They are two strange siblings. Where the memory in the repetition of a memory is often not the memory of something that occurred or happened, but the memory of the last memory, if you're lucky. This slowly breaks off with age luckily. That means repetition as memory is always connected to loss. My anagrams capture this multilayered memory in a way. At the same time, these texts show what could have been, the possibilities are freed from verse to verse. If you say that the anagram verses hold a lot of a different text in concealment, then you have to be skilled to free the text in a meaningful way as far as possible. Certainly, in the repetition of the voice, as I do it, memory sets in already with fast talking. Memories like "How did you do it before? Something is wrong here" would be irritating. That wouldn't be good. That would be disturbing. The ideal case with speech is repeating something as if you were doing it for the first time. This is the only way I can at all envisage performing pieces that are partly new, but in parts also quite old.

Giorno:

Well, I have a theory relating to my poems, namely that words, which are a poem for the poet, contain wisdom, that's what makes them a poem. So, words come from wisdom, which comes from emptiness as they come into your mind. The mind in the sense of "wherever the mind is", not necessarily the brain. So words come from emptiness and when they come you see them as words. As a poet I write them down on the computer, as I said before, and then one starts working with them. And as to the ways of memory; when I recite these words, the musical quality inherent in the words comes out. Like each phrase that I mentioned before. And as you recite, they stay in your mind like all of the dumb songs that you know by heart and can sing the melody instantly. When a poem in my mind reaches such a level, like a stupid rock song in my memory, that's the moment when I can retrieve the poem in identical form every time. Like this rock song, you know it never changes the words, the words are inherited through the music. So, that's my little skill that I apply when I write a poem, reciting and memorizing it. When I memorize a poem it never changes in performance because it's like a song.

ART SLAM Magne Furuholmen: Everybody is a Composer

Host:

We are pleased to welcome a wonderful artist now. Magne Furuholmen, I understand you prepared a short introduction to your work? Let's have a look.

Furuholmen:

Well, I thought that, maybe, some people here might have a little bit of knowledge of my work in music, but that not so many are familiar with my visual arts practice. So, I prepared a kind of a crash course as an introduction. This is going to be a minute of your life you'll never get back. *(Furuholmen shows a short montage film showing aspects of his work.)* There we go, now you're experts.

Host:

Thank you very much. So, let me begin by asking a question concerning your artistic technique. You work with a lot of different materials and tools, in a lot of different media and you also work with audience feedback. Could you tell us about that?

Furuholmen:

Well, you see, parallel to my life as a musician, I had engaged in activities in the visual arts that involved a lot of different media, quite traditional media, in fact. But after a while I felt that the most interesting place for me was somewhere in between those two things, pop music and the visual arts. And so, lately, I've done some projects together with the band *Apparatjik,* which I will be talking about later.

I've done quite a few projects involving people who are aware of what I do, what we do, as a way of interacting and of sourcing content. So I've chosen some works of mine that may be relevant for this symposium. Apparatjik is kind of a key thing. The title of this artist's talk, *Everybody is a Composer,* comes from an installation project we did at the Neue Nationalgalerie in Berlin back in 2011.

What I've chosen from my work is just a small extract of stuff that I've done. The first time I really started questioning the roles of producer and recipient was when I did my first solo album, *Past Perfect, Future Tense.* I made a website where I asked my followers to provide the content. What I did was to put all the words that appeared in the album up on the website *(shows image of it).* This looks kind of gobbledygook now but if you press the word "perfect", it turns into a list of all the words throughout the songs, as they appear on the album, and where you see letters in bold, this is where people have interpreted a word or a small part of a sentence. A lot of jokes came in, some very thoughtful things came in, and it was mainly, a non-curated, "please fill this up with content, please make me into what you think I should be". I've continued along these lines ever since.

Scrabble was a project where I was asked by a museum to make a sound piece to interpret a work in the permanent collection. And I liked the idea of doing something more involved, so I invited everyone online to send in versions of me in doll form. And I said, why don't you make me as you see me, as I have been, as I should be, as you think the ideal version is. I got a couple of hundred really nice and some really weird dolls. I can go to some of the installation photos here ... *(shows images).*

Host:

Which is your favourite one?

Furuholmen:

Oh, I feel most akin to the guy with the big head, obviously. So these came by mail and they reference a lot of things. For instance, here is the very typical Norwegian sweater that I must have worn at some point in the eighties. You see the little pencils? Someone's got the fact that I was, you know, moonlighting as a visual artist. Some were really beautiful, some were more interesting ...

Host:

Some are quite scary ...

Furuholmen:

Yeah, some are quite scary. But the actual installation also involved a different conceptual aspect, as you can see here. The work I chose to comment on was a work by Leonard Rickhard, entitled *The Model Builder* which is on some level about fragmentation and about trying to fit complexities together, to a certain degree. I arranged the dolls of me as a kind of commentator's panel and called the audio work *Mange F. Discusses Art With Himselves,* a deliberate misspelling of my Christian name, which in Norwegian means "many". This is, basically, what it sounded like *(plays a sound recording of many voices, speaking at the same time).* So, it was just a kind of cacophonic mix of a more or less serious art discussion. The debate goes up in temperature after a while *(end of recording,)* So, that was a typical one ...

Host:

Did you put this together with some randomized programme?

Furuholmen:

Well, I basically just recorded a hundred tracks of me talking. And as it deterio-rated, the content got more and more interesting. Let me go back to the beginning of this approach. *Payne's Gray* was the first work where I really brought my musical and my visual activities together as a kind of Gesamtkunstwerk or multi-media show, if you like. *Payne's Gray* involved a portfolio of prints and a vinyl release. I basically took the entire album and dismantled it, just reconfigured it into a totally different musical piece, an idea that also informed a later piece for *Apparatjik*.

I basically took the lyrics of songs as a direct content-provider for the visual works, and re-examined them and reconfigured them. New combinations and meanings would appear and a different kind of relationship with the text occurred when attacked from a visual angle *(shows image)*. A lot in this project is about language, words, meaning, fragmentation, and reconfiguration.

There was also a series of exhibitions and concert-performances which involved collaborations with other artists who came in live to draw, and to add to the performance with their own words, lights, shapes, and colours or whatever.

It even spread into works in other materials, revitalizing my relationship with ceramics *(shows image of work: Jars)*, again radically changing the texts due to the three-dimensional quality of the jars.

Host:

Is English the language you always work in?

Furuholmen:

Yeah, I like being a guest in the English language actually.

Here's another example of the reconfiguration of the album. I cut up all sound files of the vocals into single words in alphabetical order, and then constructed new sentences from those. I guess, *Choreography of Sound,* thank you for the title of this conference, about describes what I did, in so far that the melody would change according to the meaning of a new sentence *(plays sound recording).* So this piece still contained musical elements as well. I sort of moved on from there to a later project, a work that, basically, kind of disintegrated from very structured things into single statements, words and fragments. Much inspired, in fact, by a novel by James Joyce called *Finnegan's Wake.* I started separating consonants from vowels and found it quite fascinating that if you remove all the vowels from a written page, you can still almost read the intended meaning from looking at the consonants. Whereas when you see the vowels only, it feels more like a song and the meaning disappears.

And here's a little, kind of serious reference to a lettristic manifesto *(plays sound recording)*. All these sound files were presented in a kind of a cube, a kind of a precursor of the Apparatjik cube, which I will get to later if I'm not thrown off the stage! All this fragmentation of words developed into a project I called *Alpha-Beta,* once again with a Vinyl disc. I don't know why, it's a fetish thing. But here, I fragmented everything down to single ingredients so that it was up to the viewer, or whoever bought the works, to organize their own meaning. I don't know if it's a cop-out or if it's a deliberate attempt to stop something. I imagine the last. So, for this work, I incorporated things from my mainstream career with the band A-ha into my art works and basically, because I had access to all the files, I took all the vocal files that my colleague Morten had sung and cut them all up into single words, which is quite a lot of work.

Host:

Do you own the rights for these things?

Furuholmen:

Well, I guess a record company could object, but that's always a good question, isn't it? What is the proprietary status?

Host:

It's a new piece of art, you might argue.

Furuholmen:

Exactly, that is how I was going to argue it internally. I just avoided the discussion and nobody said anything.

Host:

We won't either!

Furuholmen:

But, I think it's quite interesting that if you say that you've taken a word of mine with a note of mine from a song of mine, and you claim that it's yours, then it's going to get really complicated to do anything

Host:

Would you like to talk about *Everybody is a Composer?*

Furuholmen:

Yeah, the mainstream …

Host:

… because it's beautiful!

Furuholmen:

OK, point taken. So, *Apparatjik* is actually, a kind of a platform. It was founded by four musicians with a certain level of fame with an above average interest in art and an urge to do something in a different way. We're still making pop music, but we don't make it to turn it into a career. It's basically, your average pop band gone mad, involving a lot of people who follow what we do by including input and content from them, which is quite central to our work. *(Shows film.)* One of the things we tried to explore was the following question: If we can get other people to pay for us to record and perform, we would not need to ask our fans to buy the music. So why don't we ask them to plant trees, or something different instead, and we'll just send them the music? We had this kind of tree planting exercise and got all these interesting pictures from people worldwide, telling us where and when they had planted it and we sent them music in return.

We like to explore new ways of creating pop music, not always by leaving pop music behind, but for instance, by trying to set up systems and create rules to generate sound. Another example is that for a performance we did in Moscow, we chose chess as a system generator because of the importance of chess in Russian culture, and turned Kasparov's famous game against the IBM computer into a musical piece. *(Plays recording.)*

Host:

This is what the chess game sounded like?

Furuholmen:

This is what that chess game sounds like, when you configure that game with the notes and sounds we did.

We did a similar sort of thing for the Neue Nationalgalerie in Berlin where we invited first-year art students and amateurs to contribute to the installation. We called it *Start at the Top*. So you start your art career at the top and work your way down and stop worrying about getting into the National Gallery. We received about 1500 to 2000 photo entries, which we didn't curate, we just put them up on this six-by-six-metre cube and beamed the work into the night sky. During the evenings we gave different kinds of performances inside a cube as a direct reference to László Moholy-Nagy's *Light Space Modulator* and called it *The Apparatjik Light Space Modulator*. While we were doing these performances inside the cube, we collected the data of everyone walking around in the space, and then turned their movements into a musical piece that was later performed with the Deutsches Kammerorchester Berlin to celebrate Mies van der Rohe's 125th anniversary.

This is how it sounded, once we had sampled, condensed and arranged all the raw material. It was literally two weeks of music, so we couldn't listen through it all, but we raced through it and took pieces we liked, which we then arranged for a string orchestra. So, it starts by being generated by random audience movements recorded by cameras in an invisible grid and with a limited amount of notes pre-decided by us. Then, choices were made based on what segments we liked best. We stayed true to the recorded material, but we experimented freely with arrangements, what instruments, how to play, tempo etc. etc. The main reason it sounds quite melodic is that we set the rules for what the allowed notes would be. We also tried to approach it differently, by making pop music from literature. And we chose the catchiest book we could find, which was a book on multiverse, cosmic background radiation in space, and the Lego blocks of the universe, written by Max Tegmark, who by the way is an associated member of *Apparatjik*. It is made as a choir piece and I think it's quite beautiful. *(Plays film.)*

Host:

(Film ends.) You should sell that to schools, for use in their maths lessons.

Furuholmen:

We also currently have a two years' school project in Norway in collaboration with the National Gallery Oslo, where kids knowingly generate music, but I'll get to it in a minute. How far am I over?

Host:

Quite far, but …

Furuholmen:

… Am I? Oh! Okay, I'm sorry. Shall I then just speak about the one project we were talking about?

Host:

Yes.

Furuholmen:

This is *Everybody is a Composer*. Again what we did was, we ripped all the security cameras in the National Gallery in Oslo and this information was represented on nine screens, kind of looking like an eighties video game. The dots on the screens actually show people moving around in the museum in real time, not knowing that they are actually composing music. Once they got into our installation, which was right at the back, they could read about the project, so that when they walked out of the museum they knew they were composing. We then arranged parts of this for a choir; *The Silver Boys in Norway – An Apparatjik Xmas Xtravaganza.*

Basically, one of the characteristics of the piece is that nothing is repeated, because even though you force it to be melodic, it just continues, never repeating itself. Every now and then you'll hear something catchy and you're like: "Oh, that could be a pop song!", but then: "Oops, it's gone".

Well, I guess, I got through about a third of what I wanted to talk about, but maybe I should just play one little thing from this year's Roskilde Festival. That'll prove to you that we're still a pop band.

This is the first time we ever performed on a normal stage, everything else with *Apparatjik* has been inside the cube. We announced it as something totally new and unique: *Apparatjik* had now discovered a new way of performing by going on stage and facing the audience!

(Shows film.). The people you see on the video projections in the background are fans whom we invited to be "on stage" with us by sending in portraits of themselves. We called it *Everybody's on Stage*. This performance also included a collaboration with a Danish artist called *Tal R* and his fashion label *Moonspoon Saloon,* who supplied a kind theatrical fashion performance in amongst the audience.

Bear in mind that 99 % of the audience had never heard our music before. It was a really unique experience to play in front of a crowd of people who had no reference to the music we were playing. You kind of had to win them over by, I don't know, charm or threat or whatever. *(Film ends)*.

Alright, so, basically, what I wanted to demonstrate is that *Apparatjik* is active somewhere between mainstream, popular music, popular culture and art. It's too mainstream for the art crowd, and too arty for mainstream music-lovers. We like to say is that we fall between all stools, but that we are very happy to be falling!

Host:

Thank you very much. What a bundle of creativity you are, it's unbelievable!

Furuholmen:

I was just afraid of you asking me tricky questions, so I just kept rolling films …

Host:

I don't know any tricky questions at all!

Bibliography

Tegmark, M. (2014). Our Mathematical Universe: My Quest for the Ultimate Nature of Reality. New York: Knopf.

FOCUS & ECHO 3

With: Magne Furuholmen
Host: Jenni Zylka

Question from the audience:

You talked a lot about pop and mainstream and how you tried to find a way in-between. Maybe, you could define pop?

Furuholmen:

I guess, when I say "pop", I'm referring to my background as a pop musician, to that existence with its set of rules that we are trying to absolve ourselves from. I wasn't going into the whole broader pop cultural definition of the word.

Question from the audience:

What are those rules?

Furuholmen:

Well, it depends on what your starting point is. But certainly, one of the rules that I found very confusing and very irritating was that the success that you yourself had generated, created a set of problems. Problems that most people would, you know, exchange position with me to have. But creatively, you can easily paint yourself into a corner. Because you become very known for one thing, it can then become, as everyone knows, the thing that defines you, a very loud statement. And then you either spend the rest of your life restoring that image, or you just give in to it and just repeat it ad nauseam and try to milk it.

Sparks in the Air – Words & Sounds as Narration

The Hörspiel (extended radio drama) is radio's very own creation. It dispenses with an immense density of creative possibilities. Besides fleeting mediums like sound, noise, language, rhythm, conversation and music, classical and inventive forms of storytelling are deployed, thoughts are shaped and spaces are conceived, both private and public. As abstract as the starting material may seem – the effect is tangible, consequential and concrete. This powerful atmospheric that currently moves the arts across all boundaries of genre, has its origin in the Hörspiel. What ignites its narrative spark?

Gaby Hartel and Marie-Luise Goerke

PANEL Radio Drama/Dramaturgy

With: Martina Müller-Wallraf, Kaye Mortley, Kate Rowland, Mark Ravenhill and Herbert Kapfer
Host: Jenni Zylka

Host:

Welcome to „Sparks in the Air", our Panel on the topic „Words & Sounds as Narration". I'm now going to do a funny switching between the languages because I'm starting to introduce our guests to you. And I'm starting with the ladies:

Kate Rowland, it's a pleasure to have you here. She is a producer on the radio, creative director of the group *New Writing* at the BBC and chairman of the BBC's *Writer's Room*. She was head of the radio play department of the BBC and is the patron of the *Writer's Prize;* which is an award for young writers. And she lives and works in London. She says, in her own words: "For me it's about the core emotional narrative. Radio is a one-to-one medium that gets inside someone's head and you know that each individual will be reacting and responding in a completely different way to what they are seeing and hearing."

Kaye Mortley, welcome to Karlsruhe. She is a Feature-writer and director, works as a freelance writer based in Paris for the "Australian Broadcasting Corporation", "France Culture" and the ARD and has already won several awards, including the *Prix Futura* and the *Prix Europa*. She says, in her own words: "Someone once said 'poetry is what gets lost in translation'. Sound, I would say, is what gets lost in transcription. I've never been very interested in producing work which can be transcribed and yet remain intact. If radio is or can be art, it must be a form of 'arte povera': an art which is not only poor in terms of its potential components but also 'blind'. Sound, silence, speech and music are the only materials on which radio has to draw in order to compensate for its 'blindness'."

Martina Müller-Wallraf, welcome. She is a dramaturge, journalist and director of the radio play editorial department if the WDR, has worked with Christoph Schlingensief, Schorsch Kamerun, *FM Einheit* and *Rimini Protokoll* amongst others, and lives and works in Cologne. "Radio drama is art within a mass medium", she says, "It's the most privileged and at the same time endangered form of art, even without audience ratings, because the radio is blessed and knows no viewer ratings. It has to face special conditions and challenges. One of them is up-to-datedess, it has to be political without being banal, to be virulent and to create eternity with being modern. Dramatic composition has to help with that."

Welcome Mark Ravenhill resident author of the "Royal Shakespeare Company". His dramatic pieces include *Shopping and Fucking, Product, Pool* and *The Experiment.* Ravenhill regularly writes on cultural developments for the "Guardian" and is currently working on a piece for the Norwegian National Opera. And he says: "Radio drama intrigues me because it is, at least in the UK, public in its production. It is made by the straight broadcaster, the BBC, and yet it is received privately, usually by a single listener in a situation where they are washing the dishes or driving the car. So, it enters through the ear and into the brain like a whispered seduction or a stealthy virus, and yet it is sanctioned by the state. This fascinates me."

Herbert Kapfer, welcome. He is the head of the department of radio drama and media art of the Bayrischer Rundfunk (BR). He is the editor of the CD series *intermedium records* as well as CD editions. I could list quite a few now, but we can do that later on in the discussion. And he is the editor of numerous publications on the subject of radio plays, media theory, Dada and exile studies. He says: "Radio drama for me is and always was a promise. The promise of the biggest possible space for art inside of a mass medium. I always went with Heißenbüttel's definition that in a radio play everything is possible, everything is allowed."

So, maybe you have a clue now as to what wonderful guests are sitting here with me and we can now start talking about radio plays. And you are of course invited to join us at any time, because this should be a panel. Which means that you can always jump in with some questions if you want to.

Let's start talking about the dramatic structures or radio plays. I find it very interesting that in all the examples that we had here already today, in all the examples that you know from your work, it seems like a radio play is much more free than a theatre play or a movie or a book. I don't know if it's true. What kind of dramatic structure is important for radio plays or can it be as free as anything can be?

Rowland:

I think, it's an incredibly powerful medium for the writer. It allows you to combine different active ingredients. The way I like to work is by a combination of forces, quite often bringing documentary alongside what's scripted when I record, but I almost never record in a studio. And I think one of the important things is how you think about the listener. Because when you're working or directing a stage play you know where your audience is sitting. As Mark Ravenhill said, with radio drama you have a quite different "fourth wall". You cannot see the listener and want to know how you can get into his brain patterns, what is what they hear doing to them? And what do they see? And what do they imagine? The biggest challenge is grabbing the audience's imagination. How do they fill in the gaps in what you create? Because you, in a way, are the trigger for their experience.

Host:

But as you never really know who is listening because you don't see them, what do you do then? Do you just imagine what they would probably think?

Rowland:

The thing that intrigues me is also the fact that radio drama has the faster switch-off. Somebody will decide within three minutes that they do not want to spend time with those people, with that person, with that world. You don't want to enter that world. And I can get very cross with the radio and say "no" and that's when I stop. So, it's a very intimate experience, and yet has the potential to be very epic, I think.

Host:

And what about the dramatic structure? If it's like you say, people can stop listening very early because they think they don't like it. Isn't it so that in radio plays so many things can change after a few minutes because it's never the same? They can be very free artistically. Wouldn't that mean that people just think, oh, maybe I'm going to stay on longer because it's going to change later after five minutes, or after ten?

Rowland:

I think you can smell it, and I know I don't like something – the world usually. You can tell very quickly what you're going into, who you're going to be with, and how that's been set up. You might be proved wrong, but mostly I know what I'm going to get and I get it. And that has to do with the way it's directed, with the structure, how it's been created. But I think I know whether I want to spend time with them, or not. That's me.

Müller-Wallraf:

There is a dramatic main rule, which stands above all others for me, that determines everything else and that makes it so interesting and versatile. There has to be an urgency and an intensity. How to produce this can be quite different. It has to do with the material. And that's another dramatic principle: "form follows content". I therefore always look for the unity of means and content and the means arise from the content itself. And this creation is of course a very individual thing. But to seek this urgency and intensity in the material and content, that is our first rule: To be urgent.

Host:

Are you completely free when putting something like this together? I mean, urgency is a term that is likely to be different for all people.

Müller-Wallraf:

That is right, urgency can be understood very individually and fortunately there are different positions given in different productions. But for me, I would say, one has to be completely free. As soon as you start to set up small-scale rules, according to which one is expected to work, you lose the element of surprise, the moment in which you can overwhelm someone with a not foreseeable or surprising dramaturgy.

I can go to the cinema, just to use a comparison, and see a film in which I know that they'll end up together in the end. Yet I feel good when I come out, I had a pleasant 90 minutes. But the art and cultural events with which I had the feeling that it changed the molecular structure in my head and I was different when I came out again, those are – at least for me – not things that work according to plot point 1, plot point 2 rules.

Host:

Perhaps one is so free because one doesn't expect those things, because in radio drama or radio one doesn't expect popcorn cinema and it follows a dramaturgy that one already knows. Maybe because there hasn't been a huge radio play, a radio play blockbuster that has stood out since *War of the Worlds.*

Müller-Wallraf:

There is this absolute diversity that, although radio drama is always referred to as a unidirectional art form, reaches out to quite a lot of senses and that can unfold and act and narrate on many levels. For this reason alone it is of course a huge open space.

Ravenhill:

I've written a lot more for the theatre than for the radio. But I've done some versions for the radio. And I don't recognize a sudden feeling, a sense of freedom like: Oh, now I'm free, I'm writing for the radio.

I think, compared to the theatre it feels quite lonely because there's very little time to spend with a community before making the radio play because they're made quite quickly. So, a theatre play will often be the results of months of work with a community of artists and then obviously you have to commune with the audience. And you can see the audience and if you want to you can talk to them.

Whereas in a radio play: the next day after transmission on the bus or the tube you look around and think: I wonder, if anybody heard it. I sometimes had a radio play on and I didn't find anybody who told me that they've heard it. And then there is nothing written about it in the newspaper as happens with theatre productions in the UK.

So, there is a whole other dialogue that happens with newspapers around theatre productions. And then also there's a whole other dialogue of academics that happens around theatre productions. So there will be a wave of talking about it: immediately: newspapers and then – maybe a year or so later – academics and students. And there's a whole lot of that. There's a lot more sense of community in all sorts of ways around the production of a play.

Whereas a radio play feels a little bit like whispering into the dark, which can be quite nice. What's exciting is that we make so many radio dramas in the UK, more than in any other medium, even theatre. Hours and hours and hours a week of radio plays and nobody really talks about it or writes about it. There is this strange thing that happens with no discussion around it. It's very different from theatre, but quite strange, quite lonely.

Host:

Let's go back later to this tradition of British radio plays because it's very interesting. But let's hear Mr. Kapfer first, who has been trying for a long time to place radio plays everywhere, even in the charts.

Kapfer:

I'd like to come back to the sentence by Helmut Heißenbüttel which was quoted earlier: "Radio play is an open form of broadcasting, everything is possible, everything is permitted." I have actually been living by this definition of Heißenbüttel for more than 20 years because it offers the greatest possible freedom that a radio play definition can provide. And that is something that I always remember in difficult productions or even in the eventual crisis that one has from time to time. Namely, that we have a mass medium that must satisfy very different needs and whose assignment is very broad. And there is specifically a genre, a form, and this is radio play, through which it is possible to do and think all of this.

I've also been thinking about which of my thoughts I'll be able to convey through such a Panel, given the little time available. And the first thing that occurred to me was to recall that we have time. We can use this time to plan and do everything. But because of that, it doesn't mean we have to be particularly inspired dramaturges, who must primarily convey specific content to someone. Instead, I can understand the task of dramaturgy differently, in the sense that it is my job to give artists who work in different art genres and disciplines the chance to work as freely as possible with public broadcasting services as they would elsewhere. And this is the most important self-assigned mission: for this, you have to be there and be accountable.

In that sense, this is initially a service for the artist, to enable him to create something that will then be made public to an audience. I think this is a crucial point. Otherwise we will always be stuck on this question of how to incorporate this open option of doing something with our time that is worthwhile presenting, cast in the mould of a normative dramaturgy. I understand the concern that I need to get the listener's attention in the first three or five minutes or else I'll lose him. But to be quite hard and provocative: there are also these other pieces and ideas – it's the same in theatre by the way – that polarise.

There are texts you don't want to listen to. There are people who – unlike me – can't listen to Elfriede Jelinek because they feel enormously provoked. One rejects it. When I broadcast an Elfriede Jelinek radio play, I know that I generate a lot of impulses to change the channel. But that's alright because it is important, it needs to be told and it gives other members of the public something they need. And society needs it too – I need to exaggerate a bit. I have tried to orient myself towards this even in my own work in terms of radio play and media art. And I'm not doing this on my own: With Katarina Agathos, my colleague, it is a dialogue-based task in which we consider what our next step should be. What is needed now? Which ideas are coming in from certain people? And how can we support them? And then I have to look into these situations and see whether the artist needs me or whether he pushes me aside and says, I really don't need you. That can turn out very differently as well.

Host:

What's your experience as regards what Mr. Ravenhill has just said about a radio play being broadcast and you don't know if anyone listened to it because it won't be discussed or talked about extensively?

Kapfer:

Well, of course there are public events and contacts with people who appreciate it. We may be in a good position specifically because of the radio play pool, our download facility through which we can see how many people actually downloaded it. So we do take it into account and observe it. But you have to train yourself not to be transfixed by these digital ratings and cry out euphorically: "Oh, this has 5,000 or 10,000 downloads". That shouldn't be the criterion for what you do. But there is also resonance which is increasingly being split within the public into print and online. And the fact that these are two worlds that are entirely different from one another, that is something that we also perceive.

Of course we would like to appear in the newspaper more frequently. It has become more difficult to draw any attention at all to radio plays. And when I see that today, with a production like *Elias Canetti: Die Blendung* – a co-production of the BR/ORF, directed by Klaus Buhlert, who produced *Ulysses* amongst other things – I get 18 lines in the Süddeutsche Zeitung for about 10 hours, I do tend to think: well, this used to be longer and more detailed. And you could complain, but that's a different point.

Nevertheless, it would not be correct to to say that we do not get strong feedback on what we do from various sensors. Especially over a longer period of time, because these things have a long-term effect. We saw this today for example, in the performance of Meinecke and Move D, who performed this piece for the first time at the festival "intermedium I", and which even today still has its sense and its nonsense. And there is an effect that remains and that should not be overlooked.

Host:

Well, are we moving towards a greater visibility at the moment?.

Question from the audience:

I have a question for Martina, Herbert and Kate. Herbert just said that he is working with artists to whom he wants to give a stage, not necessarily only to theatre authors but also visual artists or musicians. And one of the beautiful stereotypes we used to have about radio drama is that in radio quite a few artists actually get their first chances. It gives a huge audience the possibility to either completely discover a new artist or a new writer, or to discover them in a totally different context that they wouldn't have thought of before.

I also have a question for Mark: You said working in radio is quite a lonesome process, but I was wondering whether you still made the same kind of experience that I've heard expressed by the artists who Herbert and Martina are working with: Could it be that this medium inspires you to try out something new, something that you wouldn't be doing in the theatre. I'm thinking of a specific radio play you made and I think that it wouldn't have worked in the theatre: *Das Experiment* which you did for Deutschlandradio Kultur.

But anyway, let's first return to the question for the dramaturges: How is your experience, also the feedback experience, with presenting an artist to an audience who is either discovering a new artist or writer or discovering a totally new side in an artist?

Rowland:

On the first point I think one of the most important things is the ability to take risks. It is a medium where we must take risks and we must allow very very different voices. I was both worker, producer and director run at the department, but I commission on radio three a whole strand of dramas called *The Wire*. And for me it is the mix of ideas of what writers are passionate about. But I've also worked with documentarists, I've worked with poets, I've worked with visual artists, video artists, performance artists like Tim Crouch and lots of different people. And the medium will come up in such a rich and complex way, and each piece, as we've said, will be so distinct. Sometimes they'll work in a really brave and bold way. And in other times it's like "oh, no". But it doesn't matter. It is a medium in terms of cost. We are not talking about cost: At the moment I'm in contact with a television director and she's also a writer and fantastic. She's loving radio because she's used to television and she's used to people bossing her about, so the freedom of radio is something she feels is quite unique.

Question from the audience:

Yes, it's quite a luxury in a sense. I mean, I do know that in the UK the situation is obviously far tougher than it is in Germany. But I'd really like to hear from the German 'lot', how you think about working with artists who've been showing a totally different side in your medium because there are totally different stylistic languages.

Müller-Wallraf:

I think this ties in with what was said in the opening note by Peter Weibel. He mentioned the radio as an apparatus for production and distribution, and I think it is also an apparatus for inspiration. One works for an environment that inspires artists as well. They are interested in working in this neighbourhood, to expose themselves to this environment with what they have to say and want to convey. Obviously the people you are addressing will not write back to you individually. But nevertheless there are enough people to fill the Allianz Arena (football stadium in Munich) – even with the least-frequented radio play slot. You just have to picture that. And it does something to you. And the other thing is what comes before and what comes after: the timing, the speed, the issues raised there, this embeddedness of politics and quick reports, of talk and whatever else there is. I find this incredibly interesting, I don't think it's arbitrary at all and it's really inspiring. And that does something to the people working there and to the work of art that is created.

Kapfer:

I would say that for us it is not only important how we present our work and ourselves in the radio programme, in the programme flow and in the institution of radio. But there is also this fragmented, online form, which is a distribution channel that we also consider from the very beginning. And that of course has to do with the fact that sometimes we do furtive calculations and say that we have about the same number of listeners online as for the radio programme at certain broadcasting times. So that means that user habits have changed over the past 10 to 15 years. People listen differently. I can understand this because there are certain productions, like John Cage's *Roratorio* for instance, that I don't always want to listen to – but really want to listen to on certain days – or even just once in a while. And so these things do make sense.

The other thing I would like to point out is that the specific experience with an artist is very exciting. And in some ways you get lucky if you have the chance of working and developing pieces with Andreas Ammer and *FM Einheit* or *Ammer & Console,* for example. Or if you work with someone like Erin

Schaerf, who comes from the fine arts and places very massive demands on the medium. You have to think about how you can put these demands into practice in some form so that you stay true to your own, previously so greatly exalted claim to freedom. Or if you try to make a mission of what was crucial for us in 1996 beyond radio drama and what was made possible in the BR (Bavarian Broadcasting Station), namely: as editors of radio plays and media art, we want a cross-media, intermedial work. We start with radio, we happily combine it with other media, and we see what other forms are possible. This is how projects such as Melián's *Memory Loops* are created. This is something which of course keeps the whole development going because everyone has his or her own approach and ideas. The second I issue an invitation with such a programme, we also become an address for more complicated and cross-media projects. I think this is very important, the possibility of using one's own institution for art and programme, while at the same time not forgetting about innovation.

This is also nothing new: I recently wrote a few lines for this 90-year radio anniversary. You realise that the pioneers in the mid-'20s did a lot of similar things: major projects and series that were a mix between radio play and feature, between fiction and commentary, which embarked on some situations that were interesting in society and where you thought you could initiate something, starting from the media. This line should not be forgotten.

Host:

Speaking of representing the artist's creativity, let's ask for example Kaye as a writer of radio plays: Do you feel your creativity fully represented in the radio?

Mortley:

Actually, "writer" is perhaps not the right word because my work is considered to be feature or documentary by some and *Hörspiel* by the others. It depends where it's produced. But I think radio is the only place where I could do this sort of work. Maybe I could do that in the cinema, but there's something there which for the time being I haven't pursued. But there is this sort of freedom as my work is not based on text. There can be text in it, but it never comes from a text. I began my career in Australia in the departement of drama and features where everyone had to do both, drama and features, it was the tradition. So, I have produced text. But I very soon decided that it wasn't this which interested me, that I like to collect and to fashion together pieces of reality into some sort of a " story" – it's not the right word, there's a better word in French which is "récit". And you have to decide for a certain form which is probably not dramatic because reality is quintessentially banal – except if you're a reporter, a war-reporter or something like that. And you have to make some sort of form which contains within itself its own rules, and therefor its own dramaturgy.

I worked sometimes with Nathalie Sarraute, the French writer. I translated a work of hers at one stage with her. We became friends, and she used to talk to me quite a lot. And one of the things which influenced me most, which I kept always with me was her statement: "Ce qui m'intéresse, c'est la forme." – It's the form which interests me. And I think it boils down to this that: either drama or feature, or what we call *Hörspiel*, or in France they call it *documentaire de création,* it is something which is very much choosing treated and transformed sound, and perhaps not too much visible narration. But it is the form which counts and the way one adheres to the form one has chosen which is important.

Host:

Would you also say that the form is more important than anything else?

Mortley:

The direction of a play is very important. … I'm stuck there, because the form is inherent in the text, I think.

Rowland:

I did a big piece in Cambodia a couple of years ago, and that was *The Violence of Silence.* That was a kind of responding to that: What was the best way to tell the story of the genocide now. And the best way actually ended up being recording documentaries and interviews, and working with a poet, Simon Armitage, on a kind of epic poem about the question of Why, how could so many people be killed? And then I went working with two young Khmer writers who worked in their own language, and then it was translated, and then I recorded it with actors out there. And that collision of all those things was the best way to inhabit that moment and that story. So one time it's the form: the story tells me what the form should be: *Form follows function.* And other times it's the writer, it is purly from someone like Mark, then form just comes from narratique.

Host:

Form follows function is what I would say, too. It's remarkable that Nathalie Sarraute is interested mostly in the form.

Mortley:

It's only one person. She's writing extremely formal.

Host:

Maybe let's talk a little more about what you can do with these sounds, by doing different editings to a play which has different atmospheres. Is it easy to manipulate? I mean this in a negative way now. Is it easier to do it when you only have the sound? Or is it harder to convey something, if people have no pictures that they are watching at the same time?

Ravenhill:

I don't know. It's about deceiving people? Maybe that's what it's all about, how to know. I think, it's a little bit differently, if I may change the topic. I think, what Kate does is exceptional within the landscape of radio drama, it's a very special kind of work. What has happened on the whole with most radio drama aiming to be popular is that there has been a turn away from genres. If you listen to radio dramas in the 40's or 50's or even in the 60's, it was very clear that you were listening to a science fiction or a detective story, a thriller, a romance or whatever. So, this is honesty about form in a way who is saying, okay, this is the deal: this is your science fiction how to file, this is your history how to file and so on.

And I can't quite like that because now there are few slots which say 'I am a detective story'. On the whole there is a sort of pretence where we have moved. We are a little bit more sophisticated in popular drama than to write within genre.

But actually most radio drama now has a genre which is liberal education. It seems that we are a little bit racist, we are a little bit sexist, a little bit homophobic, a little fearful of immigrants, and after half an hour/45 minutes we can be cured of one of those problems. So, that's as much a genre as science fiction, but it's less fun as a genre. So, I think there's a slight self-deception in saying: "In the old days they wrote within genre and we've escaped genre." But in a way I think, except in Kate's work, we more or less settled on this one genre which is to educate the audience to be more liberal. This is from the UK experience.

Host:

Maybe we should talk about that with the other authors in the audience later. I don't know what they are going to say.

Question from the audience:

For me it's interesting that just you said that. Because you wrote the most hybrid radio drama I can think of and that's *The Experiment*.

Ravenhill:

Yes, but some things were not written for the UK radio. And *The Experiment* was a theatre piece, so I wouldn't have written that for the radio. But then I performed it in Berlin and I was invited to make it into a radio play.

Question from the audience:

Yes, because it was a bit of science fiction and a bit of this and that, and you never quite knew where you were. I thought that was quite intriguing.

Ravenhill:

If I'm honest, I still feel freer writing for the theatre because there I have the time to experiment with the form. I know that I've got the time – several weeks, if it needs to be – to spend with actors and directors and the greater team: to say that this doesn't work in the way, that we've been working today, so let's ask some questions about what acting is, or what space is, or what sound is, or whatever. I'm aware that in the radio context there isn't enough time to be so fearful and self-cencoring, and that I can't bring too many questions to the production of a radio play, like: – what is acting? Because that literally isn't the topic. We can have about ten minutes to ask: What is acting. You can sometimes spend a week in the theatre rehearsal room saying: Should we be acting? What is actually acting? Should we know acting? Should we do lots of hyper-acting? It does not obviously lie in the nature of broadcasting a story or a piece through sound. It's just in the production process of the radio drama that I'd been involved in. And there it is very short for time. So that makes me feel that I've got less freedom.

Host:

There don't seem to be many questions from the audience, maybe as a last subject let's talk about the reception. You as writers, do you ever think about in which situation the people are that are listening to your plays? And everybody of you, do you ever do collective listening with other people in a big room for example? Do these things happen that you all get together and listen to a play? Or do you prefer being alone because you want to be alone when you listen to a radio play?

Rowland:

Mark and I, we did quite a few live radio dramas, recorded those in front of an audience, but specifically written for radio, so that was not a theatre play. And that's extraordinary because you've got the audience there. There are kind of reactions and very physical reactions. But you actually got to make it work more for the audience who's at home and who can't see, and make the performance work and, I suppose, that kind of the emotional core work.

Host:

I don't mean only live radio plays because in that case you can see the people, I refer to listeners at home in front of their radio sets – like in the 50's.

Ravenhill:

No, I don't think that we have those. You know, it's been quite fashionable to have book clubs and all read the same book and talk about it. It'd be great to have radio clubs.

Rowland:

They do have experiments where you're listening in the dark. They've a few of those where you go and listen collectively and have the lights out. I don't know why.

Mortley:

They do it in France, they have listening sessions sometimes. And I'm not sure, if it's actually the radio people who love to do that. It's the public who likes to watch the radio being made, to go on the other side of the radio, I think.

But at least people who make radio drama they meet the actors. If I have an actor, there is a sort of rack in and rack out. And they probably don't know what the thing is about. So, you have to imagine in your head how they can sound in this acoustical universe, which you constructed and you hope the person is going to fit into it. And I think formulated a long time ago that one has to be one's first listener – which is extremely difficult, because you have to be beside yourself to obtain a most extraordinary state of objectivity. Because there is very little return, especially in documentary work, I think. There is the whole liberal education thing and if you don't work in social actuality, then people are much less responsive, as if you are working in a more abstract field.

Rowland:

I'd just like to give one example. I once made a drama in a women's prison, it was going to be about a group of women. And in the end we had to make it a fiction, not a documentary. But it was an extraordinary piece, we recorded it in the prison. Then we went to listen to it with them when it went out on Radio 4, and we sat in their cells. It was the most mind-blowing experience because it was them, in one sense it was their story, we were in their room, in their very private space. And it upset them an enormous amount. It was as though we'd crossed the boundary, we'd gone over the line. And yet for them in the end it was a cathartic thing we felt very uncomfortable being with them. Because it was them. That was a very strange one.

Host:

A question for the two of you: could you imagine 5 to 500 people sitting in front of a radio and listening to something together like with the Waltons? I ask this because I believe that people are not used to letting their eyes wander any more and that most people like to be told where to look. And one of the reasons for this is that we are simply not used to sitting next to each other and listening to something.

Müller-Wallraf:

I don't think that is bad at all. Nowadays it's like that. I am a child of that age, always have been, and that's fine. The Waltons also had a car that always broke down and mine runs just fine. That's just different today. Of course it is great for us to be able to show our work, as we are doing now in the Hörspieltage or other events like this, and to get feedback, with people being happy, excited or laughing. Everybody wants to be loved and it's great when it shows.

But I don't think about all this in the creative process. Which brings me back to topic of urgency. It is a filter I wouldn't have applied before. Thomas Meinecke just said that when they started their piece, it was about the suspension of meaning. I liked that a lot. I can also remember this time when you actually long for it. And then came the time when you longed to deploy meaning and then again to identify meaning.

This is completely independent of whether I'm sharing this sitting in a room with 500 people or with my family. Listening to the radio you are part of a kind of virtual community. And that works for me. I realise that I turn on the radio in the morning because to me it means that the programme was somehow intended for me and that there are millions of other people listening to it as well. Which brings me back to the case of the space in the neighbourhood in which you find yourself: trying to find a meaning for this space is a production idea and, above all, a dramaturgical developing process, which is completely independent of anticipating how people are going to react to it.

Kapfer:

I'd like to add that I always appreciate such public events. We are always looking for public exposure and try to get as much feedback as possible. The other thing is, I remember we did a festival here in 2002 called *intermedium 2*. Back then we didn't only talk about whether we preferred listening to the radio together or alone, but we explored forms in this centre for art and media technology that worked as a performance, as well as an event and a radio program. Then there was an additional attempt of a detailed discussion program in an extensive network. All of the stations from the ARD except for one were involved, as well as Austria and Switzerland. For us, that was such a relevant experience, because even 5, 6 or 7 years later, people were still talking to us about it, saying how they had gained new insights, so it did shape biographies. It is this sustainability which I think is so important.

I'm just going to say it once more to the English-speaking colleagues – because we don't mutually know our works so well and don't know about the specific conditions – that we assume radio play to be a free form of broadcasting. I would like to illustrate this with an example: There is a project – a lot of the colleagues in the room already know about this – that we are working on in cooperation with the Institut für Zeitgeschichte (Institute for contemporary history), a Holocaust memorial project, scheduled for radio and the Internet and which is based on a 16-volume edition of the source of that time 1933–45. The Project is called *Die Quellen sprechen. Die Verfolgung und Ermordung der europäischen Juden durch das nationalsozialistische Deutschland 1933–1945 (The Sources Speaking. The persecution and murder of European Jews by Nazi Germany 1933–1945)*. And at one point we decided to follow this 16-part structure territorially and chronologically. This means, we will produce a total of 16 parts until 2019, parallel to the book publication. We will have a permanent online website.

And in the end it will probably be about 80 hours of program, in which this topic will be dealt with and presented in a documentary form – not so much in a commenting sense. Aesthetically, it is also an important challenge to avoid certain things to comply to this topic. Only this idea, that we say we are able to do this because it is an open form, gives us the freedom of doing it. And we are free to do it in a manner that is not common on the radio. You don't usually do 80 hour programmes and not everyone is equally enthusiastic about it. Some probably don't understand why it has to be so extensive. But it has a relevance. And to be reminded that issues of social relevance can arise and be dealt with in radio play can be emphasised through a project like this.

Host:

Thank you so much. I'd say that everyone who was involved, all of you and all other parties, should be asked about this event in 7–8 years time and if we have hopefully learned some things from it. I would like to thank you all sincerely. Thank you very much for being here and participating.

IN CONCERT Martin Daske with Christine Paté and Matthias Badczong: Unwritten

As a second generation student of John Cage, Martin Daske appreciates the coincidental, the mundane and casual, as chances to create new, unspent sounds. Increasingly his compositions change from one- to multi-dimensional, and they are no once-and-for-all determined final product, but a permanent invitation to the interpreter to "play" with preassigned musical material.

Starting off with musical seed boxes *(Notensetzen)*, a form of three dimensional notation, going to a de-composition and re-composition of writing processes ("unwritten") and concluding with water maps played by bass clarinet and accordion as accompanying music to a fictitious river cruise *(backbord ein kolibri)*, Martin Daske offered a cross section of his musical universe. There were an acoustic deepening of single moments, aleatory navigation and the delicate balance between the lasting object and the ephemeral music.

Notensetzen is about mobile scores that consist of a flat sand box as well as different fragments and figurations. Musicians are able to position these based on a sort of "book of rules" and create new combinations.

Unwritten is an accousmatic composition that is made up of 64 single parts in a kaleidoscopic way, with multi-channel miniatures that are interwoven according to an overall score. In doing so, no linear story is told, not even the story of writing. It is about acoustic writing processes, about their tonality and musical quality. Through musicalization and suitable preparation for playing, the different writing processes turn into instruments.

Daske arranged *backbord ein kolibri* as a virtual cruise from Paris to Namur. Its basic raw material are recordings from inland water vessels, canal locks, as well as detailed water maps and a logbook. The circular installation is set up on a compass rose. Each loud speaker duo represents North, South etc. There is a soundtrack for "starboard side", "port side", "front" and "back". Depending on the direction the "journey" takes, the soundscapes move in a circle. A constant shift between reality and dream, apparent documentary and fiction. In addition to the "noise music" ("Geräuschmusik") worked out in detail, the instrumental music for bass clarinet and accordion always comes "from the front" and anticipates what might be behind the next curve.

Carmen Gräf

Listening to the Arts: The Acoustic as Material in Art

The interest of artistic disciplines in the acoustic, seem to come in waves and in the past few years a new wave has come forth with strong inclinations towards the immaterial and atmospheric. Many artists now use the power of sounds, as a formal device to expand the radius of effect in their work. The application of voice, language, speech, movement, sound, noise and music plays a decisive role in this. On the second day of the symposium we want to inquire as to the aesthetic possibilities of the acoustic: How is its relationship with the visual manifested? How do visual artists use sound in their work and why? What paths do musicians walk as they sculpturally explore the acoustic? Is there a symbiosis of image and sound? How fleeting is sound itself, seen from a historical-scientific perspective? Is a performative choreography perhaps "silent" music?

We will listen in on visual artists, protagonists of new music, sound scientists, opera composers and choreographers in their relationship to and manipulation of the material "sound".

Gaby Hartel and Marie-Luise Goerke

KEYNOTE Mirjam Schaub: Voices, Calling and Performing

I brought you an audio excerpt. What do you think you are hearing? It might not sound very alarming, but these were the sirens of Venice, more precisely the city's new flood sirens. You hear them nowadays throughout the whole Venetian archipelago, they are installed on 22 church towers. The website of the city administration proudly declares that for a long time they had been looking for a sequence of sounds that people of all ages could hear clearly. That means a frequency that is neither too high nor too low. It sounds a bit like ambient sound, does it not? It could be Brian Eno, definitely not very alarming. That was exactly what alarmed me as a sound scientist. Especially because it works by a code: You heard the modulation. Indeed, by now, the Venetians know that every one of the five possible modulations means ten centimetres more water in their cellars.

Why have I chosen a siren as an intro to my talk? Because voices need no body in order to seduce. They need not even be human to coerce us. I put forward the thesis that this is not because of the apparatus of the radio, not because of a technical or medial separation of body and voice, but because it is characteristic for the voice to detach itself from the body and to start an independent existence. Body and voice share the same dissociative aspects. This is in my opinion the great advantage of voice: That we as bodies do not necessarily have to be present. Definitely a philosophical surplus.

Therefore the interesting thing is not that voices have bodies, but that bodies are not able to bind their voices to themselves. This means that voices represent something different than the body they belong to. That is why the associations and images that form automatically when hearing voices are so interesting to me. For this reason my talk begins with the call, the appealing character of a human voice whose body remains opaque. The idea of the appeal will accompany my whole talk, later I will ask what voices actually testify and what voices do not. Furthermore, I will try to explain where the curious renaissance of voice in modern art has its roots. I hope there is a paradox of the embodiment of voice beyond the imperative of meaning, beyond clear understanding. I will, in this context, talk a bit about Tino Sehgal, who is going to talk here as well tonight. I will present an example from the documenta, as well as from the last Biennale di Venezia. Perhaps you have seen one or the other work. My focus will be the sociality of the voice and the quest for the root of the vulnerability of human communication. Finally I want to talk about the nymph Echo, because she is the prototypical voice without a body, adequate for a founding myth.

Of course a philosophical talk cannot start without a reference to Aristotle, who is still ahead of us in many things. "The voice (phoné) is a specific sound of the animate being. Of the inanimate, none has a voice, only because of the resemblance we say some things have voice, like for example the flute, the lyre and everything else that is inanimate, as long as it has frequency, melody and depth, because voice seems to have these features" (De Anima, IInd Book, 8th Chap., 420b5).

The image of the voice as animate therefore comes from Aristotle and apparently musical instruments have a metaphorical soul as well when they sound. (Aristotle does not stress the specifically human way of playing, but only the sound experience.) The priority of the animate before the all-too-human, the intentional is also what I am after here. Aristotle makes it clear: "The sound of the voice is strange too, in the sense that it comes from the outside and is nothing innate to the ear" (420a16). This means that already in antique times there is a strong intuition that the sound should be separated from the voice creating it and that it is this dimension of voice that implies its sublime potential.

We find a very fine example of this modern reading of Aristotle in the book *Was sich zeigt. Materialität, Präsenz, Ereignis* by Dieter Mersch (2002, p. 124): "Somebody talks himself onto me: An appeal that demands an answer of me. [...] There is a certain 'pull' in voice that we can hardly escape. That is the reason why the other so often stays 'in our ear': His voice sounds appealing to us. [...] A sound touches me: It is physical, tactile: It feels around for me. Because of that, its strangeness [...] evokes an unsettling, that echoes without the need to remember 'something' or to make it conscious; and that has been integrated in the theme of the 'erotic' by Barthes, who followed the psychoanalysis of Jacques Lacan."

The latter is for me the other important starting point. Roland Barthes (1981) reminds us that there is in fact this "roughness" – he calls it "le grain" – in any voice. He takes it as an equivalent for what is in effect impossible: To feel one's own pleasure when listening to another's voice. He makes a point of not diminishing the importance of the erotic connection or of qualifying it as purely subjective, but to instead of pointing to something frequently overlooked in the discussion about voice: We fall in love with voices, lose ourselves quickly in hearing and that this is a precious form of loss: One that allows pleasure. For Barthes this is not really about projection, nor about appropriation, but about a form of self-loss that we experience, to our own surprise, not as dangerous, but as pleasurable. You probably already guessed that self-loss cannot usually be experienced as pleasurable in our control-obsessed societies. Dieter Mersch points to the fact that Roland Barthes is already influenced by the psychoanalysis of Jacques Lacan who adds two more to Sigmund Freud's partial objects: the gaze and the voice, which he counts as erotically charged partial objects and which become meaningful for Lacan's approach of psychoanalytical healing by careful listening to the voice in the therapeutic context. Guy Rosolato (1974) put this in words very nicely: "If the voice partakes of body and of meaning, it exists as a medium between bodies – with all the fantasies that go along with them."

To answer now the question as to what voices do and do not testify, one can answer that traditionally it is of course the subjects behind it who relate a voice to a person to authenticate and simultaneously affect this person.

Of course, in addition to the natural voice, we have the separate narrative voice of literature. Narrative perspective is dependent on this voice, it is not only necessary for the truthfulness of fiction, but also for the identification potential of the reader. It is the incarnation of literary fiction. All of us know too well how we react to unreliable narrators, such narrators whose voice we can still not trust and follow. The book loses our trust, the immersion crumbles and we get angry.

The human and the narrative voice of literature are similar in three aspects. They work via three kinds of measures: rhetoric, declamation and articulation. I would like to discuss this later. These three secure the communicative and – even more important – the emotive function of the things said. This is decisive for the transmission of meaning. Exactly this interdependence, this beautiful unity of emotive, physical, bodily and communicative, meaningful aspects renders voices so persuasive.

Analysed from a phenomenological perspective (Bernhard Waldenfels comes to mind), a lot of things can be added to this classical view. Firstly, besides the bodily character of voice, its event character becomes important. Waldenfels adds that this event character does not only affect the hearer, but also the speaker. Therefore we see that not only the self-referentiality, which manifests in the voice as bodily, as belonging to the body, but that the self-removal is at least as important to it.

In contemporary art, this self-removing character in particular, similarly to the decentering through voice in Roland Barthes' works, has become more and more important. Dieter Mersch adds that the experience of the strangeness of the own voice is often underestimated. We all know this: When a child hears its own voice over microphone for the first time, he or she is usually startled. The reason is that voices often sound high and squeaky and you are used to hearing yourself through your own body because the bones in your skull add to the sound.

The last and most important aspect is the mixture of meaning-giving and body-giving, emotive contents that constitute the social function. I want to say, simply put, that we can gather a lot about a person by the voice. The frequency, a tremble in the voice, the timbre tell us about excitement, or sometimes even expose a liar. Sometimes, the tone within the voice is enough for us to know that something is very wrong with what seemed all right mere seconds ago.

We can therefore summarize that there is a certain ambivalence within each voice, something that lends it both strength and weakness and that decides about power and helplessness of the speech. We know that insistence and intensity are important tools of coercion. Sometimes we trust someone simply because he has such a sonorous voice and paraphrases in such a wonderful way, even if he is talking nonsense. There are prerequisites for the success of speech and that means vice versa that the unique physicality of a distinct voice can be a central prerequisite for its failure. Dieter Mersch writes: "It exposes itself." We expose ourselves, in our voice we are "naked and offensive" at the same time. This ambivalence is inherent to each voice. The reason is that we do not own it, that it is not obedient and never fully subjected to the imperative of our will.

Additionally there is a corrective, social aspect. While we are talking, we are listening to ourselves and remember simultaneously what we just said in order to finish a sentence. In this moment we are located in two separate time dimensions. Our thoughts form while we speak. Listening to ourselves is important, because we correct ourselves in this moment of listening. Correcting always means judging or weighing what we just said. Michail Bachtin therefore talks about the inner dialogicity, or polyphony of every speech, which is accompanied by the question as to whether what I mean is coherent, even if I might have phrased it awkwardly. This question or rather this demand for an attentive listener accompanies every speech. The social dimension necessarily includes this dependence on a listener, no matter how far away the listener is.

A wonderful depiction of the incredible spectrum which voices have in this context can be found in a book written by Michel Serres, on a single page. It is a book that I very much recommend, *Les cinq sens (The five senses)* (1988). It includes a beautiful passage (p. 122) about the voice that I want to quote from: "The voice coarse, quiet, full, begging, vulgar, shrill, angry, jovial, sonorous, commanding, bone-shattering, seductive, explosive or irritated, of a virago, a virgin, a broad or a whore, of a narcissist victim. Of a bossy, hopelessly infatuated girl who cries out the dull stubbornness of real passion; motherly, sisterly, pious, childish, squeaky, egalitarian or familiar, arrogant, encouraging, destructive or soothing, ironic, aggressive, cynical [...]." Serres closes, quite amusingly when compared to the Venetian sirens, with the idea of a carillon of the senses and the "meaning, the intuitions and subliminal contents" that enrich all this. The great Homo-Mensura phrase conveyed by Protagoras, "Man is the measure of all things, of the being that they are and of the non-being that they are not", can be complemented with Michel Serres: "Voice is the measure of all senses, of the being that they are and of the non-being that they are not". It is the second part of this sentence that sends shivers down your spine and adapted to our example this means: "We know about the power of silence to give, but also to take away life." There are wonderful texts about silence by Claudia Benthien (2006) and others, but due to the limited time frame I can only give further recommendations.

I want to mention that my talk is heavily inspired by another wonderful book entitled, *Stimme. Annäherung an ein Phänomen* that was published by Doris Kolesch and Sybille Krämer (2006). After reading their introduction you will have already understood the prerequisites of success and failure of human speech. Three things I have already briefly touched on should be recapitulated: event character, performative character and embodiment. But even more important and interesting seems to be the focus both editors put on prerequisites of success and failure of the performative character of every voiced speech. They have a great intuition for the "performative lapses", the "transgression potential" of a speech. The reason is that we have to take into account the independence of a voice, the stutter, the stumbling over words and sudden silence; all that is dysfunctional in voice. Voice is no reliable transmitter of meaning. I wonder if this weakness of voice is still part of its sociality. Is not the dependence on sociality rooted in the fact that we are corrected, listened to and judged while we are speaking and the fact that we know that we are being judged while speaking? This refers back to the appealing character I mentioned before. Kolesch and Krämer call it "instinctive sociality of speech". That means the voice does not only want to do something – just like the Latin roots of hearing and obeying go hand in hand – but the voice is exactly the place that appeals to the inclined reader. That is what literature traditionally did so wonderfully, to induce in the reader an inclination first.

If you ask now where the curious renaissance of voice in contemporary art has its roots, it appears necessary to recapitulate the most important points. Firstly: Voice does not necessarily speak to transmit meaning. We will see in the example by Tino Sehgal that you can handle voices in seemingly tribal ways as well. It is this bodyliness of voice, the breathing, the panting, the gasping, the humming, the moaning, the whispering, also the breaking voice that creates a totally new quality which gets exploited by contemporary art. That does not necessarily mean that the erotic aspect of voice is lost, on the contrary it rather supports what Roland Barthes basically said. Secondly: Sound detaches from the body and is not similar to it. It is exactly this fact that people can have beautiful voices and shock us optically. In the same way as we can see beautiful people who have such terrible voices that we can no longer enjoy their untainted image. Ingeborg Bachmann, a very wise contemporary was already wondering in the 60's in her hommage to Maria Callas, why people always praised

Callas only for her voice. Bachmann judges, somewhat harshly, but quite precisely, that Maria Callas is "no wonder voice". The unique quality of her voice was rather its humanity. Especially the capability of her voice to express suffering, hatred, love, tenderness, brutality, everything that constitutes a human life. Ingeborg Bachmann (2005, S. 411) closes with the fantastic phrase: "Maria Callas was the lever that turned a world around, towards the hearing; suddenly you could hear through, through centuries [...]." It is just this human dimension; the Homo-Mensura-phrase applied to voice, that made Callas so unique.

Now I want to give you a current example of where the three moments I mentioned meet: The refusal of a decoding of meaning, the detachment from the visual human body and the deep human quality of voices that opens a window through centuries. Tino Sehgal has created a thing of beauty in this threefold model. You could experience his ephemeral art 2012 at the *documenta 13* in a dark room and see a very similar work in light at the *Biennale di Venezia* 2013. I hope you feel the same as I and value the work in Kassel even more than the one in Venice, though that one won the prize. I try to explain why I feel this way. For all of you who do not yet have an affinity for Tino-Sehgal: You probably know that he does not allow any recordings of his works. Any reproduction is strictly prohibited. There are no explanatory catalogues either. At the documenta 13 Tino Sehgal appeared in the catalogue on page 149, but this page was missing in every catalogue, so that it was quite difficult to find his work in the first place. You should also know that Sehgal does not even make written contracts with the museums or galleries he works with, but that everything is agreed on orally in the presence of witnesses. You realize that Sehgal's approach is radically different. It does not begin with the work, but rather with its evasion. What remains are the testimonials of the people who were really there and some rare interviews with the artist.

Why do I find Sehgal so interesting in the context of this symposium? Because he, in this improvised party room in the backyard of some hotel in Kassel (pitch black, 12 performers who talk, fall silent, dance and then start to make rhythmic noises), draws us into something that could be described as a, probably improvised attempt at tribal communication in total darkness. And because it reminds us of a curious quality of the human voice, the ability to form sounds that resemble non-human sounds and create a connection to the whole creature. I think this is the clou; that a creaturely community is created inside a room full of strangers divided into those who are already used to the darkness in Plato's cave and those that are not (yet). You could witness how children's eyes adapt very fast and how children guided their parents with somnambulistic certainty, a touching sight. When you stayed for a longer time started to see silhouettes, sometimes the performer sat directly in front of you. Those who stayed for longer than 15–20 minutes could not only see silhouettes, see who saw things and who only heard them, but also start to participate. It was very easy to take part in this strange chanting that bore no resemblance to any language or dialect. Even more so, you felt an enormous drive to take part, it was like a vortex that pulled you to that creaturely and social core of all these temporary strangers who had gathered here in Kassel around the legendary Sehgal, the artful Ulysses.

In my opinion, the artist was an attentive reader of Understanding Media, where we find a very nice protocol on the subject of radio. What Marshal McLuhan attributes to the radio, that it is an echo of the horns and drums of prehistoric tribes, is what Tino Sehgal does without radio technology. The same goes for what Kurt Weill said about *absolute radio art* in 1925. That it is also about sounds from different spheres, about "calls of human and animal voices". Weill stresses "nature voices", "sound waves are layered higher or deeper, interwoven, and reborn." All these techniques that are presented as technical means especially for the radio in these early texts by Weill and later by Marshal McLuhan, are to be choreographed by individuals moving through the room in Tino Sehgal's work. The choreography that makes us forget about the notion of improvisation and replaces it by the illusion of necessity, allows the performer's movements, the humming, the whispers, the speech, the singing, to all work together in one huge act of improvised symphony. The goal is nothing less than to summon the same echo chamber in us that guides the interaction of the performers – their fascinating way of blindly "answering" each other. This "echo chamber" as Marshal McLuhan calls it, is like a room in which the Aristotelian soul and pop cultural community start reverberating in a shared echo. This echo chamber of a "second antiquity" (Philip Wüschner, 2011), that inverts the conditions in Plato's cave, has an enormous power.

We are able to study how that power changes, or how this interaction works totally differently on a smaller scale in Sehgal's work in Venice: Here we have only two or three performers whom we see working, instead of only hearing them. For the rest, Sehgal of course stands under the strict Aristotelian regime of nomenclature. When we form a clicking or clacking sound or cough it is in itself not a work of our animate voice, but the work of our throat. For Aristotle it has to be a meaningful sound. Nevertheless you notice how Aristotle struggles to put the meaningful character of sound in the foreground. This characteristic is by no means a natural one. In this endeavour modern readers are already holding their breaths, because they know very well what wonderful sounds we are able to produce with our tongue and our throat. Michael Lentz proved that very plastically to all of us yesterday.

Finally, I would like to sum up. If this ambivalence and need for correction of the human voice roots in our sociality, the irony would be that the sociality of the voice is the cause and reason for its vulnerability.

That brings us back to the classical myth that Petra Gehring (2006) wrote about so fascinatingly in the book by Doris Kolesch and Sybille Krämer; namely the nymph Echo. What was her fault? She had distracted Hera. Hera was about to catch Zeus in flagranti with the other nymphs. And little Echo, who was not even part of the bacchanal any more, tries to engage Hera in meaningless chitchat to allow the other nymphs to flee the scene. Echo is successful, but is brutally punished later on, because she has in a sense abused the sociality of speech. She used the community-forming bond of speech to prevent someone from discovering something important. Therefore she is, like so often in Greek mythology, punished equivalently. The equivalence punishment that Echo suffers, entails that she still controls her human voice, but is unable to use it to form meaning. Echo is forced to repeat whatever the previous person said, not in his, but in her own voice. That is the big difference to the natural echo which is part of the landscape and the room and which celebrates the detachment of the voice from the body ad infinitum. The nymph Echo keeps her own voice, just like the sirens, for which Ovid states explicitly: Their own voice; "vox humana remansit". This cruelty is the ultimate reason for Echo's suffering. She is forced to say the strangest things that are not her own, in a voice that is her very own. That is why she is mocked and ridiculed and also why her wooing of Narcissus fails later on. Finally she tries to vanish through starving herself. Echo is also the first case of an anorexic who tries to rid the world of herself. But, as antique curses usually are, Hera's is to last forever. The voice remains and Echo literary sinks into the ground. The landscape accepts Echo's character without complaint and afterwards, nature itself echoes.

There it is again: The central, culture-philosophical phantasm of an eerie voice without a body. As I said in the beginning, I believe this eeriness constitutes the special philosophical quality of voices. The radio is a technological device that enhances this quality and makes it perceptible in a certain way. But the phenomenon itself exists already between the person that speaks and the voice that speaks from it. I think I will close here, even though I still have one voice by Janet Cardiff (also on the *documenta 13*) in my repertoire. But I have already written a lot about it elsewhere. Everything else is better dealt with in an open discussion.

Thank you.

Bibliography

Bachmann, I. (2005). Hommage an Maria Callas. In Kritische Schriften. München u. Zürich 2005, pp. 409–411.

Barthes, R. (1981): Le grain de la voix. Entretiens, 1962–1980. Paris: Éditions du Seuil.

Benthien, C. (2006). Barockes Schweigen: Rhetorik und Performativität des Sprachlosen im 17. Jahrhundert. Paderborn u. München: Fink.

Cardiff, J. (2005). The Walk Book. Edited by Thyssen-Bornemisza Art Contemporary, Vienna in collaboration with Public Art Fund, New York, Texts by Mirjam Schaub. Köln: Buchhandlung Walther Koenig.

Gehring, P. (2006). Die Wiederholungs-Stimme. Über die Strafe der Echo. In D. Kolesch, S. Krämer (Hrsg.), Stimme (pp. 85–110). Frankfurt a. M.: Suhrkamp.

Kolesch, D., Krämer, S. (Eds.) (2006). Stimme. Annäherung an ein Phänomen. Frankfurt a. M.: Suhrkamp.

McLuhan, M. (1992). Die magischen Kanäle. „Understanding Media". Düsseldorf u. a.: ECON Verlag.

Mersch, D. (2002): Was sich zeigt, München: Fink, 2002.

Rosolato, G. (1974). La voix entre corps et langage. Revue française de psychoanalyse, 38 (1), 75–95 (zit. nach Voices = Voces = Voix, exhibition catalogue, Rotterdam, Witte de With, 1998, p. 115.)

Serres, M. (1998). Die fünf Sinne. Eine Philosophie der Gemenge und Gemische. Frankfurt a. M.: Suhrkamp.

Weill, K. (1925). Möglichkeiten absoluter Radiokunst. Der deutsche Rundfunk, 26, 1625–1628.

Wüschner, P. (2011). Die Entdeckung der Langeweile: über eine subversive Laune der Philosophie. Wien u. Berlin: Turia + Kant.

RESPONSE Steven Conner: The Art of Foam and Froth

We use our voices as locators, "echolocation", we say in English. I am at the moment taking the measure of this room. I haven't had the chance to get a sense of how far my voice will carry. It's always difficult when you have a microphone because your voice is being processed and transformed, and you have a dual inhabitation of the space. There is my, so to speak, "real" voice taking the measure of this room, and then there is this other voice that is accompanying it. So that is the voice as exploratory or forensic. But the voice is not just a way of finding yourself, for you can also get lost in your voice. To have a voice, to speak, is in a certain sense always to surrender yourself to speaking. There is no sentence that begins quite knowing, or precisely, knowing its end. There is always a kind of launching, to borrow a word that we heard in Mirjam's presentation, always a kind of exposure, a setting out, literally, "exponere": "to set out" or "to place outwards". I spent some six years writing a book that came out in English (2000) with the title: *Dumbstruck. A Cultural History of Ventriloquism,* and right up until I received the proofs of that book, I was determined to call it: *A History of the Disembodied Voice.* Sometimes you actually have to see what you've written, in a way that has gone to the circuit of having been read, and set out, and represented by somebody else, and given back to you, to know what it is you've said. And I realized, when I was correcting the proofs, that I'd written quite a long book and spent six years proving to myself that there is in fact no disembodied voice. "Es gibt keine Stimme ohne Körper" as you say in German. The question is, however: what kind of body, what kind of experience of the body, does the voice require or, a good word is, "invoke", as in "call up". In a certain sense, the voice must always come from some kind of bodily apparatus. If it is not a human physiological apparatus, it must come from some sort of technical apparatus, some kind of material arrangement that produces some kind of sound. But what kind of body does the voice seem to imply? And since I became aware of it, I have remained fascinated by this curious excessiveness of the voice to a particular body. When you hear a voice on the radio, you are sometimes surprised, when you see what the speaker actually looks like. It's not so much because a disembodied voice has suddenly become embodied, it is that one voice-body has been replaced by another voice-body. And this is why I introduced in that book, *Dumbstruck,* the idea that I called a "voice-body", a particular kind of body, required by a particular sort of voice. And the two always go together.

The 18th-century Scottish philosopher Dugald Stewart was, to my knowledge at least, one of the first to suggest that learning to speak another language is learning to clothe yourself in another body. One of the reasons why English people are so very, very bad at speaking other people's languages, apart from the fact of being a post-imperial nation, like the Japanese, is that we find it hard to project or imagine ourselves into other bodies. If you're able very easily and naturally to go; "bouffff" (makes a nonchalant gesture), you can speak French much more easily. I'm not quite sure what the German voice-body is, but I have a book that is appearing in February, that I wanted very much to call *Aristotle's Cough* – Mirjam, I'm so glad that you quoted that phrase –, and the publisher wouldn't let me call it that, so it's going to be called in English *Beyond Words* (2014). But it is about all of those things in the voice – noises, inflections, accidents of pronunciation – that somehow don't seem to belong to the voice – and yet also always do. We have extraordinary and immoderate fantasies of what the voice can do. When I wrote *The Cultural History of Ventriloquism,* it was in part a history of the fantasy that people could do this extraordinary thing that in English is often called "throwing the voice", that could make the voice appear to originate from some entirely other place. But this cannot be done. Even the simple basic requirements of ventriloquism – that you speak without moving your lips, and, as far as possible, without visibly moving any other part of you –, is in fact just not possible.

Nobody can actually perform ventriloquism. Ventriloquism is very largely a visual illusion. You persuade people to look somewhere else than at your body. Male ventriloquists have the problem of the larynx, which is quite impossible to restrict the movement of consciously when you speak. Because the larynx will always be moving, ventriloquists often wear cravats or high collars. But nobody can really do ventriloquism in the way in which we want to believe that they can. My point is that the voice is made up, through and through, of fantasy. When I just said "through and through", I had in mind, no, come to think of it, I didn't have it in mind, but I had it, as it were, somewhere between my mind and my tongue, a notion that my voice was doing that kind of slicing or shearing of a space: "through and through".

It's Lewis Carroll's term: the "vorpal blade" wielded in his poem *Jabberwocky*: "One, two! One, two!/And through and through/The vorpal blade went snicker-snack." My voice wasn't doing anything like that when I said "through and through", but there was a fantasy of the voice at that moment, transformed into some piercing, penetrating device. The fantasy of the voice's extraordinary potency to penetrate, to fill, to command space, is one of our greatest, most powerful, most sinister shared illusions. I call it an illusion; but the illusions we have about the voice are in very large parts what the voice is and does. Our fantasy of the voice is, in a sense, the voice itself.

But it isn't just power, it isn't just potency because, in a certain way, the most powerful thing about the voice is its power, not to be able. The philosopher Giorgio Agamben, referring back to Aristotle, actually calls it impotential: the capacity, not to do something. In a sense, the voice gives human beings the most powerful and expressive form of our impotential because we can – not speak. We can hang back, in speech, from speech. Not speaking distinguishes us human beings from a stone or a chair because stones or chairs just don't go in for speaking at all. Human beings go in for a lot of speaking, so the refraining from speech gives a particular kind of power to what we do. And, of course, speech and voice is full of the remission of speech. It's full of whispers, restraints, inhibitions, the voice forming itself as less than itself. The voice's richness consists, in fact, in great part in its power to assume and embody various kinds of lack, of deficit. So the weakness, the impotence, the damage, the exposedness of the voice, is in a very large part the power of what I've been calling the fantasy of the voice.

There are two other aspects that I just want to draw attention to. One of them will, as promised, relate to "foam and froth", and I'll try to distinguish between foam and froth. The other will be about the voice and time, our own personal time and our social time. When one says that the voice is embodied, one doesn't mean simply and solely that it is a human embodiment. Because an extraordi-

nary part of our fantasy of the voice is that our voice is our way of exposing ourselves to and connecting ourselves with the things of the world. And this is, in
a sense, a simple physical fact about the voice. There is no sound without compounding: You cannot hear the sound of one thing, you can only ever hear the
sound of some mingling. Sound and especially voice is what Michel Serres calls
a "mixed body". You're not hearing my voice, you are hearing my voice that has
entered into composition with this apparatus, this microphonic and amplifying
apparatus, and the apparatus of this space. And it is for each of you separately
and individually and compounded with your own individual hearing apparatuses. This means that it is important to understand the voice in terms of what
Gaston Bachelard calls "the material imagination", meaning by those two things
our imagination of the material world. We tend not to think of the material world
as something that needs to be imagined in some way, but actually it is. There is
always a kind of implicit physics in all of our imaginings. The "material imagination" also enables us somehow to imagine the material force of imagining
itself. And this is important because the voice – perhaps more than ever before
because of our many technical apparatuses for altering, for amplifying, for trans-
forming the voice in many ways-, enters into the material world. And the voice
is, and has been compounded with all kinds of substances, not least "foam" and
"froth", in poetic, theological, philosophical and medical fantasy for centuries.
Or also with the particular kind of "foam" and "froth" that the ancient world
valued so highly in the form of what Aristotle and then, following him, the stoics call the "pneuma". This extraordinary quasi-substance that was not quite air,
but was not quite solid either, was held to be the bearer of – for the Stoics – of
logos, of meaning, of intention, of will. The "pneuma" was a kind of shaping form.

For at least one writer, the voice itself had a substance that was a little bit like
the pneuma. Francis Mercury Van Helmont, a very extraordinary man and a
convinced cabbalist, the son of the great physician Johannes Baptist Van Helmont, had a theory that the world, in a certain sense, was formed by the power
of voice. And voice itself depended on what he called the "phlegm", an imaginary substance. He thought it existed in all bodies, and without the "phlegm"
you could not speak.

The "phlegm" was a kind of seminal fluid, which was also related to the
pneuma, this imaginary, magic substance that was not quite substance and not
quite spirit but participated in both. And perhaps, in a way, that's the point of
the idea of "foam and froth", that there is a particular kind of signature-sub-
stance that may be invoked when we think about the voice.

But, there are many, many other vocal quasi-substances, there is no limit to
them because of the voice's capacity, its requirement, to compound itself with

the things in the world, since the voice is the soul's exposure to world. Aristotle says there's no voice without soul. But, in a certain sense, that's because the voice is the soul's, the spirit's, the mind's, the living creature's possibility of exposing itself, going out into the world, and connecting with that world.

That means that the voice is a temporal phenomenon. The voice does not simply come and go. The voice, my voice, is always a kind of sedimentation. I have spent a long time with my voice. We've got to know each other quite well over the years. But there is a curious sense in which your voice can begin to invade you, can begin to inundate, even asphyxiate you. Your voice builds up around you like a kind of wall and so there is always a necessity, I think, of trying to get away from that sedimentation of one's past in one's voice. Where and how you were brought up, how your mother and father spoke, will make itself heard, sometimes very surprisingly after long lapses of time, in your voice. So we're exposed not just to the world of space, but also of time.

Thank you.

Bibliography

Connor, S. (2000). Dumbstruck: A Cultural History of Ventriloquism. Oxford: Oxford University Press.

Connor, S. (2010). The Matter of Air. Science and Art of the Ethereal. London: Reaktion Books.

Connor, S. (2014). Beyond Words: Sobs, Hums, Stutters and Other Vocalizations. London: Reaktion Books.

FOCUS & ECHO 4

With: Steven Connor and Mirjam Schaub
Host: Ute Thon

Question from the audience:

I have a question for Mr Connor. When, at the beginning of your talk, you persuasively demonstrated how you measured this room with your voice, I was wondering: if the voice can create a space, does radio create a space as well?

Connor:

Yes, it certainly does. We inhabit spaces, we orient ourselves in relation to the sounds that punctuate space. But, of course, sounds create space in ways that I think, are dramatically different from the ways in which light or vision understands space. Because sound blends and visual phenomena do not blend. And I think that's the challenge of radio, which is in a sense a very ancient phenomenon. Not just because it's been around in our media age almost from the beginning, in a way, versions of radio have been around and the idea of radio has been around for centuries, perhaps millennia. You know, sounds where there isn't an immediately apparent bodily source. And that gives us a completely different sense of space.

If one listens to birdsong for example, birds inhabit city space in a very complicated way because we make a lot of noises in the cities that are quite difficult for certain birds to deal with. So, many birds are starting to sing at higher pitches and with sharper forms of song. And this is quite serious, because this means that city birds will probably not be able breed with country birds from the same species, so sound can "respeciate" birds. Actually, this is not an unnatural phenomenon, birds also change their song near waterfalls in forests for exactly the same reasons, but this is a hint as to the kind of space that the bird's song consists of.

It's certainly the case that birds are listening to their song as they sing. They are in a sense, incorporating their sense of their space. But sound space is multiperspectival in a certain way that's never shareable. Even as it's always overlaid, it's always a matter of harmonized spaces. So, in a certain sense, we need to rethink all of our ideas about what space is, to think about forms of cohabitation, mutuality, shared spaces, really. You know, birds have no interest at all in us actually, they might adjust their song to fit their surroundings, but they are really only just singing to the next blackbird along: if you can hear this, get out of it!

Host:
Mirjam, you also wanted to add something?

Schaub:
Yes, I find it wonderful to go into this territorial aspect of voices once again. I could observe that very nicely in Edinburgh, there are lots of seagulls there that have competitions with blackbirds. As a matter of fact, seagulls can't sing like blackbirds, but they try – and fail awfully. But it underlines what we have just talked about. Voices have this effect of replacement and they have something to do with the fact that one adapts to the atmosphere in which one moves about, and in which one also fights over supremacy and territorial benefits and sexual attractiveness. And it's good to remember this dependence considering the human voice. Whoever has worked in committees once in a while, knows how important it is to say certain things in a certain voice.

Question from the audience:

I have another question for Ms Schaub: You've nicely described how this common situation that appears in Sehgal's works can also become a political force. Maybe you could say something about Janet Cardiff's works, especially her *Walks,* that are actually based on a completely different situation, an intimate listener-artist-situation.

Schaub:

Tino Sehgal's art is never intimate and Janet Cardiff's is always intimate. That has to do with this dialogicity with every single listener she so strongly searches for. I think her works, that are always collaborations with her husband George Bures Miller, develop, and are so good, because there is this counterpart being called. That is not Tino Sehgal's point. Tino Sehgal rejects this dialogicity. I remember his work at the Tate Modern, where one was asked intimate questions, but when one asked one back intimately, the performer would turn away and leave. So what Janet Cardiff allows is quite forbidden for him, or at least that rule is broken. Maybe that's why Cardiff's works are more tempting but maybe also politically more harmless. I leave it to you to judge that.

Host:

I have one short question for both of you. In which way, would you think, have the acts of personalized listening in public changed in our days?

Connor:

Well, I've changed my mind about this. I mean, I used to think that the personal listening phenomenon was a matter of individuals creating their own personalized mix. Janet Cardiff's works often require you to integrate the sounds that you're hearing in the world as you're walking with her voice. Increasingly, it seems to me, people listening to their devices really have abstracted themselves from their environment. And it's a conscious choice to have no engagement with their surroundings. And it means, oddly enough, that they have no spatial awareness. And so they do extraordinary things they would never do if they weren't concentrating on what they were listening to. They have no sense that there are other people in the world anymore, so they, far from withdrawing in a cocoon, will often step out and move backwards. You know, you lose your sense of space, I think probably because you're cutting out all kinds of subliminal responsiveness that we usually have to sounds in our environment. I think it has become a very solitary and fracturing kind of experience. I feel disappointed to sound so grumpy about this, but there it is, that's what I've come to feel.

ART SLAM Thora Balke: Dea ex Machina – Delia Derbyshire & Daphne Oram: Pioneers of Sound Art

"This is a speech test for testing the new A track recorder [...] so this is testing and testing and testing as a possible recording that might be put on to the A track recorder and taken off again and now I think this will finish, this is the end." *(Daphne Oram, sound recording)*
(fig. 6, s. p. 89)

What you just heard was the voice of Daphne Oram. In my film you get both moving and still images of her and Delia Derbyshire and this lecture is about them. It's a tiny introduction to the vast legacy and pioneering inventive work they did in electronic sound production and composition in Britain from the late 1950's and throughout the 60's and 70's especially. Since sound was their medium and the vessel through which all the thought processes reached the world, it seems only fitting to let them communicate directly with you and let them speak for themselves a lot of the time.

Here is some background: Daphne Oram joined the BBC as a sound engineer after studying music and electronics. She convinced the BBC that they needed a department focussing on the potential of new technologies in sound, and, since experiments had been used by the BBC radio drama department to enrich acoustic plays with electronic sound effects since the production of Samuel Beckett's play *All That Fall* (1957), her request fell on fruitful ground and the so called *Radiophonic Workshop* opened in 1958 at the BBC Maida Vale Studios. Oram left the workshop after only 10 months to set up her own independent studio, where she created her incredibly varied and inventive body of work over the next decades. She managed to fund her own research by making unusual and original music for film, advertising, TV and the concert hall. Amazingly, she worked without any connection to the American and European studios and sound art scene at that time.

Delia Derbyshire was born in Coventry, and she was only three when the Luftwaffe completely bombed the city. Hear her voice: "The air-raid sirens ... It's an abstract sound because you don't know the source of it as a young child. And then the 'all-clear'. That was electronic music in those days." *(Delia Derbyshire, sound recording)*

Delia had always been dreaming of a career in a recording studio, but she was told that the music studio was no place for a woman. After working in the United Nations in Geneva for a time, she joined the BBC and was quickly drawn to the mythical avantgarde *Radiophonic Workshop*. She applied and joined and throughout the 1960's and 70's was part of a musical counterculture in Britain. The *Radiophonic Workshop* introduced strange-sounding experimental electronic music into the living rooms and into the minds of British people through compositions for advertisement programmes on TV and radio. I myself remember the after-effects of this, growing up in Britain for a short time.It was a very strange type of soundscape on certain BBC programmes that touched childlike surrealism and I now know where this came from.

The *Radiophonic Workshop* sound came to influence a whole generation of musicians that had lived with these sounds in their childhood and had their first experience of electronic music directly through BBC television and radio. I will just play one short clip of a kind of intro for a program called *Talk Out*. I couldn't find any reference of this program ever having actually been broadcast, but this intro was produced by the *Radiophonic Workshop*.

At the time Derbyshire and Oram were creating their compositions, there were no synthesizers or any computers, so they made musique concrète, using the sounds they found. They opened and manipulated the machines at their disposal and used basic electronic sine tones and white noise, filtered and cut and shaped. They had to invent all their technology and techniques themselves and they did so, driven by their wanting to create the one specific sound they imagined. Both Daphne and Delia approached musical composition like scientists. Daphne would plan out her compositions in sketches. A lot of these drawings of plans for a sound composition were found in her archive, together with small notes of what she'd been doing on a particular day, for example.

Now, Delia Derbyshire was said to have been able to see sound as pictures. She would for example make a composition based on a drawing someone had given her. Here's an example of a method of composition by her, used for the 100th anniversary of the founding of the Institution of Electrical Engineers (IEE). She was invited to make this composition. I think it's very interesting because it sort of shows the way she went about it.

"I began by interpreting the actual letters I. E. E. 100 in two different ways. The first one in a Morse code version, you think the Morse for I. E.E. 100. This I found extremely dull rhythmically and so I decided to use the full stops in between the I and the two Es because the full stop has a nice sound to it, it goes: di-da, di-da, di-da. I wanted to have as well as a rhythmic motive, to have a musical motive running throughout the whole piece and so I interpreted the letters again into musical terms. I becomes B, the E remains, and 100 I've used in the roman form of C." *(Delia Derbyshire, sound recording)*

So, the compositions were very meticulously made. Every note had to be created on separate pieces of tape, to then be cut together to create the rhythm and the melodies. One piece for each line without the help of multi-track tape recorders at the time, so that the final piece was created playing all these tapes simultaneously from multiple tape machines, hoping they would stay in synchronization.

Several people have described Daphne's and Delia's homes and work environments as places fully committed to the functionality of creating the best possible works, with tapes being laid out across the floors. I like to imagine these rooms. Both women were uncompromisingly dedicated to making their work and refused to give up artistic freedom, relentlessly. One story of Delia Derbyshire's struck me. It is of her working on a composition in the *Radiophonic Workshop* until late at night, then getting on her bike to go home and still continuing to work on the composition in her mind, when she suddenly realized she'd crossed the whole of London without knowing where she was going.

In the mid-1960's Daphne Oram started work on the project that would become her main occupation until the end of her life; the *Oramics system,* electronic music made by drawing. Simple enough to do today, even on the simplest of computers, but then it seemed possible only in a dream. She wanted to produce sounds that were completely created by the composer, not acoustically generated by any known means or instruments. She envisioned some kind of manual interface for her to sit at a machine and draw her music on, thereby predating the computer by at least a decade. Here is a clip to let her present this machine herself:

"I have a completely new technique, one that I've evolved over the years and it's still evolving and it's got a long way to go yet, which I call *Oramics.* And that is using graphic representation of sound. I'm interested in being able to manipulate sound to give every subtle nuance that I want. There seems to be no real notation system in electronic music. I wanted a system where I could graphically represent what I wanted and give that representation, that musical score in fact, to a machine and have from it the sound. I'm finding that what one has to do is to pick out each parameter separately. You want the to be able to have a graph for how loud it is at a particular moment. How the vibrato is giving a wavering to the pitch. And so I have a number of film tracks going by, and on these I draw the graphs for the pitch. I put on what we call digital information. That is, I can put a dot rather like a crotchet or quaver (a British quarter note & eight note). I've been thinking about this for years actually, I believe my father said that when I was seven years old, I was predicting that one day I would have a marvellous machine that would make any sound I wanted. *(Daphne Oram, sound recording)*

In the 1960's Daphne was already influencing pop musicians, who would come to visit her studio, and she still is an influence today. I heard that even John Lennon may have been among the visitors and so were many musicians of the time, but she had no idea who they were.

With the help of the *Oramics* machine she was able to slide the pitch of the sound in very fine nuances, hence her style is described as playing with the decaying parts of the sound. An accomplished engineer, she was able to design and build her own recording medium. In the late 1970's moving on to the 80's, with the advent of the microprocessor, she got a grant to develop *Oramics* for computers, which also faced her with a whole new mass of work. Here she was, having developed the analogue system for years and now she had to learn about programming a computer. There's a very beautiful clip of her explaining that as well:

> "… If we can get this computer to shape the sound that is inflecting it. That's what I'm working on now. I really dismantled my studio because it was getting very old (…) It makes my night day!" *(Daphne Oram, sound recording)*

I don't have much time left, and there's just so much material, but I just want to address one more thing and play you one other clip of the work of Delia Derbyshire's. In the 1960's she collaborated with the poet Barry Bermange on a sequence of radio programmes called *Inventions for Radio*. She edited his recordings of people, discussing among other things, their dreams. In several beautiful works, Delia Derbyshire uses Bermange's recordings of people's voices describing their dreams and especially, the recurring elements of their dreams. She composed those into pieces with titles like *Running, Falling, Land, Sea* and *Colour*. You can find them on ubu.web. I would really recommend you listen to them.

Here, Delia uses the voices as instruments of rhythm, structuring them through repetition and editing them like music to her soundscape. As well as being amazing pieces of music, these compositions – in retrospect – also freeze a moment in time. I was thinking about that, when you were discussing the voice, earlier on. Delia's voice-pieces make you wonder whether those people are still alive, if their dialects are still spoken the particular way they sound, all those things. So, let me play you another piece from this collaboration with Barry Bermange, a piece about the advent of old age:

> "My present days seem to go very slowly and when I look back over the years they seem to have jumped very quickly. I can remember things that happened to me when I was 14 years of age, when I was 24, 34, 44, and I

used to … be 54. Now it comes to 64 and over, and it seems to get longer as years go by. Time seems to spread out and seems to be going really fast with me … maybe it's according to the condition that I'm in (…) it seems to be going really fast with me." *(Barry Bermange "The Afterlife", sound recording)*

As technical as the process was, starting with something so mathematically structured and analysed, with such a complicated and complex thought process, the aim was to produce something very simple and beautiful and effective, that would draw you in like a piece of art. Delia was later disappointed with the rigidity of the synthesizer. She wanted to get inside the machine and have her own control of the sound. She liked the handmade aspect of electronic music.

All this is interesting to me to think about in a time when *MIDI* is so locked in to all the hardware and software that we use to create music and listen to it. I wonder what Daphne and Delia would think about this technology and I also wonder what they would make with the infinite possibilities that were not available to them.

I'm going to end here, as my time is up, and there is of course, so much more I would have wanted to play. But I'll leave you with Delia's voice. And thank you.

"The sixties was a lovely bloomy time but something happened in the seventies which made it not right. The world went out of tune with itself …" *(Delia Derbyshire, sound recording)*

PANEL Music: Nothing other than Music?

Some say that music stands for pure emotion. When it gets under the skin and brings the listener to laughter or tears. Parallel to this, there exists an intellectual school of composition that "coolly" occupies itself with abstract subjects, materials and structural motifs. Both these forms meet in sound art and radio drama. In classical radio drama, music shapes the background and forms the narrative's audible substructure. It can present either a counterpoint to the story or emphasize its themes. Through editing and montage it incites instantaneous associations. Music as a material extends the scope of sound for the listener. But does all that exhaust its role? Surely not. Here we will speak of differences, parallels and connections that are more complex than they seem.

Gaby Hartel and Marie-Luise Goerke

With: Martin Daske, Thomas Meinecke, Hans Burkhard Schlichting and Daniel Teruggi
Host: Ute Thon

Host:
Here are our four panel guests:

Daniel Teruggi is a composer, one of the most important persons in electronic music. He's the head of the studios INA-GRM[3] in Paris, which is one of the oldest studios for electronic music, and he has done a lot of fantastic electronic compositions. And he is introducing a new one here.

To my right we have Hans Burkhard Schlichting. He was dramaturge in chief of the radio drama department of the SWF, or as the case may be SWR, for a long time, and is now an author and dramaturge. He was also a lecturer for radiophonic media art here at the ZKM and at the HfG in Karlsruhe.

On the far left we have Thomas Meinecke, writer, poet, language analyst, who has written witty and funny books, such as *The Church of J.F. Kennedy, Tomboy* and *Lookalikes*. He is also co-founder of the band F.S.K. and the husband of Michale Melián.

---

3   L'Institut National de l'Audiovisuel – Groupe de Recherches Musicales.

Next to me is Martin Daske. He presented the first performance of his new work *Unwritten* yesterday. He is a composer, author, director, producer in Berlin and influenced by John Cage. Martin Daske has developed a new form of notation, namely a three-dimensional form. But he also realises radio plays and concert series with great names such as *Das Tier des Monats (Animal of the Month)*.

Now, I'd like to come back to Thora Balke, who just introduced us to these two fascinating pioneers who were really onto something, the *Radiophonic Workshop* at the BBC. And I must admit I haven't heard of them, but listened to some of the things they did, because now they are available on YouTube and so on. And they are apparently not that well known, and I was wondering how this community of composers and electronic music people works. Are they like different tribes, and when you don't belong to the right tribe you are probably not as famous as you're supposed to be? Because if you go to YouTube, and I recommend that you all do and listen to more of their stuff, you see comments from apparently young people who listen to that for the first time and write like "DJan is now ", "eat your fucking heart out" or "damn, woman", "awesome", "so absolutely amazing", "rocking". As if they were discovering some new song or some new artist. And it was in the 50's already when they started doing this synthesizer music. And I want to pose this question to Daniel first.

Teruggi:

Even if the concept of tribes has always existed, meaning that people tend to gather around common issues and ideas and practice, in the electronic or rather electro-acoustic domain this concept is more recent. Historically it was not like that. Why? GRM started in 1948, so three years later you have the WDR studio, then in many radios you had studios, and radios have the advantage of being places where people exchange information. We have, in GRM, probably all the music that was done in the 50's and in the 60's on tape, because studio radios had something very important, which was the exchange. Radio stations were naturally exchanging any new production. So, the GRM, the French radio, would send material to all the other radios and the other radios would send to GRM. We had the first versions on four tracks of Stockhausen's *Gesang der Jünglinge – Kontakte,* but they just sent them, we never asked for them. Since electro-acoustic music started in Europe there has been a very strong exchange. In the States it's another issue: In the States it was more at the universities where that started up, it started in a radio environment and radios were accustomed to exchange.

Afterwards, as time went by, the different channels or tribes started to build up. It depends on where you live, it depends on what you do, as I said earlier you tend to find people who work and think like you. I try to be as informed as possible of what's happening around everywhere, in all the tribes. Because I think they are interesting. There's one common point in all of us, we're interested in sound and in what you can do with sound. We are interested in sound as something that gets to your ear and has an impact on your perception, on your thoughts and your emotions. And all those people who are working for that, for me, are part of a very large community, inside of which I can identify several tribes.

Host:

One more question about this issue please. Could it be that it had something to do with these two women, Daphne Oram and Delia Derbyshire?

Teruggi:

I was quite surprised by what Thora Balke said. That Delia Derbyshire couldn't do that because she was a woman. I mean, the first woman who came to work in GRM was Mireille Chamass in 1954. And she was neither the first nor the last one in this sector. There are regularly fewer women composers and whatever kind of composers that I have seen in electronic music. They don't only come to us to work, but also go to many others. So, maybe it's a more BBC issue which I can't explain.

Host:

One of the ladies, Daphne Oram, was also concerned with how to visualise music by making graphics. With that I would like to move on to Martin Daske. He has chosen a similar path, at least in what I have seen in some of his works, such as *Unwritten,* in which he has added calligraphic works to his compositions that were then projected in large images above the performers. They functioned as additions and inspirations to the notation. Maybe you can explain that to us in a minute. What is interesting is if music still needs visualisation or if it is just an interesting add-on-effect. Why does it still need that?

Daske:

Well, the images I projected parallel to *Unwritten* yesterday, were rather accompanying materials, just something calligraphic that has to do with writing in any form, but it does not have to do with music directly. Apart from that I obviously like to work with graphic notation, and from graphic notations three-dimensional objects develop that function as notation. They have the additional effect that if you turn the sculpture, completely different and new overlays form. Then things are hidden or emphasised through the lighting. You suddenly see other things appear that you just play differently. What I do is simply a further development of a graphic notion that, for example, Earle Browne started in the 50's.

Meinecke:

I would like to ask another question. Because yesterday, during your performance, the notation was changed by the respective soloist during the performance. What happens at that moment?

Daske:

The first piece *Notensetzen (placing notes)* is yet another form of notation. There you also have three-dimensional objects, which are put in a A3-sized sandbox based on set rules though. And these rules build the structure of the piece. There you have for example *5 Elemente (5 elements):* 1. The sandbox takes one minute. 2. There has to be a stone in it. 3. The traces you leave while re-placing the elements are sometimes also played, sometimes not. 4. The whole thing is rather loud and hectic or mezzopiano and soft. And 5. There is also a motto, such as "wie ein kranker Papagei" (like a sick parrot) or "zart wie ein Herbststurm" (soft as an autumn storm) or something like that.

Meinecke:

And how would you describe the relationship between improvisation and notation while playing?

Daske:

There is no improvisation while playing, one rather turns the page.

Meinecke:

So everyone does the same new thing in their sandbox.

Daske:

Yes, but not simultaneously.

Host:

Thank you very much for mentioning that yourself, because I was also wondering: How does that even work? Sure, we all know what a notation is. So you agree on symbols and then play them, and the position of the symbols then indicate the pitch and the length. But the question is still how one then plays a shard of glass or a piece of shellac or a piece of wood from a violin corpus. Do you set rules by saying this has this character or can the clarinettist or the accordionist think of something themselves?

Daske:

If I place a large piece of violin in the box, then it cannot be a short note, and if I place it in the top half of the box, then it is obviously a high note or otherwise a low one and if this part of the box takes one minute and the piece of violin is in the middle, then it's about 30 seconds long. So it is quite precise, actually.

Host:

But do the objects have a special meaning?

Daske:

The objects also have a specific shape. So the piece of violin, in this case, goes up a little, for example and then we play it.

Host:

And does the origin of the shellac, the violin, the shard of glass have any emotional or nostalgic connotation, so one can also connect something with it, or could it also be something else? Could we also use a pencil or a piece of a bottle or something?

Daske:

Not a bottle. I made a piece for organ in this notation and for that I cut up grenades from World War II and then flattened them, because in those days organ pipes were also melted down to make munition. I work with different materials. Sometimes I grind stones, or pieces of wood that I find and then put into a musical shape. But the shapes are always thought of as musical.

Host:

I find that interesting, because you still include a visual element in you music performance. If you perform a piece, I wonder if it needs this visual element for the music or why a composer would decide on an additional image or, in this case, a three-dimensional box with sand and the bits and pieces which is projected above the performance. So does it actually need that. I might as well say that music is this all-embracing medium that really gets through to you and maybe I can even close my eyes. In this case it's about opening your eyes, because there is another something up there. Is it an approach to visual art? Or are you even a visual artist?

Daske:

Well, that's what my gallerist thinks. But you can also listen with your eyes closed. That's not a problem. It's music, it's absolute music. You don't have to see. But for me it always starts with the notation. And if the notation happens to be nice to look at, then it of course touches the fringes of visual art.

Teruggi:

Can I add something? What is the label you put on things? If you say it's music and there is no sound and the people are walking and dancing and moving, then you say that this is not music. But we tend to want to put labels on things, and that's the tribe issue. You're doing music, you're doing a film, you're doing a sculpture, you're doing a painting. And many artists try to just move around and try new experiences, binding together or merging things that may not initially go together.

Host:

Thank you for that point! That is perfect for moving to the next subject or to a subject that I want to put to Mr Schlichting. Yesterday, during an informal talk at the symposium, we discussed what really remains "experimental" nowadays. The term "experimental", Mr Schlichting told me yesterday, is worn-out, and he might not even use that term anymore. One has to add that he still deals with avant-garde music and acoustic art. Hans Burkhard Schlichting is secretary of the Karl Sczuka Award and one of the awardees is here (Thomas Meinecke). But still, my question is, if the experimental really is overworked and if we have reached the end of all avant-garde. Is that the reason why one concentrates on the classic forms, classic forms of radio, classic forms of acoustic art?

Schlichting:

I am, I believe, in a rather privileged situation, as my radio drama colleagues, Martina Müller-Wallraf from Cologne and Herber Kapfer from Munich, already spoke here yesterday. It is very important for answering this question that the radio play must not become puristic art. The radio play is a relatively new form of art. Although we heard yesterday that radio drama, not radio, is almost 90 years old, 89 years, to be specific. But music has thousands of years of experience with sound in spaces and structure of timing. And, before radio drama even evolved in this way, for me going to England when I was 15 years old, was a great experience. I grew up in the British zone and had experience of all sorts of music culture in Germany, which was a rather closed-off affair. In England I went to a concert in the Royal Albert Hall, it was the Henry Wood Promenade

Concert *The Last Night of the Proms.* I had no clue about music sociology then, I was 15 years old and the term "ideological criticism", which maybe wards it off nowadays, was far away then. But whatever the artists in the *The Last Night of the Proms* concert celebrated, with a completely different presence of the body and the way they transported the music to the audience, was something I didn't know from post-war Germany. In the evening, I remember very clearly, I could hear the *Rolling Stones* from the other side of the street. That was an absolutely different presence on all musical levels. And that played an important role, I didn't know this from Germany.

When I went then to university, tackling the Dadaists and the concept of material was very important for what was ahead. In those days the experimental still had a positive ring. And I was very interested in Kurt Schwitters, who might have been one of the most conservative Dadaists when it comes to the ideological or the manifestos, but in terms of the craft – of course nowadays we know a lot more – he was one of the most progressive or most radical of those who did something that was later experimental literature. You could not disregard this, once having started to follow it. With this background I started up in radio, with a slight detour via a publisher. Working as a publisher taught me that you address the artists who can create something directly, and you don't use books made and printed by others, thus providing them with an easy-going director and saving lot of time. That requires a certain alertness and attentiveness towards music.

Host:

But let us get back to the first question. Have we arrived at a point where being experimental has been worn out. Nowadays, being a member of this jury, there is the problem of everyone owning a computer, everyone being able to make a sound composition and everyone that has the *Garage Band* software feels like a composer of electronic music and can put it on the internet. Probably you also receive various applications, because actually everything is possible. But now the question: Are all people avant-gardists nowadays, or have we passed that moment?

Schlichting:

Indeed it has worn out a bit, using digital media. This term has changed. Before we had digital media, when everything was analogue, the term "experimental" was very challenging. It could be, in view of the people you could refer to and who were always an alternative to what was predominant. Today we have that problem with the Karl Sczuka Award for example. We received the maximum of 95 applications internationally, and we listen to all of them and also get the

the jury to listen to all of them. And everyone somewhere on this planet who is a laptop-musician thinks he can create the right opus and just sends it over, because then those people can decide. That's a big problem. When Mauricio Kagel or John Cage were working, we didn't have this sorting out, I think. All this editing media available to everyone, that has arisen through digitalisation, basically the popularisation of montage, that is indeed something new.

Daske:

I wanted to spice up this provocative question by stating that music history stopped existing in the 1980's, in other words history as progress. Because in the 80's, at the latest, we really had all used up all the possibilities we still have today. Nothing new has come. Dadaism: La Monte Young, who lets the fly out of the matchbox, and it flies until everyone has left the room. The piece doesn't end a second earlier, unless the fly finds its way back into the matchbox. I mean, it doesn't get better than that, does it?

Meinecke:

Well yes, there comes the point where you can't do it any better. But this was also the case in other music genres, like free jazz. Or also in the plastic arts there was generally a kind of suspension of the form or also the canon …

Daske:

… and the material.

Meinecke:

I am reminded of when I talked to a participant of the contemporary e-music scene about how interesting it is for me to see, when we receive the *Sczuka Award* in Donaueschingen for example, how many classically trained soloists sit or stand next to their cello and still bang on its corpus. What you have been able to do for the past 50 years. Or the trumpeters who only blow into their instruments pneumatically. Which, I say, is a sort of traditionalism that has crept up under the guise of breaking a taboo, messing with the form, the notion of avantgarde. And he counters that I don't have a clue, that there are many young composers that play pieces that sound like Gustav Mahler. And I thought that's even worse, it is actually quite sad.

But on the other hand, my music socialisation came from a pop culture point of view. And the great thing about pop culture, or also pop music, is of course the constant remake, remodel, the re-signifying, the re-configuring, bringing traditional things into play over and over again. That is also how I understood the discourse earlier on the dialogicity of Bachtin: There is also this other voice, not as a partner in a dialogue, but as a pre-formulation against whose background I myself formulate. Being a huge fan of Gustav Mahler I find peculiar that it might be a sad moment when some 30-year-olds start composing like Gustav Mahler, but also that it might be vital in order to get back to this strange play of tides that probably has been stirring music history for thousands of years. Without using some argument like Arvo Pärt or introducing any of these people, that is not really my taste. But I don't think it's over. It goes on and one always has to watch out. Maybe it is even great, maybe I should listen to what these neo-Gustav Mahler people do some time. It doesn't have to be based on any horizon of experience or listening habits that didn't exist during Gustav Mahler's time. So I guess that as often happens in pop history, when I say I know that someone has done that before, the copy is better than the original.

Daske:

In order to avoid a further misunderstanding: I don't think that music history as the development of form and content is over, but that the material and all the experiments have been completed and we can now start making good music with all we have to hand. Although I don't think we should take a step back towards Gustav Mahler again.

Teruggi:

In 1961, there was this ambiguity as to what was happening in the world between *musique concrète* and *electronic music,* and so the idea was to change the words. And then came this extraordinary word, namely *experimental music.* Either we look at that very positively: I'm experimenting with something and it may become music or not. Or it can be extremely negative: you are not good, you are just making an experiment, it may work or not. But the concept behind was to say, if I ask an instrumental composer to write a symphony, he has his craft and he knows how to do it. I can be sure he would produce a piece of music and I will be able to play it. If I ask a composer to make a work with tape recorders, I'm not sure what is going to come out. Let's just not call it music immediately, let's wait until he finishes to decide how far it goes. This is to say that even today we have this ambition of many, mainly young, musicians that I will do something nobody ever did before. We can do a new thing, which is a logical and a normal idea.

I think we lived a very terrible period in the 80's, not from the musical point of view, but from a discourse point of view, from a writing point of view. In the 80's you would go to a concert of electronic music, and you would read the programme notes, and they were technical programme notes: I used this software, this computer, I wrote this software on my own, and I made these sounds and everything. And every word was going higher and higher in its technical ambitions. So it was this idea of; OK, if I want to be a composer, I have to be technically top at new things. Then the 90's and the 2000's have been wonderful years. Why? Because we all have the same technology, we all have the same machines, we all have the same software, and it's just about sitting down and making music. And from time to time there is somebody with a pop song or something else, and you say: "Wow, this is something new. At least for me. I think it's innovative, I think it changes something." At the same time we live at the limit. We don't know what will be the music of tomorrow. We know what it is today. And we are trying all the time to look ahead to see if we can foresee what music is going to be in the next years. That is what I would call a kind of, I really don't like the word, avant-garde attitude. It is to be at the limit of what is today and trying to understand what tomorrow may be.

Host:

Well, I am wondering. We are sitting on a panel and the whole day is about art that may be the crossover to other ramps of art, something music has always done. But there seems to be a renaissance of that idea, that musicians work with performance artists. Actually, I want to put a question to Thomas Meinecke, because yesterday he performed a new, shorter piece of *Freud's Baby,* a piece from 1999. And he mixed together different things with electro club sound, if not so many visual things, but rather tough subject matter like anti-Semitism, circumcision and hysteria, which is at least for Germans a taboo. But then it's again interesting to see how you put kinds of such a tough subject matter together with the so-called soft kind of club sound of a sound engineer or composer who is known for his club nights. Is that sort of a calculated provocation or are you generally thinking that you get the subject, anti-Semitism, across better when you use something which is contemporary and maybe even a little bit pop.

Meinecke:

I think David Moufang, *Move D* is his stage name, who was performing with me yesterday, was mainly responsible for the music. He is a kind of oceanic techno producer. He is not "the tough guy", and his music is very elegant and very fluid. And the whole topic or the novel where the whole motive is taken from, by the way the novel is called *Pale Blue,* which is mainly about diaspora, the Jewish and the Afro-American diaspora, has a lot to do with Afro-American music. And techno is to me an Afro-American music form, developed in Chicago and Detroit in the 1980's and 90's. It's about dislocation, it's about diaspora, it's about what most African music stars love and what has been a big impact on my writing, actually from bebop to techno. It's about this kind of dislocation, it's about being eccentric, being not in the centre of things, it's about other voices, not my inner voice, but these other voices which I am corresponding with. And all these things have a lot to do with Afro-American music forms. Maybe it even starts with blues, ragtime, bebop, techno, disco even. So you have these rooms. And especially techno and house music are not a music with any references. It does have a definite social room, the base drum is kind of an architectural thing, which creates something like a Solomon's temple at least for the night. And within these columns something happens, which has its codes. It's a social room and it's mostly about queer identities. And this is all connected to me with the discourse about the Jewish man, about diaspora as the topic where everything is not in the centre and not at home. This is quite connected to me and within the novel where this is taken from, it plays a big role, as does this kind of music. But still, I think techno is quite pleasant and fluid and not a macho type of music. That's my point of view and that's what I've been listening to. There are definitely other forms of techno, just like with rock music or jazz. You always have also the ugly aspects of it, or some artists who don't get the point. Is that a kind of answer?

Host:

Well, yes, partly. It was interesting. I just think, if the kind of presentation is meant to be a reflection on it. Are you trying to bring a certain kind of statement or view across? Or is it just kind of an erratic piece of art you are doing and people are listening to it and if they get it or not, is not the point?

Meinecke:

I'd rather say it's a reflection on it. But it still should be fun to listen to it and maybe even tap your feet. But it's more a reflection, like all my writing. Like I said, I'm not really interested in these deep inner voice things.

Host:

I want to come back to the subject of expanding one kind of music into another. And I know that I'm pounding on about this, but that's what I'm interested in. There are obviously boundaries because a lot of people from the visual arts world are not going to Donaueschingen, not any more. But they used to when Stockhausen was there. They were like a small community and they would all be there. And visual artists too. His wife Mary Bauermeister would do paintings and artworks, and they would collaborate on stuff. But these days it's not like that, but still I see that there's a crossover. And I'm wondering, if with your compositions you show visual works, calligraphy and some other things, if you do a kind of performance set, which could be called performance art as well. A few performers, of whom you get to hear a lot of things, are a kind of in-between. And I'm sure that you, Daniel, are also working with people who go out in the visual field and I'm wondering if there is anything happening. Are we at the point where the boundaries are coming down again, and visual arts and the music arts or audio arts get together?

Teruggi:

Pure listening which is only loudspeakers and little on the visual, that's what we call the accousmatic situation, in music too. In a wider sense, traditional artists were the first ones to get interested in sound, much earlier than the musicians got interested in visuals. And I don't see any clear boundaries. Except when do you call yourself a musician or an artist? That's the boundary. I mean, your way of thinking may be totally different, but the results may appear similar.

Schlichting:

There might be a boundary that has to do with the fact that radio drama to me, in whatever form and also in very open forms, has to be a performing art. That might be an imperative that still lingers. And that is not how it always is in music and in visual art. "Darstellende Kunst" or "performing arts", here the English word may be even more precise and less ambiguous than the German, shows an act of communication, in a sense approaching the audience, really. And one cannot specifically trace that to other forms of art. I have obviously heard a lot about the Sczuka Award and experienced a fantastic orchestra installation in space. One orchestra that was playing from behind, another that faced the audience and then one person went from the back to the front with very loud, tapping steps. These steps were deprived of any musical structure. Maybe Heiner Goebbels would still compose these steps. But this is the difference between performing art and pure music that only defines itself as an internal system of acoustic signs. That would be a misunderstanding of music. And I think in music a lot of things define themselves as something that exceeds music theatre and these thousand-year-old dances.

Artists have also spontaneously crossed this field and in the 1980's, Robert Wilson tried to produce something I have found an exposé of, namely his first radio play. I had to decline because I had to rake in four-fifths of the 6-figure sum for the whole project, which was a lot in the 80's. But in his script, Robert Wilson wrote, and now I have to switch to English: "It uses language more in a musical collage than as a narrative. A text which is both, spoken and sung, is assembled in a musical way with a mathematical and poetic structure making it not essential to understand the context in a literal way." And that is, I think, the major part of what has happened in radio play during the 80's and 90's. He chose this path and Thomas Meinecke for example, has also done a lot of what goes in this direction in radio drama. One could say that *Übersetzungen/Translations* which was presented as a Sczuka Award work in Donaueschingen, is something that follows this poetic and mathematical spirit, rather than the narrative one.

Meinecke:
That's right. That's how it was meant.

ART SLAM A K Dolven: "Heard Melodies Are Sweet, But Those Unheard Are Sweeter"[4] – How Sound Acts in My Art

I will share four works with you. Four only. This way, I will also introduce you to four different ways of how I use sound as material in my work. What these four works have in common is that they ask four different questions, related to how I work with sound in my work.

First: *between two mornings*

This is a silent work, as you can hear. I filmed this with a 35 mm-camera and used only one reel of film. That means the work is four minutes long. We see four friends who are staring at the sea above the Arctic Circle in broad daylight, but it's in the middle of the night, on the 21st of July 2003. The work is shown here in a large space, 8 by 10 meters wide. There is a welcoming, friendly bench in the middle of the space, on which you can sit down and relax for these four minutes. But, the film runs in a large loop mechanism which makes a constant noise, since this is a 35 mm-film, so that you see a silent piece and hear this constant "drrrrrrrrrrrr".

So, how does silence activate the sensation of sound in my work? What happens, when an image, an active image, turns silence into sound? You see, in this case, it is the sound of the sea that people remember best and tell me most about ten years later. Although the film is silent, they did imagine to *hear* the Arctic sea, and told me how beautiful it was to hear the sound of the sea. But where did they get that sound from?

---

4   John Keats, Ode on a Grecian Urn.

This work is, as I mentioned earlier, experienced in real time. But it is, at the same time, quite surreal, as the midnight sun neither sets nor rises in those four minutes. And that is the case only on the 21st of July. Before that day, the sun rises above the horizon, after the 21st of July it moves below the horizon. Since this is where I have my home in Norway, I know the light specifics of that night.

So while the sun does not seem to move as it normally does in most people's perception of real life, the film rolls on, and we can literally *hear* the passage of time, by hearing the mechanic noise of the projector. But be that as it may, people remember the sound of the sea. I wonder how that happens, since this sound simply does not exist in the work at all.

And a strange thing happened last week, while I was preparing this short talk, I received a text from a publisher who included the work *between two mornings* in a new edition of Norwegian art history, and he asked me to comment on what he had written about the work. In his text, he talked at length about the sound of the sea. So, here we have an art historian rewriting Norwegian art history. I found that really interesting. And I wondered, should I tell him at all? Because, as we all know, rumours which spread about art works are a very interesting part of a work. But then I thought better of it because it was, after all, a book on art history, which should get the facts right and so I did correct it.

So, here we go again, how can we image activate sound? Is it, and I'm thinking on my feet here, is it through our individual personal perception, or is it the factual world actually, that in the end creates sound?

Second work: *Out of tune*

This work was made for the *Folkestone Triennial* 2011 and this does have sound. I had looked for a bell that was out of tune, after having done a temporary work in Oslo, with a bell that had been removed from the bell tower of Oslo town hall because it did not match the sound of the other bells as it was "out of tune". I then collaborated with the Norwegian composer Rolf Wallin who wrote a piece for the complete set of the 34 bells in the tower, including the formerly rejected bell, which was thus welcomed back to the city by the other bells in the belfry of the town hall. It was actually also broadcast as a cumulative piece on radio each day leading up to the opening of the work, so that the sound was spread over the whole country. Then, on the day of the opening, I gave the sound of the untuned bell back to Norway by stepping on a pedal to release the last sound in Rolf's composition.

Based on that, I did a work in Folkestone for which, after a long research process, I found an untuned bell in England. The bell was 500 years old and had been removed from the tower for same reasons as the Oslo bell. It was out of tune with the others, it didn't match the others, it was left on the ground. But she was old and had a beautiful form. I, actually refer to the bell as "she" and because of her age, she was protected. Had it not been for that, she might have just been considered scrap metal, which is worth a lot nowadays and she might have been melted down. The tongue, I call it her tongue, you know, the hammer in the bell, had been taken out. It was very hard to get permission to borrow that old beautiful bell from Scraptoft in England, but I got it in the end.

And so I had her hung between two pillars which are 20 meters high. It's a very large work, as you can see in this image, with tiny little me down there. This gives you a feeling of the size of this. The pillars are 30 metres apart. I also braided a rope, which hangs down the side of one pillar, which you can walk to and ring the bell. And it sounds … like this: *(Plays recording of bell.)*

Now this following image is very important for me. It has taught me a lot. You see, if I may digress for a second, it's very interesting for me to be here and to hear what the art historians and the theoreticians amongst you have to say; because I'm just an artist and I work, perhaps, more instinctively than you do. And so naturally, I learn from what you say about my work.

But I also learn from the works themselves, from how they unfold in time, from how people react to them and so new works develop from them. This work, in particular, has taught me a lot. Because just after the opening a bus-load of people from Scraptoft came to ring the bell that had been removed from their parish church. It was a very interesting experience for them, which in turn raised a couple of interesting questions for me. Why, I wondered, were they so attached to their bell and its sound which some of them had heard for the first time? Was it that this specific sound activated images of their own personal history? Of unknown images lost in the time stream because they had never been recorded? You see, what the people from Scaptoft told me is that while ringing the bell, they imagined that their great-great-great-grandfather or their great-great-great-grandmother would have heard this sound. They'd never seen a photo of them, of course, you don't get to see a photo of your great-great-great-grandfather. So through the bell, they experienced the fact that their forefathers must have heard the same sound. They experienced a five hundred year long timeline, time condensed in the sound of their bell.

And, I wondered, is the evocation of images of one's forefathers and of earlier lives possible through sound? Did the people of Scraptopft imagine personal images they had never seen before, through sound? If so, how does sound make palpable the passage of time and how does it make the listener travel in time? Can the passage of time then, by it's transformation into a series of images, both of the present and of past time, be used as artistic material?

The work was meant to stay on that site for three months, but after having rung their bell, the Scraptopft people wanted to keep its voice alive and indeed, the bell has been chosen to remain in Folkestone as a permanent work.

So, since this work had raised all those questions, I continued to do works related to this evocation of memory images inherent in sound in other works, which I would love to talk about, but time does not allow it.

I will move on and talk instead about *amazon,* a 16 mm film silent film which I made in 2005. As you will gather, *amazon* makes reference to the Greek myth of a matriarchal society of brave female warriors who are said to have cut off one breast to be able to hit their target better. The film has no sound, but the whole construction of the work is based on sound. That is to say, sound is used conceptually here, the concept of the editing process being based on the second movement of Shostakovich's string quartet no. 8 in c-minor, op. 110.

Shostakovich's composition has a decisively tragic undertone, as he wrote it during a very difficult phase in his life in the spa town of Gohrisch near Dresden, after having visited the heavily bombed city in 1960. It is a quartet I know very well, and I edited my silent film work according to my feeling of Shostakovic's music. To give you a short impression of the atmosphere of this piece and to illustrate how I worked here, I would like you to listen to an excerpt of the string quartet, just for thirty seconds *(plays music).* And here is my film, it has 150 cuts in its duration of 1 minute and 34 seconds. There is no sound, but you can feel the unheard music, as it were, underlying the images due to the rhythm in the fast edit.

The last work I would like to introduce you to, my number four, is called *JA as long as I can.* It was produced in 2013 and it is pure sound and that's it. There are two voices, sounding in space which have been captured on vinyl record, a physical object, and when the piece is presented in public it becomes a play in a space that has no images, just the listeners and onlookers.

I recorded *JA* in New York City, together with John Giorno. We had met before on Lofoten above the Arctic Circle, where we walked to the sea to look out for the green arctic lights. It was a very intensive moment. And then time passed. That was important for this project. The time that lay between our two meetings. So, roughly a year after our first meeting I travelled to New York and John and I went into the studio and we just said "Ja", separately. Now, I'm Norwegian and "Ja" means the same to me as it does to you German speakers, whereas for John it was devoid of meaningful associations. For him it was just a sound. So, perhaps because of that being as it was, my version of "Ja" seems more emotional whereas John's is more about keeping time. However, our two voices were recorded separately and then put together. We didn't rehearse it beforehand and there was no script or agreement, we just went into the studio with our two voices, expressing the "Ja" as each of us felt it at the time. The recording added up to 22 minutes in the end.

So, the question is what does the joint sound of the two voices create? It doesn't only create images, but does it also create a story? Or stories, perhaps? And what happens, when you present the object that developed out of this project, the vinyl, in a cinema or a theatre, in spaces where we are used to seeing images? I presented the vinyl, which was released by René Block's *Edition Block,* in the HAU[5] theatre in Berlin and it was dark, there was nothing on the stage, just the vinyl player and a spotlight on it as it moved. So let's see what happens when this dialogue unfolds in space. This room here is nearly like a theatre, so I'm doing it for you now. We just have the vinyl and the sound. What will happen? Will we start to imagine images? *(Plays the disc.)*

PANEL Visual Arts: Images only?

"Documenta 13" made apparent that visual art in recent years has increasingly invested itself in the power and affect of immaterial sound. Even though in Kassel you could experience countless works using voice, audio, breath and air-streams in space, radio, a long-time essential generator of these artistic practices, was curiously underrepresented. Here we will ask the question: Why is this new acoustic dimension of experience deployed? And how do visual artists work with sound, this entirely non-visual medium?

Gaby Hartel and Marie-Luise Goerke

With: A K Dolven, Tino Sehgal, Steven Connor and Brigitte Felderer
Host: Ute Thon

Host:
We are about to begin this, our first panel of this afternoon and I would like to welcome all of you here. I want to continue with what we just heard in Anne Katrine's Art Slam, that voices or sounds can evoke images, without having to show images in particular. I would like to address my first question to Tino Sehgal, because being a visual artist, he does not create images in the common

---

5   Hebbel am Ufer, a theatre in Berlin.

sense, but rather creates a performative situation with actors and with voice and movement. Is this an appropriate way to evoke images in the observer or is it not about creating images, but really about working with voice and sound and movement?

Sehgal:

That's very interesting. If this is about voice or about sound or about the acoustic, then why does a question about images arise. So does the acoustic generate inner images? Little children listen very carefully to the sound of the voice, they react much more to that than to visual impressions. And we are, and I say this as an amateur, not as a connoisseur or an expert, I find we are a sort of culture that is extremely focused on the eye. And that's why I find it very interesting to ask that question about images when we think about the acoustic. Does it generate images? What interests me, for example also in my work for the *documenta*, that takes place in the dark,what interests me about the voice, is where does the voice go when it leaves the body? It actually goes into someone else's body. That is very intimate, I would say. That's what interested me. Basically, it's not about the image or hearing, but about vibration. So neither is it about this sense (gesture towards his ears) nor about this one (gesture towards his eyes), but rather about this one (gesture towards his torso). That's what I've always been saying.

Host:

So, to you it's not about evoking images beyond …

Sehgal:

Not in this work now which will be shown on the Venice *Biennale* for another couple of weeks is a rather visual work, sculptural, one could say. Two people kneel, they usually kneel, which is also a classical topos of sculptures basically, the kneeling man or woman in changing constellations of people of different age.

Host:

Yes! But it is interesting that the absence of noise and sound still evokes images, like in this first piece that A K Dolven presented, that all these people hear the sound of the ocean without it even being there. That's interesting! Obviously we are capable of thinking sounds, in our head or wherever that aren't even there, because the visual is obviously strong enough to make us think the sound, while seeing something. Steven Connor, do you think that the absence of sound evokes sound? Do you think that is because the visual sense is so much stronger? I'm not sure.

Connor:

I don't think the visual sense is necessarily stronger, but I think that we need to recognize that we are very bad at hearing things. We hear things badly, that is to say, hearing what they are in themselves, because our brains are both lazy and greedy. I mean our brains have a mania for coherence, our brains are coherence producing machines, that's what they're for and you produce coherence by extracting information from a plenum of information. Now for us, it seems to me, sound without sight is incoherence. It's a problem and just as in certain kinds of psychological illusions, if the brain won't have incoherence, it seems to me, that you put the sound back in. For me, I put in the sound of the sea bird, do you remember that there was a sea bird that flies across? I can hear it as plain as you like, because that's what my brain wants, because my brain is a coherence extracting mechanism. That tells us something important about our experience of sound. Sound has the reputation of being something that happens to us rather than something that we do to the world. We think of ourselves as looking at the world, hearing the world somehow coming to us, but actually we are incredibly active in our attribution of sounds. I think it's impossible for us to hear pure sound. We instantly turn it into the sound of something. So for example, in *JA,* you start toying with explanations. Some kind of sexual relationship is going on, so something is being substituted.

Dolven:

That's interesting. You say "something sexual" and other people say something else, so again that's your image of it!

Host:

What do the other people say?

Connor:

It's always *my* image! It's always *my* image, but what we have *in common* is an intolerance for pure sound. Human beings are just intolerant of that. We refine and filter and we do what we can to try to hear on a much broader spectrum, but actually our brains are against us.

Host:

Yeah, well that's an interesting thought that we always try to fit a real concrete image to a sound, even though it's probably not that easy to create that. Your piece is a very good example and I was just asking what other people think of it, because it's really open to interpretation. It's interesting that you say it's sexual and what other people say what it could have been.

Dolven:

That's so interesting, because some people find it really sad, some find it really lonely, some find it very sexual and it's really interesting. The thing is, that John and I did the recordings separately you know, there was no acting going on. You know, it's your life, it's my life and then the two lives are put together. I was extremely nervous when we left that studio and I was so scared to hear my own voice, so it was very, very interesting to hear what you have to say about it.

Connor:

A similar experiment you can do is play somebody the sound of whispering and when you play somebody the sound of whispering, which is not gendered, it's very hard to make out a gender. People tend to hear, to be quite sure, they've heard either a man or a woman. So the question is not whether it's open to interpretation, the question is whether it's available for non-interpretation. The answer is No! Interpretation is mandatory …

Sehgal:

That's a sound of … that's what you are saying.

Connor:

Yes.

Host:

Yeah. I'm interested too. How is what I hear, a voice for example, conserved? And how does hearing change by that? Take this last sound piece. We could probably sit down in twenty years and might have completely different associations. And so my question for Brigitte Felderer is: You have worked on the historic-cultural meaning of recordings. Could one say that the reception of a recording changes over time? That one would interpret this sound piece completely differently in twenty years from now?

Felderer:

I will try to both answer this question and to make reference to what has already been said. When we speak of sound or voices, we speak of spaces. And if we now speak about the connection of the voice or the seemingly new importance of sound and voice in visual art, then we also always speak of these typical spaces or spacial conventions in which visual art actually takes place. Actually it has been taking place the past few decades, because we are really speaking about this *White Cube*. This classic, white, hermetic exhibition space presets such a silence, so to speak … how did Brian O'Doherty describe so beautifully? It is something like the measuredness of a laboratory. So that means that actually the silence is always implied.

But when it comes to creating situations then, I think it is also in a certain way about bringing out something instinctive and triggering it again and working out the immediacy, the non-interpreting, the non-selecting. And as far as I've understood the beach piece by A K Dolven or have understood your description of it, it is not at all silent, but it's just a different sound than that of the beach that can be heard. So that means, one is not in a silent, hermetic space, rather one can quite strongly hear the rattling of the projector and that sort of becomes natural, endless and goes out into the horizon. In a way, one might mistake the noise for something else, or the technical noise becomes a little natural, or it opens up. Now that the sound in visual arts is such a strong theme, I always see it as always a strong reflection or perhaps criticism of the presentation of art as is has been exhibited or presented to us since the late 60's. It's actually rather a kind of sensuous or sensually charged situation and its also about undermining this compulsion for coherence, this constant reflecting. It is very much about the reflection of the exhibition space. It is always important to ask where this acoustic production takes place. It is never just in a vacuum, it refers concretely to a context. And through sound and with sound you can think about art and its depiction in a whole new and fresh way.

Dolven:

JA was two things: Many artists today are working with sound in space, away from the enclosed space of the *white cube,* first of all, which is really interesting. They create a new space in a different space. But this question about time really interested me. I always find in art, whatever you do, time is material. Time, even in a painting. You know how long you have been working on this, how old the painting is. It's time as material. This is related to sound and it's very easy to see. If the untuned bell had been new, the work would have been something else, but as the bell is so old, we have it again: Time as material. Because it's old and was rejected and yet carried with it all this time resounding with memory, it is now a permanent work. They want to keep the piece there. Time as material, is a concept that we very often forget.

Felderer:

Absolutely! The sound, or the noise, or the voice is an important medium in the seduction or the temptation to start listening again, or letting yourself get involved, because if you listen carefully and concentratedly, then you are rather unprotected, are you not?

Host:

Time is a very good keyword! The presentation of a piece of art, that is not present all the time and doesn't exist as a visual image either, but that only takes place in this one specific moment, which is of course natural in the case of music. It is very similar in Tino Sehgal's work, especially the fact that one can only see it at a certain time, at a certain place and you even take more extreme measures. You do not want any recordings, neither sound recordings, nor photography, nor film, and this is also pursued most of the time. Some say that is merely an attitude, but of course it is interesting, because it really focuses the attention on the piece if one can only see it at that moment. Is it important to you and the reception of your art that there is no representation of it?

Sehgal:

Well, it's not that important, so that's why I will try to only give a very brief answer, but to me it is also about one specific situation. Voice is one thing, but there is also something like the vibrations of the voice, which is alive. Yesterday, for example, I went to the kindergarten to pick up my youngest son and then one of the kindergarten teachers was singing really nicely, but also very quietly. That suddenly somehow entered my body completely differently. It is totally different to when you come inside and the radio is on, it touches you in a very direct way. It is as if a person's body were to come towards my body through the air. And I think that has a certain quality. And the artwork happens in this quality and then I ask myself the same question as any other artist: Do I or do I not want to leave out this seed in the reproduction? But I think it would be more interesting to take up what you said about the *White Cube* again. The *White Cube* is mainly a machine and it's about sorting the mixed things in life into objects and subjects, right? That's why there is a white wall, that means I have a discrete object. There is a clear border, there is an artwork in front of this white space, in front of which I can step and then these two, literally stand against one another. For Western industrialised consumer societies that is a very important story being presented there ritually and it is clearly not sound. I found it very interesting what you said, that we are a culture that is focussed on the visual but also on the product. And the product is, and now I get to the aspect of time that you have also mentioned and you too, the product is, I think – I can't remember from when I went to school – the product is the past participle, right? So the produced is that in which time has been determined, so to speak. There is a production process, but it is about this moment of determination in the product, right? And the 19th and 20th century were the eras of this determination, so to speak. If I make an industrial production, I don't ask myself: "Is this the good life?", while I'm producing, but I ask myself: "What can I do with this stupid product?", right? I like what I can do with it. But now, at the end of the 20th century, in this service society and in the 21st century it is again more about a so-called temporal unfolding in processes. It is not so much about time standing still in a product. And therefore I don't think that the *White Cube* will survive for much longer.

Felderer:

I agree, it is not exactly the right space, because it wants to establish this visual subject-object story, but that is no longer our ambition nowadays. We ourselves are all interconnected and we can deal with this connection, even though our brains are designed for coherence …

Host:

Steven, do you want to comment on that?

Connor:

Well, it seems to me that this is vitally important for understanding the particular role that sound is tending to play for artists. It seems to me, that for most of art history, art has struggled against irreversibility. The fact that we live our lives and our lives pass and nothing is left. And art has struggled against that. Now the deep commitment of art is to struggle against reversibility. To struggle against the fact that against the "CTRL-Z culture", where everything it seems, can be frozen, abstracted, replayed, undone, set backwards, because it turns out it's like the immortality that we thought we wanted and immortality is the only absolute evil. And in order for there to be any good or any value, it has to be irreversible, because that's how we ultimately live. And curiously, art used to be in the business of saving us from time, now art is in the business of giving us back the time and giving time, ongoing time, back to us.

Host:

Immortality is a good cue. This panel is called *Images Only* and it's about generating images through sound, so that sound, noise, and voice may be able to support images, and even maybe change them. Take the keyword immortality. If a painter has painted a picture, then you think that that must be the ultimate result. And if it is conserved properly, we can still see it in exactly the same way in a thousand years. Both of you have made a piece that concerns itself with remakes of famous paintings, while never showing the painting. I have to explain that briefly. A K Dolven made a piece called *The Kiss,* that makes reference to a famous Munch painting which she has "re-staged", so to say, "in a modern way", namely in a club where a couple is dancing with great lighting. Now this image is a modern version, but it has not been painted. It evolved in a club and you almost imagine the music when you look at it. And Tino Sehgal made a piece, also called *The Kiss* where he let a couple with a dancer and a performer perform famous kisses in art history. They danced them, these kisses by Klimt, Munch, and I don't know who else. The interesting part I find, is that this formerly immortal painting there used to be, has suddenly become a "commodity", out of which one makes something else, a performance, or a memory. I would like to ask the two of you: Is this a bow to art history? Or is this the beginning of something completely new, where you take things from a type case and make something utterly new from it?

Dolven:

Well, perhaps it has more to do with a theme, in so far that to kiss is a basic thing in life. It's very often the first thing and the last thing in life: The moving lips, curling in search of being nourished or kissed, so it's about these basic emotions or other things that lie at the heart of these iconic art pieces. So, for me, it was more to meet that implicit idea and to see that that's also part of the time I live in. *Portrait With Cigarette* is another work, because very many male artists have portrayed men with cigarettes and pipes and that's often found on the first page of a book. I instead put a young girl in the same position with a Marlboro Light that she never actually smokes, but it takes 5 minutes 29 seconds before a Marlboro Light burns down without being actively smoked. And then I gave her a remote control device to hold instead of the paint brush, and so she controlled the whole world while switching on and off *Garage* and *German M-Base Music*. It's a very classical portrait, so it's literally nearly copying Munch, but then it is the sound that makes it part of our time.

Sehgal:

I will try to follow on to the question of voice or also radio drama. Many things have played a role for me when making this piece, but to me was just interesting, having grown up in the 1980's or 90's with all this technological-medial apparatus to ask: What is the specificity or also the power of "liveness", or of this "being-in-the-moment"? And then this theme around the kiss just forced its way in. Kisses have often been represented, even though the kiss may be the only human act one cannot really represent. You can see that in prostitution: It's the only thing that isn't really purchasable. Also if two actors kiss in the cinema, it is always about whether there is something going on between them. It is so deeply involved in human feelings that it cannot really be represented, right? And that was interesting to me, this dialogue between these representations of kisses because they are representations and a live version of it, which in my opinion, goes beyond that, because it is not a representation of a kiss, but a very long kiss, right?

Dolven:

There is something, which is very important for me in your work, which I appreciate a lot. That is to do with rumours about your Venice piece, for instance. I mentioned rumours earlier, rumours as material. Now we have talked about sound material, about time as material, but Francis Alÿs, for instance, uses rumours in his work. And I think that's wonderful in your work too. I tell stories about it, you know? I told many people about the performance of that piece in Venice. You know I've been working lately with a very, very old collection of Sami, Lapland, stories. And they were collected hundreds of years ago and they have been collected by someone and then been retold and it is one story that is being told in ten different ways. And it is beautiful that you are now, in our digital age, making this happen with your work. That, like in that children's game, you will tell someone about it and it wanders around …

Host:

Whispers down the lane.

Dolven:

I'm sure you've talked this through many times, I just want to share it with you.

Sehgal:

No, I haven't.

Dolven:

Haven't you? No, because I think this aspect of rumour as material is very strong in your work. And it's wonderful how that can grow all the time and someone will talk about what happened on the floor in Venice in a hundred years.

Sehgal:

Maybe not in hundred years, but … I didn't think so much about that because that would be also a bit presumptuous, but it's true that people tell each other about their experience, also because it differs considerably from one moment to the next, especially in my more recent work.

Dolven:

It changes through the voice actually – by talking about it.

Sehgal:

But when I think of art culture, not that I have the authority to speak about art culture, but often, intuitively, our culture seems to me like a teenager. You know, as if we were teenagers who are really, really obsessed with their new gadgets, and all these things which we figured out, like all these technologies. It's all really sparkling and "fireworky". And I think that rumour, what you call rumour, which I would call people telling you about something, in its old mode. I think, this one person telling something to someone else, is still today in 2013 the most dominant mode of spreading information. If I said to Steven: "Steven, you have to go and see this thing at the far end of Karlsruhe, you'll get lost again, but that doesn't matter because it's worth it!" You'll then think: "Ha, Tino, did I trust him in what he said? Yeah, it was kind of OK, but maybe I won't go." Or: "I did like what he said, I will go." So, it's something very different if I make the effort to tell him, than if he reads about it in a kind of tourist guide of Karlsruhe, you know.

Host:

Absolutely.

Sehgal:

And so it's a kind of platitude, what I'm saying here, but I'm saying that these old modes of *oral history* are not something of the past. *Oral history* is, I'd say, what still organizes our society up to eighty, ninety per cent today.

Connor:

Well, it just seems to me that these are all ways of structuring time. Human life is about not, you know, being exposed to time, acknowledging time, letting the time in, not the pure chaotic noisiness of time, but its about structuring it. We can't listen to the sea either. People count waves, the seventh wave is supposed to be a special wave. We can't hear the ticks. In English we hear "tick-tock" of a clock – what do you hear in German?

Host:

"Tick tack."

Connor:

"Tick tack." And it's always, in every language that we know about, in such sing-song. It's always a short vowel, followed by a long vowel. No culture ever hears sounds as "tack-tick". And, but the sound itself may be "tick, tick, tick, tick, tick" and that is death because it's unstructured. And so it seems to me that the rumour, in a way, is part of a kind of effort to subject the pure on-goingness of time to a kind of structure of social melody.

Host:

Yeah, "the pure ongoing of time", that's the cue. We are at the end again.

ART SLAM Steven Connor: The Matter of Air

I want to speak about a particular kind, or a particular location of the materiality of air. I wrote a book called *The Matter of Air,* and as usual, I discovered after a very long time, that it amounted to a single sentence. And the proposition of that sentence is, really, that air, this strange stuff, is for us the material form of the immaterial itself. We all know that air isn't just emptiness; that air has weight, and pressure, and temperature and so forth and yet, air seems, somehow, to be the material form of pure empty space. And there is no more complex and impassioned space than what I want to call the "dream theatre of the mouth". So it's really about the mouth I just want to talk to you for a few minutes, the mouth which shapes the matter of air.

When we speak, when we listen, we dance out our relation to what René Spitz has called, "the primal cavity" of the mouth. The mouth and the body seem to me to have a kind of reversible relationship. The body of course enfolds the mouth, the mouth is a recession in the body, it is part of the body. And yet, the mouth itself can be experienced as a kind of homunculus or second miniature body. And these "mouth-bodies" are shareable: what we call our language is precisely the way in which we operate within, we inhabit a kind of common mouth. When I hear the sounds from your mouth, I insinuate myself in the place where you are, somewhere behind or among your teeth. To share an accent, dialect, or language is to participate in this collective mouth. There are many different ways in which one can talk about this experience that we're all having. You were all of you, I hope, running your tongue round the inside of your mouth and knowing, we can be absolutely sure of this, that everybody else is having more or less the same experience. It's the most private thing and yet because of our shared language, is the most collective thing – not to mention our sharing of eating and tasting of course.

I want to mention a few things about the meanings that gather round the back and the front of the mouth, or the mouth proper and the throat. I don't really know what to call that space actually. It's the bit where I sort of lose a sense of sensation, you know, you swallow and you feel the liquid, or the food, going down up to a certain point, and then it just seems to vanish into this huge, numb, formless vacancy. If you swallow a fishbone, all of a sudden you can feel much further down than you can otherwise. So it's a curious thing, it comes and goes, our sensation of this particular imperfectly-defined zone.

The linguist Eduard Sapir gathered five hundred subjects, native language speakers, from all across the world, and he told them, that there were two words: "mall" and "mill" and these were words for different sizes of table in some unnamed foreign language. He asked them to decide which was which. And an overwhelming majority, ninety-six per cent, assumed that "mall" would desig-nate the larger table and "mill" would designate the smaller. It's an example that recurs frequently in linguistic writing. And there are other studies which try to find similar, universal or not, correlations between sounds and spatial values. However far one wants to take this, it does seem as though there is – at least in Indo-European languages and in many other language groups besides – a kind of systematic contrast between short and high pitched vowel sounds like "e" and lower pitched and broader or open or sometimes, as they're called, darker vowel sounds like "a". A set of systematic contrast between the front, the back, the open, the closed, the high and the low, the light and the dark.

The essential difference, I think, is between the conception of closed or defi-nite space and a vaguer, more indefinite space. Sounds made in the front of the mouth seem to partake of the strong and precise familiarity that most people feel with their own mouth's topography. Sounds from elsewhere in the vocal appa-ratus may be strongly felt but, nevertheless, seem to belong to a vaguer, more undefined kind of elsewhere. I think it's much more disturbing to have a por-tion of your mouth numbed by anaesthetic than your throat, since your throat is, in any case, much less clearly outlined in your oral self-image, meaning that your throat is anyway, in a sense, more numb than the front of your mouth. In a curious way, since I'm able to visualize the different areas of my mouth so well, it's as though I were in some sense outside it, looking in. And that vantage point seems not to be so available to me when I think of the throat and the even more occult parts of the bronchial apparatus. My throat is an inside that is only perceivable *from* inside. I feel I'm in my throat without somehow ever being able to look in on it, as I can in my sense of my tongue or my teeth.

Finally, I think this distinction between frontal sounds and posterior sounds is a distinction between matter and the formless or the immaterial or between something and nothing. The mouth is a furnished room with items disposed in an orderly way in its space. The throat, and all the inner compartments onto which we may feel it dimly and indistinctly giving, is vacuity itself, a kind of nothingness that I am. The mouth is a place that can be selectively and sequentially lit up by the flashlight of the tongue. Even the craggy absence left by a missing tooth is turned into something positive by the tongue's relentless haggling at it. The throat on the other hand is a dark place, a space of indeterminate shape and extent; it's a gulf of nothingness. It's the place in the mouth in which the nothingness of pure gurgle, the pure agitation that comes before articulation can be heard occasionally emerging into speech. The sounds that issue from the throat do not, insofar as they are sound, therefore entirely seem to belong to it. They're a kind of uncertainty.

In my book *Beyond Words,* I write about my mother, who grew up in the war years and used to say – and she didn't speak any German – but she used to say that German was a "terribly guttural language" – not just "guttural" but "terribly guttural". When I learned a little German later on, I was surprised and delighted to find that it's not really a guttural language in the sense, in which English speakers – or monoglot English speakers – might experience it.

My suggestion is that there is a particular kind of value for sounds made at the back of the throat and particularly those kinds of sounds that linguists call fricatives, pharyngeal or velar fricatives: "Rrrrrr" (do you know how to growl? It is like playing the flute or whistling, you mustn't try too hard, you have to allow a little bit of air over you uvula and let it flap as you do it, but don't force it: "Rrrrrr".) And that sound, "rrr", or the further forward the "ch" of "ich", is experienced by English speakers as elementary, and archaic, and historically prior because it has dropped out of English. Actually, has dropped out of a number of other so called Romance languages in which the "ch"-sound that used to be very common in English, especially in Germanic words, first moved to the front of the mouth and became "h" and then vanished. So, in Italian we have a word like: "onoria". The "h" has gone, so the sequence is: "ch" – "h" – nothing. So, the back of the throat is somehow the "deep dark backward and abyss of time", as Shakespeare calls it[6]. In times of conflict, an idea like that will get overlaid with all kinds of other extraordinary fantastic, imaginary associations.

Our understanding of the mouth and the shaping of sounds is, I think, powerfully influenced by these collective fantasies about how and where sound emerges. The association of the guttural with a kind of dark, brooding, threatening archaic emptiness is assisted by many other associations. By the way, I had better say that this is not just to do with England and Germany, it's also to do with English and Gaelic languages, which latter, of course, retain the "ch" sound, for example in "loch" the Scottish word for a lake. But they have something of the same value for English speakers. One of the associations of the guttural, or the pharyngeal fricative, the "rrr", is the figure of the Gorgon in classical myth which may be regarded as something like the embodiment of gutturality – not least, of course, because she ends up decapitated with the blood gushing from her throat. But this fate actually seems to be anticipated in her name, which derives from the Sanskrit root "garg", which, according to one commentator, signifies a gurgling, guttural sound, sometimes human, more often animal, perhaps closest to the "rrrr" of a growling beast. So the word "garg" and the name Gorgon to which it gives rise, seems to mean: to make a noise which is neither a word nor a name, a name that means nothing except that it means nothing but noise.

The dream space of the mouth is both intensely private and that what we share with our interlocutors and fellow speakers, a crucible of this compounding of ideas of what is sensible, what is articulate, and what is dark, and powerful but unformed. It's a churning-tub for ideas of something and ideas of nothing. A mouth, after all, is a kind of hole in the world. A space apart, a secret, shared, half imaginary hollow which can become a tactile cinema, a "Theatrum Mundi", but nevertheless can entertain the whole of the world outside it.

Thank you.

KEYNOTE Michael Glasmeier: Noise and Sound in Visual Art – Some Historical Examples

Thinking about the relationship of sound and painting we soon arrive at the phenomenon of synaesthesia. As an artistic concept, synaesthesia was prepared by Kandinsky among others, and claims the existence of an inner connection between abstract art and evocative sounds. Terms such as "composition", "improvisation" and "impression" bridge both art forms, and join colour and

---

6   The Tempest, Act I, Scene II.

sound into concepts like colour tone or acoustic colour. The artistic experiments of the early-20th-century avant-garde in particular were driven by experiences of synaesthesia, resulting in rooms full of sounds and light, often with a touch of mystique. I always found this too constructed and aloof because it is difficult for me to bring together all the potential sounds of abstract compositions with what is actually going on in my mind. Luckily, artists like George Antheil or Luigi Russolo and later Cage introduced ordinary real-world noise as an antagonist to the noble inner sound. Painting was soon put in its place, and now sculpture became the motor for imaging – practised and theorised by Duchamp as one of the first. Sculptural, or better: three-dimensional art, is much more appropriate to the spatial-temporal dimension of auditory sensation than any sonically composed abstract painting, because it is three-dimensional space, rather than colour, that legitimises and gives meaning to noise and sound.

However, if we are still interested in finding noise or sounds in painting we should go to where we wouldn't normally look: to narrative painting and the history of pre-modern art (assuming that modernity starts with the Enlightenment and the bourgeois movement). Once there, we should have a closer look at the beginning of perspective. This is the moment when the representation of three-dimensional space becomes more prominent, and objects and figures start to more or less inhabit this space, controlling it or withdrawing from it. Here, the possibilities of sculpturality are realised within the space of a two-dimensional image. Please note that the image itself does not make any sound – unless it falls off the hook! It does, however, allow for sounds to be imagined and thus occupy the painted space. When we become spectators who not only look at but also listen to the canvas we are exactly where the painters wanted us. What must not be forgotten furthermore, is the *paragone,* the Renaissance debate about which of the arts – music, painting, sculpture or poetry – be the most important and superior to all the others.

But let's enter the image space. In his 1525 book *On measurement* (in German: *Unterweisung der Messung*) Albrecht Dürer includes an image for teaching the rules of perspective by example of a lute (see fig. 7, p. 129). As we might have asked Magritte "Why a pipe?" we could ask here "But why a lute?" In classical antiquity, music was, contrary to the visual or fine arts, part of the *artes liberales* which consisted of the *trivium* grammar, rhetoric and logic, and the *quadrivium* arithmetic, geometry, music, and astronomy. While the *trivium* was language-oriented, the *quadrivium* was all about mathematics. Thus, until the 17th century music was considered harmony achieved by mathematic rules – a harmony that found its highest expression in Bach's *The art of the fugue.* The great but little-known Renaissance scholar Robert Klein writes that at the time, musicians were consulted by architects when building churches. Architectural space is obviously considered a close relative to sound space which itself, by means of the new art of perspective, could just as well be painted space. Artists such as Leonardo also worked on musical theory, and Vasari in his *Vite* refers time and time again to the close relationship between musical and painterly works: The painter should be as committed to harmony as the musician. And this is how the lute comes to be an excellent demonstration object for Dürer. Its rounded, well-shaped body also serves in the musical part of love-making. Furthermore, Dürer's print shows how a perpendicular line drawn by a plumb line lifts off the instrument's body like a string. This string becomes the manifestation of a possible sound and, with the help of the frame, also creates images – images which can then be understood as reverberations of the object, a visible echo in space (fig. 7, s. p. 130).

The close relationship between music and painting under the heading of harmony is also practically demonstrated: Many Renaissance artists such as Giorgione or Parmigianino were well-known as distinguished musicians. They did not only abide by the rules of court and Baldassare Castiglione's humanist ideal of the *uomo universale,* who was expected to excel in writing poetry, fencing, and playing music. Such close connection of music and painting can be clearly seen in Veronese's painting 'The wedding feast at Cana' (1562/63). In front of the table and in plain view of the miracle-working Jesus, performs a group of musicians, who, as legend has it, are identifiable as (from left to right) Veronese himself (viola da gamba), Bassano (cornett), Tintoretto (violino piccolo), and Titian (bass viola da gamba). Except for Titian, the identity of the portraits are being questioned, but the sheer existence of such a legend points to the fact that musicality was strong among visual artists and is still alive and kicking as proven by installations, performances, and CD recordings even today. Since the early Renaissance, therefore, we observe an inherent musification of painting. This exuberant image of a wedding feast, for example, with its highly concentrated musicians wants to turn us into viewers who listen – especially since some of the characters at the table are presented to us in the role of the intent listener who are meant to prepare us for such possible acoustic imaginations. What we have in front of us is an "acoustic image"!

Now back to Dürer once more: Another of his perspective teaching plates is the woodcut of a draftsman producing the image of a nude. This time, a woman's body is the demonstration object (fig. 8, s. p. 131).

Instead of a single sonic line we now have the draftsman's modular grid, a network of many lines, a spatial cartography, the rustling of dresses, and the soft scratching of the pen in a room silent with concentration: an erotic body as a landscape. For Socrates, *Eros* is "the urge to create from beauty". *Eros* is not the fulfilment but the increase of bodily desire; *Eros* is a distance that wants to deliquesce, to dissolve; *Eros* is the perspective correlation of bodies within the sonic space of painting. That is why from the moment of their existence, angels have been painted making music. In the Christmas view of Grünewald's Isenheim altarpiece we see an angel with a string bow in hand and *viola da gamba* between the legs – just as it should be. Musician and instrument both radiate desire and rapture. Both angel and *viola* display the dumb expression of abandon, while they and the choir impregnate the whole image into a space of sound: The celebration of the Immaculate Conception as an erotic manifestation.

Both Dürer's prints can be regarded similarly: Since the Renaissance, musical instruments have been used to signify sensuality on the one hand, and transience on the other, as well as all-encompassing harmony, of course. This is what is shown in the old emblem books and in the iconography of music, a discipline that is about 50 years old: instruments and people as bodily and temporal demonstrations of eroticism within a space governed by perspective. Dürer's prints point us directly to five paintings by Titian in which the painter depicts the naked Venus with a male musician in slightly varying constellations. Apparently, the subject was very popular with art collectors at court. In the Berlin version (around 1550) we see the organist on the left, his hands probably still on the keys, looking over his shoulder towards a naked woman. She, in all her splendour, displays herself to the onlooker while Cupid whispers in her ear and tries to fondle her breast. A little dog barks directly at us as if we are intruders disturbing this intimate moment. In the background of the curtained loggia we see a celebration of an Arcadian landscape. As can be expected, this mysterious painting sparked many interpretations, and Erwin Panofsky is convinced the image is a neoplatonic demonstration of the above-mentioned question as to which organ is more sensitive to the manifestation of love: hearing or sight? Yet, first and foremost this painting is a manifestation of eroticism. When we look at the earlier version of this image in Madrid we notice that the organist's body here is closer to Venus and his glance goes directly to her pubic area (fig. 9, s. p. 133). This time we can also see the keyboard and thus the courtier's playing. The organ is more magnificent and adorned with a Medusa's head as a hint to the uncanny paralysing powers of love, while Arcadia is now a neatly landscaped park with fountain and peacock, two lovers and – noticeably far apart – a stag and a hind. Love, eroticism, desire wherever we look! While Dürer's erotic fantasy takes place in the space for demonstrating perspective, perspective here is filled with the sounds of the organ which, coming from the organist's hands via his eyes, aim directly at the pubic region, at the fulfilment of an erotic promise. The rules of courtly love demand to gain your loved one's heart by poetry and especially by making music – a practice still used today in a slight variation when we send our lover our own compilation CD. Whether the woman in this picture is in fact Venus or a courtesan popular at the time, is irrelevant as this is an image of pure eroticism in musical form. While the background opens up a symbolic space for love, the foreground is dominated by the unrelenting presence of the two bodies and the imagined reality of the sexual act as driven by music and the direction of the musician's glance. Above all, by imagining the music, the space becomes charged with a particularly rich atmosphere. The notes almost lie down on the incarnate skin, celebrating themselves in the man's glance and expanding the symbolic space of the landscape.

A prefiguration for such corporeality in an atmospherically dense space seems to be the mysterious masterpiece *Pastoral concert* (about 1509), attributed to Giorgione. In 1925 the art historian Gustav Friedrich Hartlaub praised it as a cult image of eroticism (fig. 10, s. p. 133). In a pastoral landscape reminiscent of Vergil and made up of hills, trees, architecture, a shepherd, and that spaciousness which Leonardo was about to make famous, we see in the foreground four figures: two females in barely veiled nudity and two males, one in courtly, one in country dress. None of them make eye contact with the viewer. The central nude with a lowered flute makes for a nice back view, while the other empties a glass pitcher into a stone basin. The two gentlemen seem to be busy by themselves. The courtier with the lute contemplates the echo of his playing, while his rural companion looks haltingly towards him. He could be a singer who just finished his madrigal. As with other Giorgione paintings, it is not clear even today what is going on. Are the naked women nymphs or spiritual appearances invisible to the men? This is a typical Renaissance riddle, a challenge also for the viewer at the time who was invited to decipher the hieroglyphs as an intellectual pastime at court. I will not bore you with the interpretative guesswork and jump straight to my claim that the mystery of the image is its intense silence – the silence of incredible relaxation. Following an interpretation by Ulrike Groos we are witnessing the immediate beginning of a musical pause. The concentration of mutual listening by the bucolic flute, the courtly lute and possibly the shepherd's singing is just about to scatter. Right at this moment water is being poured, and we descendants of John Cage are allowed to hear its ripple intermingled with such sounds that occur when music doesn't play.

Leonardo calls music painting's "unfortunate" sister, because she fades away as soon as she is born. However, the moment of fading as depicted in Giorgione's painting is also the moment that proportional space opens itself to noise or the soft voices of nature. This opens up to our listening imagination an acoustic field which belongs to the random events of everyday life, rather than a well-organised musical composition. Long before Kandinsky embraced synaesthesia, harmony was coupled with colours and proportions in Renaissance painting. As a principle underlying all the arts, this harmony could be enhanced by adding instruments and musicians or it could be widened to cover the entire acoustic arena by adding people making noises. The latter is often used to dramatise emotions, as for example in Paolo Uccello's early frieze *The miracle of the desecrated host* painted between 1465 and 1469 in Urbino. The legend depicted is quite crude and anti-Semitic. It tells of a woman who sold a host to a Jew, but when he tried to burn the host, it started to bleed. The host was then re-consecrated while the woman was put to death for her sin. The second frame of this early *comic strip* shows the image space being organised like a stage seen through the missing fourth wall. In a room, four puzzled people are looking towards the fireplace in which the host is being burnt. It has already begun to bleed, the blood streams across the floor and miraculously seeps through the wall into the street where two soldiers are about to break down the front door. What interests us here is the two people in action: One is slamming an axe handle against the door, while the other is trying to pry it open from the bottom with an iron rod. For us to be able to actually "hear" the scene, Uccello leaves the interior space curiously bare. The people inside are indecisive, and even the other soldiers outside are standing still and in waiting. The two elements – the empty space and the figures suspended in action – both reinforce the realism of this furious act and make it an acoustic experience. To my mind, this early Renaissance painting is one of the first images – if we leave aside paintings depicting music – that challenge our sense of hearing with noises or voices.

I like to call such images *acoustic images.* They emerge when perspective allows for a certain emptiness or silence. This can be observed particularly well in the silent space of the vision of St Augustine, staged by Carpaccio around 1502. In order to make the voice of St Jerome, to whom Augustine is writing a letter, "audible", the splendid study appears almost emptied out and all its furniture and objects seem pushed back to the walls. The dog, doubling his master as a lone creature in an empty space, has pricked his ears – a posture which points to the iconography of the sense of hearing. As in Dürer's or Titian's images, hearing is marked by light falling through the window. Augustine's ear is exposed and his vision is shown not only as an experience of light but of sound. What is particularly remarkable besides the many objects symbolising the *artes liberales* is the notations of religious songs displayed throughout the painting, so clearly depicted that they could be played straight off the canvas. The room is literally occupied by all sorts of sounds: music, noise, and voice. It exists in the time of a visionary Now, and invites the viewers to use their ample imagination not only for seeing but for hearing as well.

Even as early as the 15th century, Bruitism is something to be reckoned with. In one of the spatially most charming Renaissance images, Piero della Francesca's *Nativity* (1470–1485), the singing quartet of angels is severely disturbed by the well-known noise of the ass, the acoustic intrusion of the unrefined animal element into the angelic choir. The ass can do this with all his might, because despite being in the background and behind the right angel, Piero placed him right on the central line of the composition.

Once we have developed a knack for it, we can easily find acoustic images – that is images containing evocations of music or everyday sounds – right into the Baroque period. We recognise them, to summarise my previous observations, by a scenic display of musicians, instruments or notes, either in action or not. Representations of listeners are another indication for an acoustic event. A central element is furthermore the architectural structure of the perspectively constructed space, especially when the space is one of silence as for example in Dutch 17th-century paintings of church interiors. Here, we often find craftsmen in the empty space, working the floor for a new grave, and powerfully evoking imagined sounds. Another example is the painting *The slippers* (1654/62) by Samuel van Hoogstraten. It allows a view into several empty rooms, stacked one after the other – the carelessly placed slippers, the painted brothel scene on one of the walls and the lopsided extinct candle behind the right door in the last room promising an erotic adventure. The silence of the empty spaces almost forces us to hear the rustling of dresses.

For art and music historians, the subject of acoustic images is rather marginal, perhaps because it sits awkwardly between the arts or perhaps because it is not concrete enough. Yet it is a rich subject that trains our awareness for imaginary hearing. On the one hand it depends too much on our imagination; on the other hand it might make us more sensitive to include also silence, middle tones and spatial experiences in our presently monstrous sound experiences. Then we might like Bruce Nauman's 1968 *Concrete tape recorder piece,* consisting of a tape recorder cast in concrete playing a looped tape of a scream, or his empty white room of the same year containing the artist's voice whispering "Get out of my mind. Get out of this room" – and appreciate them as re-enforcements of the auditory space by means of soft and quiet sounds as prefigured by the acoustic images of the Renaissance and Baroque period.

Bibliography

Block, R., Dombois, L., Hertling, N., Volkmann, B. (1980). Für Augen und Ohren. Von der Spieluhr zum akustischen Environment. Ausstellungskatalog Akademie der Künste, Berlin.

Frings, G. (1999). Giorgiones Ländliches Konzert. Darstellung der Musik als künstlerisches Programm in der venezianischen Malerei der Renaissance. Berlin: Gebr. Mann.

Glasmeier, M. (2001). Dipingere la musica. Musik in der Malerei des 16. Und 17. Jahrhunderts. Ausstellungskatalog Kunsthistorisches Museum Wien.

Glasmeier, M. (2002). John Cage, Marcel Duchamp und eine Kunstgeschichte des Geräuschs. In B. Schulz (Ed.), Resonanzen, Resonances. Aspekte der Klangkunst, Aspects of Sound Art (pp. 49–69). Ausstellungskatalog Stadtgalerie Saarbrücken.

Groos, U. (1996). Ars Musica in Venedig im 16. Jahrhundert. Hildesheim: Georg Olms.

Klein, R. (1996). Gestalt und Gedanke. Zur Kunst und Theorie der Renaissance. Berlin: Wagenbach.

Phillips, R. (1998). Musik der Bilder. Von der Frühzeit bis zur Gegenwart. München u. a.: Prestel.

FOCUS & ECHO 5

With: Steven Connor and Michael Glasmeier
Host: Ute Thon

Host:

I would like to invite you to sit down and see if anyone of the students who have prepared for this symposium have questions they might want to ask either one of you.

Question from the audience:

The first question is addressed to Mr Glasmeier. You are talking about a room of perspective that evokes silence through the emptiness in space. But silence is a utopia that disappears as soon as listeners appear. Does that mean the painted room is a pictured utopia, because the empty room can never be heard?

Glasmeier:

Well, not every painted, empty room is a room of hearing. Sometimes it is simply empty, yet it somehow enables this imaginative hearing. The point is, if it is telling a story, if we can in a way wander through these rooms until we believe that we can look inside through this open door. Sometimes a story develops from certain things. One example is: You have probably never noticed that Dutch still lifes, those glorified arrays of everyday things on silver plates with beautiful fruit and fish, are always on the edge. That the foremost plate is always critically close to the abyss, that the whole thing could tip over at any moment. On a longer timeline, this may implicate a noise. For me, this is not only a *memento mori* or a struggle for balance. The two artists Fischli and Weiss said, that a balance is most beautiful just instants before it collapses. And that is about acoustics.

Question from the audience:

The next question goes to Mr Connor: You were speaking about the void and nonexistence, and I was thinking of how we are surrounded by unseen and invisible things, and we give them names. So, we make them experiencable with our language and suddenly they become part of our existence. So, what is the fascination of making a void, or the nonexistent, experiencable for us? What do you think?

Connor:

Well, all I can do really is to agree with you that there is a fascination with it. When we listened to Daphne Oram, there was a moment when she said: "Isn't it lovely when the machine makes a 'laaa' instead of a 'mouw'?" And there is something about that urge that very young children have to take the whole world as it were, into their mouths. And this feeling we have, that somehow the mouth ought to be what Alain Turing called "the universal machine". It ought to be a "universal acoustic machine" that would enable us not just to signify the world, but to imitate it, to reproduce it, to provide a little echo chamber of the whole world. So, that was certainly what I was trying to get at: that feeling that language has this dimension, which is rather a greedy and a simulative one. It's almost like the mouth wants to swallow the whole world of sound. But, as I say, I'm not sure I can account for it, but I'm glad to have been reminded of it. Thank you.

Question from the audience:

My question is addressed to Mr Glasmeier. I share your opinion that the quieter it is, the harder we strain our ears. The pictures you presented showed that perfectly. An open book might for example evoke wind in the room. The more our senses are anaesthetized, the stronger the organ's ability to discriminate grows. What strikes me as a trap, though, although naturally this is due to the medium of painting, is that we associate emptiness with silence. The same way we would associate blinding light with noise, just the two extremes of sensory overload and deprivation. I think the great thing about reading that wonderful text by Aristotle on *de anima* – that seems to be our shared basis here – is realizing how every sense feels whole in a wonderful way, because it experiences its own limitations by its own means. I would therefore say that silence is still felt acoustically and is felt differently, but similarly painful as great emptiness.

Just in the same way as blinding light feels different to the eye than noise. That means there is similarity, but there is also difference. And that is the great thing about sensuality, that nothing could be more sensitive than sensuality, but that at the same time nothing could be less sensitive than our own sensuality. In other words, it is wonderful that a person lacking one sense does not feel pain. He does not know what he is missing, because every sense knows its own limitations by its own means. And it would be a mistake to believe synaesthesia could make up for the fact that we are informed about one sense by the other. Simply put, I wanted to ask you how you feel about that. And I think this is about the special medium of painting that always demands of us to experience silence.

Glasmeier:

I have pondered this problem, but with the means of painting. The paintings of Brueghel that show celebration scenes are for example incredibly noisy pictures. Noise from every direction. I always asked myself why we did not experience the noise, why it is in some sense so flat, not three-dimensional, mute. And why do I experience – this is a subjective question of course – something acoustic about the pictures I just showed? I believe that it is about the silence. It is because the silence shows through this room of perspective. The room of perspective is able to show distances and thereby to draw in atmospheric dimensions. Time happens within the picture, in these distances, these atmospheric dimensions – the space between Hofmann's gaze and Venus' privates. The same time we have when looking down from above, or from left to right or whatever. I am not nearly finished with this. I wondered about the relationship between the time in the picture and time for me as the spectator. Duchamp with his machines plays with that same relationship. Can this relationship be applied to old art as well? Are they in there? If you follow these lines of perspective, this time is reflected in those lines, lines we cannot even see. As I said, I am on it.

ART SLAM Heiner Goebbels: Starring: Sound –
on Perception Modes in the Performing Arts

How do we listen to words? How do we listen to sounds? How do we listen to music?

With these questions Heiner Goebbels introduced his collage of earlier works. At the symposium he presented himself with a theory performance called *Starring: Sound*. In this performance he weaved theoretical questions of his working processes into the presentation of his works, for instance the question of prioritizing the hearing or the visual sense (which is reflected in his artistic biography as a gradual turn from the theatre play to the radio play). What kind of emphasis is put on the text, the sound, the music? How does Goebbels' theory relate to his radio plays which, often based on texts by Heiner Müller, exhibit a certain text heaviness themselves?

Heiner Goebbels blurs the boundaries between theatre plays and radio plays, his work meanders between spatial staging and focus on the radio world. What dominates, what is seen or what is heard? Heiner Goebbels' hybrid of theory, final piece and philosophical encounter is thought-provoking.

Franziska Vogel

PANEL Theatre/Dance/Performance: When Body and Sound narrate

When a body performs in space in conjunction with sound, the performance expands and opens new levels of narration. The participants of this panel explore the "body in motion and sound" as narratheme, the smallest narrative entity – or perhaps the largest?

Gaby Hartel and Marie-Luise Goerke

With: Andreas Ammer, Doris Kolesch, Reinhild Hoffmann and Kirsten Astrup
Host: Ute Thon

Host:
Let me first introduce the speakers:

Next to me is Reinhild Hoffmann. She is a pioneer of German dance theatre, graduated at Folkwang school and founded her own ensemble in Bremen, which she later took with her to Bochum. She is a choreographer and dancer and developed an own language of dance that is based on the idea that dance does not necessarily need narration or imitate emotions, but is in fact a sovereign form of performance where movements develop out of the room, the sound or the body itself. I hope she will tell us more shortly.

Next, there is Andreas Ammer. He is author for TV and radio and famed for his creative use of sounds, music and speech. The radio plays he develops himself are also known as "dancing radio plays". He produced some rather subversive historic operas, worked together with FM Einheit, a member of *Einstürzende Neubauten,* and also produced a rather huge football opera together with the Bayrische Staatsoper and with texts from Karl Valentin. He is an expert on Karl Valentin. It should also be mentioned in relation to Andreas Ammer's popularity, that he produces ARD's literary magazine *Druckfrisch* with Dennis Scheck, a magazine with considerable impact.

We are also happy to present Doris Kolesch. Doris Kolesch is professor of theatre studies at the FU Berlin. She acts as expert for voice as a performatory phenomenon and works on a variety of scientific projects that we shall discuss shortly.

The last member of our discussion group is artist and performer Kirsten Astrup, specialized in installations based on music and associated with art and place. One work she finished recently, a series of portraits of her friends, brings us back to the sphere of the radio. She recorded analogue radio and made tapes and she should probably explain the details to us herself. The project was very interesting for me, because the technology is not explicitly complex, but perhaps someone from a younger generation, who does not necessarily listen to the radio any more, will start to think about that analogue medium and is taken to a whole different dimension. Perhaps you just tell us a bit about that project and about why you chose radio with which to portray your friends.

Astrup:

I think it started out because when I began studying, I did film and media studies in Copenhagen and in Berlin, and we were taught to be people who produce television, radio and film. But this public myth about mass media being objective caused me a lot of trouble, because I was getting more and more aware about mass media being really subjective, both in the production and in the reception. After going to university I started studying at the art academy and there I began making art works where the subjective reception of sound was the focus. So, I think that's why it was natural for me to start with the radio and to look at the way that we perceive sound and what it means for the images that it creates in our minds. So I made these radio collages that you talked about briefly. And then I translated them into video collages by examining every single sound and asking myself "What image do I think about exactly when I hear this sound?", and then I would find the image or the video online and make the video collage. And then later I started making these collages in live situations. But that's a different field. I don't know how deeply we should go into it right now.

Host:

I think it is interesting to see how radio is being used as a reservoir here, used to achieve a totally different result. That is to say, the voice, or whatever you recorded, was no longer interesting on the level of content, but to convey a mood.

That brings me to a different question. Mrs Kolesch, you work on a research project that is engaged with the features of voice and how the voice is more than a vessel for information, but is used as a medium to create moods. Perhaps you want to tell us something about that.

Kolesch:

Thank you. What I am about to say fits very nicely with what Heiner Goebbels told us before. It is very interesting, that theatre studies did not concern themselves with the voice over such a long time, although voice and body form the principal media. I think we can see not only the post-war hybridization of the arts, but also – that somehow contradicts what is written here in the program – that the voice is no longer the vehicle of narration. In classical psychological theatre, the voice was supposed to be supported, to be heard loud and clear back to the last row, but it was really meant to disappear behind the transferred information. And this is where the inherent value of voice as material or as sculpture has been discovered and experienced in the last decades. This in short, is the subject of our research.

The other point is – that is also why I would like to distinguish very clearly between human voice and sound – that I believe human voice to have a totally different value as a means of appeal than for example a sound. That is not to say that sounds did not have a function in orientation or mood, but that the human voice creates a bond between people. The differences between these relationships may be huge, but I cannot simply evade this bonding, as I can for example in the case of the visual. That is why it is so important for me to bring attention to the "visual turn", now wide-spread in art history, attention to humans as subjects with sociable senses. We never exclusively hear or see, the senses work together at all times. I am not talking about synaesthesia, but this sociability of the senses. We simply cannot adequately describe phenomena by focussing only on the visual or the acoustic, but we always have to keep in mind this interaction.

This symposium is an example for the growing sensitivity to the acoustic and audiovisual dimensions over the last ten years, caused by the change in media technology. The voice is also the sense that, compared to seeing or others, was the last sense to be reinforced technically. But recently, technical media have appeared that recreates something like a "secondary orality", a technological form of orality. That leads in my opinion also to the stronger experience of the dimensions of the voice in arts and also in everyday life and to its academic reflection, something that we have not paid much attention to until now.

Host:

Very interesting. The keyword is "Voice is no longer necessarily a vessel for narration". That leads me to Mrs Hoffmann, because you, as choreographer and dancer, are not *per se* concerned with the voice as a vessel for narration. On the other hand one keeps wondering if voice was not also an important element for you in dancing. Could we say that we, when thinking about creating something new in dancing, do not necessarily think about voice, because dancers are generally mute? Have people in your sphere reflected on the possibility that voice could play a role in dancing as well?

Hoffmann:

Yes, I believe I was always concerned with this relationship between acoustic action or dance and music, because it is always something visual and at the same time acoustic. And if you want to record both, they influence each other. The acoustic influences the visual and *vice versa*. This means that I have always tried to achieve or have said that "choreography is silent music", as it works according to the same laws as music. Time and energy are the principal components. Once I take music in, it is something entirely different. Taken on its own, you simply have this silence that is present, but that, at the same time, opens the chance to hear music or to hear a dynamic act.

I come from a generation that forbade dancers to speak. It began with Pina Bausch, who had the courage to let a dancer step to the front of the stage and say: "My name is … and I come from …" or tell a joke or something. Suddenly the ice was broken, because a dancer dared to speak on stage. This is a chance for the dancer to tell something about himself as a person.

But if you work with text or sound, it becomes much more complicated. Take sounds and you have a musical composition. Using texts is a craft of its own. Written text is reserved for the actor. But at the same time I have always limited myself, because I thought talking would take away some of the mystery of dancing. There is something about the dancer, especially because of his speech as expression of dance. When he then starts talking, suddenly what is artificial about it – the mystery – is taken away. All of sudden he is a private person, and that was simply boring to me very often.

But I did create dances that worked with acoustic events. On *time* for example I attached three-meter-boards to my back that could be moved like scissors. I could roll over the floor and create those really loud, acoustic sounds or I could stamp my feet. But all the time there was the silence, then the sound. I did the same thing with stones, by attaching slingshots to my body. That way, when I turned or rolled over the floor, it was like a rock slide. It was an incredible sound that was a lot of fun for me and fun to pull this off and to work with it.

One last thing on voice, if I may. I have been working with singers for a very long time and with them I try as well to arrange actions, gestures and singing in a relationship that does not tautologically feed on itself.

Host:

Being loud, creating some real noise! That is my keyword for Mr Ammer. You are also, but certainly not only, famous for radio plays and productions that really get loud and involve high volume levels. And here, moving in an environment where we frequently encounter the question as to what form audio art can take today or what forms radio plays can take today, I want to ask you whether the only possibility left, is to really crank up the volume in every sense, that means in terms of both content and audio effects?

Ammer:

Yes, that depends on the socialization. I grew up in loud concerts and that is why I still like it loud when doing something on stage. My head is spinning here on this panel, I don't know why. Before I also start telling you what I do – everyone else here is doing such marvellous things – I wanted to return very shortly to something said before. While Mr Goebbels talked, something occurred to me: It was a wonderful example – his act, so to say – what beautiful things there are and what remains missing in those higher things, those acts. When Mr Goebbels played us his work *La Jalousie,* what happened? Everyone was staring at this singular word, "La Jalousie", totally captivated. When we see something, instantly something is missing. We are waiting for someone to dance, someone to explain it to us. Or the other way round, when we saw something, namely that wonderful piece *Max Black,* it started off with a sound. Sounds are, strangely enough, quite unsemantic. We are talking about sounds all the time, pretending that they tell us something. They tell nothing at all. You could realize that in the first moment, when Mr Goebbels said: "This is an espresso pot." You could not possibly make this clear, you absolutely and instantly need the explanation. And these two things have brought me back to the question: What happens when we talk about sound and speech all this time? We constantly create space, something is always in development.

And now I can turn to something I did. When we performed our first radio play live on stage, it was very loud. People were sitting like this *(protects his ears with his hands),* but it was together with FM Einheit of the *Einstürzende Neubauten* and it had to be loud.

It was a radio play on the topic of the apocalypse. The apocalypse has, as far as we know, not taken place, otherwise we five would not be sitting up here and you down there. That means the apocalypse simply does not exist. That means, from that space "nothing", the book the Bible, told us something about the apocalypse for the first time ever.

The second stage was that things are missing in the Bible, because it is only this mute medium of the written word. Strange things happen this way, for example a man eating a book through some mistake in the translation. That does not make any sense, but it is written in all the Bibles that: "In the end he ate the book". Albrecht Dürer painted it once.

Something was missing there as well and so I made another radio play. And in this radio play I thought, perhaps it is – just like with Goebbels and the word "La Jalousie" – this non-existent event that starts everything else. Something is created within the play that you suddenly see in front of you, although you could not see it before.

Still, the radio play was somehow lacking a body and that is why I thought, let's just go live on stage and add this missing body, even if we only broadcast it live.

The fitting anecdote is how the first radio plays were produced: live – with the equipment in the studio, to add a body to this missing body of the medium. You could just as well dance to radio plays. I would like to dance to them.

By the way, Thomas Meinecke is also here, who supports his radio plays with his rather voluminous body and certainly gives them more importance and weight. In this way, suddenly something happens, it is no longer the voices that somehow break through to us out of the void of empty news channels.

Host:

It is interesting that you mention the talk by Heiner Goebbels and this paradoxical situation when we keep on talking about sound and voice and their importance, the incredible possibilities they offer us and the effect they have. But that we, at the same time, sit here and, as soon as something is projected on the wall as a visual medium, we cannot help but stare at it instead of focussing on what is important: On the things coming out of the speakers or the things the person on the stage is trying to tell us.

Ammer:

Well, the question is, what is important? Alexander Kluge once tried to collect all the sounds that we can process. His result was a mind-boggling number. Of course he is lying, but the acoustic sensibility, the ability to differentiate, is much higher as far as the ear is concerned. It has been known for a long time that – and I think you can help me here, Mrs Kolesch – that we can process very fine nuances. Perhaps I am talking somewhat exaltedly here, in order to hold my ground here against four ladies. A lot of this is transported to the ear and would be missing in written form. It could be understood, even if people did not see me sitting here in my chequered shirt.

Kolesch:

We have, I would say, no consciousness of the historicity of our speech and hearing. We have for example become used to eyesight being reinforced by glasses. We experience the landscapes that we see differently through perspective and since we travel the world in trains and planes. But for some reason, we always think that people 200 years ago talked like us and heard like us. That is of course nonsense. Today we talk differently than 100 years ago. Naturally this is hard to reconstruct, but our speech is also linked to certain media and certain technology that we use. And us staring at the picture in this way is certainly not a law of nature. It is a part of our culture.

When I, as a cultural historian, look at old sources, speaking and hearing are mentioned as part of theatre. Back in the 17th and 18th century, it was far more important to use your ears. There was some watching, too, but you could not see much anyway. These are conventions that developed over time. And if we have a convention about how an audience is supposed to behave, about how we have a dark room and so on, all this goes back to Wagner, who allegedly focussed everything on the stage. These are not natural, physiological traits, but practised conventions.

Ammer:

That does of course always include the medium. You certainly know the recordings of Emperor Wilhelm, whom we only picture screaming. He probably talked normally as well, but he had to scream so loudly into the gramophone in order to record his voice. This way, the First World War is only remembered by the screaming voice of Kaiser Wilhelm. Adolf Hitler was also rather on the screaming side. Helmut Schmidt did not have to do this any more, he could afford to mumble a bit.

Host:

I would follow you, Mrs Kolesch, in what you say about people seeing differently 200 years ago, and hearing differently as well. Would you say that the physiological hearing was different, or only the sphere of sounds?

Kolesch:

There is scientific data on the topic. However I do not want to use an anecdote from 200 years ago, but rather a very nice example, supported by hard facts, the latter being the last remaining anchor in our progressively scientific world. We know for example that German women talk in much deeper voices today than 20 years ago. There is no physiology involved, but emancipation movements and the fact that we have women like Anne Will and Marietta Slomka on TV, who consciously talk in a deeper voice than they would naturally. This in turn has its roots in our clichéd thinking.

There are extreme forms of cliché voices. Steve Connor talked about phantasms of voice. For example, the deep voice of the wise uncle, the old, wise man. This is a phantasm, because older people's voices tend to become higher with the years. The reason is the deep, dark voice of authority and that is why so many women in high positions, like politicians, talk in such a deep voice. According to throat doctors today, many young women are coming to them with knots in their vocal chords, because they constantly try to imitate these deeper voices. And of course we hear differently today as well, since we have for example faster cuts or those technical sounds like the Apple-sound that were not around before. I would say there are indications of this.

Hoffmann:

I think Asian women always have a high voice.

Kolesch:

Yes, Steven Connor said the same thing today. Everybody who is multilingual knows that voice and hearing are never natural media. In every language our own voice is a different one. American women tend to talk in a higher voice. And if I for example were to talk French, my voice would be a different one too, because French has a different sound culture. That is why the French rooster cries "Cocorico" and the German "Kikeriki", even if it is the same rooster in Alsace who cries this way and that way at different times.

That is what is so fascinating about it: The voice as a phenomenon is somewhere in between. On the one hand there are these phantasms of living itself, the first cry of the new-born, supposedly unformed and natural. But on the other hand, the voice is totally embedded in our cultural practices. People who have children know that. Especially when they grow up. You call someone and you do not know if the mother is answering or her daughter, who suddenly talks the same way. The same thing happens in science, when students start talking like their revered professor. Voice is in every way formed. And this is what brings me to the point. We have today an entirely different view of the visual body, with this historicity, than that of the acoustic and vocal body.

Hoffmann:

May I ask something? Kirsten Astrup has told me before that she works with masks and different characters, all played by herself. Do you also change your voice?

Astrup:

I think so, because I switch between six different languages and every time the frequency of my voice changes.

Hoffmann:

Because the languages are different.

Astrup:

Yes, there is for example one character who curses a lot.

Question from the audience:

Does he speak German?

Astrup:

No, it's Danish. But the Danish character is a pregnant person who is shouting very loud and actually throwing out everyone from the gallery. But then I ask them to come back and then I'm a person, almost naked. And there I'm almost whispering, singing a song about men.

Host:

I like that a lot! Now, to come back to the use of voice in art, something we talked about yesterday as well: I asked you why you chose this medium. You are using different elements, not the classic ones like paint and canvas, but performative ones, for example acting, when you appear on stage as different persons.

How important is the use of voice and dialogue in your work? Is it easier to get through to people than for example with painting? I do not know if you ever thought about painting pictures that just hang on the wall in silence. Perhaps you can explain to us again how you came across your hybrid idea of art.

Astrup:

I think that contemporary art can often be quite boring. And maybe I'm offending many people by saying that. But I know that when I started doing video art,

I felt strange. Making a video, and then having a *White Cube,* and then pressing "play", and then you have a projection, and then you don't know what happens … And often when I go to exhibitions, I'm missing something. I have a background as a musician. When I was a child and a teenager, I was playing at a very high level. And I think that after doing that on stage for a couple of years, I missed this contact with the audience and I missed the presence. So, that's why I did the collages I talked about before. I kept the same structure, but then I translated it into something live, which was that.

For example, I started making something like a cabaret. I composed six songs in six different genres, using six different languages. And then after composing these songs I would examine the songs and try to find out who these characters are singing these songs. And I would have six different characters and then I would make a cabaret.

Ammer:

I like that, when you talk about your work, it seems your talking is creating a work of art right here in the room. That's what just happened.

Astrup:

That's the challenge.

Ammer:

That is what voice can achieve.

Astrup:

Yes, sometimes.

Ammer:

I think all the time! You can recognize a painting without seeing it. I do not know about putting a painting in the form of music, I go along with Kandinsky there, it didn't work. But I believe that it is possible, that it is the most remarkable feature of us prodigies of creation. We can sit here in this room and create something like this and 100 people are watching and they get an idea of how it works, even though it is not actually here.

Astrup:

A fairy tale.

Host:

Are there questions from the audience?

Question from the audience:

One question for the artists: Yesterday Peter Weibel described the radio as a democratic and expansive medium. What is your opinion of that description and what are the consequences?

Ammer:

Radio is of course the most totalitarian medium there is! We can see that in World War II, which was really a radio world war. Everything that was transmitted in the World War was transmitted by radio. The *Volksempfänger* was the purest form of a propaganda device. The democratic aspect is that there are so many private radio stations today,that everybody could in principle get to broadcast something. This has become very easy, that is nice. But at the same time it shows how democracy unfortunately very often leads to a shallower landscape of art. My opinion is the polar opposite, but it is also my opinion that some levels of dictatorship are possible in art, perhaps even necessary. Even if that means that we get loud on the stage and that the audience has no possibility to react. They can still leave, if they want to. That is the nice thing about democracy: You can always turn the radio off, in the "Third Reich" this was not so easy.

Question from the audience:

Does that mean, you would have used the radio in a totalitarian manner in your plays?

Ammer:

This is the old one-way-problem. Brecht hoped back then, that you could shout into the speaker just the same as it shouts at you. It became clear very soon that that was an idealistic hope that never worked. Hitler was the next step.

Hoffmann:

Perhaps he wanted to say that radio gives you some freedom: You can listen to it while doing other things. And when listening to a radio play, you have your own imagination. You are not forced to sit and watch and listen.

Kolesch:

But there still seems to be a statement that I cannot agree with – especially in the field of sound studies and voice research this is a characteristic feature –

namely that voice or the acoustic is always turned into this better world. There are these very critical sound-ecologists, who only research noise and its horrible consequences. Or the other way round, that we only have to be more attentive towards the voice and the sounds to become better people, that this is somehow a better ethical world. I cannot agree with this. Hearing, subjection and subordination, the power of the voice, the powerlessness of the speaker and also the power of the audience, all this is part of it. Voice is not always concerned with the good, the humane. And in the same way we cannot say that the seeing individual is somehow the old Descartian subject, and that now, in hearing we stand in relation with each other.

Ammer:

The interesting thing is, you can already dance as soon as there is music, this is so to speak participation. But at the same time part of the beauty of music is that the beat is on for five minutes and after five minutes everybody's into it. That is the beauty, that is why you go to the club, because it takes you only five minutes to submit to the music so to speak in a totalitarian manner.

Hoffmann:

I do not usually dance to the music, but either listen to it very intensely or I use the radio for information. There is a lot of information on the radio, that is great. Perhaps the advantage of listening to the right channel.

Ammer:

Perhaps we live in different spheres of experience, or perhaps only listen to different channels.

Astrup:

I'd like to add something. Actually, I think that television is more problematic in that context. I guess all of you have tried to watch television with your eyes closed. And I think it's absolutely horrible the way you're emotionally manipulated by sound, just because sound is invisible. I mean, if you close your eyes and you think you're watching some kind of stupid dramatic action movie and you realize you're just watching the news. And I mean if that happened visually you would have helicopters and small men crawling down over the screen that would never be accepted. But just because sound is invisible, there are so many things going on. And I think that's much more problematic actually, because we are emotionally controlled and the perception of what is going behind closed curtains is also controlled.

Question from the audience:

When there was the question some time ago "Do you think we hear differently nowadays?", the answer was that we talk differently nowadays. I would like to return to this, because I think it is essential to this topic. Studies have shown that new-borns can hear a much broader acoustic spectrum than some months later, when they have adapted to the information transfer of their mother tongue. And looking at schools, it is very interesting that there is still this separation between the subjects of music and art. There is on the one hand the acoustic, music, well-structured and organized in a certain way. And there is art, where you learn to look. The same thing happens in music, but it is limited to musical structure. What happens in radio and what could be possible in other forms of music classes as well, is the development of new spheres of sensibility in the acoustic sphere. I think that happens very rarely and it would be a great idea to move in this direction as well.

Kolesch:

I fully agree with your last point. I said we speak differently, because I also said that voice and hearing are connected. That means our hearing is not just formed in just any way, but is formed by the things we hear. That is why I would conceptualize voice always as the heard voice. Voice in itself does not exist. When talking about voice or when processing a voice, it is always a voice that is heard, yours, mine, whatever. And what you said about new-borns is correct. If I were, for example, to learn an African click language, I could not adequately speak it, because after the first eight months our window closes for hearing the exact differences. That means, if we do not have a speaker who teach us these sounds exactly, we lose the ability to hear them and – the reason is the mimetic aspect of voice – the ability to reproduce them. That means it is not only about content, but about losing the ability to hear sounds we are not constantly in contact with.

Ammer:

I have really learnt something up here today, especially the idea that hearing changed over the last 200 years. I came up with an example. Imagine a person from the 19th or mid-20th century walking through a modern super-market, a place in which we are used to "shutting our ears". But a person from the mid-20th century would, I guess, walk in and hear the music playing. He would ask why there is music. We on the other hand walk in and hear no music any more.

Hoffmann:

I ask the same question, when it starts at breakfast in the hotel: Why?

Ammer:

These are hearing stories which happen to everyone of us.

Kolesch:

This is of course a bit speculative, but there is certainly evidence for this. There is the classic culture-critical thesis of our world becoming noisier and faster all the time. It certainly gets faster, but I am not sure if it really got louder, take for example 18ᵗʰ/19ᵗʰ century Paris or London. That was noise, screaming, frenzy. Today our cars, trams and trains are very quiet. I think we have to put some of our clichés in perspective. But, as I said, the difficult thing in researching voice is that direct historical research is impossible, you always work indirectly.

This is also very thrilling to me. I think if we could write a theatre history of hearing and would start experimenting, some of the convictions of modern-day theatre history would have to be rewritten. Look for example at Shakespeare's theatre. We have this marvellous reconstruction of the "Globe" in London. Everyone who has experienced this place knows that legions of theatre scientists obviously talked nonsense, because all their theories were built on construction plans, drawings and other visual inputs. This is what is absurd. We do research on the acoustic by visual means. Where are the acoustic scientists? They do frequency analysis and project curves of a voice or some graph on the wall, even though Andreas Ammer told us that the ear's ability to recognize nuances and layers is much more precise than what our eyes can do. I think in order to grasp these phenomena, we have to first develop methods that work through acoustic or hearing techniques.

Sounds in Public Spaces: Expansion of the Field of Listening

The shaping of public space through sound has long been overlooked, but recently this subject has been brought to the attention of artists, city planners, scientists and advertisers. The third day of this symposium addresses affect, possibilities, and the potential value of sound design within our surroundings. What are these spaces and how are they acoustically shaped?

Should the sound of public space be designed at all? What happens to us, our condition and our memory when sound in everyday life is being consciously shaped?

Is there a category of "beautiful sounds" that is common to everyone? Artists, sound designers and cultural scientists step into this extended zone of listening and present their personal views on this matter.

Gaby Hartel and Marie-Luise Goerke

KEYNOTE Thomas Macho: Sound in Public Spaces

1.

Our world is not a quiet one. Neither what we call nature, nor the public spaces of our cities are quiet. On the contrary, the world has become increasingly noisy during the past centuries. The Canadian composer R. Murray Schafer in his much-quoted study *The Tuning of the World* (1977) establishes the concept of a "soundscape" and states that the Industrial Revolution brought with it "a multitude of new sounds with unhappy consequences" for many of the natural and human sounds which they tended to obscure. And this development was extended into a second phase when the "electric revolution" added new effects of its own and introduced devices for packaging sounds and transmitting them schizophonically across time and space to live amplified or multiplied existences. Today the world suffers from an overpopulation of sounds. There is so much acoustic information that little of it can emerge with clarity' (Schafer, 1988, p. 97). This "lo-fi soundscape" developed, according to Schafer, from the early 1700's onwards, and its expansion can be easily traced through a list of technical inventions contributing to the acoustic revolution of modernity: The sewing machine (1711), cast-iron rail tramway (1738), air cylinders (1761), boring machine (1774), power loom (1785), threshing machine (1788), signal telegraph (1793), hydraulic press (1796), screw-cutting lathe (1797). These machines had a tremendous impact on the real sound of the world, not the kind of sounds the Neopythagoreans dreamt of (vgl. Berendt, 1983). "A glance at the sound output of any representative selection of modern machines is enough to indicate where the centres of power lie in the modern world", from steam engine (85 dBA) to rocket launching (160 dBA) (Schafer, 1988, p. 104).

Yet, while the world has become louder, it also became more musical. It is as if people need to protect themselves from the increasing noise, from the threat of acoustic innovations, by aid of counter sounds that are soothing to the ear. Today, even the most mundane actions have a musical escort: "When you leave your house in the morning you will already have had your first acoustic irradiation from the radio, although you may only have wanted to hear the traffic or other news. The clock radio starts our day, music blares during waking up, shaving, breakfast. Music interrupts the morning show and jingles along whenever someone has nothing to say. In the car we continue listening, if only in case of a traffic jam on the ring road or rather because of an early warning of it, or because it has become a habit with a solid place in our daily routine, or perhaps because we like to think that we might be woken up properly by it.

[...] Music tootles on in the office, in the factory halls, in the lunchrooms, in the public lavatories. It follows us around in the supermarket, in the shopping centre, in the department store, it tinkles in public transport and is intended to drown out our fear of flying. Music during the perm at the hairdresser's, music when the dentist reaches for his drill, music in most restaurants. Music on the streets, at the swimming pool, at the stadium during half-time. [...] In the evenings we are off to a bar, disco, pub or party – music everywhere. Music is also happening in the concert halls and at the opera, on Sundays at church, and on the radio every day around the clock – music into the wee hours of the morning. Ravel's *Bolero* – the soundtrack to your love life. Music booms from huge hi-fi units at home – and if not, trust your neighbours' low frequencies to give you joy through thin walls without soundproofing" (Liedtke, 1988, p. 7).

While modern-age technical revolutions cast us into a noisy world, they also opened up possibilities for reducing the acoustic strain by creating musical ornaments. The contemporary noise level – this constant danger of synchronising our hearing inside and out – is subtly but forcefully neutralised by its musification. Thus "passers-by find it increasingly 'normal' when the stereo of a car completely drowns out the engine noise"(Metzger, 1983, p. 307). When Walter Benjamin demonstrated the possible consequences of the mechanical reproduction of works of art, he focussed his attention on visual arts, literature and film. However, we might disagree with his thesis of the loss of the art work's "aura". The collector Benjamin knew very well that a perfect reproduction of a painting or a book did not lower the value of the originals, autographs or first editions, but in fact raised it. Film, on the other hand, was the first form of art that relied fundamentally – not retroactively – on this obliteration of the difference between copy and original. It is only the history of music that confirms Benjamin's aura thesis: With the invention of the gramophone and the record disc the unique, unrepeatable musical performance lost its auratic singularity. And in today's digital age, more than ever, we can listen to any long-dead virtuoso, be it Jimi Hendrix or Glenn Gould, interpreting a musical masterpiece, as often as we want to and especially where we want it. The performance itself has become timeless and context-neutral.

2.

It is of course, not only machine noise or its musical accompaniment that defines public spaces theses days. Acoustic signals are increasingly joining the pack. Only a few years back, traffic lights, signs or road markings were content simply to rule the traffic. Nowadays traffic lights are rapping for the blind, road markings scream when our tires graze them and cars are beeping to signal the distance to other objects when reverse parking and manoeuvring in narrow lanes. Acoustic signals usually point to a presence. Just as birds twitter: I am here, and these are the borders of my territory, cars honk, trains whistle and trams ring. Not in Germany, but in some big cities, for example New York, there are choruses of horns as a collective proof of existence: I honk therefore I am. At Newark airport, drivers of electric luggage cars make themselves known by imitating the cars' beeping noises. Optical alarms are on the decrease. More effective than red barrier tape and illumination rockets are sirens in crescendo and diminuendo or other claimant and startling sequences of noise. This acoustic turn was made possible by innovations in sound technology. It is, however, based on a simple, deep-rooted evolutionary fact: Eyes can be closed, while ears, on the other hand, cannot. No visual effect frightens us more than a loud bang or a piercing scream. A horror movie without a soundtrack or a ghost train without sound effects are sure to be ridiculous. Contemporary public spaces begin to feel like the signalling regime of an intensive care unit: life functions are variously translated into acoustic signals. The infamous flatline becomes more and more fashionable, for example in contemporary electronic compositions or in TV series, as an acoustic, not as the visual display for which it is named. The image of the ICU's alarms reminds us that public spaces are structured mainly by soundscapes of danger and warning.

Acoustic signals often stand for meta-communication. A mobile phone signals a call or notifies us of the delivery of a text message by an individual choice of noises or sounds. A sender communicates to his addressee that he has sent him a message or that he intends to do so. In doing so, he transmits a meta-communication signal solely in order to announce the actual message. This compulsion for meta-communication has even reached broadcasting. In the event of a disaster, police cars drive through the streets with sirens and megaphones to prompt the citizens to switch on their radio and TV sets. We all know systems of meta-communication; they communicate that communication is happening or is meant to happen. In intimate situations, it is glances, fond or angry gestures which invite or even force our partner to engage in sweet or rough talk. Yet when it is unclear where the potential contact persons are, loud acoustic signs are more effective. Meta-communication signals are important because they help replace direct with indirect communication. In direct, face-to-face communication it is indispensable to signal that we are hearing and listening, that we want to contribute to the discussion, that we agree or disagree with what is being said. Yet we signal this, almost imperceptibly, by short interjections and noises of agreement or of protest. Only when establishing orders of indirect communication, when the authority or someone giving the orders is missing, are we forced to work out complex codes of meta-communication. Inhabitants of cities for example, were used to listening to different kinds of bells ever since late Medieval times. Church bells mark the beginning, the climax or the end of communication with God, while municipal bells called people to communal council. The bell of the factory tower announces the beginning or the end of working hours, the smithy's bells broadcast the end of the daily noise disturbance. Pubs rang for last orders, tax bells admonished late payers, market bells sounded at opening and closing time, death bells rang at a funeral (see Wendorff, 1980, 144 et seq.; Corbin, 1995).

Examples of the history of acoustic signals as meta-communicative codes are easily found. A jingling bell calls children to the Christmas tree for gift giving, a gong opens the next boxing round. In schools or opera houses breaks or intervals are marked acoustically, as is the completion of an auction – put into effect by three strokes of the hammer. Even the conditioning experiments of Russian physiologist and 1904 recipient of the Noble Prize in medicine Ivan Petrovic Pavlov, operated with acoustic signals. Dogs were easily conditioned to the fact that their feeding was being preceded by a certain ringing sound which then increased their salivation. Pavlov studied his dogs for something that has been working wonderfully in humans as in pets for centuries: Acoustic training. It does not necessarily need a semantic interpretation. "Commands are older than speech", as Canetti observed in *Crowds and Power* (1978, p. 303; 1993, p. 357). "If this were not so, dogs could not understand them. Animals can be trained because they can be taught to understand what is required of them without understanding speech." Having studied the intelligence of pigs for years, the Leibniz Institute for Farm Animal Biology in Dummersdorf found that in conventional farming these clever animals suffered from boredom and from being unchallenged. Pushing Pavlov's conditioning strategies further, researchers attributed an individual sound to each pig which learned to recognise it as his own personal sound by trial and error. When a specially-constructed "sound-operated feeding machine" randomly played this little melody, it was only the addressed pig that came to the machine and pushed its snout several times on a button for maximum feed. The scientists announced in 2005 that rewarding pigs' attention and learning capacity, boosts their immune system and strengthens their well-being and health, which also improves the quality of their meat.

3.

It is not only dogs and pigs. We ourselves have been trained in this too: "Those most beset by commands are children. It is a miracle that they ever survive the pressure and do not collapse under the burden of the commands laid on them by their parents and teachers. That they in turn, and in an equally cruel form, should give identical commands to their children, is as natural as mastication or speech" (Canetti, 1978, p. 306). Commands are meta-communicative acoustic signals that come before speech. Yet they are usually not followed by communication, but by action. This is why acoustic signs were introduced to announce a command. The Lord rings for his valet to give his orders, and mobile phones ring in order to be served. "Men have become the tools of their tools", Thoreau writes in *Walden* (1971, p. 48). Although bells are rarely required today, we still live in a space of acoustic signals where all social actors not only have bank details, insurance numbers, PIN codes and identity cards but also, like the pigs in Dummersdorf, their individual jingle. The history of the mobile phone could – according to the concept of the "nomadic object" (after Jacques Attali, 1992, p. 97–100) – almost be told as the history of the jingle: When signals are personalised, direct and indirect communication seem reconcilable. We do not have to endure absence,nor do we need to miss commanding authority. In the digital age, the simultaneity of both communication partners can be successfully simulated by letters and calls; the face of a faceless medium.

The telephone with its personalised acoustic signals thus continues a meta-communicative function that was already spelled out in the 13th century when spirits, good or evil, were being invoked. Back then a typical field of scholarly experimentation. For example, the *Heptameron* by Pietro d'Abano (1250–1316), philosopher and medical practitioner, was concerned with calling forth angels, and his technologies of invocation were organised by relatively rational principles: By measuring time (hours of the day, days of the week, planets and seasons were each assigned to a specific angel), and by a meta-communicative distinction between those angels addressed and the angels of the air, the ethereal "medium angels" who were supposed to connect the two parties, much like a switchboard operator. The "angelos aeri dominantes in die illo, in quo facit opus seu experimentum" had to be named in magic circles or squares which looked vaguely like a modern keypad (including dialling tone) and can be interpreted as a calling code for a given contact. It all came down to actually reaching the responsible angel – and not a demon – at the right moment. The risk of missing the requested angel or a misdial had to be minimised. By the way, this encoding technique could so easily be mistaken for an operation of black magic that the *Steganographia,* an encrypted treatise about the arts of encrypting by the Abbot Johannes Trithemius (1462–1516), was included in the *Index librorum prohibitorum* in 1609 (Culianu, 2001, p. 235–253).

In a world of universal acoustic addressability it is easily forgotten that silence, concentration and peace of mind, were once among the highest aims of religious and philosophical practices. In this sense, John Cage for example knew that silence is not the representation of a void or an abyss, but the ground on which concentration can grow. When Cage composed his famous piece *4'33"* *(Four minutes, thirty-three seconds)*, three movements marked each by the piano lid opening and closing without any other sound made, he did not want to preach silence. On the contrary: "They missed the point. There's no such thing as silence. What they thought was silence (in 4'33"), because they didn't know how to lis-ten, was full of accidental sounds. You could hear the wind stirring outside dur-ing the first movement (in the première). During the second, raindrops began patterning the roof, and during the third the people themselves made all kinds of interesting sounds as they talked or walked out" (Kostelanetz, 1989, p. 63). What was intended was not silence, but attention. Encountering white images initiates a new way of seeing, of hearing, just as Botho Strauß depicted in his fragmentary writings about *Sigé,* the old Aion of silence: "The barely audible hiss of an apprehended gecko from between the fingers, an infinitely soft roar-ing from a world of silence, a world where hurry has a different speed. Minia-ture dragon having spat fire, his tiny, burnt throat empty of sound. Mortal fear drives quietness across its borders into sound. At some point, very softly, from the darkest distance, almost out of chaos, the tree, too, roars. As light seeps out from a past beyond measure, sound reaches us from the primordial ground of silence, from the delusional time of things, and even the stone encloses a husky breath. He, too, has eroded from voice" (Strauß, 1989. p. 35).

4.

Idealising such concepts as peace of mind, inner quiet and concentrated silence is not romantic escapism. It rather signifies a huge progress in the history of our species: Before the age of taught wisdoms began instructing us on how to train our abilities for introspection, little more than 2,500 years ago, we had an era of possession in the literal sense. Once, humans lived as hunter-gather-ers without any complicated regulations of who and what belonged to whom and without ancestor worship. But when they started to settle down, to build cities and to introduce the appendant regime of vertical, anonymous and indi-rect communication, they experienced the notion that most people belonged to some strange and powerful being – a god, a king, a sacred authority. From this moment forth, belonging did not mean simply to be a member or a part of something, but to obey: To have lent an ear and to now follow the instructions of internalised voices. These voices represented the ancestral god, the god-king, the law giver, and had to be plunged into every soul in order to compensate for the palpable absence of those idealised leaders who were absent not only because of the extreme distance established between their spheres and society's; they were absent because they had died. The vertical society, hierarchically structured and organised by genealogical criteria, was ruled in the name of the dead: Possession followed the logic of ancestry, as a resurrection of the dead in the minds of the living.

After closely studying numerous textural sources such as Homer's *Iliad,* neuropsychologist Julian Jaynes developed the hypothesis that the mind of people in early urban cultures was organised by hallucinated voices. Authorities such as dead ancestors, clan gods and god-kings spoke out directly and without disguise inside peoples' heads. What in modern psychiatry qualifies as a symptom of psychosis was, according to Jaynes, normality only a few millennia ago. The *Iliad* showed: Whenever the heroes of the Trojan War were stressed or pressed hard to make a decision, there was a divine voice telling them what to do. Jaynes claims (1976 p. 173–175, quote p. 165) that in theocratic high cultures, the statues of the gods were used as a "medium for hallucinating". They carried voices and were manifestations of invisible interior speakers. Being possessed was in fact a strategy for survival in ancient cities. A speech area in the right hemisphere of the brain, long since fallen silent, acted as protection and council, as orientation and defence mechanism. Warding off the confusion that comes with an increase in population, a growing dependency from unpredictable crops and the loss of nomadic mobility, being possessed became the social condition of all processes of civilisation: A form of psychological organisation for "the art of living in towns of such size that everyone does not know everyone else" (Jaynes, 1976, p. 132).

Only when writing became more sophisticated and more widespread, was the functioning of the early human mind revolutionised. As it became possible to objectify the voices of gods and ancestors, a new kind of consciousness could be established – a mind for listening and timing, a silent "daimonion"; what Kant (1890, p. 81; 1968, S. 136/B 132 f.) called the "*I think* (which) must accompany all my representations"; the name of God from the burning bush; the "I am HE WHO IS" *(Exodus 3,14)* – a consciousness that could deal with the chaos of voices from minds possessed. Developing such a mind, capable of reading and meditating, silenced the gods and demons. The old voices retreated into the recesses of our minds from where they are now haunting us in the shape of sudden associations, shreds of thought, pangs of conscience, hypothetical imperatives and catchy tunes. In other words: The ideal of the quiet mind did not come to us lightly. Scores of generations contributed to its development and refinement. We cannot imagine any more what it may have meant to create a quiet, taciturn centre – an individual heart of silence – in spite of the demands of a world possessed with and believing in voices. Only when gods and demons finally shut up, could humans learn new forms of social belonging. Having broken the bonds of psycho-acoustic obedience, they could, for example, try to concentrate and listen to each other. Therefore, the history of sagacity is at the same time the pre-history of modern therapeutics – and the history of silence is identical to the cultivation of attention.

Bibliography

Attali, J. (1992). Millennium. Gewinner und Verlierer in der kommenden Weltordnung. Düsseldorf u. a.: ECON Verlag.

Berendt, J.-E. (1983). Nada Brahma: Die Welt ist Klang. Frankfurt a. M.: Insel.

Canetti, E. (1978): Crowds and power. New York: Seabury Press,

Canetti, E. (1993). Masse und Macht. Werke Band III. München u. Wien: Carl Hanser.

Corbin, A. (1995). Die Sprache der Glocken. Ländliche Gefühlskultur und symbolische Ordnung im Frankreich des 19. Jahrhunderts. Frankfurt a. M.: S. Fischer.

Culianu, I. P. (2001). Eros und Magie in der Renaissance. Frankfurt a. M. u. Leipzig: Insel.

Jaynes, J. (1976). The origin of consciousness in the breakdown of the bicameral mind, Boston: Houghton Mifflin Co.

Jaynes, J. (1988). Der Ursprung des Bewußtseins durch den Zusammenbruch der bikameralen Psyche. Reinbek:: Rowohlt.

Kant, I. (1890). Critique of pure reason. London: George Bell,

Kant, I. (1968). Kritik der reinen Vernunft. Werkausgabe Band III. Frankfurt a. M.: Suhrkamp.

Kostelanetz, R. (1989). John Cage im Gespräch zu Musik, Kunst und geistigen Fragen unserer Zeit. Köln: DuMont.

Liedtke, R. (1988). Die Vertreibung der Stille. Wie uns das Leben unter der akustischen Glocke um unsere Sinne bringt. München: dtv/Bärenreiter.

Metzger, H.-K. (1983). Zur möglichen Zukunft Weberns. In Anton Webern, Band I. Musik-Konzepte Sonderband (pp. 306–315). München: edition text + kritik.

RESPONSE Julian Treasure: Prototyping Sounds

Here is a very simple response from me to the talk we have just heard, which is: I agree. So I could now, sit down. But perhaps for 15 minutes, I can give you another perspective on the same sort of thing.

Let's just reflect on a noise that Thomas was talking about. *(He plays a recording of traffic noise.)* We stand on street corners, shouting over noise like this and pretending that it doesn't exist. It does exist, it's all around us, all the time and most people's reaction to this is to suppress it. We've become used to suppressing sound. *(Recording of traffic noise ends.)*

The noise around us has a major effect on society. I don't know if you've seen these numbers from the World Health Organisation *(shows image: "2 % suffer severely disturbed sleep due to traffic noise").* 2 % of Europe's population doesn't sound like an awful lot until you realize, that is 8 million people who are having their sleep seriously disturbed every night just by traffic noise. The World Health Organisation estimates traffic noise is costing us 1 million years of healthy life every year in Europe.

And another huge cost, I think, is the fact that most people's relationship with sound is a bit like this: *(Image showing the word "unconscious".)* We've become unconscious of it. We still hear, but we don't listen, we suppress the noise. We've become used to doing that and yet, sound affects us in four very powerful ways – and I'm just going to go through those four ways with you right now.

(Sound of Alarm clock) So, that was quite gentle. I can be much, much more brutal than that. It's a little shot of cortisol, your "fight-flight" hormone. Sudden noises will do that to you. I hope your alarm clock at home doesn't sound anything like that. Don't do that to yourself in the morning. Sound will change the rest of our bodily rhythms not just hormone secretions. *(Sound of surf).* So, if I put this sound on and if you had this on for most of the day, many of you would fall asleep. Surf is a sound that we find very relaxing. It's around twelve cycles per minute, very similar to the breathing of a sleeping human being. It's also a sound we associate with being relaxed, asleep, with no troubles, on holiday or whatever. So, sound entrains our heart rate, breathing and hormone secretions. Even our brainwaves are changed by sound around us.

The second way: psychological. *(Classical music starts.)* This piece of music isn't going to make you feel happy. It wasn't designed to make you feel happy. Music contains a very strong emotional charge much of the time. Nobody quite knows how we do that. There are many books on this subject and nobody's quite unpacked it yet, but music does have emotion in it. *(Music fades into birdsong.)* So does birdsong. Many people feel secure when they hear birdsong because we've learned over hundreds of thousands of years that when the birds are singing, things are okay, we're safe. It's only if something bad is about to happen that the birds will suddenly *(sound stops)* stop singing. That's not a good feeling, is it, when the birds suddenly stop? So, psychologically, sound affects us too.

The third way is cognitively *(sound of two people talking at the same time)*. You can't understand two people talking at the same time, it's not possible. Even a woman cannot understand two people talking at the same time. It's true. We have a bandwidth of understanding of roughly 1.6 human conversations, which means, if you work in an office, *(chaotic office sound starts)* sounds like this are extremely damaging to your cognition *(office sound stops)*. In fact, the research varies *(image shows: "Open plan offices, 66 % productivity less")*. This is the biggest number I've ever found. The numbers vary from 5 to 66 %, but I prefer the 66 %. There is no doubt you know the feeling: "Shut up, I can't think!" Your cognition is impacted by other people's conversation and noise all around you.

The fourth way sound affects us is behavioural. *(Electronic music full of beats starts.)* So ask yourself: Is this person going to drive at a steady 35 kilometres per hour? Perhaps not. We're all familiar with that kind of effect of sound on our behaviour, on the way we actually react. *(Music stops.)* At the simplest level we move away from unpleasant sound, if we can. So if I were to put this on *(sound of jack-hammer starts)* and leave it for the next 10 minutes, many of you would probably leave. If we don't have to be in sound like this, we will get away from it, and, as I showed you earlier, if we can't get away from it, our health is affected. *(Sound stops.)*

We work a lot with retailers and a great deal with shopping malls. They're a place where we spend a lot of our time. It's a kind of semi-public space and what they don't realize is that the sound they're making in their shops is often so shocking that it has a huge effect *(cash register sound)* on their sales. There's no doubt many retailers are shooting themselves in the foot every day with terrible sound, causing us to leave faster than we would normally and spend less money than we could with them.

We have a model at *The Sound Agency* called *SoundFlow (he shows a diagram)*. It's a simple model. Here are the outcomes that I just described to you and here are some filters of what the people intend to do in the space. So a library should sound very different from a football stadium, for example. It's all about appropriateness. What is the environment? Sometimes we can change it, sometimes we can't. This room sounds wonderful. Not many rooms sound this good. This room was consciously designed. In most rooms you're in, everything you see was designed by somebody. The sound in the room is not. It's the exhaust gas of what is going on, it's just a by-product of the way things are. So we have to think: Is there external noise coming in? What's the sound system like if we're going to use sound? What are the acoustics like? And so forth. Who're the people? That changes everything! What do they like? What don't they like? What are they going to respond well to? And if it's a branded space, like a shop, what is the brand? Our contention is that you should be able to close your eyes in any branded space and know where you are, and that is not the case at the moment.

So through *SoundFlow* filters you say: Here are the outcomes, here are the filters and that leads us to the sound. If we run it this way, we're doing an audit. I do that all over the world. I'm going into shopping centres and I'm the one who's listening to the banging door, the hand-dryer in the toilet which is 95 decibels in a reverberant room, the air-conditioning unit that's squeaking, the escalator that is clunking, all that kind of stuff. There is a two second reverberation time in the space and they're playing music through a sound system that was designed only for public safety announcements. That's the kind of environment we all have to shop in a lot of the time. So we listen to that and we say this is what you're doing, this is the environment and you're having this effect.

More interesting is to run it the other way. If this is the effect you want to have in this environment, then do this. That's designing a soundscape from top to bottom. *(Image shows: "sight effects listening".)*

Just a word on cross modal effects. You've probably heard of these. Many of you may have come across the *McGurk illusion*. Anybody come across *McGurk*? Oh, good, okay. Well this should work on about 80 % of you. This is just to show you that the senses are intertwined and we can't take one in isolation. So, look at the screen and listen to what the guy is saying. Just keep looking at the screen. *(Film shows a talking head with sound.)* Most of you are hearing "Dada". Now close your eyes. He's actually saying "Baba". If you look at the screen the video is saying "Gaga". So your eyes see "Gaga", your ears hear "Baba" and your brain says that's "Dada". You can't overwrite this. If you look at the screen you hear Dada. So what you hear isn't necessarily real, it's interpreted, the senses are all mixed up together. Here's another example. They put headphones on people eating crisps and they boosted the frequency 5 Khz, unbeknown to the victims and these people reported the crisps were 15 % crunchier in their mouth because the sound was of a higher frequency. And here's another one. The packaging for this product. When they banned the chemical that made aerosols go: "Tschhh-hhht" the packaging started going "Fffffft" and the customers reported that the product was no longer working on them. So they spent a lot of money re-engineering the packaging so it goes "Tschhhhhht" again and it's working fine again. The sound of the packaging affects how people think the product works. If you get these things right, you get a thing called *super additivity (shows image of the word).* This is being researched now, particularly in the UK, but I think all over the world. Line them up and you get *super additivity,* where the senses are all pointing in the same direction. That is what we need in our cities: The approach of super additivity, the approach of combining the senses congruently.

Soundscapes are not good in general. We find most soundscapes that we encounter are accidental; nobody planned them, they're incongruent; they don't fit with the other senses), and many of them are downright hostile. And that is how they leave us feeling too. We have a simple approach when we're auditing and there are four things to take into account. *(He shows a 4-level-graphic.)*

This is true whether you're designing the sound in your front room, a shop or a city, it doesn't matter, the same four things are in play. We start with acoustics. In the open air that's not a factor. In any room it's a really big factor. If the acoustics are terrible then pretty much nothing can be done. It's very difficult if you have lousy acoustics. So we spend a lot of time helping people to get the acoustics better and thus have to start to consider noise. It is the whole thing that Thomas was just talking about: Electro-mechanical noise surrounds us all the time. At the moment you can buy a washing machine which says 45 decibels on it, that's good, white goods are now saying that, but for HVAC (heating, ventilation, air conditioning) for big offices, hotels, shopping malls, nobody bothers about that. Nobody says "45 decibels at one meter, please". Well, they are now, because we're telling them to say that to the manufacturers. It's easy to do, but before nobody asked for it. So we have to spend all our time with 60 decibels or 65 decibels coming out of these things or chiller cabinets that we've measured at 85 decibels on one meter in a supermarket. "Sssssss" – you know that noise, it's terrible.

Let me touch on music, which Thomas also touched on. Music is a very special sound, it's strong, we recognize it quickly, we associate it strongly with things *(the first chord of "A Hard Day's Night" by The Beatles is played)* So most of you will recognize that chord, or many of you will. And you certainly all *(the first few bars of the "Jaws" soundtrack is played)* associate that with something. We associate music very strongly with something. Music is not a veneer, and I fight all the time against the mindless use of music. Music is made to be listened to, most of it, and when we put it on in the background and we try not to listen to it, there is a conflict. It's not the most appropriate background sound. So, if you take somewhere like Starbucks, for example. They play music into a loud space with not many absorbent surfaces, with noise like this going on *(sound of a crowded café starts),* and what that is actually, is like putting icing on mud. Music on top of noise is just more noise, people don't understand that. They think it's some sort of antidote. It is not. *(sound stops.)* It can be very powerful. Here's a fascinating study which was done in the UK. There were French wines and German wines in identical visual displays, and they just alternated the music. *(typical French music starts.)* On day one a little bit of this, day two a bit of *your* favourites *(French music fades into typical German music.)* I tell you, everywhere I play that in the world it makes people smile. It must be the happiest piece of music in the world. Especially for you, you're laughing. What happened? On the French music days, French wine outsold German wine by 5 bottles to one. That may not be surprising because it does tend to sell a bit more, sorry. But on the German music days, German wine outsold French wine by two bottles to one. Now, that is interesting. If you had said to the people leaving that shop: "Did you buy that bottle of German wine because of the music playing?", they would have said: "What music?" Because they were not conscious of it. And nevertheless this caused a change in behaviour.

Your behaviour is being changed all the time by the sound around you: Although it is not designed. We tend to start from silence. I could talk for hours about silence, I love silence, Thomas just talked eloquently about silence. The Elizabethans described conversation as "decorated silence". So when we're designing sound, let's decorate the silence. Start from silence, and it is kind of like painting a picture. You may want foreground, you may want background, it's a question of designing exactly what the whole experience is going to be. We have a box called the *Ambifier*™. We spent five years developing this. It is a sound, generative music or generative sound. It's a sound between silence and music. It's designed not to be listened to. Hurray! It's designed to be like the walls in this place: You don't come in and stare at them and go "wow"! They're just here. They're doing a job, they're supportive, they look nice, that make us feel good. Well, this is exactly what generative sound does.

So, here are a couple a case-studies *(recording of a soundscape)*. This is Glasgow Airport. The target was to reduce stress in an airport, a stressy place. So this is the soundscape we designed for Glasgow Airport. A little bit of bird's song – security! A very slow pace – slowed people down. And the airport was pretty happy because sales in the shops went up as a result, so everybody won.

Here's another example. This is the fine glass department in *Harrods,* our biggest client now. This is the soundscape we put in there. *(recording of soundscape starts.)* Every one of the sounds you hear was made by glass. So you're listening to what you're looking at, which, I think, is very appropriate. It's generative, algorithmic, when you start it, it just starts making the sound and it goes on, doesn't repeat itself and it's not recorded. It's a flow, like a river. *(recording of soundscape stops.)* And that one won the gold award at last years' audio branding awards.

In Lancaster, California, we installed sound in what they called the boulevard, with lots of loudspeakers down this central part. And the sheriff reports that crime fell 15 % in the city as a result of this restful sound. The shopkeepers love it, I've been there.

Now, let me just finish with a couple of thoughts. The first is, as far as cities are concerned, that the problem is not just sound People don't talk to urban planners and I've never met an urban sound planner yet. I've been calling for this since I did a TED talk about this subject last year, and I've been calling for urban sound planners, result none. I don't think there are any. But even acoustic or auditory or sound professional people live in silos. We don't talk to each other. These people don't talk to each other. Acousticians don't talk to musicians. Music psychologists don't talk to sound designers, sonic artists don't talk to acoustic ecologists, well, actually, they do sometimes talk to each other, but you know, there is a richness of experience in sound in all of these silos and yet, tragically, none of them are talking to each other and none of them are talking to town planners, as far as I know at the moment. Terrible, we need to break that down. Let's not end up with a world, that looks like this *(a sound recording of an Asian city starts)* and sounds like this. This would be a disaster. This is a real city. I don't want to live there. Do you want to live there? It's too much.

I will tell you two of my favourite places in the world *(sound stops)* which share one thing, which is a respect for sound. Venice, the only city in the world where you can go and not be infested with tyre noise, there's no tyre noise in Venice. It's the main reason I also love Geneva. If you go to the cathedral in Geneva you can sit by it and you can hear almost nothing. It's a very quiet place, for the centre of a major city it's fantastic.

So it can be done. What this is about is not designing appearance, which is what architects always do, it's designing experience in all the senses. If you're interested in this, I did a white paper called *Building in Sound* which has got lots of research in it and which absolutely speaks to what Thomas just said. It's downloadable from the internet on my website or the Sound Agency's website.

I'm just going to leave you with four Golden Rules for sound, that is all kinds of sound. We say "commercial sound" because we're usually talking about brands, but it's true everywhere: (1) Make the sound congruent with the other senses – if you're putting sound in anywhere. (2) Make it appropriate to the people, the situation, what's going on. So much sound is inappropriate that we have around us. (3) Make it valuable. If it's not giving something to people, why make it? (4) And then we have to test and test and test, because sound affects people and very often those effects are complex.

I'd like to enrol you in the vision I've always worked with, which is to make the world sound beautiful. And to do that, we have to be listening consciously, and we have to be making sound consciously as well, us as individuals and organisations. That is the vision I have. Thank you very much for lending me your ears today. Thank you.

FOCUS & ECHO 6

With: Julian Treasure and Thomas Macho
Host: Walter Filz

Host:

Okay, now we will come to the discussion, it's called Focus & Echo. Students of the HFG may have many questions, I hope, but of course, not only the students.

Question from the audience:

Should sound in public spaces be designed, is there not the danger of a kind of "sound war", in that everybody will try to design sound and this will create so many different layers that you cannot really differentiate single sounds any more?

Treasure:

Is that for me? Well I'll start. That's going to be down to urban planning, isn't it? I mean, we have urban planning for the visual, for architecture, you can't just go and put stuff up. So yes, urban planners need to be sensitive to sound and, in fact, they should have been for years, and they haven't been. So there are a lot of terrible things happening in sound right now because nobody is stopping them. Yes, I agree, there is that threat. I think it's happening, actually. It would be better if we designed it consciously and there were some process for having conscious designs submitted and approved.

Host:

Thomas Macho nods in agreement.

Macho:

Of course, I don't know how to avoid this "sound war" because there are so many sounds around us, not only for the purpose of increasing sales but also to draw attention to risks and danger, these warning signals and so on. And so I'm not quite sure if we can avoid it, you know, this image of an emergency room. I don't know how to avoid the "sound war".

Treasure:

There is hope. We're working with hospitals and indeed, I know other people are on silent alarms. And there was recently a study in the UK on special care baby units. It's sponsored by Dyson, who found that the babies in quieter places without the "tsssss-beep-beep-beep" and all that stuff going on, that the babies in quieter places do much better. Which really breaks my heart because you think of the thousands of babies who are suffering that noise in the first weeks of their life, it's terrible. So there are alternatives; silent alarms, in-ear systems for the staff, so they can hear them but not everybody else has to, better acoustics, all these things. The nightmare, I'm going to give you one nightmare: Cars, electric cars. Do you know that slow speed electric cars are silent? The problem is, we need to put a sound into the electric cars for safety. Can you imagine if these were allowed to have personalized ring tones like mobile phones? Oh my god! Hopefully it will be legislated, and the obvious sound put in them is the sound of a car, because we're programmed to get out of the way of that. But maybe it will be something like in *Blade Runner* or whatever, as long as it's not personalized ringtones!

Host:

Any other questions? Yes?

Question from the audience:

Just an obvious question. For me, the obvious question when I hear your lecture is that it's sort of a terrifying world that you're outlining. I mean, artists, or anyone actually, have been inspired by noise too, throughout history, and I just envision this perfectly designed shopping soundscape that's sort of designed to manipulate your senses in a way. I don't know, if you could say something about that? I've just moved to New York and that's a very noisy city, but it's also very inspiring and different from any other city. Is your vision from a certain point of view that the whole world should sound beautiful and serene and ... the same!?

Treasure:

You're conflating two things: Beauty and serenity. Beauty can be loud, beauty can be extraordinary, beauty can be vibrant, beauty can be exciting and beauty can be frightening, so I'm not restraining beauty. And I'm not in pursuit of a billiard ball, where the whole world sounds the same or everybody is in environments that are the same. Look, we've been designing things consciously for the eyes for the whole of humanity. Does the world look the same? I don't share your fear. All I'm saying is that we should be designing sound consciously. That's all. I have no fear that that would result in everywhere being the same, no. Human beings are different. Every situation is different. There will be artists involved. There will be people who are much more creative than I involved in making soundscapes. Once we have the tool to do this, then everything is possible and I'm excited to see what will come. I don't think it will be homogeneity.

Question from the audience:
In regard to that, would we need a sound regulating authority in the future, which decides on who gets to design the sound in public space?

Host:
Yes. A question for Thomas Macho maybe?

Macho:
I would also reply with a simple "yes". It could well be the case, that such "agencies" will be needed.

Question from the audience:
Who should take on this task?

Treasure:
An official agency as I understand it. In Germany you almost certainly will. I'm not so sure about France, Italy or other countries. You know, it will be done; it will be done to people in countries voting for what they want. And at the moment … you know that the whole of Europe was sound-mapped some years ago and nobody's done anything, these maps are just on the shelf. I think France is the only country that's used them to reduce noise. In the UK at least, we've done nothing with them. So it's a question of having a voice from the people that's demanding better sound. We have to stand up and shout. We have to make a noise to stop the noise.

Question from the audience:
Okay, I will ask this in German: Is it not the case that the general consciousness in society is still too low, that there is a risk that people who deal with the topic and are responsible for the sound design are already making decisions before society has even recognized the dangers?

Treasure:
It's possible. I urge you all to start talking about this, you know. That's the whole purpose of my TED talks – I detect the same passion in Thomas – it's about conscious listening.

Macho:

Yes.

Treasure:

And let's inspire our friends you know. The TED talks are there for that reason. So tell your people to watch them, I mean there are other ways of doing this too, by just going out and listening, you could run your own listening walks and things like that, but just get people listening. And the more people that listen … It's good for relationships too. I mean, what's the most common complaint in relationships? He doesn't listen. It's normally HE doesn't listen.

Host:

Okay. We're a bit short of time, just a bit, but there will be a final panel, so if there are questions not answered yet, keep them in mind, we will answer or discuss them later on.

ART SLAM Christina Kubisch: Electrical Walk Slam – A Short Electromagnetic Investigation

In her site-specific installations and artistic works in public space, Christina Kubisch often uses induction head phones that she developed herself, which lets her hear electromagnetic fields that are actually beyond the sound spectrum to be perceived by the human ear.

In her so-called "Electrical Walks" participants are able to explore the sound of places and cities at their own pace and rhythm. The perception is focused on the sense of hearing, the orientation in space changes. For Kubisch, the central matter is "unbiased" listening that seems to challenge many of our assumptions on "artificial" and "natural" and intends an arc of suspense between "nature" and "technology".

Kubisch's works don't have a preassigned choreography. The observer becomes a performer and composer who investigates his or her own conditions of perception as a result.

In her installations Kubisch uses black light in addition to sound, in order to make historic traces of architecture visible. This way, she wants to show how sounds originate from a designed social environment.

Lisa Bergmann

ART SLAM Peter Cusack: Why Are Favourite Sounds Favourite?

Well, from the previous discussion it would seem that we're all surrounded by increasing amounts of unpleasant, controlling, manipulative sounds and the world is a terrible place. I'm interested to discover if there are other ways of looking at or hearing this. For the past 15 years I've been conducting a project called the Favourite Sound Project with the idea of asking people who live in places, cities, towns and neighbourhoods what their favourite sound of their city, town or neighbourhood is and why.

The project started in London, but it's since been carried out in Beijing, Manchester, Birmingham, Southend-on-Sea, in Berlin very recently, Prague and Chicago. Quite a lot of different places with different cultures and different answers. And it's interesting to hear how people respond to that question. The aim is not to find out what the most popular sound in the city is, but to get people to speak about what they hear, their feelings about the local soundscape, and how they interact with it.

These are some of the replies from London:

1. "The 'mind the gap' announcements in the London underground." This actually is quite a popular sound in London. Reason: "It's really original to London and I find it a little bit funny."
2. "A mistle thrush singing on a bright winter or early spring morning in a London park. Reason: I am an ecologist and birdsong is one of my things. Mistle thrush song is deeply intense and incredibly uplifting."
3. "The applause at the end of a Leyton Orient home win." Leyton Orient is one of London's lesser known football teams. Reason: "It is usually the completion of an afternoon of a whole range of emotions. Personal emotions, but shared with many others."
4. "A good busker inside a tube station, but not in the carriage." Reason: "Makes long corridors seem less bleak."
5. "My cat's meow when she sees me and the patter of her little feet coming up the stairs. Why? Because she is pleased to see me and she is saying hello to me and I always answer. It makes me happy, as I love her loads and she's furry and soft."
6. "Sounds of birds singing and the sound of foxes during the night in London's common land Little Scrubs." A particular place in West London. Reason: "Reminds me that nature is still around even in London and we must save it. This is positive."
7. "Band practice of the Royal Guards at the Horse Guards Parade or barracks makes me feel very patriotic." Reason: "It's a very rich sound and good for accompanying walks through St. James' Park."

8. "Man at Bethnal Green tube that sings 'stand behind the yellow lines please' in a Nigerian accent. He is usually there at 8 to 8:30 on the westbound plat-form every morning. He cheers me up."
9. "Hearing the banter between market traders." Reason: "To me, it summa-rizes the early periods of London living: Hustle and bustle in the streets, and interaction between people. Market traders also tend to have strong London accents and always make me laugh. My dad also grew up working in Peck-ham Market and, nostalgically, it reminds me of him."

There have been over a thousand answers from London and those are just a few.

What overall observations can be made? One is that people always associ-ate sounds with much wider aspects of their lives. Everybody who was asked has mentioned where they were, what they were doing, often what they were feeling, what they were remembering, so sound has all these powers to bring back memories, to be associative of different places, particular people, particu-lar emotions.

All of those are parts of sounds that we like or sometimes of the sounds that we don't like. But when we listen to a sound, we are not just listening to a sound, we're listening to its history, our history, our interaction with it. It's a very com-plex many-layered process. So to separate sound from all the other senses actu-ally makes less sense to me.

Although I haven't read all of the thousand, another observation I can make is that almost nobody ever says the same as anybody else. "Mind the gap" comes up several times, as I said before it's quite a popular London sound. But people talk about it differently. In fact all kinds of station announcements in the Lon-don Underground or the London Overground are mentioned regularly. Public transport sounds are easily the biggest group of Londoners' favourite sounds. But people always say a different station. I named Bethnal Green, but Regent's Park and London Bridge, all these different places are mentioned too. Clearly, people's favourite sound is very much to do with their daily lives and daily rou-tines. So, if you end up travelling via London Bridge Station every day, then you learn a lot about the way it sounds.

When it comes to thinking ahead for example, if one were to consider wider scale planning of soundscapes in cities, one of the probable lines of research would be to find out what people might like to hear in particular places. This was on Julian Treasures' list of procedures that he goes through. Well, as far as outdoor space is concerned, with some exceptions, I can confidently suggest that agreement on particular sounds will be very hard to find.

So what do you do in the circumstances when actually in the same place lots of people want different things? How do you plan for that kind of situation? It's a good question.

Another observation about London: London is famous for the sound of the clock Big Ben. And there are also other famous London sounds, like the bells of St. Paul's Cathedral and Bow Bells, which actually, you can't hear any more – not for decades now. None of these sounds get mentioned as people's favourites. So the idea of a city having sound-marks which are citywide – I don't think it applies to London at all. London is just too big. When I say they're not mentioned at all – occasionally they are, but compared to sounds like the sounds of my local station's announcements or birds in my back garden, the famous official London sounds don't feature in the list of people's favourites and they're not part of the way that Londoners think about their soundscape.

Yet it is often those examples that are used in the promotion of London. So, I think there's a huge gap between what people actually listen to and pick up on and interact with and a lot of the generalisations that are currently made about our soundscape.

It's worth considering another city. Berlin, for example. This I did last year when I was living there. Once again it was public transport sounds, the whole variety of them, which constitute the biggest group of favourite sounds. And on the top of the list with the sounds is the S-Bahn [urban overground trains].

I'm probably running out of time, but I'll just read you some of the reasons why: "I like the specific sound of Berlin's S-Bahn with all its overtones, it's calming." So, immediately you feel in the room not everybody is going to appreciate that as a comment. Obviously – yeah, there are differences individually. "When I returned from travelling and the S-Bahn pulls into the station, then I know I'm at home." That's certainly true. "The sound of S-Bahn trains always hints to me of arrival or departure and enhances my perception of time, especially the last train after midnight and the early morning train." "The wind, while waiting for an S-Bahn train." "The first S-Bahn stops at 4:30 a. m. in the morning, when my window is opened to the garden. German melancholy." "The sound of trains accelerating and stopping, the announcements in the train, elevators and footsteps of people, those are very specific and characteristic of Berlin."

That's actually my opinion of Berlin as well. My favourite sound is the tones of the S-Bahn. Probably the government of Berlin have no knowledge that the S-Bahn is actually one of Berlin's most unique and often appreciated sounds. There are new trains now being put on to the S-Bahn. They actually sound different from the old trains. So Berlin over time will be getting rid of its most popular sound without knowing about it. The same thing happened in London. One of the favourite sounds, which cropped up most in London was the bell of the bus, which you had to pull manually. This was phased out ten years ago. Instead we now have an "eee-ooo" thing, you know, buzzes that start when you put your thumb on a button and that don't sound anything like the old ring. Nobody has ever mentioned these new bus sounds as their favourites. So, London transport got rid of one of London's most characteristic and popular sounds, again without anybody batting an eyelid, or nobody really commenting on it. It's a shame.

We need to be far more aware of the sounds, the small sounds, of the places we live, because that's what actually affects our everyday lives and our interaction with the acoustic environment around us. So, thanks.

ART SLAM Michaela Melián: Memory Loops

Visual artist Michaela Melián uses a number of different media. You can see drawings, sculpture-objects, murals, sound and slide projections. The audio work *Memory Loops,* which she presented at the 2013 *ARD Hörspieltage,* was created for existing public spaces and for radio. The concept for *Memory Loops* won a competition on modern configurations of urban memory culture with regard to the victims of National Socialism in Munich. Oral memories of victims and offenders taken from sound archives or new recordings by the artist, were re-narrated by actors and made available as sound files on the website www.memoryloops.net. Connecting sound files with specific places in the city invites listening to the sound tracks at their specific place by means of a mobile listening device such as a cell phone or an mp3-player. In this fleeting moment of listening at a place of the present, the exemplary reports by contemporary witnesses realize a historical moment. With *Memory Loops* Melián is able to make history and the current experience of time overlap and intersect, by uncovering stories that were hidden or buried by time.

Lisa Bergmann

FOCUS & ECHO 7

With: Peter Cusack, Christina Kubisch and Michaela Melián
Host: Walter Filz

Host:

We will now look into the three positions (from Cusack, Kubisch and Melián) that, even though there are differences, all have one thing in common: They deal with interventions in public space, as well as explorations of public space. And here is a first question:

Question from the audience:

Ms Melián, Michaela, I would like to know: How did you research these people and their fates?

Melián:

That is an important point. Our cities are full of this material. There are an incredible number of archives and of course there are radio stations and documentaries. And that was my idea; taking this material that slumbers in archives and stores and using it effectively.

I then created a student group composed of twelve colleagues, who first searched for topics and then listened their way through these infinite archives. All of this was then labelled with stickers, given keywords and organised by topics. What ultimately made it on the website is only about five percent of what they transcribed. It was a huge amount of work and time, given that you had to listen to everything and then think about what you were going to choose.

It was also a horrible feeling, since the voices that we hear now, are only those of the people who have survived – and they must now speak for those who have not survived. And all the others that we have not taken into account, who have disappeared into oblivion are therefore killed again, in a figurative sense. That was very hard to bear.

I would have loved to make hundreds of hours. But a project like this must also work. To answer the question specifically: A lot has been taken from the archives of the Bayerischer Rundfunk (Bavarian Broadcasting Station), a lot was taken from two documentary film makers, but also from a city archive in Munich that has a database with voices of Jewish survivours who came to Munich and were interviewed using a specific questionnaire.

But all of the interviews I have just played were conducted by me, asking a variety of people, even scientists who have worked with the subject. And through this process, I even found people who hadn't talked about their experiences before. This was of course also an interesting experience, meeting people in public space who carry these stories around with them.

Question from the audience:

I have a question about the staging. Why did you use actors? Were they written documents read by actors or can you hear original voices of people talking themselves?

Melián:

No, you can hear absolutely no original sound bites. That was a very important decision, given that most of the people who speak in these archives were always, or were usually, very old and I wanted to update this. I wanted this subject, the timeless topic of exclusion, racism, to be updated by young voices.

I also wanted to bring everything to the same excellent level of production, since the sources are often, well, not so good. In one interview that I lead, you can hear the coffee cup, or I meet with people who then turn on the TV or show me something. I want to give a voice to as many sources as possible, whereby no one is named, because for me it is about the exemplary voice.

Question from the audience:

I have a question for Mr Cusack. Your main range of interests is always connected with the environment and some of the effects and impacts of human activities on nature. So it seems that you're always trying to make other people pay more attention to environmental issue or the urban "soundscaping". But what kind of experience or enlightenment did you get out of this research? Thank you.

Cusack:

I learned a huge amount about London and Berlin, and the other cities through listening to them. All those replies (*mentioned above*) were from people who suggested their own sound in a particular place. Many of those places I knew nothing about, I hadn't heard of some of them. Then I went there to make recordings and listen myself. So it gave me an incredibly broader perspective on my own city by doing this, so that's one of the things that I personally gained.

Another was that I got a very good overall impression of how people move around in their city. You get a sense of everyday journeys through a lot of these replies. Or how people live their lives on a Sunday morning, they're lying in bed, listening to the birds or to music. You get a very good impression of the use of a city by ordinary people. And I think that's important too. So those are two insights that I got.

And, you can also compare cities. I should make the point that, actually, different cultures probably listen to and appreciate their environments in different ways. In China, for example, people's replies were much more poetic and brought in more other philosophies when replying to the sounds. In Western Europe, certainly in the UK, poetry is a long way down the list. So I think people's ears are different within different cultures. Their social listening comes from a different history, a different tradition and that also needs to be taken into account.

I will tell one, I hope quick, story. We again heard earlier how you can't listen to two voices at the same time. When I visited India, I went to a University there to meet a colleague and his office had five other people in it and it had a fan going round in the ceiling. Every desk had a phone on it. Often they were ringing and everybody was chatting to each other at the same time and my friend said to me: "We will go somewhere else to speak because I know you Westerners are completely unable to multitask your listening, whereas we Indians are used to it."

Question from the audience:

Yes, I have one more question for Ms Kubisch. In your works the protagonist is usually the listener or the viewer and today the protagonist was basically you, guiding us through your auditory world. How was that for you and does it change the intention of your work?

Kubisch:

Well, I am a trained musician and have previously been on stage performing New Music. I then stopped doing this for many years, because this situation is extremely uncomfortable for me. I find this opposition, these hierarchies that emerge and the expectations that arise, just terrible. This is a kind of performance that I sometimes find nice, even when I'm on the other side, but normally I do not like.

That is probably why in the early 80's I went from the stage situation I had seen before with performances and physical things to installations, where the audience takes on the role of the performer.

But these past few years I have been doing performances with my electromagnetic equipment again, which is usually much more sophisticated than what I've used here today. For instance, I have big receivers for radio waves, I have certain bars for the reception of high line circuit voltage and so on. And I can do all this because I no longer find myself on stage, but because I explore a space and I then have to accept that space.

That said, I usually spend a day or two only listening to this space, to make recordings of it perhaps and only then I can make a sort of concert performance, or whatever you want to call it. So I was not unfamiliar with the situation now, it was sort of a precursor of the work that, if I had really wanted, could have continued. The interesting thing for me is that every place sounds different and that every place will sound like it is. With this, I do not mean the acoustic-electromagnetic, but the properties that a place has. The cities also sound just like they are.

Sometimes there are places that simply sound boring. That's the risk, but I like risk.And then you have to transform this boredom into something else, perhaps also recognize that very little happens, but that this may also be interesting.

Host:

I think we still have time for another question, perhaps from the man in the back who has raised his hand a couple of times already.

Question from the audience:

Ms Melián, I wanted to ask you: I was deeply moved and concerned by the three examples you played. And I can imagine that I am not the only one in the room whose emotions were triggered. I assume that this was one of your intentions, but what other emotions do you want to trigger apart from consternation? Do you want to trigger actions as well?

Melián:

I don't want to trigger concern or consternation. If you are affected by it, then it probably has something to do with the fact that you experienced something you did not know. But it surely also has something to do with how I produced and created it.

Of course, the music in which the voices are embedded, plays an important role. What music usually accompanies such narration, narration we also know from TV? It is mostly twelve tone technique compositions. I have refrained from this. I worked with samples that come from the same time as the memories that are narrated and I processed them musically.

At the same time there were also the stage directions for the actors and actresses that they should tell those stories without pathos and that the text should be read as abstractly as possible.

The concern that arises is then probably due to the information. But there are also very funny tracks, that needs to be said too. And there is always irritation, because a large number of the tracks are read out by children, without music, such as original documents, laws, newspaper articles, posters, court rulings of the time, which all seem strange in some way, given that they read them out as if they were reading out a text in school.

PANEL Urban Sound: Lost, Found or Designed?

Sound as a means of shaping public space is often summarized under the heading "sound-design", but it is so much more. There are not only designed sounds, but also the sounds that can echo the past and evoke distant memories.

Sound can affect people, be unsettling, create feelings and (re)awaken them. To what extent should the acoustic city space remain "wild" and coincidental? Should it instead be shaped consciously? What dangers could follow this new interest that business, science and art has in ambient sound? Do we have to choose between "sound in public spaces" and "sound for public spaces"?

Gaby Hartel and Marie-Luise Goerke

With: Thomas Macho, Julian Treasure, Christina Kubisch and Michaela Melián
Host: Walter Filz

Host:

Welcome to the panel: "Urban Sound: Lost, Found or Designed?". Today we have talked about sound in public spaces and the exploration of public space (Melián, Cusack, Kubisch) in the broadest sense. Christina Kubisch, when you walk around public spaces with your equipment – and this just now was the electromagnetically largely equipped "back room" of the stage – one immediately thinks that your approach has to be an ecologically critical one. Are you an exterminator of electrosmog? Or is your work rather sources made into sounds?

Kubisch:

Well, it's you who said electrosmog.

Host:

Yes, I know that you would never say that.

Kubisch:

I think you can't see it so one-sidedly. My work doesn't only consist of me using my headset or whatever and walking through the streets, or the great shopping malls, now those are particularly intense. But it is rather having people see something that is familiar, places they know, houses they know, an ATM, an advertisement, but that they do not hear what they expect. In that moment, a kind of discrepancy originates in the brain. It's not familiar anymore, it does not fit together and therefore poses a question. And this question is important for me because with sound, as we have heard from my colleague Julian Treasure, we can manipulate an awful lot. This manipulation, for example: "Birds are beautiful" or "certain sounds balance us out", that's all bullshit in my opinion.

Host:

So we shouldn't talk about birds with you?

Kubisch:

Yes, you can. There are really great birds that sound like electronic music. But I refuse to be conditioned to "certain look – particular sound" from the beginning. Take Chicago, for example. I found out that pretty much all telephone lines in Millennium Park lay under hills that were only built so you cannot see the cables. So, I'm not just about electrosmog! But my concern is to say: What is familiar to me, what is not familiar to me and what happens when this doesn't fit together.

Host:

So the ideas and thesis from Julian Treasure that a few measures, like genetically programmed archaic improvement in the sound design would be good, or that we are calmed by birdsong, do you reject all that?

Kubisch:

It probably works well for Mr Treasure, but not for me.

Host:

Well, it's not supposed to work only for Mr Treasure, but for all people!

Kubisch:

Yes, unfortunately it doesn't.

Host:

When you walk through public space, go through streets, wander – I'd say that everyone who is sitting here is sensitised to sound in a highly professional way – are you able to repress that? Or are you constantly aware and thinking of the sound?

Kubisch:

You mean, in terms of the electromagnetic?

Host:

No, in general!

Kubisch:

One is over-sensitive, that's true. It is often very difficult to just go somewhere or to not listen. To no longer hear or repress it, that is I think, not possible if you work with your ears all the time. But that is why we do this work too, so that one no longer says you cannot hear the noise or you no longer hear this and that. It remains in the brain, it is just that it is supressed and this creates a kind of restlessness, discomfort and imbalance.

Host:

Mmm. Peter Cusack, when you're walking through the streets, in a city, wherever, are you always listening out for what might be a favourite sound?

Cusack:

No, definitely not.

Host:

Because it would be impossible to survive …

Cusack:

Yes, maybe.

Host:

… if you did that?

Cusack:

I just have to say, that even though I'm a professional sound person, I'm also a reasonably ordinary person, so I don't think that the ways that I listen in everyday life are so different from everybody else's. I can tune things out, if I want to, I don't even think about it, it just happens.

Host:

Mmm. You told us about lost sounds, the sound of the S-Bahn trains in Berlin, and the sound of the ringing bell on London buses. Do you think we have a special sound memory, in the same way as we have visual memories and memories of scent? We all know the story of Marcel Proust and his Madeleine cake: The whole childhood is recalled through the taste of the cake, dipped in a cup of lime blossom tea. Are there sounds which give us back our childhood?

Cusack:

Absolutely. Yes. I think our sound memory is the acutest memory we have of all the senses and it's very easy to demonstrate that. If you play a sound you can trigger memories going back decades. In fact, one of the therapies that is used with people who have Alzheimers' is to play sounds or music that such people might have remembered fifty, sixty years ago and there is reaction, for sure.

Host:

Yeah, I think with music it's obvious, but I think I don't have any childhood sound memories.

Cusack:

I'm afraid, I don't believe you. Give it a little try.

Host:

Ok. I have to think about it. Michaela Melián, your work is, if I understood it correctly, historically localised, but not localised through sounds, right?

Melián:

No, it is updated. The places are historical in the description, but it's the places nowadays. They remain the same place. And it's about this layering. But I wanted to come back to Ms Kubisch's point that we who do such work, of course, always listen. We listen all the time, even when others don't listen.

I find the concept of sound and how we are using it here now very imprecise. Because sound is everything, sound is also music, sound is speech, sound is sound, sound is noise. And with Mr Treasure it's all about noise so to speak, the noise that prevents us from being good consumers in a shopping mall. But when I'm in a store, I like to hear how the fridge goes "bsssss", I think that is a beautiful sound.

Noise also has a history, just think of the entire music history of the 20ᵗʰ century, in which noise and sound get a narrative, a meaning that can function on different narrative levels. I work the same way as a musician. There is the sound, but it can come from an instrument, as well as from the stylus of a record player. This must then be specified. I would not want to miss out on certain sounds in our environment. I wouldn't want to hear birds chirping in the airport for example, because I would immediately think of a bird being caught in the turbine and bringing the plane to crash. So I wouldn't be able to relax, since I'd be thinking ahead of the sound.

I think that a lot is triggered subconsciously by listening, but that everyone sitting here can contextualise all these sounds. At the same time, I think about the saleswoman standing in a shop and listening to these sounds or "cheap music" the whole day, which could almost be physical abuse I think, having to work there for twelve hours. That's what I wanted to point out in this wide field of sound.

Kubisch:

When Brian Eno presented *Music For Airports* in Berlin-Tempelhof for the first time, everybody who worked in the airport said: "No, that's enough" after one day. And it didn't continue. Then, about 15 or 20 years later, *Music For Airports* was reinstalled and everybody loved it.

Treasure:

Can I respond to something?

Host:

You're expected to!

Treasure:

I think repetition is always an issue. If I played your favourite song ten thousand times to you, you would hate it. So, *Music For Airports* is 40 minutes long and they just repeated it over and over again. And anybody is going to get bored with that kind of thing.

There's a couple of interesting things which come out of this. The first is something I teach in my training on conscious listening. And it is really important to understand one thing: We all listen differently, we've all got different filters, every one of you, your listening is as different as your fingerprints, your voices, and your irises. So, I completely respect what's being said here about personal opinions, it's very difficult to come to any kind of a consensus. We have to do that (respect different opinions) with the visual world, we have to do it with politics, we have to do it in lots of different fields, because we are all different in many, many ways. So, I'm absolutely not arguing for one kind of sound and saying there's some sort of ideal. There isn't. It should be a discussion. The most important thing to me is that we have that discussion about conscious listening. At the moment where we are, most of the sound around us is unconsciously consumed, and a lot of it is not good for us.

I loved the sounds that Christina made us hear. So, I also think there are no absolutes. I have met people, who hate birdsong, hate it. So you know, there are no absolutes. I found that sound beautiful and entrancing, not everybody would. So, what I'm about really, is the sound of here and now. It's kind of a conversation about consciousness. That's what it is. And coming together as people who're all listening, to come to a consensus is about what is good for us, what we like, what's going to work … those kind of issues. I just want it to be a conscious conversation. Whatever the upshot of that is, it may not be birdsong in airports, it may be different things. Everybody is different.

For me anyway, coming out of my here-and-now consciousness and think-ing about sound in history, that has been fascinating. You know, the history of places, as has been demonstrated by both of the previous speakers (*Cusack and Melián*), is fascinating and there's this archive, there's this stuff locked up. I know that there was a sound archiving piece in the UK a couple of years ago using AudioBoo, where they had people record the sounds of spaces and then they made a map of it. So, that's permanently stored as far as I know. We could do a lot more of that kind of thing.

And then the other point mentioned was about the sound of different dimen-sions, sounds that we don't even hear, for which we need technology to inter-pret, but which are around us in effect. So, I've had two new dimensions added to this. I'd be interested to know if you're sensitive to the effects on your body of those sounds.

Kubisch:

Of course. I never frequent shopping malls.

Treasure:

Okay. So, you know, we're being bombarded with stuff all the time. If I had an overarching thing I'm taking from this, then it's being conscious of that. It's being conscious of history and the voices that we may have lost, it's being conscious of the sound around us now. Consciousness is the key to me.

Host:

You're work has to do, I think, with improvement and with repairing. If you had the chance, maybe in Germany, under a "National Sound Agency" called NSA, to get a job to design a whole city, the sound of a whole city …

Treasure:

My goodness! Well, I don't think you could have "a" sound …

Host:

Would you do it?

Treasure:

It would be a fascinating project!Yeah, I would actually. I mean, I would put a lot of energy into creating a process to do it, which would be a process just as if you said "design a whole city". Well, there are people doing that in China right now, over and over again. Cities are being built all over the world that we've never heard of, which contain 10 million people. So it's being done. I think it would be a fascinating project, but it would be involving people like Peter and, you know, getting a consensus about what people like and what's interesting. So you never have agreement. Do we ever agree about anything? No. You're not going to have one sound of a city, you're going to have hundreds of thousands of sounds of a city. But it always is a conversation about what's appropriate in a space, what's effective, what's pleasing to people. You may not find it easy to arrive at that solution, but I do know, if you go to Geneva and sit by the cathedral, it's a good place to be. Now, there may be a lot of stuff going under the ground I don't know about. But there are places which many people do like and there are sounds, that most … I mean, I don't want to go on about birdsong, but hands up, who likes birdsong in here?

Voice from the audience:

Everybody!

Treasure:

Yeah, I mean, we do agree about something, for example babbling brooks. There are certain sounds of the world that most people find pleasing.

Cusack:

Let's be a little bit more discerning about this. There are thousands of birds, do we really like all of them? Would you like your garden to be populated entirely by crows and magpies which …

Voice from the audience:

Some are awesome!

Cusack:

… and not hear any blackbirds or nightingales? I think we have to be a lot more detailed in how we discuss these things, otherwise it's a meaningless statement.

Treasure:

I agree. Agree, absolutely. That's what I was just saying. I'm not saying birdsong is great everywhere, I'm absolutely saying we all have individual listening, there are individual sounds and it's going to be a very difficult job to make those two things match.

Host:

Thomas Macho, which birds would be allowed with you?

Macho:

I think quite a lot of bird would be allowed with me. I immediately thought of the sparrows that form real colonies in airports, like in Berlin-Tegel for example. That would be my "favourite sound" for Berlin by the way, and not the S-Bahn. After being there for twenty years, I appreciate hearing birds in the airports sometimes.

But overall I care about the question of – and I think this is the point where Julian Treasure's and my lecture coincide – conscious listening, attentive listening. That which I fight and reject are these unconscious orders. I agree that the world is not always a terrible place, Mr Cusack, but sometimes it is and that is precisely when we are made robots that do a variety of things through not perceptible influences. And whether we kill, or simply consume, may ultimately only be different in the result, but that orders are given through acoustic signals is what I am fighting against. Let's take an example from the history of film, which is perhaps less moral than the issues that Ms Melián reminded us of. What I find horrible about silent films is that the music composed and performed for it, taught the audience the emotions and how scenes should be perceived. That's why I have always loved the Robert Bresson quote that says: "The sound film has brought us silence". It hasn't brought us silence in the sense that there was nothing to be heard, but that what was heard could have meaning.

So I fight less against the sound world that Ms Kubisch has made audible, but rather against this infinite ubiquity of music. That one is constantly harassed by music, in the most unlikely places and occasions, that was thought of and composed for a completely different purpose. It's moments like that when I would wish for a "sound court", which could then say: "You can't do that, it's impossible". Thus we can then probably reach an understanding relatively quickly, I think.

Melián:

I don't think there are any disagreements about that.

Kubisch:

I think you're a really great manager Mr Treasure, and if I had to sell sound I would immediately commission you to do it. But I can't bring it together: If I'm listening consciously, I don't want to buy something at the same time. I don't want to look at some cream, or toothpaste or whatever and listen with my ears at my highest possible attention. So is this really going together? I mean, you said earlier that while listening to French music, sales of French wine went up 25 %. How is this possible?

Treasure:

Well, I'm not suggesting necessarily that you go to a shop and do that. I'm suggesting that people, who make the sound in the shop consciously listen and design it consciously. We all need to listen consciously, we can complain when we go to places that are sounding bad. I mean, I don't know about you, but I don't enjoy sitting in a restaurant and bellowing at somebody from one foot away because its 90 decibels in there. To me that's not a pleasant experience, so I don't go back. I mean, some people may like that and many I am sure do. The thing about retail sound is that most of the time what we're doing is: Well, if it were smell, we would be removing the stink. You know, music is a fairly dense sound and what people do with it most of the time is a bit like covering every inch of the walls of a room with grandmaster paintings. We don't do that, we paint the walls white instead. So what I'm seeking in these kind of situations is the oral equivalent to white walls, just something in the background. It is not supposed to do anything to you, we're not manipulating people, it's simply supposed to be like white walls, something that's pleasant in the background and creates a context, an ambiance that's reasonable.

I could talk about education. I facilitated a series of workshops last year called *sound education*, about the fact that many children cannot hear their education in schools, because the classroom acoustics are so shocking. Or hospitals which have been mentioned before, you know, the beeps, buzzes and all the threat sounds in hospitals. I'm not about making people spend more money in shops. I'm about designing every environment that we're in as best we can, so it is fit for purpose and appropriate. And this is just the beginning of a journey, so I hope that clarifies it.

Melián:

I want to come back to the issue of "Aufmerksamkeit" (attentiveness) regarding sound, what does it mean, "attention", "consciousness"? As a musician, I really can't stand it that these days we always have to listen to perfectly recorded music in just mp3 quality. When I did my recordings, I literally spent hours listening to the voices and to the music I'd composed. What does the low quality of mp3 actually do to the music, what is left out? It is the same effect that we get when looking at the photocopy of a photograph. Our ear is no longer aware that we are really capable of concentrating what we hear: we listen to classical music which is absolutely perfectly recorded, but we hear it on mp3. Even radio stations start playing music as compressed data and no longer from big databases. So it's really a problem, and for me, this is where the problem starts. When all you get is poor quality recording, you don't listen any more for what is really present in the sound, let alone in the narration of the sound.

FOCUS & ECHO 8

With: Peter Cusack, Christina Kubisch, Thomas Macho, Michaela Melián and Julian Treasure
Host: Walter Filz

Host:

Let us open our discussion to the audience. Any questions, comments?

Dolven:

My name is A K Dolven, Anne Katrine. I'm thinking of the future, and I wonder whether we have the right to manipulate the sound of our time. Anyone who sits here was born in the last century. Perhaps the sounds we are about to manipulate now would in the future be perceived as noises that suggest a feeling of safety, of being protected. So, the passage of time is important. Yesterday, we talked a bit about time as material. It seems to me that you forget the dimension of time in your way of thinking, Mr Treasure. A very personal experience was when my child was a baby. She asked me: "Can you make some noise in the kitchen, because then I can go to sleep." Perhaps we do need a dishwasher. We make dishwashers today and in order to justify their price, we make them silent. But perhaps the dishwasher's sound is a sound that makes us feel safe. So, for the sounds you are trying to manipulate you are not thinking about time as a material for the future. What right do we have to do this?

Treasure:

It's interesting to me that when you're talking about sound, the word "design" suddenly becomes the word "manipulate". I mean, we don't talk about that when it comes to the eyes. Do you feel manipulated by architecture? Because you are being, just in the same way. I think, we've got to be slightly careful there, but I totally agree with you, and again, I go back to the same point. One sound can be very important to one person or a group of people and it's exactly what Peter was saying: If we don't pay attention and we don't ask people, then we lose the "ding" of the bus, we lose the sound of the washing machine. And it could be a really important sound. So, I think, what you said is absolutely right. And again: I don't believe in manipulation. I do believe in conscious listening and attempting to come to sounds which are productive, appropriate, pleasant.

Question from the audience:

My name is Emilio, I come from a different cultural background. In other parts of the world, for instance where I live, the tropics, there seems to be a lack of consciousness and a tolerance of having very loud music performed everywhere at the same time. If you go to a beach there is not just one, but many loudspeakers from which various types of music are booming. You are sitting on a bus in a traffic jam and you listen to very loud reggae music and you cannot do anything about it. Why is the ear much more tolerant than the nose? I mean, if something smells bad, you react and go away. But it seems that we tolerate very, very loud and annoying sounds and no one goes away. Why? Is that for cultural reasons?

Host:

A question for Julian Treasure, Peter Cusack or Thomas Macho?

Cusack:

I can't tell you I'm afraid. I mean, what you say is absolutely true, but the reason why it should be so … I'm no expert in psychology or cultural psychology or anything like that. But I agree with you, that is certainly the case.

Macho:

A good friend of mine, Sam Auinger, once made a soundscape in Dumbo, this famous, new, very trendy area near the Manhattan Bridge in New York, and he found out that there were sounds nearing 100 decibels, which is close to a rocket as it takes off. Which made him wonder why people tolerate something like that.

One the one hand, you could probably say that there are brokers who have an interest in selling homes and who don't see a noisy area as quality reduction. But there must be something else and that has a lot to do for me with this "becoming unconscious of sound effects". This is the other side of the "White Wall". White walls are beautiful, but if these walls were to do anything specific with me, the background which I don't perceive, becomes very threatening.

Host:

Peter Cusack, you've collected sounds all over the world, favourite sounds. Was there a favourite sound along the lines of, "my favourite sound is the discotheque at Ballaballa Beach" or something like that?

Cusack:

Yeah, people do like these sounds, there are even people in London and Berlin who like the traffic. But usually they have an explaination to go with it. For example, I like the traffic, when it's distant at night and sounds like the sea, which is quite possible, that does happen. So again, it's no good being just kind of blunt with your questions, one has to be much more detailed and discerning.

Question from the audience:

Mr Cusack and Mr Treasure. Your vision is to make more beautiful sounds for a large percentage of people in the world. So, that's good, it's a beautiful vision. But we as the younger generation are able to not listen and switch off. We listen unconsciously. So, if you were to design a beautiful new sound, we would listen to it consciously. But what does this mean to the next generation? Would you create a different sound for them, too? And what will happen, if we then found this sound awful?

Treasure:

Yeah, I mean, all sound has time embedded in it, doesn't it? There's no such thing as photography in sound. I think Herman Hesse said: "Music is time made aesthetically perceptible". Or a sound is how we perceive time anyway. Your generation is behaving very differently to my generation, having multiple inputs, three screens, four screens and talking to somebody. I do think there is a danger with that. There's a great book by Sherry Turkle entitled *Alone Together*, in which she says the technology, far from bringing us together, is in many ways moving us further apart, because we end up with many shadow relationships, Facebook "friends" and so forth, as opposed to a few deep ones. It's an interesting thesis. I think, there's a lot of noise now. And I think, it's very sad that we don't teach listening in school. The sound around you has got nothing to do with how you listen. If we teach listening skills in schools then you could made your own mind up what's a good sound, long after I've gone – it would be nothing more to do with me.

Question from the audience:

One question to the entire panel: I found this discussion very intriguing and I'm trying to pin the different standpoints behind your statements. I find it interesting that Peter Cusack was introduced as somebody who's not claiming to do art and now you Mr Cusack, have coined the term "sonic journalism". Now, this could very well apply to what Christina Kubisch and Michaela Melián are doing, it's documentation. And to make it even more complex, Julian Treasure is sailing under the flag of design. Now, Michaela Melián, the way you describe what you did with the mp3 files, this is what a good sound designer would do.

Melián:

I used a sound designer for that, yes.

Question from the audience continued:

So: what are your standpoints and what *is* the difference between art, documentation and design when working with sound, and why is it important? Or is this even important? Maybe it is not important, but Melián started her presentation by saying: "I am an artist."

Melián:

I'd say the lines and borders are quite blurred. As I said in the beginning of my presentation, the project that I presented, is a commissioned piece. I've been commissioned to do it and you might have to compare the production to a movie production. I have had some 120 contributors. Any form and medium used here is important, whether this was the sound editing, voice recordings and so on. There is an incredible number of ways to do something like that. If I were to have used Google Maps instead of drawing a map, as I've done here, this would all have a meaning. I am an artist who thinks as much about the contexts as a designer might. And I've worked on this with designers, I have worked with sound engineers, I have worked with actors, assistant directors, etc. Nowadays, artists work in a overall very complex way, there is a very high proportion of investigation involved in their work and they are thus doing artistic research of a kind, evething can not be so easily separated.

I rather see myself in this panel more akin to Christina Kubisch namely, because we both believe in sounds. I find it problematic how the concepts of "noise" and sound are being mixed up here. It was said that the noise in the cities haunts us, but actually these noises are of great promise, they have always been in the 20th century.

They are also a great nurture for the avant-garde and development of music, and if you, like me, enjoy listening to contemporary music, you will know that noises influence the music and are thereby addressed and brought to our attention. Therefore, such work is also important, since it reminds us that all these devices are aids, or mediums that are designed to help us and not just to be associated with hostile radiation, noise pollution and electrosmog. But they have a bad side too, like everything in life and you have to know how to deal with that.

Connor:

I wanted to ask what members of the panel thought of the ideas concerning noise polution policies. Perhaps, we are living in a world in which there is a kind of sonorous capital but it is not about "having more" of it, it's about having the capacity to "have less"of it. It seems to me that if you did a map of London, you could tell with enormous exactitude where the places of greatest economic privilege were, because they would be the places where you could abstract yourself from noise. You would have big gardens; you wouldn't be near the road. Your walls wouldn't be paper-thin, you wouldn't have noisy neighbours, you go to schools where the children could hear.

Treasure:

I just like to say, you're absolutely right, it's been proven. The health effects of sound I was talking about tend to be focused on the underprivileged people, because they have to live under airport flight paths. They have to live next to factories and so forth, because those are the cheapest houses. There is a cycle there, and it's absolutely a proven thing. And then their children, you know, there's also research that shows that children being educated under flight paths are four to seven months behind those that live in quieter places. So the educational effects, are also health effects and so forth. Yes, I am sure there is a political dimension to noise.

Cusack:

Yeah, I think it's a very important point. I mean, it's not just a politics of noise, but it's the question of who actually has control over the sounds that we have no choice but to listen to? And one of the reasons that I instinctively shrink back when Julian speaks about loudspeakers in public squares and in supermarkets is that he as a sound designer and the owners of the store are able to control a sound, but I'm quite sure that the shoppers and the members of the public are never going to be asked what they think. And if I, for example, go up to a shop owner and say, "can you turn this off?", I would probably be treated like an idiot. So, there is a huge amount of politics of control in the way that the soundscape already operates. There are many by-laws which say, "you can't play music here", for example those that operate in London.

On the point made about the aircraft flight path, the man who runs the sound map of London website (www.soundsurvey.org.uk) Ian Rawes has actually examined the correlation between where people live and the flight paths of two various London airports. He used all the data from a recent census in London and mapped it onto the flight path data. In fact, the flight path goes over very rich areas. So it's not quite as obviously correlated as one might think.

Treasure:

Just to what Peter said: I did say that one of the four key things is testing, testing and more testing. And that does involve asking people. And, I've also encouraged everybody to complain about bad sounds. So, that involves the people who are running the sound having to listen. It doesn't work if that loop is broken, I agree with you totally, Peter.

Host:

There is another comment.

Question from the audience:

Just one thing, has any one of you ever been to the jungle? I lived in the jungle for three weeks and it's so much noisier than any city, there is no harmony at all. It's really so loud, the monkeys and the crickets, it's incredible! You get no chance to sleep. So I see myself as a person who belongs to the younger generation and I feel that one is always under pressure to be avant-garde in contemporary art. You take something ugly and you just leave it as it is, and then you claim it sounds like *musique concrète*. When you look around, you find that people who work with music or sound just take what they find in their environment, what they grow up with and put this in their artistic context. I grew up near the motorway, at the outskirts of the city. I have heard a lot of cars and subways and I am now making electronic music with these same sounds. It's really important for me, but on the other hand there are some physiological, biological facts, you have to be aware of. You cannot, you know, deny it, that when I go like this right into your face *(flicks his finger)*, it will be really unpleasant. No-one and no artist in the world will ever change this.

And concerning Ms Kubisch's music, it sounds like the 50 hertz frequency you can hear all the time, everywhere. It's an integral part of our modern world.

If you listen to modern electronic music, you'll find it sounds exactly the same as her work. You just have to listen to the music of twenty years ago, ten years ago, it's the early genre called click and cut. It's a bit silly, this whole debate about artificial versus non-artificial but natural! Well, that was not a question, I'm sorry.

Kubisch:

I think this was a very lovely résumé and maybe we panellists have been fighting each other a little bit here, but the main thing that counts for all of us is the pleasure of listening.

Treasure:

Yes, absolutely.

Host:

I think we have just heard the proverbial "famous last words" there! So, to you all: "Vielen Dank" and "Thank You".

Short Biographies

Andreas Ammer: Author, journalist, producer of theatre and radio plays. With his productions in the 1980's and 1990's, Ammer radically changed the aesthetics of radio drama. For *Apocalypse Live* and *Crashing Aeroplanes* he was awarded the German radio prize *Hörspielpreis der Kriegsblinden.* He lives and works in Berg at Lake Starnberg, Germany.

Kirsten Astrup: Artist and performer. Studied fine arts, film, rhetoric and cultural studies in Copenhagen, Oslo, Paris and Berlin. Her work comprises music-based, site-specific installations, narrative video collages and performances. The artist's presence on stage, her transformation and the movements of the audience in the room form part of her work, together with her singing and her self-designed costumes. Kirstin Astrup lives and works in Oslo and Copenhagen.

Thora Balke: Artist, photographer, musician and curator, has had an interest in everyday noise and sound for many years. She attended the *Biennale* in Venice in 2009 at the invitation of Elmgreen & Dragset (Nordic Pavilion). In 2011 she was co-curator of Norway's only international Art Biennale the LIAF. Collaboration with Magne Furuholmen. Lives and works in New York and Oslo.

Steven Connor: Literary scholar, theoretician on art and voice, radio practitioner, Professor of English Literature at Cambridge University. Author of various studies on subjects such as ventriloquism, voice, noise and the hearing self. Recent publication: *The Matter of Air,* a history of the science and art of the ethereal. Lives and works in Cambridge and London.

Peter Cusack: Musician, field recordist, sonic journalist and lecturer at the London College of Communication. Initiator of the *Favourite Sounds* Projects (since 1998) which explore favourite sounds in big cities on the basis of surveys and evaluate them artistically. Also: *Sounds From Dangerous Places,* a research based on recordings of acoustic environments in ecologically problematic areas. In 2011 a guest of the DAAD Visiting Artist Programme, Berlin. Lives and works in London and Berlin.

Martin Daske: Composer, sound artist and musician. Studied composition at Dartmouth College, USA, under Christian Wolff, as well as in Krakow and at the Mozarteum Salzburg under Boguslaw Schaeffer. In addition to his "normal" composition work, Daske has created a form of three-dimensional notation in two versions (*folianten* and *Notensetzen* in 2010). Various radio plays and other radio works and most recently: … *und er zerdrückte weinend das Wölkchen der Zeit* (2012), sound installations, most recently: *Memoiren eines Echonebels* (2010), theatre and film scores. As a second generation disciple of John Cage, Martin Daske perceives the accidental, the profane and the casual, as an opportunity to produce new, unconsumed sound patterns. His compositions change increasingly from one-dimensionality to multi-dimensionality and they are not a fixed final product, but a permanent invitation to the interpreters to "play" with the given musical material.

A K Dolven: Artist. Her paintings, films, video and sound works are shown internationally in exhibitions, collections and museums. Various site-specific sound installations. Most recently: *Out of Tune* (Folkestone Triennale 2011) and *JA, as long as I can* (CCC Tours 2013; Edition Block 2013). Upcoming: Major (acoustic) public art projects in Bodø (NO) and in Cambridge. From 2007 to 2013 Professor at the National Academy of the Arts in Oslo. Lives and works in London and on the Lofoten Islands.

Brigitte Felderer: Curator and lecturer at the Universität für angewandte Kunst, Vienna. Many years of research on the history, creation and representability of the voice. Felderer curated the exhibition *Phonorama* at the ZKM in 2005 and *The Sound of Art* (Museum der Moderne, Salzburg in 2008). Lives and works in Vienna.

Walter Filz: Author and journalist. The radio works of Walter Filz have won various prizes, including *Prix Futura*, the *Hörspielpreis der Kriegblinden* and the *Ernst-Schneider Prize*. Since 2005 he has been directing the Literature and Feature Editorial Office at SWR2. Lives and works in Cologne and Baden-Baden.

Magne Furuholmen: Musician, artist, composer of operatic music and film scores. Member of the Norwegian band *A-ha* which disbanded in 2010. As a visual artist Furuholmen works with painting and graphic art. Was one of the founders of *Apparatjik,* a group of artists who combine art, music, science and film in their shows to create a total work of art. Most recently: *The Apparatjik Light Space Modulator* together with the German Chamber Orchestra (at the German National Gallery, Berlin 2011).

Michael Glasmeier: Art theoretician, essayist, curator and Professor of History and Theory of Art at Hochschule für Künste, Bremen. Author of the radio play *Kaputt* (1970). Various exhibitions, e. g.: *Samuel Beckett/Bruce Nauman* (Kunsthalle Vienna, 2000) or *Diskrete Energien,* exhibition and catalogue on the occasion of the 50th anniversary of the documenta (Kunsthalle Fridericianum Kassel, 2005). Publications on the subjects of narrating, forgetting, artists' records, criminology, silliness and visual poetry. Lives and works in Berlin and Bremen.

John Giorno: Performance artist and poet. One of the founders of *Performance Poetry* and the genre of *Spoken Word.* Established the record label *Giorno Poetry Systems* (1965). Giorno was the initiator of the first telephone art project *DIAL-A-POEM* (1968, displayed at MoMA), whereby each day new poems could be dialed-up and heard on answering machines. Lives and works in New York.

Heiner Goebbels: Musician, composer and theatre practitioner. Compositions for ensemble and large orchestra (*Surrogate Cities,* etc.), radio pieces, often based on texts by Heiner Müller (e. g. *Die Befreiung des Prometheus*), scenic concerts *(Der Mann im Fahrstuhl, Eislermaterial),* musical theatre (*Schwarz auf Weiß, Max Black, Eraritjaritjaka, Stifters Dinge,* etc.). Numerous international CD releases and publications including *Ästhetik der Abwesenheit – Texte zum Theater.* Various international prizes for disc records, radio drama, theatre and music, including the International Ibsen Award in 2012. Professor at the Institute of Applied Theatre Science at Justus Liebig University in Giessen and President of the Hessian Theatre Academy. Artistic director of Ruhrtriennale – International Festival of the Arts 2012/2013/2014. Heiner Goebbels lives in Frankfurt am Main.

Marie-Luise Goerke: Author and producer of radio plays. Founded the business company Serotonin together with the sound engineer and musician Matthias Pusch in 2002. Serotonin is a radio art duo that is known for their elaborately produced, fictional and semi-documentary pieces of work. They produce numerous radio plays and artistic features in their own studio, including one on "Freeter" in Japan (*Heimatlos – Tokios digitale Tagelöhner,* 2011), performances in urban space (*Buddenbroichs,* 2011), numerous audio books and sound and space installations (*The Walk-In Archive*, 2011). The duo lives in Berlin and is currently working on new types of radio plays for exhibitions and ethnological collections.

Frank Halbig: Dramatic adviser and sound artist. Guest artist at ZKM Karlsruhe in 2006/2007, since 2007 dramatic adviser for radio plays and ars acustica at the Südwestrundfunk. Director of the Media Art/Sound Department at the Hochschule für Gestaltung, Karlsruhe. He has implemented various projects in the area of electro-accoustic music, radio plays, media art, theatre, installations and concerts. Lives and works in Karlsruhe.

Gaby Hartel: Cultural historian, radio author and writer/co-publisher of monographs and essays on the media aesthetics of radio, the disembodied voice and dislocated sounds. Radio broadcasts and exhibitions on the threshold between literature and contemporary art, the aesthetics of radio, the voice as a medium, Samuel Beckett, silliness and on Dark Modernity. Several exhibitions on these topics, e. g. *Samuel Beckett/Bruce Nauman* (Kunsthalle Vienna, 2000, with others), *SOUNDS – Radio. Art. New Music* (nbk 2010, with others), A K Dolven, *JA as long as I can* (CCC Tours; Edition Block, Berlin 2012). Has been involved with the conception and realisation of projects on radio art and audio art festivals (Kulturstiftung des Bundes, Akademie der Künste) since 1999. *Prix Italia* (with others) for *My Body in Nine Parts* (2009). Lives and works in Berlin.

Reinhild Hoffmann: Choreographer, dancer and opera director. Hoffmann belongs to a generation of pioneers of German dance theatre (together with Susanne Linke, Pina Bausch, Gerhard Bohner and Johann Kresnik). Studied in the class of Kurt Jooss at Folkwang University in Essen. Her plays, which she initially developed at the Bremen Theatre (1978–1986) and later at the Bochum Theatre (1986–1995), have been presented during many international guest performances. Freelance choreographer and stage director since 1995. Her focus has shifted to working on stage direction in musical theatre. Examples of her stage productions include *Don Giovanni* (Mozart), *Tristan and* Isolde (Wagner), *Salome* (Strauss), the première of *Begehren* (Furrer), which was awarded the *Prize for the best Première* in 2003, *Ein Atemzug – Die Odyssee* (Mundry), *Best Première* in 2005, and the first performances in Switzerland of *Die Tödliche Blume* in 1999 and *Macbeth* (Sciarrino) in 2004. Reinhild Hoffmann has won several prizes.

Herbert Kapfer: Head of the Radio Drama and Media Art Department at the Bayerischer Rundfunk. Editor of "intermedium records". Publisher of CD editions, e. g. Rolf Dieter Brinkmann: *Wörter Sex Schnitt,* Robert Musil: *Der Mann ohne Eigenschaften. Remix* (both with Katarina Agathos). Editor and author of numerous publications on the subjects of radio drama, media theory, Dada and exile research, e. g. *Vom Sendespiel zur Medienkunst, Intermedialität und offene Form, Dada-Logik 1913–1972/Richard Huelsenbeck.*

Doris Kolesch: Theatre and literary scholar, Professor of Theatre Studies. Teaches and carries out research at Johannes Gutenberg University in Mainz, the interdisciplinary graduate school *Theater als Paradigma der Moderne* and the Berlin Free University. Author and co-editor of diverse publications such as *Stimm-Welten. Philosophische, medientheoretische und ästhetische Perspektiven* (transcript, 2009), *Stimme. Annäherung an ein Phänomen* (Suhrkamp 2006) and *Kunst-Stimmen* (Theater der Zeit, 2004). Doris Kolesch lives and works in Berlin.

Christina Kubisch: Composer and sound artist. Until summer 2013 Professor of Audiovisual Art at HBK Saar. In her works she operates with different spaces, designs fictional spaces from electronic materials or designs the idea of a fictional nature by means of sound and light. In 2008 honorary award of the Deutscher Klangkunstpreis. In 2013, resident urban sound artist at the Beethoven Foundation in Bonn. Lives and works in Hoppegarten near Berlin.

Michael Lentz: Author, musician, literary performer. Professor at the Institute of Literature at Leipzig University. Most recent publications: *Offene Unruh* (poems), *Textleben* (essays) *Atmen Ordnung Abgrund* (lectures on poetics in Frankfurt). Numerous radio plays and CDs. Lives and works in Leipzig and Berlin.

Thomas Macho: Cultural scientist and philosopher, Professor of Cultural History at Humboldt University in Berlin. Cooperation in exhibition projects at the Dresden Hygiene Museum. Publications on voice, weather, the history of time calculation, the cultural history of the relationship between humans and animals, and on the aesthetics of the monstrous. Macho writes articles for the Neue Zürcher Zeitung, Die Zeit and other print media. Numerous book publications, e. g. *Kulturtechniken der Synchronisation* (Fink 2013) and *Zwischen Rauschen und Offenbarung. Zur Kultur- und Mediengeschichte der Stimme* (Akademie Verlag 2002). Lives and works in Berlin and Linz.

Thomas Meinecke: Author, DJ and musician in the band *Freiwillige Selbstkontrolle (FSK)*. Has been writing novels since the 1990's, e. g. *Tomboy* (1998), *Musik* (2004) and *Lookalikes* (2011). Received the Karl-Sczuka-Prize for *Übersetzungen/*

Translations together with David Moufang in 2008. Gave the Frankfurt Poetics Lectures in 2012. Lives and works in Berg near Eurasburg, Germany.

Michaela Melián: Artist, musician, band member of *FSK*. Numerous international individual and group exhibitions. Professor of Contemporary Media at the University of Fine Arts in Hamburg. Melián works with different media such as drawing, objects, photography, film, music and word. In her space installations she creates multi-layer memory complexes and complex systems of references in which acoustic compositions and rhetorical structures are closely interwoven. She received the *Hörspielpreis der Kriegsblinden* for her work *Föhrenwald* in 2005 and the piece *Speicher* was awarded Radio Play of the Year in 2008. The piece of media art *Memory Loops* (*Radio Play* of the Year in 2010) received the *Grimme Online Award* in 2012. Melián lives and works in Munich and Hamburg.

Kaye Mortley: Author of features and stage director. Mortley works as a freelance author in Paris for the Australian Broadcasting Corporation, France Culture and ARD. She has won several prizes for her associative way of writing, including *Prix Futura* and *Prix Europa*. Lives and works in Paris.

David Moufang (aka MOVE D): Composer, sound artist and musician. Founder of the record label *Source Records* with Jonas Grossmann in 1992. Has collaborated with the Goethe Institute on several occasions since 1996, foundation of his second record label *KM20* (with Jonas Grossmann) in 1996. Composed numerous pieces of music for radio plays and media art projects on behalf of the Bayrischer Rundfunk. Winner of the Karl Sczuka Prize (together with Thomas Meinecke) for *Übersetzungen/Translations* in 2008.

Martina Müller-Wallraf: Dramatic adviser, journalist and Director of the Radio Drama Department at the Westdeutscher Rundfunk; collaboration among others with Christoph Schlingensief, Schorsch Kamerun, Andreas Ammer and *FM Einheit, Console,* Paul Plamper and *Rimini Protokoll*. Lives and works in Cologne.

Mark Ravenhill: Playwright. Author in residence at the Royal Shakespeare Company. Examples of his works include *Shopping and Fucking, Product, Pool (No Water), Shoot/Get Treasure/Repeat* and *The Experiment*. Ravenhill writes regularly on cultural developments for the Guardian. Presently working for the Norwegian National Opera.

Kate Rowland: Radio producer, Creative Director of the group *New Writing* at the BBC and head of *BBC Writersroom*. She was Director of the Radio Drama Department at the BBC and is the patron of the *Writers Prize,* an award for young authors in drama and comedy. Lives and works in London.

Hans Sarkowicz: Director of the Culture and Science Department at hr2 (Hessian Radio 2). Lectures at Johann Wolfgang Goethe University in Frankfurt am Main at the Institute of General and Comparative Literature Science. Various publications and biographies, e. g. on Erich Kästner and Heinz Rühmann. Co-editor of the books of Erich Kästner and author of publications on the history of radio broadcasting, e. g. radio propaganda of the Allies in the Second World War and the radio during the Nazi era.

Mirjam Schaub: Professor of Aesthetics and Cultural Philosophy at the Universität der Angewandten Wissenschaften, Hamburg. Studied philosophy, political science and psychology in Münster, Munich, Paris and Berlin. Attended the German School of Journalism, Munich, training as an editor. Has worked as a freelance journalist for taz, freitag, ZEIT, Magazin der Süddeutschen Zeitung and FAZ. since 1991. She has carried out research in different cities, including Paris and Edinburgh, and taught at the Freie Universität Berlin and the Technische Universität Dresden. She did her doctorate on Gilles Deleuze (cinema and event philosophy) in 2001 and qualified in 2009 as a professor on the rationality and practice of using examples in philosophy and aesthetics. She is currently interested in practices of ubiquitous personal use and radicalness as a disruption of the symbolic order. Diverse publications on the art of Mathew Barney and Janet Cardiff, including *The Walk Book* (Verlag der Buchhandlung Walther König, 2005). Lives and works in Hamburg and Berlin.

Hans Burkhard Schlichting: After his academic studies he started working as a freelance author at the HR and as a dramatic adviser at the Suhrkamp theatre publishing company. Was the senior dramatic adviser to the Radio Drama Department of the SWF/SWR. Has been Secretary of the *Karl-Sczuka-Prize* since 1999, was a member of the *Ars Acustica Group* of the European Braoadcasting Union (EBU) in Geneva from 1999 to 2010. Numerous radio broadcasts, editions and research articles on modern literature, radio drama and media art. Lives and works in Baden-Baden.

Tino Sehgal: Artist. Was represented at *documenta 13,* was awarded the *Golden Lion of the Biennale* in Venice, 2013. His art consists of encounters and it exists in the moment in which Sehgal's visitors meet the performers. It is the artist's concept that these moments are not taped for documentation. Lives and works in Berlin.

Ekkehard Skoruppa: Dramatic adviser for radio plays, Director of the Artistic Word Department (including radio drama, literature and feature, artistic production) at the SWR (Southwest German Broadcasting Corporation). Director and moderator of the Literatur-Atelier, Cologne (together with Liane Dirks), co-editor of the edition *Kölner Texte,* Festival Manager of the *ARD Radio Play Days.* Various prizes, including the ARD's *Kurt-Magnus-Prize* in 1989 and *Prix Italia* in 1998. Lives in Gernsbach.

Daniel Teruggi: Electro-accoustic musician and researcher on sound. Numerous audio tape compositions (including *Aquatica, Variations Morphologiques, Voix Fugitives*) and compositions of "mixed" electro-acoustic instrumental music (including *E Cosi Vita* for piano and audio tape and *Le Cercle* for piano, flute, clarinet and audio tape). Director of the *Groupe de Recherches Musicales* of the L'Institut National de l'Audiovisuel (GRM-INA) in Paris since 1997.

Ute Thon: Art market expert and head of text at the magazine *art.* Holder of a master's degree in communications. Before she moved to Gruner + Jahr in Hamburg, she lived in New York for ten years, initially as a reporter for Vogue and later as the American correspondent for *art.* Her specialist fields include the art market and American post-war art. Her reportages, interviews, columns and essays on culture and society have also been published in the FAZ, Frankfurter Rundschau, Basler Zeitung, Woche, Stern, Kunstforum, WDR, HR and RTL. Lives and works in Hamburg.

Julian Treasure: Sound designer, musician, author and businessman. Author of the book *Sound Business,* CEO of Sound Agency, an English sound consulting firm with customers such as BP, Harrods, Nokia, Honda, Nestlé and BAA. In his work he tries to optimise sound design, adjust it to the particular needs and harmonize it with visual strategies. Lives and works in Surrey.

Peter Weibel: Artist, curator and theoretician on art and media. From 1964 onwards performance activities which analyse the "media" and interactive electronic surroundings. Activities with representatives of Viennese Actionism. Has been working with Valie Export, Ernst Schmidt jr. and Hans Scheugl since 1966 to create an "expanded cinema". As from 1976, lecturer at various universities, Director of ZKM since 1999. Lives and works in Karlsruhe.

Jenni Zylka: A writer of novels (Rowohlt Verlag) and screenplays. She also works in cultural journalism for newspapers taz, Tagesspiegel and Spiegel Online amongst others, moderates film discussions/press conferences (Berlinale, FF Emden, FF Dresden), is a member of the jury for the Grimme Prize, consultant for the Voluntary Television Self-Regulation Body, lecturer in journalism. In her broadcast *WortLaut Homestory* (WDR3) she visits authors at home (It was awarded the *Deutscher Radiopreis* 2011 in the category *Best Broadcast*). Jenni Zylka lives and works in Berlin.